新时代铸牢中华民族共同体意识研究丛书

王延中　总主编

向心凝聚
中华民族共同体的形成机理

XIANGXIN NINGJU　ZHONGHUA MINZU GONGTONGTI DE XINGCHENG JILI

王延中　著

广西民族出版社
Gvangjsih Minzcuz Cuzbanjse

图书在版编目（CIP）数据

向心凝聚：中华民族共同体的形成机理 / 王延中著. 南宁：广西民族出版社，2025.6. -- （新时代铸牢中华民族共同体意识研究丛书 / 王延中总主编）. -- ISBN 978-7-5363-7892-6

I. C955.2

中国国家版本馆CIP数据核字第202553WX19号

新时代铸牢中华民族共同体意识研究丛书
王延中　总主编

向心凝聚：中华民族共同体的形成机理

王延中　著

出 版 人：石朝雄
项目策划：徐　美　梁　晴
项目统筹：吴柏强
项目协调：韦秀美
责任编辑：韦秀美　李巧灵
装帧设计：何世春
责任校对：白雨思
责任印制：梁海彪　莫晓东
出版发行：广西民族出版社
　　　　　地址：广西南宁市青秀区桂春路3号　邮编：530028
　　　　　电话：0771-5523216　　　传真：0771-5523225
　　　　　电子邮箱：bws@gxmzbook.com
印　　刷：广西壮族自治区地质印刷厂
规　　格：787毫米×1092毫米　1/16
印　　张：26.5
字　　数：320千字
版　　次：2025年6月第1版
印　　次：2025年6月第1次印刷
书　　号：ISBN 978-7-5363-7892-6
定　　价：68.00元

※　版权所有・侵权必究　※

· 编写委员会 ·

主　任：王延中

编　委：青　觉　崔明德　周　平　李　静
　　　　严　庆　郝亚明　于春洋　石朝雄
　　　　徐　美

统　筹：刘　玲　梁　晴　吴柏强　梁秋芬

指导单位：中国民族理论学会
　　　　　广西壮族自治区民族宗教事务委员会

总　序

党的十八大以来，中国特色社会主义进入新时代。以习近平同志为核心的党中央从全面建成小康社会，进而推进强国建设、民族复兴的战略高度，将民族工作提升到前所未有的高度，提出中华民族大家庭、中华民族共同体、铸牢中华民族共同体意识、推进中华民族共同体建设等一系列重大论断。铸牢中华民族共同体意识是以习近平同志为核心的党中央审古今之变、察时代之势，从世界百年未有之大变局、中华民族伟大复兴的战略全局和实现民族工作高质量发展的现实需要作出的重大决策。铸牢中华民族共同体意识这一论断经历了从提出到确立再到主线定位的发展历程，在2021年中央民族工作会议上，正式形成了习近平总书记关于加强和改进民族工作的重要思想，为新时代党的民族工作高质量发展指明了方向，提供了根本遵循。

新时代铸牢中华民族共同体意识意义重大。首先，是维护各民族根本利益的必然要求。国家统一是国家最高利益所在，是各族人民根本利益所在。中华人民共和国成立以来，我们总体保持了团结稳定的良好局面，但境内外敌对势力的分裂、渗透、破坏活动一刻也没有停止，仍然是影响各民族根本利益的重大挑战。一些思想认识误区和错误观点仍然根深蒂固，极有可能误导各族群众尤其是青少年的国家观、历史观、民族观、文化观、宗教观。只有铸牢中华民族共同体意识，构建起维护国家统一和民族团结的坚固思想长城，才能实现好、维护好、发展好各民族根本利益。其次，是实现中华民族伟大复兴的必然要求。越是接近中华民族伟大复兴，境内外敌对势力越是会在遏制与裂解中华民族上大做文章，妄图阻断中华民族伟大复兴的历史进程。推进经济社会发展是实现中华民族伟大复兴的基础，但经济社会发展并不会自然而然地带来中华民族共同体意识，特别是过去一些强化甚至固化民族差异的措施，滋长了一些人的狭隘民族意识，不利于民族团结和社会和谐。只有铸牢中华民族共同体意识，才能有效应对实现中华民族伟大复兴过程中民族领域可能发生的风险挑战。再次，是巩固和发展平等团结互助和谐的社会主义民族关系的必然要求。我国民族关系的主流是好的，民族团结的基础日益稳固，但也还存在影响民族关系的问题。民族地区发展迈上新台阶，但发展不平衡不充分问题依然存在。只有铸牢中华民族共同体意识，才能夯实我国民族关系发展的思想基础，推动中华民族成为认同度更高、凝聚力更强的命运共同体。最后，是党的民族工作开创新局面的必然要求。新时代党的民族工作取得了巨大成就，但还存在"不匹配、不适应"的问题和短板。只有顺应时代变化，按照增进共同性的方向改进民族工作，做到共同性和差异性辩证统一、民族因素和区域因素有机结合，才能把新时代党的民族工作做好做细做扎实。

铸牢中华民族共同体意识作为新时代党的民族工作的主线和民族地区各项工作的主线，是全党全国的一件大事，也是全党全国各族人民的共同任务。党的二十大明确要以中国式现代化全面推进中华民族伟大复兴。铸牢中华民族共同体意识既是其内在要求，也是其鲜明标识。习近平总书记在 2021 年中央民族工作会议、2023 年二十届中央政治局第九次集体学习和2024年全国民族团结进步表彰大会上的系列重要讲话中，提出了铸牢中华民族共同体意识、推进中华民族共同体建设的重点任务与工作要求，包括全面推进中华民族共有精神家园建设、构建铸牢中华民族共同体意识宣传教育常态化机制、推动各民族共同走向社会主义现代化、促进各民族广泛交往交流交融、提升民族事务治理的法治化水平、防范化解民族领域风险隐患等。特别是在二十届中央政治局第九次集体学习时的讲话中，习近平总书记围绕铸牢中华民族共同体意识，明确提出了加强中华民族共同体理论体系建设和加快形成中国自主的中华民族共同体史料体系、话语体系、理论体系的任务要求。

2019年，党中央提出加强中国特色民族理论研究的意见和要求；2023年，中央统战部、中央宣传部、教育部、国家民委四部门联合印发《关于加强铸牢中华民族共同体意识理论研究体系建设的意见》。理论界紧紧围绕新时代党的民族工作和全国民族团结进步事业的目标任务和实践发展，特别是围绕铸牢中华民族共同体意识的理论与实践，不断开展调查研究，形成和推进了一大批理论研究成果。这些成果在宣传阐释、政策咨询、社会教育、推进实践等方面发挥了越来越重要的作用。

为了更好地推进中华民族共同体理论研究向纵深发展，加快中华民族共同体理论体系建设，在国家民委相关部门的领导和推动下，在广西壮族自治区民族宗教事务委员会的关心和指导下，中国民族理论学会和广西民族出版社经过认真研究，决定集民族理论研究学界之力，编辑出版新时代铸牢中华民族共同体意识研究丛书。编委会在广泛征求意见的基础上，遴选了主题研究成果相对丰富的八位专家作为丛书首批作者。为了集中展现铸牢中华民同体意识的研究主题，编委会只选择八位专家已经公开发表的代表性文章，而不是选择其全部成果。同时，为了确保正确的政治导向和较高的研究质量，原则上只收录党的十九大之后发表的重要研究成果。丛书所收录的研究成果均是国内一线专家在多年深入研究的基础上精心打磨而成。他们以深厚的学术功底和敏锐的学术洞察力，精准把握铸牢中华民族共同体意识理论研究的方向和重点。这些成果基本上以时间为序，从不同角度对铸牢中华民族共同体意识的背景、过程和意义等进行多维度探讨，从不同侧面对中华民族共同体的形成与发展进行深入系统的专题分析，是学术理论界推进中华民族共同体理论建设的样本，也是凝聚各位作者心血的创新成果。丛书各册成果相辅相成，构成了一个较为完整的理论框架，为理论研究的深化和理论体系的建设打下了坚实的基础。这些成果作为民族理论研究阶段性工作的一个小结，也为今后的理论研究提供了重要参考。我们希望这套丛书的出版，能够发挥其应有的学术价值和应用价值。

作为丛书的总主编，我谨代表编委会向参与丛书策划、编辑、出版等各方面工作的各位领导和全体同志表示真诚的谢意。当然，实践发展不会停止，我们也深知理论研究总是在实践的基础上不断深化。这套丛书只是一个开端，不论是在选材还是编辑出版等方面，都有可能存在这样那样的不足。期待各位读者提出宝贵意见，使本丛书后续的工作更加完善。

中国社会科学院铸牢中华民族共同体意识
研究基地首席专家、中国民族理论学会会长 王延中
2025 年 4 月

目 录

铸牢中华民族共同体意识　建设中华民族共同体 / 001

新时代民族工作与民族交往交流交融 / 018

推动新时代各民族"三个相互"创新发展 / 050

费孝通多元一体格局理论与铸牢中华民族共同体意识 / 060

中国共产党解决民族问题正确道路的百年探索与基本经验 / 075

中华民族多元一体格局形成的经济、文化、心理因素析论 / 104

扎实推进中华民族共同体建设 / 126

中华民族共同体的结构与秩序 / 153

铸牢中华民族共同体意识的历史演进与战略意义 / 173

正确认识中华民族历史观 / 200

正确把握中华民族共同体建设的重大关系 / 216

论中华民族共同体民族观 / 241

中华优秀文化理念与中华儿女大团结 / 251

深入推进中华民族共有精神家园建设 / 266

中华民族现代文明建设的三大问题 / 277

中国共产党民族政策与中华民族大团结 / 294

中华民族共同体理论建设研究 / 316

全面推进中华民族共同体建设　/　343

科学阐释中华民族发展史的开创性成果

　　——《中华民族共同体概论》读后　/　361

自觉铸牢中华民族共同体意识与全面推进中华民族共同体建设　/　378

铸牢中华民族共同体意识　建设中华民族共同体[①]

党的十九大报告明确提出："全面贯彻党的民族政策，深化民族团结进步教育，铸牢中华民族共同体意识，加强各民族交往交流交融，促进各民族像石榴籽一样紧紧抱在一起，共同团结奋斗、共同繁荣发展。"这是习近平总书记关于民族团结的重要论述创新发展的集中概括，也是新时代民族工作必须坚持的指导思想和总方针。

一、铸牢中华民族共同体意识是新时代民族工作的主旋律

我国是统一的多民族国家，民族问题关系祖国统一、边疆稳固、人民团结、社会稳定和国家长治久安，党和政府历来高度重视民族工作。在长期革命、建设和改革开放的伟大实践中，中国共产党形成了系统地认识与解决民族问题的理论、政策和制度，探索出中国特色解决民族问题的正确道路。党的十八大以来，以习近平同志为核心的党中央在深刻分析把握中国特色社会主义进入新时代和

---

① 本文原发表于《民族研究》2018年第1期。

民族工作实际状况的基础上，提出大力加强民族团结、培育中华民族共同体意识、推动民族工作全面发展的总体思路。大力培育中华民族共同体意识、加强各民族交往交流交融成为新时代民族工作的主基调和主旋律。

进入新世纪以来，我国民族工作面临许多新的问题和阶段性特征。习近平总书记形象地概括为"五个并存"：改革开放和社会主义市场经济带来的机遇和挑战并存，民族地区经济加快发展和发展低水平并存，国家对民族地区支持力度持续加大和民族地区基本公共服务能力建设仍然薄弱并存，各民族交往交流趋势增强和涉及民族因素的矛盾纠纷上升并存，反对民族分裂、宗教极端、暴力恐怖斗争成效显著和局部地区暴力恐怖活动活跃多发并存。这"五个并存"说明尽管我国民族工作和民族地区发展稳定，事业成就巨大，但问题也十分突出。民族地区的发展稳定问题，尤其是2008年的拉萨"3·14"事件和2009年的乌鲁木齐"7·5"事件，对我国民族关系产生了很大的影响，也进一步引发了学术理论界关于调整完善我国民族理论政策的激烈讨论。在此情况下，如何看待我国的民族关系状况、如何在新的形势下推进我国民族工作和民族地区发展稳定，成为新一届中央领导集体亟待回答的重大理论和现实问题。在党的十八大之后到2014年中央民族工作会议召开之前，党中央、国务院围绕民族工作、民族地区发展稳定问题进行了大量调查研究，召开了5次中央政治局常委会会议、3次中央政治局会议、4次国务院常务会议进行专题研究和工作部署。同时召开了第四次全国对口支援新疆工作会议、第二次中央新疆工作座谈会、对口支援西藏工作20周年电视电话会议等专题会议，为召开中央民族工作会议做好准备。

习近平总书记在调研工作、专题会议等场合发表了一系列讲话，做出很多重要批示。习近平总书记特别强调民族团结，大力呼吁培育中华民族共同体意识，特别重视中华民族命运共同体建设。党的十八大结束后不久，习近平总书记对西藏工作作出"治国必治边、治边先稳藏"的指示，边疆民族地区的发展稳定成为他关注的焦点问题。习近平在2013年10月给中央民族大学附属中学师生的回信中指出，"我国是统一的多民族国家。我国各族人民同呼吸、共命运、心连心的奋斗历程是中华民族强大凝聚力和非凡创造力的重要源泉"。他特别重视中华民族的凝聚力和各民族同呼吸、共命运、心连心的整体性，特别重视民族团结工作。2014年1月，习近平赴内蒙古调研时强调"要始终高举民族团结旗帜，坚持和发扬各民族心连心、手拉手的好传统，深入开展民族团结进步宣传教育，精心做好民族工作"。2014年4月，习近平在新疆考察时强调，"民族团结是发展进步的基石""汉族离不开少数民族，少数民族离不开汉族，少数民族之间也相互离不开"。2014年5月，习近平在第二次中央新疆工作座谈会上指出，"要高举各民族大团结的旗帜，在各民族中牢固树立国家意识、公民意识、中华民族共同体意识，最大限度团结依靠各族群众，使每个民族、每个公民都为实现中华民族伟大复兴的中国梦贡献力量，共享祖国繁荣发展的成果。各民族要相互了解、相互尊重、相互包容、相互欣赏、相互学习、相互帮助，像石榴籽那样紧紧抱在一起"。在这次会议上他明确提出的"高举各民族大团结旗帜，牢固树立中华民族共同体意识"，成为习近平总书记关于民族团结的重要论述的灵魂和主线，也成为即将召开的中央民族工作会议的指导思想。

习近平在2014年中央民族工作会议上的讲话是习近平总书记

关于民族团结的重要论述的集中表达，也是做好新形势下民族工作的部署和动员。会议从理论上归纳了中国特色解决民族问题的正确道路的"八个坚持"：一是坚持中国共产党的领导，二是坚持中国特色社会主义道路，三是坚持维护祖国统一，四是坚持各民族一律平等，五是坚持和完善民族区域自治制度，六是坚持各民族共同团结奋斗、共同繁荣发展，七是坚持打牢中华民族共同体的思想基础，八是坚持依法治国。"八个坚持"是中国共产党关于民族问题基本理论、政策、制度、法律的集中概括，也是做好民族工作的根本遵循。会议还特别明确了中华民族和各民族的关系问题，那就是"一个大家庭和家庭成员的关系"。56个民族都是中华民族大家庭中平等的一员，但都不能把自己等同于或者自外于中华民族大家庭，都离不开中华民族大家庭。在第二次中央新疆工作座谈会和中央民族工作会议上，习近平总书记多次强调，"做好民族工作要坚定不移走中国特色解决民族问题的正确道路……让各族人民增强对伟大祖国的认同、对中华民族的认同、对中华文化的认同、对中国特色社会主义道路的认同"。同年12月，中共中央、国务院印发《关于加强和改进新形势下民族工作的意见》以具体指导新时期民族工作。该文件从坚定不移走中国特色解决民族问题的正确道路、围绕改善民生推进民族地区经济社会发展、促进各民族交往交流交融、构筑各民族共有精神家园、提高依法管理民族事务能力、加强党对民族工作的领导六个方面提出25条意见，并且进一步明确"坚持打牢中华民族共同体的思想基础"这个基本要求。中央民族工作会议关于中国特色解决民族问题的"八个坚持"，充分体现了继承性，但也有鲜明的时代特征。习近平既沿用了以前的大部分论述（"七个坚持"），又有大量新的阐发、解释和发展。有关部门也认为习近平总书记关于民族工作的重要论述的"主线是巩固和发展中华民族命运共同体"。[①]这些认识是到位的。大力培育中华民族共同体意识、加强各民族交往交流交融成为新时代民族工作的主基调和主旋律。

2015年5月,中央召开统战工作会议,颁布了关于统一战线工作的第一部党内法规《中国共产党统一战线工作条例(试行)》。该条例的颁布实施不仅促使统战工作进一步制度化、法制化、规范化,而且提出了不少新的论断。例如,关于民族工作从"四个认同"调整为"五个认同",增加了"对中国共产党的认同",把民族宗教工作的本质概括为"群众工作",等等。2015年8月,习近平在中央召开第六次西藏工作座谈会上强调指出,"必须全面正确贯彻党的民族政策和宗教政策,加强民族团结,不断增进各族群众对伟大祖国、中华民族、中华文化、中国共产党、中国特色社会主义的认同"。2015年国庆节前夕,习近平接见到北京参加国庆活动的来自内蒙古、广西、西藏、宁夏、新疆5个自治区的13名基层民族团结优秀代表时指出,中华民族一家亲,同心共筑中国梦。我国56个民族都是中华民族大家庭的平等一员,共同构成了"你中有我、我中有你、谁也离不开谁"的中华民族命运共同体。实现中华民族伟大复兴的中国梦是各民族大家的梦,也是各民族自己的梦。中国共产党就是团结和带领各族人民向着中华民族伟大复兴、向着人民更加美好的生活一路前行。民族团结就是各族人民的生命线。各民族同胞要手足相亲、守望相助,一起做交流、培养、融洽感情的工作,增强各族群众对伟大祖国、中华民族、中华文化、中

[①] 巴特尔:《在2017年全国民委主任会议上的讲话》,2017年12月21日。

国共产党、中国特色社会主义的认同。习近平总书记不仅再次强调"五个认同"和民族团结的重要性，而且从"培育中华民族共同体意识"进一步提炼出了各民族是相互离不开的"中华民族命运共同体"。

大力培育中华民族共同体意识，筑牢中华民族一家亲的思想基础，建设中华民族命运共同体（习近平总书记还多次强调推进构筑人类命运共同体的思想）是新时代习近平总书记关于民族工作一脉相承、不断发展的思想精华，也是中国共产党新时代民族工作的理论主线和指导方针。2016年召开的全国宗教工作会议、全国城市民族工作会议及相关会议就按照上述思想做出了新部署、提出了新要求。

2017年10月召开的中共十九大，是在全面建成小康社会决胜阶段、中国特色社会主义发展关键时期召开的一次十分重要的大会。习近平总书记站在中华民族伟大复兴的高度，部署了决胜全面建成小康社会和建设中国特色社会主义现代化强国进程中的民族工作战略，把"全面贯彻党的民族政策，深化民族团结进步教育，铸牢中华民族共同体意识，加强各民族交往交流交融，促进各民族像石榴籽一样紧紧抱在一起，共同团结奋斗，共同繁荣发展"写入党的十九大报告，写入新修订的党章。从十八大之后提出积极培育中华民族共同体意识，到后来明确"筑牢"和牢固树立中华民族共同体意识，再到十九大报告特别强调"铸牢"中华民族共同体意识，这不是简单的词语变化，充分体现了党中央新时代民族工作的新内涵和重大历史使命，是习近平新时代中国特色社会主义思想在民族工作领域的具体体现，也是改革开放以来各民族在政治、经济、社会、文化领域广泛交往交流交融、"你中有我、我中有你、谁也离不开谁"的命运共同体关系的深刻反映。党的十九大强调要铸牢中华民族共同体意识，就是要顺应这种形势，把加强各民族交往交流交融作为实现各民族大团结的金钥匙，让祖国每一寸土地都能成为各民族同胞共居的家园，让各民族同胞在中华民族大家庭中手足相亲、守望相助，努力实现"中华民族一家亲、同心共筑中国梦"的时代华章。党的十八大以来中央民族工作的理论和实践，指明了培育中华民族共同体意识和推进中华民族命运共同体建设的方向。党的十九大报告及新修订的党章，为铸牢中华民族共同体意识、推进中华民族一家亲工作进一步明确了指导思想。

二、充分认识铸牢中华民族共同体意识的重大意义

（一）铸牢中华民族共同体意识是习近平总书记关于民族工作重要论述创新发展的集中体现

党的十八大以来，习近平总书记高度重视民族工作，在强调认清民族关系的主流与末节、大力倡导民族团结方面提出了许多十分重要的论断，促进了新时代民族工作重要论述的创新发展。他指出，"民族团结是各族人民的生命线……各民族要相互了解、相互尊重、相互包容、相互欣赏、相互学习、相互帮助，像石榴籽那样紧紧抱在一起""各族干部群众都要像爱护自己的眼睛一样爱护民族团结，像珍视自己的生命一样珍视民族团结""要坚持和完善民族区域自治制度""坚持统一和自治相结合、民族因素和区域因素相结合"，逐步完善民族政策。高度重视民族团结，大力培育中华民族共同体意识，无疑是习近平总书记关于民族工作重要论述的核心。习近平总书记关于民族工作创新发展的新理念、新举措，集中体现了党中央从中华民族的整体视角、从国家和全国各族人民根本

利益出发的战略思想。新时代党和国家关于民族工作的一系列总体部署，包括援藏、援疆、民族地区脱贫攻坚等重点工作的开展，都聚焦在实现"中华民族一家亲、同心共筑中国梦"的伟大梦想和共同团结奋斗、共同繁荣发展的共同理想。习近平总书记关于民族团结的重要论述是习近平新时代中国特色社会主义思想的重要组成部分，必须予以高度重视和认真学习。

（二）铸牢中华民族共同体意识是建设中国特色社会主义伟大事业的内在要求

实现中华民族伟大复兴的中国梦，是中国近代以来中华民族最伟大的梦想，中国共产党一经成立就义无反顾地肩负起为中国人民谋幸福、为中华民族谋复兴、为全人类进步事业做贡献的历史使命。当前，中国特色社会主义进入新时代，中华民族迎来了从站起来、富起来到强起来的伟大飞跃，迎来了实现中华民族伟大复兴的光明前景。在新时代，全国各族人民、所有社会主义现代化事业的建设者和爱国者，都是实现中华民族伟大复兴中国梦的实践主体，必须紧密团结在中国共产党的领导下，坚定"四个自信"，牢固树立中华民族共同体意识，以高度自觉、自豪的心态和热情，积极主动投身建设中国特色社会主义事业的伟大实践。

（三）铸牢中华民族共同体意识是建设中华民族共同体的理论自觉和根本前提

民族是在一定的历史阶段形成的、具有若干共同特征的稳定的人们共同体。世界上大多数国家是多民族国家。一个国家的各民族都是比较稳定的人们共同体，同时这个国家的所有公民还共同组成了以该国国名命名的国家民族的共同体，这也是现代民族国家建构国家民族的普遍规律。中国历史上各个民族都是在多元一体的发展进程中逐步形成的，特别是一些人口规模比较大的民族。各个民族在历史上的交往交流交融过程中，不断形成了"你中有我、我中有你、谁也离不开谁"的中华民族多元一体格局。在长时间的历史发展过程中，中华民族的主体部分在其自在的阶段就是一个实体。到了近代，全体中国人团结一致共同抵御帝国主义入侵，形成了中华民族的整体自觉。自近代以来，中华民族逐步成为一个自觉的实体。近代以来各种政治力量的理论和实践，进一步提升和增强了中华民族作为一个国家民族的实体性和整体性。中华人民共和国成立以来，中华民族作为56个民族的有机统一体，成为不可分割、谁也离不开谁的统一整体。从自在阶段到自觉阶段、从多元一体到中华民族共同体，中华民族始终是一个实实在在的实体，而非"虚体"、统称或共称。随着中华民族共同体意识的不断增强，中华民族的实体性、整体性将不断增强和巩固。

（四）中华民族共同体是中华民族成员和中国公民国家属性民族身份的集中概括

中华民族共同体的成员，一般都拥有与中华人民共和国国家主权或者国籍关联在一起的国家公民身份。当今世界仍然处在民族国家时代，一般没有脱离国民身份的公民（无国籍人士、难民等除外）。拥有一个民族成员的身份与拥有一个国家公民（国民）身份并不是对立的。在我国，每个社会成员既拥有自己的民族身份，同时也是中国国民的天然成员，即中华人民共和国公民。后一种身份本质上是每个中国公民对自身国家属性民族身份的表达，尤其是在国际交往中体现得更加明显。纵观全球，一个国家的国民组成了统一的国家，这一国家的全体国民就成为当代民族国家的基础和依托。在中华人民共和国，中华民族共同体是中国公民的国家属性民族

（中华民族）身份的集中概括，国家为每个国民行使自己的公民权利提供了最根本的保障。同样，每个公民也必须同时担负起自己的国家责任，爱国是每个公民对国家应当履行的最基本义务。在建设中国特色社会主义事业中，国家通过宪法及法律法规依法保障每一个中国公民的合法权利和应尽义务，全体公民都是当家做主的主人翁和建设者。

（五）铸牢中华民族共同体意识为推进新时代中华民族共同体建设提供了政治方向和理论指导

党的十九大报告再次重申中国共产党人的初心和使命，就是为中国人民谋幸福，为中华民族谋复兴、为人类进步事业做更大的贡献。中国共产党的初心充分体现了中国共产党人的民族复兴责任和促进人类共同进步的天下使命，其中着眼点和立足点依然是实现中华民族伟大复兴的中国梦。纵观国内外两个大局，中华民族伟大复兴进程还面临众多的风险与挑战，其中敌对势力瓦解、分化、阻挠、破坏我国统一和主权完整的阴谋从未停止，国内民族问题和边疆民族地区往往成为敌对势力阻挠、遏制中国发展崛起的利用工具。过去如此，今天依然如此。我们不仅要正确处理国内民族问题和各民族共同繁荣发展问题，不给敌对势力留下缝隙，更要加强民族团结工作，铸牢每个民族的成员意识同时也是铸牢中华民族成员的国家属性民族身份意识和中国公民身份意识。同与自己的民族身份关联在一起的民族身份意识一样，与自己的国家属性民族身份或者中国公民的身份密不可分的就是中华民族共同体意识。一个人的民族身份意识不是与生俱来的，同样他的中华民族共同体成员意识和中国公民意识也是需要培育的。爱国主义教育、中华民族共同体意识教育一刻也不能疏忽，而且需要持续不断地开展行之有效的活动加以巩固。面对民族理论领域的分歧和争论，应对现实敌对势力的干扰破坏，更需要理论上进行正本清源，大力提倡和弘扬每个公民的中华民族成员意识，铸牢中华民族共同体意识，为推进新时代中华民族建设和爱国主义教育提供正确的政治方向和理论指导。

（六）铸牢中华民族共同体意识是增强"五个认同"、促进民族团结的情感依托和思想前提

"共同体"是描述群体而非个体的概念，共同性或共同意识是维系共同体群体性存续的关键因素。认同是团结的前提和基础，没有认同，就没有团结，没有认同，团结就缺乏根基和土壤。中国共产党强调民族团结是我们的生命线，就是基于我们虽然都是56个民族的成员，同时我们又都同属于中华民族大家庭（共同体）这样一个基本事实。民族是具有一定共同特征的稳定的人们共同体。各个民族都具有自己的共同体意识或者本民族自我意识，但是在一个国家内每个民族的成员都是国家的公民，也与自己的国家具有密不可分的国家共同体意识。与国家关联在一起的中华民族就是各民族的共同体和大家庭。中华民族共同体就是一个由56个民族组成的，有共同认同的血缘融通、流动交汇的有机体（自觉的实体和整体），是一个历经五千年风雨锻造而成的"多元一体"的命运共同体。中华民族共同体意识是对历史上各民族在政治、经济、文化方面交往交流交融的认同，是对56个民族同呼吸、共患难，"你中有我、我中有你、谁也离不开谁"命运共同体的认同，这种共同的心理认同，铸就了中华民族共同体意识，成为加强"五个认同"教育的共同心理基础和情感依托。56个民族水乳交融、唇齿相依、休戚相关、荣辱与共的观念和中华民族利益高于一切的思想，把各族人民紧紧团结在中华民族大家庭中。承认各民族是具有共同心理素质的

稳定共同体与承认中华民族也是全体中国公民的共同体是不相矛盾的。中华民族共同体的成员与国外公民相比，不仅具有共同的国民身份、心理素质和民族国家意识，而且在制度、政权、文化、利益等方面的共同性更强，即使是跨境民族也无法比拟。因为与伟大祖国联系在一起的纽带是历史形成的、牢不可破的。这是民族国家时代的国家刚性、利益刚性、制度刚性决定的，任何民族和个人都难以超越。从过去的"四个认同"到党的十八大以来的"五个认同"，是中华民族在中国共产党领导下建设中华民族命运共同体的历史趋势。中国56个民族是在党的领导下经过民族识别、法律程序认定的共同体，中华民族更是宪法和党章确定的全体中国人的共同体。中华民族从自在的民族变成自觉、自强、自新的民族，变成了一个团结、统一、强大的屹立于世界民族之林的现代民族，已经成为中国各民族的普遍认同和根本归属。在这个根本认识基础上，铸牢中华民族共同体意识是增强"五个认同"、促进民族团结的情感依托、思想前提和文化归依。习近平在中央民族工作会议上强调："增强各族干部群众识别大是大非、抵御国内外敌对势力思想渗透的能力。加强中华民族大团结，长远和根本的是增强文化认同，建设各民族共有精神家园，积极培养中华民族共同体意识。"在我国这样一个多元一体的多民族国家，厘清处理好本民族自我意识和中华民族整体意识的关系十分重要。铸牢中华民族共同体意识，不是把中华民族认同与本民族认同对立起来，而是教育各族群众摆脱狭隘本民族自我认同束缚，共同构建中华民族整体认同，促进中华民族共同体建设。

三、推进中华民族共同体建设的思考与对策

（一）形成中华民族共同体理论自觉，建设新时代民族理论学科体系、学术体系和话语体系

民族工作是"五位一体"总体布局和"四个全面"战略布局的重要内容，涉及中华民族伟大复兴事业的各个领域、各条战线。党的十九大报告中"民族宗教工作创新推进"的提法，准确反映了党的十八大以来，以习近平同志为核心的党中央在民族、宗教工作方面形成的新理念、新思想、新战略。要从道路自信、理论自信的高度认识习近平总书记这些思想创新发展的重要性和必要性，深入研究、系统阐述习近平总书记这些思想创新发展的精神实质，推动形成新时代的民族理论体系。民族问题是一个复杂的社会现象，对民族问题的认识永远也不可能停止。中国共产党在革命、建设、改革开放各个历史时期的实践中，形成了既一脉相承又具有鲜明时代特征的民族理论和民族政策。目前学界占据主导地位的民族理论体系主要是各个历史时期（革命、建设、改革开放 30 年）民族工作实践成果的总结和概括，对于党的十八大以来我国民族工作创新推进理论实践的总结提炼还不深入，尚未形成与习近平新时代中国特色社会主义思想精髓相适应的话语体系。不少观点和话语体系陈旧，理论与现实脱节现象十分严重，学术话语跟不上实践的创新。既不能准确反映我国民族工作所取得的新成就新进展，也不能有效指导下一步的民族工作实践。这就要求学术界以深入学习党的十九大精神为契机，尽快形成与习近平总书记这些新思想相适应的理论体系、学术体系、学科体系。

（二）大力推进"五个认同"教育，筑牢中华民族共同体意识的思想基础

习近平总书记强调，推动民族工作要依靠两种力量，一种是物质力量，一种是精神力量。要解决好民族问题，物质方面的问题要解决好，精神方面的问题也要解决好，哪一方面的问题解决不好都会出更多的问题。当前解决精神层面问题的一项重要工作是大力推进"五个认同"教育。"五个认同"是维护国家统一、民族团结、社会稳定的思想基础，也是培育所有中国公民中华民族共同体意识、构筑中华民族共有精神家园的基石和底线。要大力加强马克思主义历史观、民族观、国家观、文化观的教育，大力培训各级党员干部、知识分子和宗教界人士，广泛宣传教育群众。广泛深入持久地开展民族团结创建活动，教育国民牢固树立公民意识，让各族人民不仅要意识到自己的民族身份、地域身份、群体身份，更要意识到自己的中华民族成员身份、公民身份、国民身份，把"五个认同"作为每个公民第一位的意识。

（三）切实改革民族工作方式方法，大力推进各民族交往交流交融的实际效果

民族、宗教工作的本质是群众工作。各级党委、政府，特别是党和国家工作人员（干部），要时刻牢记自己的党员身份、干部身份、国家工作人员身份。要把自己作为党和政府的代言人，认真贯彻党和国家各项路线、方针、政策，多为民办实事，不与民争利，时刻牢记处理好干群关系就是做好群众工作的本质要求。认真研究民族、宗教、统战工作领域的新情况、新问题，坚持各级党政干部和知识分子的国家意识、政权意识、责任意识，切实改变按照民族划界、按照传统工作框架划界的狭隘思维和因循旧例的错误做法。

切实把各族人民一视同仁地作为群众工作的对象，解决执政过程中为民执政的问题，而不能是为哪一个集团、哪一个群体服务。把握新时代民族工作新形势新特点，创新工作方式方法，进一步提升依法治理民族事务能力。借鉴国内外有效经验，扎实推进民族团结工作，深化细化促进各民族交往交流交融的具体举措。把民族团结工作纳入党和政府工作的大局，切实解决人口双向流动、多向流动过程中涉及民族因素的问题，按照是什么问题就按什么问题处理的原则，不能把涉及少数民族个体的事件上升为民族问题。推进嵌入式社区建设，推进少数民族在内地就业、流动的保障政策，构建各民族互相嵌入式社会结构和社区环境，让少数民族更好地融入城市，持续推进各民族交往交流交融。消除针对民族交往过程中各民族自然融合的理论顾虑和担忧，不断增强中华民族的共同性，筑牢中华民族共同体的社会基础。

（四）围绕"两个共同"目标，不失时机地完善民族宗教政策

民族区域自治制度是我国的一项基本政治制度，是中国特色解决民族问题的正确道路的重要内容和制度保障，是我党民族政策的制度基础。要坚持统一和自治相结合、民族因素和区域因素相结合，把宪法和民族区域自治法落实好。世界上没有一劳永逸的政策体系，民族宗教政策也必须与时俱进。要坚持一切从实际出发、因地制宜、因时制宜，实事求是、与时俱进地改革完善民族宗教政策。高考加分、计划生育等牵涉较广的政策要不失时机地进行改革，调整政策要坚持公平公正公开，进行科学论证、严格评估，以减少某些过时政策的负面影响。地方政府和民族工作部门处在工作的第一线，要尊重地方的首创精神，不能动辄以"敏感"为由进行批评，甚至否定。通过政策法规的调整完善，最大限度地把各地

区、各民族的党政干部、知识分子、人民群众团结到中华民族伟大复兴的事业中。

（五）妥善处理好民族多样性和中华民族整体性的关系问题

中国是一个多民族国家，从历史上看，各民族交往交流交融是主流，最后汇集成占据世界人口相当比重的中华民族，同时又在内部保持着多种多样的民族、宗教和文化类型。我国是多民族、多宗教、多文化的大国，历史上的执政者和先贤为我们留下了丰富的思想资源，以及我党在各个时期的实践中积累的丰富的理论和政策，都涉及了如何处理多样性和整体性、差异性和一致性的问题。多样性和整体性并不是相互矛盾、截然对立的，而是互为表里、互相促进的关系。在中华民族的多元一体格局中，多元组成一体，一体包括多元。"多"和"一"是不可分割的多元一体。习近平新时代中国特色社会主义思想体系中不仅继承了中华民族多元一体格局的整体表述，更进一步明确地提出了"铸牢中华民族共同体意识""建设中华民族共有精神家园"等强化中华民族整体性的具体工作方向。这个是国家层面的工作，必须明确中华民族整体性、一致性的发展趋势，在大力推动各民族交往交流交融过程中，强调各民族内在联系、共同体特征的增强，强化中华民族整体利益和共同利益。

（六）坚决反对民族利己主义、民粹主义和两种民族主义

民族平等和民族团结作为我国解决民族问题的政策原则，在宪法和有关法律中得到明确规定。各民族不论人口多少，经济社会发展程度高低，都是中华民族大家庭的平等一员，具有同等的地位，在国家政治和社会生活的各个方面，依法享有相同的权利，履行相同的义务。在中华民族这个大家庭内，不能以汉族代替中华民族，也不能将哪一个或者整体的少数民族和中华民族并列，更不能

置身于中华民族之外。中国共产党一直重视反对两种民族主义，即大民族主义（尤其是大汉族主义）和狭隘地方民族主义。习近平总书记在2014年中央民族工作会议上提出现阶段民族工作领域"五个并存"，在这一阶段，各种大民族主义和狭隘地方民族主义往往以"民粹主义""民族主义"的面目，以各种形式浮出水面，混淆视听，扰乱思想认识，动摇基本原则，形成或者煽动集体情绪，这都不利于社会稳定，不利于团结全国各族人民聚焦于中国特色社会主义现代化建设事业，必须采取有效措施加以防范。必须强调宪法权威，维护每个公民的合法权益，坚决反对一切形式的民族利己主义和民族歧视。

新时代民族工作与民族交往交流交融[①]

一、文献回顾与问题的提出

党的十八大以来，我国民族工作进入新时代，在理论与实践领域进行了一系列的重大创新，民族交往交流交融进一步加强。一方面，以习近平同志为核心的党中央从实现"两个一百年"奋斗目标和实现中华民族伟大复兴中国梦的高度，对以往的成就与经验进行总结，通过组织民族与边疆地区基层调研，召开中央民族工作会议、中央统战工作会议、全国宗教工作会议及其他专题会议，出台政策法规文件等多个层面推进民族工作的完善与创新。对事关民族工作、民族交往交流交融全局和长远的一系列重大问题提出了许多富有创见的新理念、新思想、新论断和新要求，对当前和未来的工作做出了极具前瞻性的重大决策部署，精辟地概括了中国特色解决民族问题的正确道路的丰富内涵，系统地阐述了坚持和拓展这条

[①] 本文原发表于《中央民族大学学报》（哲学社会科学版）2019年第5期。第二作者章昌平为中国社会科学院大学博士研究生。

道路的基本要求、重点难点和关键所在。① 这些重要论述一方面既阐明了新时代民族工作的指导思想和顶层设计,也指明了民族工作的创新理论和创新政策,更指出了民族工作的方式和方法,为我国的民族工作指明了前进方向,提供了行动指南和基本遵循。另一方面,在民族地区社会稳定、脱贫攻坚、基础设施改善、经济社会发展、环境保护与生态文明建设等诸多实践领域取得了前所未有的重大进展,民族团结进步创建工作、建设各民族共有精神家园与铸牢中华民族共同体意识稳步推进,为2020年各族人民一道全面建成小康社会打下坚实基础。

在此背景下,对新时代民族工作理论与实践进行总结也成为学术界的研究热点之一。学者们的研究主要体现在以下两个方面:一是围绕党的十八大以来党中央召开有关民族工作的重要会议以及习近平总书记系列重要讲话进行分析和总结,阐述习近平新时代民族工作理论。研究成果包含对习近平总书记关于新时代、新形势下民族工作重要论述的梳理与学习体会,[②③④] 对中央民族工作会议、党

---

① 毛胜:《坚定不移走中国特色解决民族问题的正确道路——学习习近平关于新形势下民族工作的重要论述》,《党的文献》2017年第4期。
② 毛胜:《坚定不移走中国特色解决民族问题的正确道路——学习习近平关于新形势下民族工作的重要论述》,《党的文献》2017年第4期。
③ 解永强、黄晓翠、王目星:《坚定不移地走中国特色解决民族问题的正确道路——深入学习习近平总书记关于民族工作的重要论述》,《陕西社会主义学院学报》2017年第3期。
④ 中共国家民委党组:《新形势下做好民族工作的行动指南——学习习近平总书记关于民族工作的重要论述》,《求是》2014第15期。

的十九大等重要会议精神的解读,[①②] 论述习近平新时代民族工作理论的形成标志、深刻内涵、主要内容和意义、地位等。[③] 研究成果梳理了习近平新时代民族工作理论产生的现实背景和重要理论渊源;[④⑤] 从认识论、方法论、重点论、战略论与实践论等多个维度阐述了新时代民族工作的基本前提、方法原则和重点环节,[⑥] 系统总结了习近平新时代民族工作理论的内涵和主要内容;[⑦⑧⑨] 从民族工作方法论创新发展、社会主要矛盾转化、民族区域自治、意识形态等

---

① 马戎:《旗帜不变,稳住阵脚,调整思路,务实改革——对中央民族工作会议的解读》,《青海民族研究》2015年第2期。

② 格日勒图、金炳镐:《党的十九大精神与新时代民族工作》,《云南民族大学学报》(哲学社会科学版)2018第1期。

③ 马超:《十八大以来习近平关于党的民族工作理论创新》,《思想政治教育研究》2018年第3期。

④ 张峰、田德鹏:《习近平民族工作思想之理论渊源与三重思维》,《河南师范大学学报》(哲学社会科学版)2018年第3期。

⑤ 邓新星:《习近平民族工作思想的产生、内涵与意义》,《民族学刊》2017年第5期。

⑥ 杨学平:《论习近平关于新时代民族工作重要论述的三维解析》,《中共宁波市委党校学报》2018年第5期。

⑦ 刘宝明:《习近平民族工作新理念新思想新战略的理论内涵和历史贡献》,《中南民族大学学报》(人文社会科学版)2018年第5期。

⑧ 穆殿春:《新认识 新理论 新举措——十八大以来党的民族工作思想探析》,《广西师范学院学报》(哲学社会科学版)2016年第5期。

⑨ 吴月刚、肖锐、金炳镐:《试论习近平新时代民族工作思想体系》,《民族研究》2017年第6期。

视角对习近平新时代民族工作理论进行阐述;①②③④⑤认为习近平新时代民族工作理论是中国特色社会主义民族理论政策的重大理论创新,是逻辑严密、系统完整、结构严密的科学理论体系,⑥为新时代"怎样认识民族工作、怎样做好民族工作"指明了方向和基本遵循,具有科学性、实践性、继承性和创新性等特点。⑦二是对新时代民族工作的基本成效、实践经验、总体特征与主要方向、重点领域、发展趋势等展开了丰富的探讨。研究成果认为党的十八大以来在民族工作领域打出了多个"组合拳",在坚持和完善民族区域自治、促进民族地区同步实现全面小康、加强各民族交往交流交融、确保民族地区长治久安、提高依法治理民族事务能力等方面开展了丰富的实践,取得了民族理论创新化和民族工作专业化、民族地区治理现代化与经验制度化、民族经济社会发展小康化与均等化、民族团结进步载体多样化与示范化、民族工作中国智慧理论化与国际化、民族工作覆盖范围内地化与城市化等重要成效,呈现地位特殊化、

---

① 王希恩:《新时代社会主要矛盾转化背景下民族工作的着力点》,《中国民族》2017年第 Z1 期。
② 孙懿:《党的十八大以来民族工作方法论创新发展研究》,《中央民族大学学报》2017年第 2 期。
③ 郭培培:《十八大以来民族工作领域意识形态建设浅析》,《中共南京市委党校学报》2018 年第 2 期。
④ 乔智敏,杨旭,林艳:《中央民族工作会议与民族区域自治理论、政策、制度发展》,《中南民族大学学报》(人文社会科学版) 2018 年第 1 期。
⑤ 郝时远:《民族区域自治——中央民族工作会议讲了什么?》,《中央民族大学学报》2015 年第 2 期。
⑥ 王新红:《逻辑·架构·内容:习近平新时代民族工作思想的三个维度探析》,《中南民族大学学报》2018 年第 2 期。
⑦ 王新红:《十八大以来中国特色社会主义民族理论与政策的丰富和发展》,《中南民族大学学报》(人文社会科学版) 2017 年第 1 期。

价值人本化、表达大众化、思路科学化、发展阶段性等特征。①②

作为新时代民族工作的主要方向和重点领域之一，促进各民族交往交流交融也引起了学术界的高度关注。学者们对其理论来源和提出过程进行分析，认为马克思主义民族融合理论及其中国化是民族交往交流交融思想的重要理论依据，而21世纪以来国内民族关系及问题出现的新变化和新特点则是其提出的现实背景，其提出和发展过程的重要节点包含了第五次中央西藏工作座谈会、第二次中央新疆工作座谈会和2014年中央民族工作会议。③④从理论上阐述了"三交"思想的内在逻辑、中国特点和逻辑进路，认为三者是一个层级递进的关系结构，存在一定的时空逻辑和动力机制；在中国场景中包含了共同团结奋斗的时代主题、共同繁荣发展的精神要义以及在多元一体格局中如何处理好"多与少""母和子""浓与淡"三种关系的辩证统一；在促进民族交往交流交融中要凝聚共性、尊重差异和开放包容。⑤构建了社会互动过程、民族交往心理结构、文化适应策略和族际接触理论为民族交往交流交融的促进机制，促进双语教育、加强民族交往认知、加强民族文化适应策略引导和加

---

① 王斌、曾昭伟：《十八大以来习近平民族工作思想论略》，《湖南工业大学学报》2017年第3期。
② 刘荣：《当好新时代民族团结的践行者 促进者 守护者：中国民族工作的新趋势》，《云南民族大学学报》（哲学社会科学版）2018年第2期。
③ 陈永亮：《关于"加强民族交往交流交融"理论的思考——中央民族工作会议精神学习体会》，《民族论坛》2014年第12期。
④ 杨须爱：《马克思主义民族融合理论在新中国的发展及"民族交往交流交融"提出的思想轨迹》，《民族研究》2016年第1期。
⑤ 马瑞雪、李建军、周普元、李蕾：《论民族交往交流交融》，《新疆师范大学学报》2019第2期。

强民族接触与互动被认为是促进各民族交往交流交融的实现机制。[1]对广西、河南、四川、广东、江苏、安徽等地的实证案例进行了研究，分析各地的历史经验、影响要素、互动空间和深化路径，[2][3][4]对国外推动民族"三交"的模式经验也进行了介绍。[5]形成了民族学、社会心理学等理论视角，探讨了互嵌式社区建设、文化涵化、网络交流等实践途径。[6][7][8]

综上所述，新时代民族工作和民族交往交流交融受到学者们的高度关注。但目前的研究成果更多侧重于理论创新的层面，对新时代民族工作实践总结的文献较少。民族"三交"思想的研究则存在较为分散、理论性和系统性稍显不足的情况。党的十八大以来我国民族工作实践取得了哪些具体成就、民族交往交流交融有哪些实践途径，在具体实践中，如何处理区域自治的制度安排、民族地区与少数民族全面发展、少数民族人口跨区域流动以及铸牢中华民族共

---

[1] 姜永志、白红梅、李敏：《民族交往交流交融的社会心理促进机制及实现路径——基于社会心理学的视角》，《西南民族大学学报》（人文社会科学版）2018年第7期。

[2] 张立哲：《新疆少数民族外出务工人员在当地交往交流交融实证研究——基于广东、江苏、安徽等地的调查》，《新疆社会科学》2018年第1期。

[3] 杨军：《广西多民族杂居格局与各民族交往交流交融互动空间研究——广西民族区域自治60年历史经验研究系列论文之二》，《广西民族研究》2018年第1期。

[4] 徐海鑫、项志杰：《旅游对民族杂居地区经济发展与民族交往交流交融的影响研究——以四川省阿坝藏族羌族自治州为例》，《青海社会科学》2018年第3期。

[5] 陶砥：《新加坡推进民族交往交流交融的模式分析》，《民族学刊》2018年第4期。

[6] 袁淑玉、王震：《民族交往交流交融的一招好棋——为什么要建设民族互嵌式社区》，《人民论坛》2017年第13期。

[7] 张立辉、赵野春、许华峰：《网络空间各民族交往交流交融新途径的思考》，《黑龙江民族丛刊》2017年第5期。

[8] 杜娟：《从文化涵化视角看我国各民族交往交流交融》，《民族大学学报》（人文社会科学版）2017年第6期。

同体意识等不同层次的关系，如何处理城市民族工作、互联网交流等新现象新问题需要进行系统的梳理和回答。

二、中国特色社会主义新时代为民族工作指明了发展方向提供了行动指南

（一）中国特色社会主义新时代确立了指导党和国家各项工作的时代基点

在党的十九大报告中，习近平总书记做出了"中国特色社会主义进入了新时代"的重大政治论断，这是"我国发展新的历史方位"，[①]也是党的十八大以来以习近平同志为核心的党中央紧密结合国内外形势变化和我国社会主义各项事业发展的新实践、新进展，审时度势、因时制宜做出的重大判断。"中国特色社会主义事业进入新时代"蕴含了丰富的内涵，体现了新的发展要求和发展特征，对我们准确认识和把握中国特色社会主义发展阶段、发展现状、发展方向、发展要求具有十分重要的意义，成为指导党和国家各项工作的宏大时代背景和实现中华民族伟大复兴中国梦的崭新时代基点。首先，不同的时代有不同的内涵，表述出特定社会历史阶段的范畴。[②]新时代是中国特色社会主义进入新的历史发展阶段，中华民族在经历了从"被奴役"到"站起来"，到"富起来"，再到迎来"强起来"光明前景的历史逻辑，实现了伟大的飞跃。党的十八大以来，中国特色社会主义事业发生了历史性变革，取得了全方位、

---

① 习近平：《决胜全面建成小康社会 夺取新时代中国特色社会主义伟大胜利》，《人民日报》2017年10月28日第1版。
② 陈晋：《深刻理解中国特色社会主义进入新时代》，《人民日报》2017年11月30日第7版。

开创性的成就。我国的发展站到了新的历史起点上。其次,国内社会主要矛盾转化为"人民日益增长的美好生活需要和不平衡不充分的发展之间的矛盾"。人民的需要从物质文化领域向物质文明、政治文明、精神文明、社会文明、生态文明全面拓展,要求我们在新发展理念的指导下,努力实现更高质量、更有效率、更加公平与协调、更可持续的发展。最后,习近平新时代中国特色社会主义思想确立为党和国家的指导思想。新的指导思想科学回答了"人类向何处去""社会主义向何处去""当代中国向何处去""中国共产党向何处去"四个重大时代问题,创造性地回答了当代人类面临的重大问题并给出了解决这些问题的中国方案,不断提炼对社会主义理论和实践、中国特色社会主义建设的规律性认识,全面推进党的执政理论创新,形成了一系列治国理政的新理念、新思想、新战略。[1]党的十九大系统阐释了这一理论探索,将其确立为"全党全国人民为实现中华民族伟大复兴而奋斗的行动指南"[2],并写入党章和宪法,成为我们党、国家和人民建设社会主义各项事业的指导思想和行动指南。

(二)中国特色社会主义新时代指明了民族工作面临的新形势与阶段性特征

新时代确立的历史方位和行动指南也为新时代民族工作指明了新形势与新任务。首先,必须从"八个坚持"和"四个纳入"的战略高度与发展方向来看待新时代的民族工作。"八个坚持"明确

---

[1] 金民卿:《重大时代之问的系统回答——习近平新时代中国特色社会主义思想的发生逻辑》,《中国特色社会主义研究》,2018年第3期。
[2] 习近平:《决胜全面建成小康社会 夺取新时代中国特色社会主义伟大胜利》,《人民日报》2017年10月28日第1版。

提出要坚定不移走中国特色解决民族问题的正确道路，"四个纳入"则把民族工作前所未有地提高到事关党和国家工作大局的战略高度，为如何做好新时代民族工作指明了方向、提供了基本遵循。其次，要正确认识"统一多民族国家"和"中华民族多元一体格局"这一基本国情，认清民族地区发展的"家底"。深刻把握我国解决民族问题和开展民族工作的立足点，正确处理好中华民族和各民族即大家庭和家庭成员的关系，处理好一体与多元之间的关系。认清民族地区发展存在的不均衡、不充分，同全国一道实现全面建设小康社会目标难度较大的现状；认清民族地区集"六区"于一体的"家底"。民族地区发展要抓主要矛盾，解决突出问题，要处理好外部驱动力援助和内源式增长动力培育的关系，发挥好中央、发达地区、民族地区三个积极性。最后，新时代民族工作需要牢牢抓住为实现中华民族伟大复兴而共同团结奋斗这一主题。要深刻认识到中华民族是一个命运共同体。各族人民应该自觉认识到自己的命运同中华民族整体命运是紧紧联结在一起，实现中华民族伟大复兴应该成为各族人民共同的"中国梦"。要认识到工业化、信息化和农业现代化的深入发展和新型城镇化、乡村振兴战略的实施给开展民族工作的环境和条件带来的根本性变化。要掌握新时代民族工作"五个并存"的阶段性特征和目前民族工作的机遇与挑战、成绩与问题。

（三）中国特色社会主义新时代指明了民族工作的根本任务与重大任务

新时代民族工作必须牢牢抓住"发展"这一根本任务。"发展是解决民族地区各种问题的总钥匙"[①]。要抓住这把总钥匙：一是要统筹推进国家政策支持、发达地区外部支援、民族地区内生潜力，把"最大限度调动当地群众的积极性"放在首位，变"要我发展"为"我要发展"。二是民族地区要推动精细化发展策略，紧扣各地实际，实事求是推进经济社会发展，把握"四个方面、八个重点"加快民族地区经济社会发展。三是民族地区在全面建成小康社会进程中不掉队，要确保民族地区"与全国同步建成全面小康社会"。四是重视民族地区扶贫攻坚，扶贫开发工作要找准路子、突出特色，深入实施精准扶贫、精准脱贫。

新时代民族工作必须紧紧抓住"铸牢中华民族共同体意识"的重大任务。一是要维护国家统一和实现民族团结进步，切实形成各民族交往"六个相互"的生动局面，促进各民族像石榴籽一样紧紧抱在一起。二是要增强"五个认同"，提高中华民族共有精神家园建设水平，大力培育中华民族共同体意识，筑牢中华民族一家亲的思想基础。三是要加强各族人民交往交流交融，弘扬和践行"三个离不开"思想，创造各民族共居、共学、共事、共乐的生活环境，强化各民族手足相亲、守望相助的意识。四是要创造有利的社会环境，推动社会主义核心价值观既能内化于心又能外化于行，引导各民族人民在自觉践行社会主义核心价值观的过程中，牢固树立正确的历史观、民族观、国家观和文化观。

（四）中国特色社会主义新时代指明了民族工作的总目标和新路径

新时代民族工作应围绕稳定和长治久安的总目标推进治理体系

[①]《习近平谈扶贫》，《人民日报》（海外版）2016年9月30日第7版。

与治理能力现代化。一是要坚持和完善民族区域自治制度，全面推进依法治国理念在民族地区、民族工作领域的实施，坚持统一和自治、民族因素和区域因素相结合，落实好宪法和民族区域自治法的各项规定。二是要推进民族事务治理的法治化，运用法治思维和法治方式解决民族问题，"各族群众自觉按法律办事"，"对一切分裂祖国、破坏社会稳定的行为都要依法打击"。三是要重视和做好城市民族工作，推动建立互嵌式社会结构和社区环境，积极改进工作方式和管理机制，实现切实保障各民族合法权益和引导少数民族群众自觉遵纪守法协调发展，城市发展和少数民族群众融入城市双赢的局面。四是要加强坚持党的领导，全面加强党的建设，加强人才培养和新时代民族工作干部队伍建设，不断提升民族地区的中国共产党组织执政能力，建立健全民族工作机构设置，完善民族工作领导体制和工作机制。

三、中国特色社会主义新时代开创了民族工作新局面取得了新进展

（一）边疆民族宗教统战工作理论创新和治理经验制度化持续推进

党的十八大以来，党和国家高度重视边疆民族宗教统战工作，先后召开了中央民族工作会议、中央统战工作会议、西藏工作座谈会、全国民族教育工作会议、全国城市民族工作会议、全国宗教工作会议等重要会议，科学分析了民族工作、统战工作和宗教工作面临的国内外新形势、新情况、新问题，明确了边疆民族宗教统战工作的指导思想、基本要求、主攻方向，对边疆地区、民族地区的经济社会发展、民族团结、社会稳定和长治久安，巩固和发展最广泛

的爱国统一战线，积极引导宗教与社会主义社会相适应，加强城市民族工作等提出了一系列重大战略方针。出台了系列促进边疆民族宗教统战工作发展的重要文件和法规条文，《关于加强和改进新形势下民族工作的意见》《中国共产党统一战线工作条例（试行）》《关于加快发展民族教育的决定》颁布实施，修订了《宗教事务条例》。国家民委、公安部、教育部等国务院各部委颁布施行有关双语教育、公民民族成份登记和推进民族团结进步创建活动"六进"的系列配套文件，实施人才计划等配套工程。将加大对"老少边穷"地区的转移支付和"实施脱贫攻坚工程"纳入国家"十三五"规划。实施《关于支持沿边重点地区开发开放若干政策措施的意见》，对沿边重点地区开发开放、兴边富民行动提出支持，推动实现稳边安边兴边的具体举措。

从中央密集召开的各项专题会议到党的十九大，涉及民族工作的内容之多，对民族工作的重视之高，达到了前所未有的程度，也取得了令人瞩目的成绩，无不闪耀着创新的光芒，体现着中国共产党人结合中国特色社会主义新时代特征和要求对民族工作的思考与实践[1]。围绕推进"四个全面"战略布局和"五大发展理念"，在新疆、西藏等边疆民族地区坚定不移地开展反分裂斗争和反"三股势力"破坏、促进经济社会发展、保障和改善民生、加强民族团结和宗教事务治理、维护社会稳定和长治久安、加强环境保护和维护国

---

[1] 陈瑛：《新时代民族工作的科学指南：深入学习习近平民族工作思想》，《四川警察学院学报》2017年6版，第8—12页。

家生态安全。①② 将民族工作、宗教工作上升为全局性工作,③ 坚定不移走中国特色解决民族问题的正确道路。把民族宗教工作的本质概括为群众工作,积极引导宗教与社会主义社会相适应。大力推进边疆民族宗教统战事务治理的法治化,提出依法治疆、依法治藏、依法治教等重要原则,出台《中国共产党统一战线工作条例(试行)》推动统战工作进一步制度化、法制化、规范化。十八大以来,党和国家在边疆民族宗教统战领域的系列理论创新与工作部署,有力地维护了民族地区和谐稳定与全面发展的良好局面,有效地促进了民族地区政治、经济、社会、文化、生态五位一体格局发展的良好态势,民族地区全面建成小康社会的基础进一步夯实。近年来,我国边疆民族宗教统战工作各项事业取得了显著的成效。2015 年以来,我国先后迎来了西藏(50 周年)、新疆(60 周年)、内蒙古(70 周年)、宁夏(60 周年)和广西(60 周年)五个自治区成立逢十周年的纪念日。各自治区举办了隆重的庆祝活动,党中央均派出了代表团前往祝贺,各族各界干部群众欢聚在一起,共同庆祝各族人民同呼吸、共命运、心连心、守望相助、亲如一家,共同团结奋斗、共同繁荣发展,创造了令人瞩目的辉煌成就。

(二)建设各民族共有精神家园和铸牢中华民族共同体意识稳步推进

中华民族共同体在内涵和外延上应该包含三个方面的内容:作

---

① 习近平:《依法治藏富民兴藏长期建藏 加快西藏全面建成小康社会步伐》,《人民日报》2015 年 8 月 26 日第 1 版。

②《坚持依法治疆团结稳疆长期建疆 团结各族人民建设社会主义新疆》,《人民日报》2014 年 5 月 30 日第 1 版。

③《中央统战工作会议》,http://tyzx.people.cn/GB/372203/395653/index.html,访问日期:2019 年 5 月 20 日。

为人的共同体，即全体中国公民的共同体；作为文化的共同体，即在各民族文化特色的基础上逐步交融、整合形成中华民族文化共性的共同体；作为经济利益的共同体，即各民族长期交往交流交融形成的"你中有我，我中有你"的利益共同体。[①]中华民族共同体建设既需要物质基础，也需要思想认同，需要在思想基础上建立各民族共有精神家园和树立中华民族共同体意识。

1. 对铸牢中华民族共同体意识思想认识不断深化

2014年5月，习近平总书记在第二次中央新疆工作座谈会上明确指示"高举各民族大团结旗帜，牢固树立中华民族共同体意识"思想。同年9月，在中央民族工作会议上，将"坚持打牢中华民族共同体的思想基础"纳入中国特色解决民族问题正确道路的"八个坚持"中。同年12月，《关于加强和改进新形势下民族工作的意见》进一步明确了这个基本要求。此后有关"筑牢中华民族共同体意识"的表述将"中华民族共同体"提到一个"前所未有的新高度"，成为新时代民族工作的主体和关键。2015年5月，中央统战工作会议将民族工作从"四个认同"调整为"五个认同"。同年国庆前夕，习近平总书记在接见基层民族团结优秀代表时从"培育中华民族共同体意识"进一步提炼出了各民族是互相离不开的"中华民族命运共同体"。2017年10月，在党的十九大报告中，习近平总书记提出了"铸牢中华民族共同体意识"这一重大时代命题。

从"牢固树立"到"筑牢"和"培育"，再到强调"铸牢"中华民族共同体意识，不是简单的词句使用的变化，而是充分地体现

---

① 沈桂萍：《铸牢中华民族共同体意识是新时代民族工作的核心理念》，《中央社会主义学院学报》2017年第6期。

了党中央在新时代、新时期、新形势下对民族工作新内涵和重大历史使命认识不断深化的演变过程，更是新时代党和国家各项事业指导思想在民族工作这一具体领域的体现，是各民族广泛交往交流交融、"你中有我、我中有你、谁也离不开谁"的命运共同体关系的深刻反映。中华民族共同体意识、中华民族一家亲、各民族共有精神家园、中华民族命运共同体都是习近平总书记关于民族工作不断发展的思想精华，也是中国共产党新时代民族工作的理论主线和指导方针。①

2. "中华民族"入宪为铸牢中华民族共同体意识提供了宪法保证

2018年3月，十三届全国人大在《中华人民共和国宪法修正案》序言第七和第十自然段增加了"中华民族伟大复兴"的内容。这是"中华民族"首次写入中国宪法，其意义重大而深远，在中华民族发展史和现代民族国家建设史上具有里程碑式的意义。"中华民族"入宪，从根本法的高度确立了中华民族多元一体格局和56个民族的宪法地位，为把握我国统一多民族国家的基本国情提供有力的宪法遵循，在法律基础上奠定了中华民族认同、各民族自我认同和各民族相互认同的依据和基础。"中华民族"入宪为依法治理民族事务提供了根本法保障，从根本法的高度为《中华人民共和国民族区域自治法》《中华人民共和国反分裂国家法》《中华人民共和国国家安全法》等法律法规的实施提供最高效力依据，有助于推进民族事务治理的法治化运行，有助于遏制民族分裂主义的抬头，有

---

① 王延中：《铸牢中华民族共同体意识建设中华民族共同体》，《民族研究》2018年第1期。

助于促进各民族交往交流交融和铸牢中华民族共同体意识。为实现中华民族伟大复兴的中国梦提供了有力的根本法保障,教育引导各族人民牢固树立正确的国家观、民族观,更加深刻地认识到民族团结和国家统一是56个民族共同的最高利益。①

3. 增强"五个认同"不断推进各民族共有精神家园建设

筑牢民族团结的人心防线,贯彻实施《关于全面深入持久开展民族团结进步创建工作 铸牢中华民族共同体意识的意见》。各地召开了部署工作的电视电话会议,制定了实施意见。各民族地区牢牢把握"两个共同"的主题,牢固树立"三个离不开"的思想观念,增强各族群众的"五个认同",打牢民族团结的思想基础,建设各民族共有精神家园,积极培育中华民族共同体意识。第一,坚持党的全面领导,增强各族人民对中国共产党的认同。教育引导各族人民深刻认识中国共产党领导是历史的选择、是国家的根本命脉、是各族人民的根本利益所在等。第二,着力提升各族人民对经济社会发展成果的获得感,提升幸福感、安全感,增强各族人民对中国特色社会主义的认同。在实现全面建成小康社会目标指引下,民族地区明确提出了加快各项事业发展的一系列重大举措,强调做好"四个方面、八个重点"工作。中央支持、发达地区支援和民族地区自力更生"三个积极性"得到充分调动,推动民族地区的经济社会全面发展,各族人民生活蒸蒸日上。第三,弘扬爱国主义传统,不断增强各族人民对伟大祖国的认同。持续推进富民、兴边、强国、睦邻,不断开创祖国边疆繁荣稳定团结和谐新局面。全

---

① 李占荣等:《"中华民族"入宪具有里程碑式的意义——专家学者谈"中华民族"入宪》,http://www.mzb.com.cn/html/report/180423639-1.htm,访问日期:2019年5月22日。

方位、多层次加强爱国主义教育，在各族群众中大力弘扬和培育以爱国主义为核心的民族精神。第四，繁荣发展优秀传统文化，建设各民族共有精神家园，不断增强各族人民对中华文化的认同。"加强中华民族大团结，长远和根本的是增强文化认同"。以社会主义核心价值观为引领，大力发展和繁荣各民族文化事业和文化产业，推动各民族优秀传统文化在创造性转化、创新性发展和融合性发展方面迈出新的重大步伐，唱响了"中华民族一家亲，同心共筑中国梦"的主旋律，中华民族共有精神家园建设取得显著成效。第五，深化各民族交往交流交融，不断增强各族人民对中华民族的认同。把促进各民族"三交"作为衡量民族工作成效的重要标准，通过积极构建相互嵌入式的社会结构和社区环境推动民族"三交"工作的实践化。积极推进民族团结宣传教育的人文化、大众化、实体化，民族团结进步创建示范基本形成省（区）、州（地、市、盟）、县级及以下的多级联动格局，各民族共居、共学、共事、共乐的条件不断改善，中华民族共同体意识不断增强。

（三）民族地区和少数民族经济社会发展小康化均等化

民族地区和少数民族的小康是全面建成小康社会的重要组成，没有前两者的小康，就没有全国的全面小康。党和国家通过制定实施一系列支持政策，不断加大对民族地区的支持与投入，深入推进民族地区脱贫攻坚、加大对口支援、实施兴边富民行动、推动"一带一路"建设、加强民族教育和传统文化保护、建设少数民族特色村镇等工作、扶持人口较少民族发展，民族地区"五位一体"建设格局与全面小康社会建设取得新进展，为2020年民族地区全面建成小康社会打下了坚实基础。

1.民族地区经济发展量质齐升,民生显著改善

党的十八大以来,民族地区经济保持了较高的发展速度,与全国差距不断缩小。除内蒙古外,其他7省区GDP（国内生产总值）增速多年来均高于全国平均水平；西藏、贵州、云南等民族省（自治区）GDP（国内生产总值）增幅名列前茅；2017年民族八省区GDP（国内生产总值）全年实现8.49万亿元,同比增长7.6%；全社会固定资产投资总额8.87万亿元,增长11.8%。[①]产业结构进一步优化,特色优势产业支撑作用增强,民族地区深化供给侧结构性改革,不断优化要素配置,提高供给体系质量,加快调结构、促转型的步伐,淘汰落后产能、化解过剩产能,产业结构进一步优化；深入实施创新驱动发展战略,大数据、电子商务、新能源、新材料、生物产业、现代服务业等特色优势产业发展较快,贵州持续打造国家大数据中心,青海青藏高原云计算大数据、新能源大数据中心投入使用；现代服务业蓬勃发展,旅游产业成长为支柱产业的趋势明显,旅游发展从"景点旅游"模式走向"全域旅游"模式,2017年民族八省区共接待游客21.56亿人次,实现旅游总收入25639.23亿元。[②]实施新型城镇化和乡村振兴战略,城镇化率不断提高,推进"三农"发展新跨越,推进农牧业和农村、牧区现代化,进一步促进城乡区域协调发展。

基础设施进一步改善,自我发展能力显著加强。国家不断加大投入力度,相继在民族地区安排了一批重大基础设施建设项目,改

[①] 国家民族事务委员会：《2017年民族地区农村贫困监测情况》,http://www.gov.cn/xinwen/2018-08/15/5313944/files/a0182850dccb49998471b5b3d584c279,访问日期：2019年5月22日。

[②] 根据各省2018年统计年鉴计算。

善了民族地区基础设施条件。交通基础设施不断发展。截至2017年底，民族八省区铁路运营里程达到3.45万公里，公里通车里程11.5万公里（其中高速公路3.2万公里），贵州省首先实现"县县通高速"。[①]民族地区通村公路"毛细血管"建设也取得巨大突破，内蒙古提前实现建制村（嘎查）通硬化路的目标；广西实现建制村公路通畅率99.8%。2017年，随着"银西高铁""宝兰高铁""张呼高铁"等线路陆续建设开通，除西藏区外其他民族省区都已经进入高铁时代。水利基础设施建设稳步推进。宁夏扶贫扬黄灌溉一期工程、黄河沙坡头水利枢纽工程、广西百色水利枢纽工程、西藏满拉水利枢纽工程、新疆乌鲁瓦提水利枢纽工程重大水利枢纽建成并投入使用，发挥了航运、发电、灌溉的综合效益；农村人畜饮水工程全面推进，人畜饮水安全问题得到初步解决。信息基础设施建设快速追赶发达地区步伐，一批大数据中心投入使用，信息化建设不断推进。宽带普及率不断提高，2018年底宁夏固定宽带家庭普及率和移动宽带用户普及率均超过100%，青海省移动宽带用户普及率超过98%。移动电话（手机）用户规模不断增长，民族八省区用户规模数已达2.13亿户。[②]

对外开放水平显著提升，边境贸易迅速发展。十八大以来，党中央把加快边疆发展与边疆巩固、边境安全视为同等重要的地位。在党中央作出建设"一带一路"的重大决策部署后，我国全方位对外开放新格局开始形成，边疆民族地区拓展了我国向西和沿边对外开放的战略空间，众多民族地区从对外开放的大后方变成了最

[①] 根据各省2018年统计年鉴计算。
[②] 宽带发展联盟：中国宽带普及状况报告第11期，http://www.chinabda.cn/class/19，访问日期：2019年6月1日。

前沿、桥头堡，从对外贸易的"冷区"、末梢变成了"热点"、枢纽。我国与周边国家倡议建设的新亚欧大陆桥、中国—中亚—西亚、中蒙俄、中国—中南半岛、中巴、孟中印缅等周边地区经济走廊，也将拓展民族地区参与区域经济合作的空间。2015年，《关于支持沿边重点地区开发开放若干政策措施的意见》出台，为民族地区加快沿边开发开放提供了重大机遇。2017年，民族八省区进出口贸易总额为1108.6亿美元，与1978年的4.86亿美元相比，增长了227倍。

城乡居民收入普遍提高，民生显著改善。2017年，民族八省区城镇居民人均可支配收入达到了31553元，同比增长率为8.4%；农村常住居民人均可支配收入达到了10442元，增长率为9.2%。支持民族地区脱贫攻坚的政策体系不断完善，精准扶贫方略在民族地区得到全面贯彻落实，民族地区扶贫攻坚取得重大胜利，已宣布摘帽的28个贫困县中有21个在西部和民族地区；国家不断加大对民族地区脱贫攻坚的支持力度，2016—2018年从中央财政专项扶贫资金中安排给民族八省区1133.1亿元，占全国总投入的43.9%；东西部扶贫协作和对口支援结对关系实现对30个自治州和西部地区贫困县的全覆盖。2017年，民族八省区贫困人口减少到1032万人，贫困发生率降为6.9%，比2010年下降了27.2个百分点。加大对人口较少民族发展的扶持。《"十三五"促进民族地区和人口较少民族发展规划》列出了9大支持政策，提出了37个工程项目，扶持的人口较少民族聚居村增加到2390个。实施兴边富民计划，《兴边富民行动"十三五"规划》提出了六大工程、34项子工程，实施范围覆盖197万平方公里边境地区、30多个民族、2300多万人口。特别是支持"三区三州"脱贫攻坚政策，切实做到抓重点、补短板、强弱项，增强内生动力。

2.民族地区各项事业稳步发展，与全国一道迈向全面小康社会

党的十八大以来，民族地区在政治、文化、社会、生态等各项事业稳步发展，民族地区干部群众对于全面建成小康社会总体充满信心。[①]民族地区政治建设定位明确，重点突出，技术路线方向日益明晰。民族工作的领导体制和日常工作机制逐步完善。党加强对民族工作的全面领导，民族地区中国共产党党组织的执政能力在不断提升，思想、组织、制度等方面的建设得到加强。各级统战部、人大、政府和政协中的民族工作机构设置逐步完善，形成了党委领导、政府负责、各部门协同配合、全社会通力合作的民族工作格局。涉疆涉藏工作座谈会、中央民族工作会议等会议机制，民族团结进步表彰等表彰机制，少数民族文艺会演、传统体育运动会、逢十周年庆祝活动等活动机制不断完善。大力推进民族事务治理法治化。健全民族工作法律法规体系，推进民族事务治理法治化；依法维护各民族平等权利，强化对各民族公民权益的司法保障；加强对法律法规和民族政策执行情况的监督检查，营造良好的法治环境；依法有力打击"三股势力"渗透破坏活动。不断加强少数民族干部队伍建设，依法保障少数民族平等、积极参与管理国家和社会事务的权利。

少数民族文化日益繁荣。党的十八大以来，少数民族文化发展政策体系不断完善，2014年《关于加强和改进新形势下民族工作的意见》对发展少数民族文化事业提出了要求，指出中华文化是各

---

① 王延中、丁赛：《中国民族地区全面小康社会建设研究》，中国社会科学出版社，2018。

民族文化的集大成，要把继承、弘扬少数民族优秀传统文化同各民族共享的中华文化传承、建设有机结合起来。"十三五"规划、兴边富民行动计划、促进民族地区和人口较少民族发展规划，其他涉及少数民族文化工作的专门性文件，都对繁荣发展少数民族文化做出部署。少数民族文化事业繁荣发展，实施了"中国少数民族文学发展工程""广播电视'村村通'工程""西新工程"和农村电影放映"2131工程"。少数民族文学创作、文艺创新蓬勃发展，民族民间音乐、舞蹈、戏剧复苏繁荣，少数民族文艺人才辈出。少数民族语言文字工作稳步发展，新闻出版全面发展。少数民族传统文化得到保护和发展，一批少数民族非物质文化遗产得到有效抢救和保护，文物保护、古籍整理与保护工作不断加强，少数民族特色村寨保护与发展工作广泛开展，已经挂牌两批1057个少数民族特色村寨。现代公共文化服务体系不断完善，文化基础设施建设持续推进，群众性少数民族文化活动广泛开展，少数民族文化人才队伍建设不断壮大。

少数民族社会事业取得历史性成就。少数民族教育事业蓬勃发展，全国民族教育工作会议召开，《关于加快发展民族教育的决定》发布实施，民族教育办学规模和师资队伍不断发展壮大。先后实施了"特岗计划""免费师范生教育""国培计划"中西部项目和幼师国培项目、"农村学校教育硕士师资培养计划"，民族地区教育人才培养取得较大成绩；通过民族地区教育基础薄弱县普通高中建设项目、"两基"攻坚计划、"两免一补"政策，民族地区基础教育等方面取得长足发展。民族院校及民族地区高等教育和职业教育发展成绩喜人，初等、高等职业教育和成人教育已形成一定规模，高校安排少数民族预科招生计划，全国55个少数民族都有了自己的大学生，大多数少数民族有了硕士、博士研究生，维吾尔、回、朝鲜、纳西等十几个少数民族每万人拥有的大学生人数已超过全国的平均水平。民族地区科技事业进步较大。研究与实验发展（R&D）人员数量从2010年12.3万人增至2017年的30.9万人，年均增长率为14.1%左右；2017年，民族八省区研究与实验发展经费内外部支出共计681.9亿元；三种专利有效数25.85万件，其中发明专利授权数6.5万件。民族地区医疗服务条件和服务能力逐步提升。民族八省区卫生机构数、卫生技术人员数和卫生机构床位总数等各项指标的增长率在2011—2018年间大部分高于全国平均水平。民族地区每千人拥有的卫生技术人员数量与全国水平差距也呈缩小趋势。地方病和传染病防治工作成效显著。《民族医药"十三五"科技发展规划纲要》发布实施，民族医药得到广泛开发和应用，已系统整理少数民族医药重要文献150部，编纂少数民族医药古籍目录1864部。同时，筛选出140项少数民族医药特色诊疗技术并推广应用，涉及28个少数民族，服务患者23.77万人次。启动健康扶贫工程，对患大病和慢性病的农村贫困人口进行分类救治，多措并举提高医疗保障水平。民族地区社会保障覆盖范围持续扩大。随着《社会保险法》的贯彻实施和民族地区产业结构的调整优化，社会保险的参保人数逐年增加，保障覆盖面越来越广。2017年，民族八省区年末城镇职工基本养老保险、城乡居民社会养老保险、城镇基本医疗保险参保人数达到3684.6万、7771.8万和15076.6万，2012—2017年平均增长率分别为11.4%、3.01%和38.6%。[1]城乡最低生活保障制度基本实现了"应保尽保"城乡社会救助人数趋于稳定。

---

[1] 根据《2018中国卫生健康统计年鉴》《2018中国统计年鉴》计算。

生态文明建设取得显著成效。西部地区生态功能修复工程和重大生态工程深入推进，民族地区在生态修复、减排治污、生态功能区和保护区建设等方面的投入不断加大，治理成效逐步显现。2016年，民族八省区城市生活垃圾的无害化处理率均呈上升状态，其中宁夏、西藏分别从89.92%和12.66%上升至98.28%和91.15%，上升幅度较大。[1]民族地区污染防治投入不断增长，防治效果良好。2014年以来，民族八省区生态环境保护与治理的资金、资源投入力度高于全国其他地区，工业污染治理投资、林业投资综合和各单项额度等指标占全国的比重均超过了各地GDP（国内生产总值）占全国的比重。水体、土壤与大气的主要污染物排放量与亿元GDP（国内生产总值）的排污量指标都有所下降，大部分地区排污优化程度出现提高态势。

我国超过一半的自然保护区分布在民族地区，截至2017年底民族地区拥有自然保护区647个，总面积达到10109万公顷，占全国总面积的68.7%。各地退耕还林、退耕还草及大气、水、土壤污染整治工作持续推进，广西、云南、青海、新疆森林覆盖率有所提升，云南、贵州、广西、青海空气优良率较高，其中云南2017年全省空气优良率达到98.2%。根据第三方的评估，2016年民族八省区中有5个省区生态文明建设水平即中国省域生态文明指数高于全国平均水平，其中西藏得分79.38位于第一等级，青海、西藏、云南、贵州、广西环境质量位于全国前列。[2]

---

[1] 中华人民共和国住房和城乡建设部：《中国城市建设统计年鉴》，中国统计出版社，2017。

[2] 严耕：《中国省域生态文明建设评价报告》，中国社会科学出版社，2017。

四、中国特色社会主义新时代展现民族交往交流交融新气象

（一）围绕"两个共同"扎实推进民族团结进步创建工作

1. 民族团结进步创建工作不断升格，多级联动局面基本形成

党的十八大以后，加强对民族团结进步示范区的建设和评定工作，不断推进创建工作的内涵深化、工作机制建设，并逐渐从州市级创建工作的探索向省（自治区、直辖市）、州、县三级联动的局面深入发展。2013年9月，民族团结进步示范州（地、市、盟）的测评指标体系公布，并开展了13个州的试点工作。2014年，国家民委开展民族团结进步的"六进"活动，较为系统的创建示范测评机制开始形成。同年，中央民族工作会议提出将民族团结视为各族人民的"生命线"，把加强民族团结作为战略性、基础性、长远性工作来做。"全面深入持久开展民族团结进步创建活动"与"积极培育中华民族共同体意识"，增进各民族群众"五个认同"是列入《中国共产党统一战线工作条例（试行）》的重要内容。2016年和2017年，在"十三五"促进民族地区和人口较少民族发展及兴边富民行动中，民族团结进步创建活动被纳入社会主义核心价值观实践活动之一，并具体部署了推进民族团结进步创建活动和示范区（单位）建设工作。2017年国家民委交流现场会中，"创建活动"升格为"创建工作"。同年10月，党的十九大报告要求"深化民族团结进步教育，铸牢中华民族共同体意识"，使民族团结进步创建工作得到进一步重视，指明了新时代民族团结进步事业发展的目标方向。

团结进步创建工作的不断升格，使创建内涵也在不断深化。一是将民族团结置于中华民族和各民族生存发展的高度，用"生命线"这一重要命题来形容民族团结的重要性，凸显了民族团结对于

维护祖国统一和社会稳定的重要性。二是民族区域自治制度推动民族团结进步，既要看到前者的优越性，也要看到民族区域自治制度与维护民族团结之间的必然联系。三是围绕"两个共同"主题，深化"三个离不开"思想，以多种形式全面深入持久开展民族团结进步创建，坚持"四个重在"，强调"民族团结重在交心，要将心比心、以心换心"，不断增强"五个认同"，巩固和发展平等团结互助和谐的社会主义民族关系，建设各民族共有精神家园，铸牢中华民族共同体意识。新时代民族团结进步创建工作形成了示范引导、多级联动的新格局。2017年，民族团结进步创建示范评审命名统一纳入"全国民族团结进步创建示范区（单位）"。2012—2018年，国家民委共命名6批868个县级及以下示范区（单位），30个示范州（地、市、盟）。与此同时，加大了重点区域、重点行业和新社会组织的创建力度。各地区不断加强省级创建工作的顶层设计和统筹规划，各省（自治区、直辖市）均制定示范区建设条例，成立相应的工作机构，切实推进创建工作计划和方案，推进地方不同层次、不同类别民族团结进步示范典型培育打造工作。全国基本实现了省（自治区、直辖市）、州、县三级联动的良好局面，全面铺开，形成了党政主导、部门协同、社会参与、群众主体的工作格局。

2. 民族团结进步创建工作载体多样化，创建工作的示范效应不断增强

新时代民族团结进步创建工作的活动形式和载体不断丰富。一是不断扩展创建工作的领域和阵地，各地区在创建活动"六进"的基础上，向"七进""八进""九进"纵向推进，民族团结进步创建工作从进"机关、企业、社区、乡镇、学校、宗教活动场所"向进"军（警）营、景区、商业街区"等扩展，涵盖了少数民族群众息

息相关的方方面面。二是寓创建于社区管理服务，在城市民族工作中通过成立少数民族联谊会、引入社会组织参与社区民族工作和服务等方式，将民族团结进步创建工作与社区建设、管理服务工作相结合。三是积极应对民族事务"进城""下海""入世"和"上网"，民族关系的表现形式已经从传统的民族群体（或其部分）之间、不同民族成员之间相互交往的关系，转变为更加多元的、以曲折的方式表现出的关系等新形势新情况，强调民族团结进步创建工作主体多元化，以治理的思路和方法构建新型民族事务服务体系，实现民族事务治理体系和治理能力现代化。四是不断创新民族团结宣传教育，充分利用少数民族传统节庆、重大纪念日集中开展民族团结进步主题宣传教育；利用信息化、网络化手段，通过新技术、新媒体，多渠道、全方位地开展民族团结进步教育；开展"民族团结一家亲"活动，通过"结对子"的形式，开展"五同"（同吃、同住、同劳动、同学习、同娱乐）和"四送"（送法律、送政策、送温暖、送文明）活动等。五是开展创建主动对接工作，推进创建工作协同发展。建立健全创建协作机制，实现跨区域民族团结进步创建工作的对接、协作机制，协同推动创建工作久久为功。六是开展民族团结进步表彰活动，通过召开六次全国民族团结进步表彰大会，国务院共表彰了6428个全国民族团结进步模范集体和个人，促进民族团结良好氛围的营造。七是各地根据实际因地制宜地开展丰富的创建活动，通过实施强基固本、维护发展稳定、争取民心、改善民生的实实在在项目，大力推进创建活动项目化、项目工程化、工程菜单化，形成创建品牌。

(二)城镇化促进各民族人口跨区域流动,城市成为各民族"三交"的新平台

城市民族工作将成为新时代民族工作的重要内容,城市成为各民族交往交流交融的新平台。

首先,快速城镇化过程推动各民族近距离接触。随着人口迁移和城镇化的不断推进,少数民族流动人口进入城市和其他民族人口进入世居民族聚居地成为常态,城市成为各民族跨区域大流动的集中地。据估算,目前全国少数民族流动人口超过2000万,约占少数民族总人口的20%,占全国流动人口的10%;少数民族中居住在城市和散居地区的人口已超过30%,全国有超过20个城市拥有全部56个民族成份。[1]少数民族流动人口一方面能够给流入地带来新的劳动力资源,另一方面也给流出地脱贫攻坚和经济社会发展提供了有利条件,同时也极大地促进了各民族交往交流交融。

其次,城镇化将促进民族工作覆盖范围的内地化和城市化。城镇化带来的各民族跨区域大流动的活跃期,促使中国传统民族分布格局发生重大改变,少数民族人口从民族地区迁移到东部地区、从农牧区迁移到城市、从聚居地区的常住少数民族人口转变成散居地区的少数民族流动人口,民族工作和服务日益普遍化、社会化和民间化。十八大以来,党和国家十分重视城市民族工作。2014年,中央民族工作会议中城市民族工作被确定为重点领域和做好民族工作的重要条件。2016年召开了全国城市民族工作会议,对城市民族工作进行了部署。

---

[1] 国家民委:《让少数民族更好地融入城市——全国城市民族工作会议侧记》,《中国民族报》2016年1月8日第1版。

再次，城市民族工作做出系列创新，促进各族人民的交往交流交融。包括：不断健全城市民族工作法律规范，推动城市民族事务依法管理，保障各民族合法权益；加强和创新少数民族流动人口服务管理，抓好流出地和流入地的两头对接，实现跨地区协作和信息共享，解决少数民族进入城市后的"三个不适应"；把着力点放在社区，推动建立相互嵌入式的社会结构和社区环境；创新城市社区民族团结教育实践活动，开展民族团结进步创建工作，实施困难少数民族帮扶"暖心工程"。

最后，加强城市民族事务治理体系现代化建设，充分发挥政府治理和社会调节、居民自治的作用，实现多元共治和良性互动。推动多民族的空间融合、社会融合和心理融合，促进族际交往交流交融，各民族相互"了解、尊重、包容、欣赏、学习、帮助"，确保少数民族群众进得来、留得住、融得进、过得好，各民族在城市中"共居、共学、共事、共乐"，实现"城市让生活更美好"。

（三）以心换心，筑牢民族团结的人心防线

扩大族际交往，重在交心，以心换心，尊重差异，包容多样，促进文化融合。准确把握各民族共有精神家园的本质属性和时代特征。各民族文化相互之间既存在共同性也存在差异性。作为整体性的解读，各民族共有精神家园包括56个民族的全部文化在内尤其是精神文化，而56个民族的民族共性尤其是民族文化精神的共同性部分，应该是中华民族共有精神家园的本质和内核。但是，共有精神家园的范围并不是一成不变的，随着各族人民之间"三交"的不断加强和深入，共同性和一致性会增多或加强，差异性和异质性在某种程度上会有所弱化。交融不是融合，而是包容特殊的一般、尊重多元的一体，民族"三交"需要正确处理"多元"之间的差异性和"一体"的共同性，要尊重差异、包容多样。

党的十八大以来，随着现代化和城镇化进程的加快，各民族之间的族际交往不断扩大。一方面是约占少数民族 1/5 的人口进入城市，和其他民族一起居住、生活和工作，部分城市 56 个民族成份俱全；另一方面是随着民族地区的不断开放和旅游产业发展，越来越多的汉族与其他少数民族进入民族地区，2012—2017 年间民族八省区共接待国内游客 105.6 亿人次；再则是随着对口支援、结对帮扶的发展，在重大项目建设、对口援助、教育支援等方面促进族际交往，如内地新疆（西藏）高中班、内地新疆中职班、民族高等院校等招生规模不断扩大促进了各民族之间的了解与交流。族际通婚比例不断扩大，56 个民族均与其他民族有跨族婚姻，其中有 12 个民族族际通婚率超过 50%。随着"一带一路"建设的推进，跨境民族交流持续发展，我国充分发挥跨界民族多且语言文化与周边多个国家存在共性等特色，侧重做政策沟通和民心相通工作，重在讲好中国民族团结的故事，展示中国民族工作的成就，向世界介绍民族工作的中国经验和中国智慧。以推进国家通用语言文字教育与普及为突破口，扩大族际交往平台，破除族际交往中的语言障碍。通过大力开展"四个意识"教育，[①]促进族际之间的相互认同与共同心理、共有文化的发展；促进各族人民认同中华文化，认同多民族国家的公民身份，不断增强国家公民意识，通过共同的理想、信念和感情，促使各族人民团结凝聚在一起，筑牢民族团结进步、社会稳定发展的思想基础。

---

① 国家意识、中华民族意识、公民意识、法律意识。

（四）网络空间成为民族"三交"新途径

随着信息化的持续推进，"互联网＋"渗透到生产生活的方方面面。根据中国互联网络信息中心的统计，截至2018年底，我国网民规模达8.29亿，互联网普及率为59.6%，收集网民规模8.17亿。2016年统计数据显示，民族地区网民也已经达到相当大的规模，除云南外其他民族省区互联网普及率均超过40%，新疆、青海的互联网普及率达到了54.9%和54.5%，超过全国平均水平。庞大的网民数量和不断丰富的"互联网＋"应用，使得网络形成了一个全新的数字化、信息化、网络化社会生活空间，并快速地改变人们的思考方式、行为方式和社区形态、社会关系及族群认同。[1]网络空间与民族及民族关系发生联系后，改变了各民族"三交"活动的原生态，带来了新形态。[2]十八大以来，党和国家十分重视网络空间的民族交往交流交融。2014年全国两会期间，习近平总书记十分关心少数民族文字"上网"。在互联网、新媒体环境中，党和政府一方面是支持国家主流媒体开通少数民族文字版本，如人民网在2013年实现了蒙古文、藏文、维吾尔文、哈萨克文、朝鲜文等7种少数民族语言覆盖，另一方面是支持民族地区各类媒体建设。一是持续推进优秀广播电影电视作品的民族语译制工程。二是重视民族语言的网络文化建设，推行少数民族文化产品数字化和上网工程，加强网上各民族文化内容供给和监管，扶持少数民族语言数字化阅读平台建设。利用自然语言处理、机器学习、大数据等现代信息技术加强少数民族语言保护与开发、各民族语言互译工具开发；建立少数

---

[1] 黄少华、翟本瑞：《网络社会学：学科定位与议题》，中国社会科学出版社，2006。
[2] 张立辉、赵野春、许华峰：《网络空间各民族交往交流交融新途径的思考》，《黑龙江民族丛刊》2017年第5期。

民族语言网络信息资源长期保存机制与分布式保存体系。因势利导运用互联网传导信息、传播正能量，善于运用互联网把脉问政，运用互联网解疑释惑。制定规则，加强对互联网空间舆情的监测、预警与引导。

推动新时代各民族"三个相互"创新发展[①]

20世纪80年代,费孝通先生在深入研究中华民族形成和发展过程的基础上提出了"中华民族多元一体格局"的观点,为分析中华民族的形成发展规律、增强中华民族凝聚力、建设中华民族共同体提供了宏大的理论视角。

习近平总书记在2019年全国民族团结进步表彰大会上指出:"一部中国史,就是一部各民族交融汇聚成多元一体中华民族的历史,就是各民族共同缔造、发展、巩固统一的伟大祖国的历史。各民族之所以团结融合,多元之所以聚为一体,源自各民族文化上的兼收并蓄、经济上的相互依存、情感上的相互亲近,源自中华民族追求团结统一的内生动力。正因为如此,中华文明才具有无与伦比的包容性和吸纳力,才可久可大、根深叶茂。"[②] 这段重要讲话将中华民族多元聚为一体的内生动力概括为"各民族文化上的兼收并蓄、经济上的相互依存、情感上的相互亲近",我们将其概括为各

[①] 本文原发表于《西北民族研究》2020年第3期。
[②] 新华社:《习近平:在全国民族团结进步表彰大会上的讲话》,https://www.gov.cn/xinwen/2019-09/27/content_5434113.htm,访问日期:2019年9月27日。

民族"三个相互"。各民族"三个相互"重大论断具有鲜明的科学性、时代性和理论性，对铸牢中华民族共同体意识具有深远的指导意义。

一、"三个相互"：中华民族形成多元一体格局的经济文化心理基础

学习习近平总书记关于民族工作的上述论述，重读费孝通中华民族多元一体格局的相关文章后，我们认为，在中华大地上各民族"三个相互"是促成中华民族形成多元一体格局的三个主要因素。在中华大地上诞生、发展的各民族，共处于统一生存发展空间中，它们在漫长的历史长河中不断增加"三个相互"的广度和深度，在统一国家的框架内形成了中华民族的多元一体格局。

各民族经济上的相互依存为形成中华民族的共同经济生活奠定了经济基础。马克思主义认为，经济基础决定上层建筑。经济活动是人类社会最普遍和最基础的活动，也是促进社会成员和群体间交往交流、相互协作或者相互竞争的内在动力。在这块东亚大地上，在各民族长期交往交流的过程中，经济上的互补性，使民族间、区域间经济联系的广度与深度不断增加，地理上相连的生存空间变成了经济上互补的经济空间，这成为中华民族共同经济生活的基础。费孝通先生指出："民族格局似乎总是反映着地理的生态结构。中华民族生存所处的是一个在地理上自成单元但又生态环境多样丰富的生存空间。"[1] 共同生存空间内部生态环境的多样性使各民族的经济互补成为可能，也构成了各民族形成经济上相互依存格局的发展

---

[1] 费孝通：《中华民族多元一体格局》，《北京大学学报》（哲学社会科学版）1989年第4期。

逻辑。

文化上的兼收并蓄塑造了各民族的共同文化和共有精神家园。在各民族经济上不断提升相互依存程度的同时,各民族文化上的相互借鉴、相互吸收不仅促进了各民族文化的丰富与发展,在此基础上还共同培育发展了56个民族文化之上的中华民族共同体的精神文化,即各民族共有精神家园和中华民族的精神文化,也就是中华文化。中华文化作为更大范围、更高层次、更具引领功能的各民族共享的文化,尤其是其中与历代国家政权特点紧密结合在一起的政治文化、意识形态、价值理念、法律规范等,又超越了各民族自身文化的范畴,成为各民族文化之上代表整个中华民族文化精神的国家文化,引领并规范着各个民族文化的灵魂和发展方向。

今天我国的56个民族,尽管族源不同,规模有大有小,发展水平也有很大差异,但作为中华民族大家庭的平等成员,都对中国历史发展做出了各自的贡献。费孝通先生指出,在中华大地上的各种地方性的文化区和民族集团向一个更大的民族实体即中华民族演化的过程中,各民族间情感上的相互亲近正是伴随着共同性不断增强而不断提升的,并最终汇聚成了中华民族共同的心理素质。各民族人民共同创造了辉煌灿烂的古代历史,共同遭遇了近代以来外敌的侵略与压迫,共同对外国列强的侵略进行了不屈不挠的英勇抗争,在中国共产党领导下共同缔造了中华人民共和国,共同承担着建立社会主义制度、推进改革开放、实现中华民族伟大复兴的历史使命。同呼吸、共命运的"共同"历史,使各民族凝聚成"三个离不开"(汉族离不开少数民族、少数民族离不开汉族、各少数民族之间也相互离不开)的关系。各民族同为中国人的事实,拉近了彼此之间的距离,增强了各民族的亲近感、凝聚力和向心力。中华民族命运共同体是各民族血浓于水的关系的真实写照，也是中华民族屹立于世界民族之林的基础。

费孝通先生三十多年前的研究指出了中华民族多元一体格局形成的历史过程，揭示了这一格局背后的客观事实和历史原因。习近平总书记站在新时代的高度，进一步指出了各民族"三个相互"对于铸牢中华民族共同体意识的重大意义。这是中国特色解决民族问题的正确道路的理论解读，也是做好新时代民族工作的理论指南。

党和政府历来高度重视民族工作，尤其是理论建设和政策实践。党的十八大以来，中国特色社会主义进入新时代，铸牢中华民族共同体意识成为新时代民族工作的主线，通过完善相关制度推动各族人民交往交流交融向纵深发展。本文从进一步推动新时代各民族"三个相互"创新发展的角度，提出几点思考与建议。

二、推动新时代各民族"三个相互"创新发展的实践路径

（一）以国家区域协同发展战略助推各民族经济上相互依存形成新格局

坚持"全国一盘棋"，统筹推进国家区域协同发展战略，形成各民族经济上相互依存的新格局。建设富强民主文明和谐美丽的社会主义现代化强国，实现中华民族伟大复兴是近代以来中华各族儿女的共同梦想。加快少数民族和民族地区的全面小康和现代化建设步伐，对于实现上述目标至关重要。要深入落实国家关于新时代推进西部大开发形成新格局的指导意见，进一步提升民族地区的资源要素开发水平、社会主义市场经济建设水平、产业结构和国民经济体系优化水平，着力破解民族地区发展不平衡不充分的难题。深化经济政策、社会政策的联动协同，提升民族地区群众共享改革开放成果的能力。加快中西部和农村基础设施建设，加大公共财政对补齐不平衡不充分发展短板的支持力度，强化地区之间的相互联系和一体化程度，加大对欠发达地区特别是少数民族地区的支援扶持力度，进一步密切各地区经济上的联系，使各民族经济上的相互依存走向事实上的"全国一盘棋"和全面公平共享改革发展成果的新格局。克服地区间、民族间的"吃亏占便宜"心理，增进各民族群众经济上相互依存的意识，推动各民族交往交流交融向纵深发展，夯实铸牢中华民族共同体意识的物质基础。

（二）以增强中华文化认同开创共有精神家园建设新局面

坚持各民族的中华文化认同，增强社会主义核心价值观引领作用，开创共有精神家园建设新局面。建设新时代各民族的共有精神家园，是推进新时代各民族"三个相互"深入发展的重要思想基础。党的十八大以来，习近平总书记多次强调指出："解决好民族问题，物质方面的问题要解决好，精神方面的问题也要解决好。"[1]价值观是民族精神和国家意识形态的集中体现，是一个国家和民族文化的灵魂，价值观出问题是导致精神滑坡的根本原因。社会主义核心价值观是在坚持马克思主义基本原理的前提下，对中华优秀传统文化和人类文明优秀成果的继承和弘扬，适应社会主义现代化建设的客观要求，与中国特色社会主义发展要求相契合。弘扬社会主义核心价值观，对筑牢人民群众的信仰根基、增强中华民族凝聚力、建设社会主义先进文化至关重要，也是强化"五个认同"的关

---

[1] 新华社：《中央民族工作会议暨国务院第六次全国民族团结进步表彰大会举行》，http://www.gov.cn/xinwen/2014-09/29/content_2758816.htm，访问日期：2014年9月29日。

键。"加强中华民族大团结，长远和根本的是增强文化认同"。[①]建设各民族共有精神家园，要克服"等同于"或"自外于"中华民族的错误言行，正确引导各族人民"树立正确的历史观、民族观、国家观、文化观"。全面正确贯彻党的民族政策和宗教政策，加强民族团结进步创建工作的力度，不断增强各族群众对伟大祖国、中华民族、中华文化、中国共产党、中国特色社会主义的认同，把各民族的中华文化认同，转变为铸牢中华民族共同体意识和促进民族团结的自觉行动。

（三）以铸牢中华民族共同体意识为主线促进各民族交往交流交融迈出新步伐

促进各民族交往交流交融，既是各民族自身发展的客观需要，也是铸牢中华民族共同体意识、推动中华民族共同体建设的重要内容和基本途径。市场化、城镇化、信息化、现代化和全球化的不断发展，促使城乡之间、地区之间、民族之间、国家之间的交往交流交融程度不断提高。封闭孤立没有前途，扩大开放、加强合作是必由之路。坚持"各美其美、美人之美"，才能"美美与共、天下大同"。各民族之间要在加强联系交往的基础上增进了解，相互学习，相互借鉴，取长补短，共同发展。与此同时，要尽量做到换位思考、相互体谅，提高感情相依、情感交融的程度，进而实现相互欣赏、荣辱与共的新境界。为达此目的，要把几千年积累的解决民族问题的历史经验总结好，把中国共产党解决民族问题的正确道路坚持好，把中华人民共和国实现各民族共同团结奋斗、共同繁荣发展

[①] 新华社：《中央民族工作会议暨国务院第六次全国民族团结进步表彰大会举行》，http://www.gov.cn/xinwen/2014-09/29/content_2758816.htm，访问日期：2014年9月29日。

的基本经验贯彻好。民族工作方式方法要在继承中发展、在发展中创新，着力增强各民族"中华民族一家亲，同心共筑中国梦"的自觉意识，并努力使这种自觉意识变成各族人民群众的自觉行动，实现新时代民族工作的新突破。

正确处理各民族文化的差异性与中华文化的共同性的关系，克服极端化、绝对化、简单化的思维方式和工作作风，推动各民族共同心理素质建设取得新进展。一方面，要准确理解和把握民族与国家的关系，不要让关于民族、国家、认同等方面的一系列概念和理论僵化与固化，更不要在民族工作中把看不清、摸不准、吃不透的问题极端化、绝对化、简单化。要准确理解整体与局部、一体与多元的相互关系。要持续加强理论学习，对实践工作给予切实的指导。比如可以像费孝通先生一样，从多元一体的角度看待各民族和中华民族的关系，这有助于把民族关系的平面关系分析上升到历史的、综合的、立体的层面的分析，可以看到更加准确、清晰的图景。另一方面，做好新时代的民族工作，更要在总结继承古今中外解决民族问题历史经验教训的基础上，按照历史发展的本来面目，实事求是地、慎重稳妥地处理好涉及民族因素的各类问题，尤其是注意做好习近平总书记一直强调的"打基础、利长远、润物细无声"的细致工作，不要把今天对相关问题的处理变成留给未来的隐患。

进入新时代，以铸牢中华民族共同体意识为主线，深化"五个认同"特别是中华文化认同，构建各民族共同的民族心理素质，强化各民族经济上的相互依存，把"三个离不开"的民族关系做实做深，强化共同使命和担当精神，培育和提升民族地区、少数民族参与"两个共同"建设的意识与能力，推动各民族"三个相互"创新发展，把中华民族多元一体建设成"三个离不开"的中华民族共同体。

三、以民族理论政策话语体系建设推动"三个相互"创新发展

推动新时代"三个相互"创新发展，把铸牢中华民族共同体意识的工作做实做细，还需要话语体系建设。正确处理民族理论政策继承与创新的关系，围绕铸牢中华民族共同体意识和促进新时代民族工作健康发展，不断创新发展民族理论的话语体系。理论来源于实践，又是实践的指南。中国共产党历来高度重视理论建设，形成了一整套中国特色解决民族问题的正确道路的话语体系，对我们今天的民族工作具有十分重要的指导意义。新时代的民族理论研究必须站稳马克思主义立场，站稳中国立场，站稳时代立场。民族学特别是民族理论政策研究，必须坚持一切从实际出发、从中国国情出发、从现实需要出发、从实地调查出发的基本原则，坚持一切理论尤其是外来理论必须与中国历史与现实相结合的研究路径，坚持民族学的中国化发展方向。民族学具有很强的政治性与意识形态属性，否认这一点就无法抓住民族研究的本质，也不是马克思主义的立场。在坚持民族研究政治立场的前提下，必须努力提升理论政策研究的科学性、学术性、专业性。要防止把民族研究变成失去现实观照的所谓"纯学术"，又要坚持把研究结论建立在扎扎实实的科学研究基础之上。关于民族研究领域的重大争议问题，既不能把政治立场问题当成一般的学术问题对待，把民族学当成没有政治性的学科，也不能把学术问题当成政治立场问题上纲上线。为此，要营造民族理论政策话语体系创新的良好氛围。做好民族领域的实际工作不容易，推动民族理论政策话语体系的创新也有很多困难。学者们的研究需要通过出版发表科研成果来体现，学术发展繁荣也需要交流平台的支持。目前涉及民族、宗教问题的图书出版周期较长，重大理论问题组织集体攻关也较困难，这些都不利于推进民族理论政策话语体系的创新。由于民族理论政策调整往往涉及立场观点、切身利益、民族情感，在一些问题上达成共识比较困难，需要加强正确的引导。要加强民族理论知识和法律政策的普及宣传，鼓励专家学者和工作人员多发声，用正面、理性的声音引导舆论，防止杂音、噪声干扰社会稳定、民族团结和民族工作大局。管控好舆论传播平台，掌握好"舆情管控"与学术研究的界限，对于形成良好的学术氛围至关重要。

突破传统固化的思维方式，创新新时代民族理论政策话语体系。中华人民共和国成立七十多年来，我们已经形成了一整套民族学的概念与话语体系，但是这套体系主要运用于与"少数民族"相关的领域中。在某种程度上，以往的民族学变成少数民族学，民族理论政策成为主要针对少数民族的理论政策，这都不利于从中华民族的全局考虑问题。民族现象是全局性、系统性现象，仅仅靠民族学单一学科的知识是无法阐释清楚的，应该保持开放心态，在传统的民族学研究中借鉴其他学科的理论方法，欢迎其他学科从不同角度广泛关注并参与到民族问题的研究中来。人类学、社会学、政治学、历史学、国际问题研究等很多学科都可以在民族研究中大有用武之地，都可以为民族理论政策研究和新话语体系的发展提供新的视角。民族理论政策研究是一个公共政策话题，要抛弃门户之见，多学科参与，广泛对话甚至激烈辩论，在充分论证的基础上提出的政策主张才能更加符合实际。按照"两个维护"的要求，将习近平新时代中国特色社会主义思想作为处理新时代党的民族理论政策与马克思主义经典作家的论述、中国共产党历史上不同时期不同表述和具体观点辩证关系的时代标准。围绕建设社会主义现代化强国和实现中华民族伟大复兴的共同目标和使命，确立"伟大祖国（统一疆域）""中华民族""中华民族共同体""中华文化""国家通用语言文字"等一系列强调各民族共同性和中华民族整体性的概念的主导性，并将这种主导性纳入民族理论研究、教材编写、人才培养全过程，牢固树立各民族都是中华民族大家庭平等成员的主人翁精神和共担中华民族伟大复兴重任的责任意识，推动新时代"三个相互"创新发展，把铸牢中华民族共同体意识的各项工作做实做细。

费孝通多元一体格局理论
与铸牢中华民族共同体意识[①]

1988年8月22日,著名社会学家、人类学家、民族学家费孝通先生在香港中文大学做了一次著名讲座。他的演讲稿在次年由《北京大学学报》以《中华民族的多元一体格局》为题发表,对中华民族的多元一体格局理论形成及我国民族工作实践开展产生了巨大的影响。陈连开(1992)认为这一理论对中华民族的含义与起源、结构与层次、历史上的民族交往与民族关系进行了纲要性阐释,开辟了关于中华民族结构的学术新体系。周星(1990)认为,这为认识中国民族和文化的总特点提供了一组有力的认知工具和理解全局的钥匙。该文发表30多年来,引发了一波又一波的关注和研究。本文主要从费孝通先生中华民族多元一体格局理论中的民族观、国家观、认同观的角度进行进一步阐发,并在"两个一百年"交汇期和全面建成小康社会实现历史性进展的背景下,围绕铸牢中华民族共同体意识,提出一些认识和看法。

① 本文原发表于《社会发展研究》2020年第7卷第4期。

一、多元一体格局理论有利于形成正确的民族观、国家观

民族作为在某些方面具有共同特征之人的共同体，是自古就存在的社会现象。近代以来，民族问题日益成为一个十分流行的现代话语。伴随着近代民族主义的兴起，在西方国家的话语中，民族与国家之间似乎成为同一件事情，民族也是国家，也就是现代"民族国家"。这与古代一般包含诸多不同特征的群体或民族组成的王朝国家有很大不同。民族主义浪潮的不断发展导致很多传统的王朝国家解体，追求单一性民族建国似乎成为一种潮流，实在无法融为一体的多群体（或多民族），往往由于各种原因纷纷解体，新涌现了很多"民族国家"。

中国的最后封建王朝清代，也在这种潮流中逐步从传统王朝国家向现代民族国家转换。辛亥革命后建立的中华民国已经具备了现代民族国家的很多特征。但是，伴随着外国列强尤其是日本帝国主义的侵略压迫和步步紧逼，中国不仅要向现代国家转变，而且面临如何维护历史上多民族国家的版图完整和国家统一的巨大压力。这种压力，在一定程度上成为如何看待历史上的多民族和已经建立起来但还不稳定的中华民族现代民族国家之间关系的切入点。多个民族共存于一个国家，还是在各种内外势力的作用下解体为欧洲那样的多个"民族国家"，成为一个十分重大而又迫切的理论问题和现实问题。中华民国成立之后直到中华人民共和国成立之前，国内盛行的不论是"五族共和"理论，还是"中华民族是一个"主张，抑或是影响深远的"民族自决权"理论或民族平等理念，都反映出理论界、政界如何看待和处理"多民族"与"一个国家"的关系，这的确是一个十分棘手的问题。

1939年费孝通先生回国还不久，由于与古史学者顾颉刚先生发

生了关于"中华民族是一个"问题的讨论,很早就对这个问题展开了思考。中华人民共和国成立之后,费孝通先生参加了中央民族慰问团、民族历史语言文化调查和民族识别等工作,进一步加深了对中国民族状况特别是民族工作情况的认识和了解。他既看到并参与了在中国共产党领导下建立社会主义民族关系的生动实践,也看到了在民族识别、制定少数民族政策过程中的过多强调差异性、特殊性对中华民族特别是国家统一问题带来的问题和隐患。改革开放初期,他以"民族识别"为题对上述两个问题进行了评述和反思,这为他形成比较系统的中华民族多元一体格局理论做了铺垫。特别是他在20世纪80年代在民族地区"行行重行行",看到祖国大家庭各地发展不平衡、西部地区人才大量"孔雀东南飞"的状况,提出了"全国一盘棋"的思路和主张。他在1988年的演讲和随后发表的论文中,提出了不少真知灼见,时至今日仍然散发着真理的光芒。

多元一体作为国内外学术界独树一帜的民族理论,包含了很多振聋发聩的新见解和系统化的理论主张。在民族观、国家观方面,费孝通先生以中华民族的形成与发展历史为线索,提出了比较系统的"民族过程论""民族融合论""民族实体论""民族自觉论""民族结构论"。他认为,在中华大地上各民族自发融合成中华民族,并自近代以来完成了从自在实体到自觉实体的转变。最重要的是,费先生没有停留在"中华民族"是不是"一个"、是"实体"还是"组合体"等概念的讨论中[1],而是把"中华民族"与各民族(中

---

[1] 国内学术界在很长时间内存在56个民族是"实体"而中华民族不是"实体"("虚体"或"组合体")的看法,当然也有不同意见,而且经常发生争论。

华人民共和国成立后通过民族识别正式确认的56个民族，即汉族和55个少数民族）进行了分层，提出中华民族和56个民族共同组成"多元一体"格局。这个划分既解决了中华民族作为国家层面的"民族"与56个民族作为中华民族的组成部分的"民族"的概念混淆问题，也指出56个民族层次的"民族"不具有"中华民族"那样的"国家民族"属性，因而不可以按照"民族自决"的理论寻求独立建国、成为国际法意义上"民族国家"。从这个意义上看，费孝通先生的"多元一体"格局理论避免了概念的繁琐论证，实现了理论与现实的有机结合，也充分照顾了历史发展、认知状况和不同群体的情感，是科学的、辩证的，也是包容的、高明的。在多元一体格局理论中，56个民族与中华民族国家的张力得到理论上的解决，为形成正确的民族观、国家观奠定了坚实的理论基础。

费孝通先生多元一体格局理论中的民族结构论，并不把民族的结构局限于56个民族与一个中华民族两个层次，他还提出了"民族圈层"和"民族认同"等许多理论问题。他认为，"现在所承认的50多个民族中，很多本身还各自包含更低一层次的'民族集团'，在中华民族的统一体之中存在着多层次的多元格局。各个层次的多元关系又存在着分分合合的动态和分而未裂、融而未合的多种情状"。费孝通先生在《乡土中国》中对中国人人际关系的论述就是"多圈层"的"差序格局"理论，用在形容不同层面的民族也是很贴切的。在此基础上的"民族认同"问题就不是僵化的或者是一成不变的。事实上，人们的民族认同、地域认同，乃至国家认同都有可能随着不同场景而发生改变。这对正确处理"民族认同"与"国家认同"之间的关系，进而消除内在紧张或对立、建设多层次认同和谐共处的理论也有重要的启发意义。

20世纪是民族国家理论盛行的世纪。两次世界大战和冷战结束后众多民族国家的纷纷建立，标志着民族主义运动的高峰，但也暴露出西方"一族一国"的民族国家理论特别是极端民族主义主张的内在缺陷。自古，世界上绝大多数国家都是多民族国家。如今，全世界2500多个民族群体生活在200个左右的国家实体之中。没有一个国家是由纯而又纯的单一民族组成的。特别是在快速工业化、城市化及经济全球化导致的大规模人口流动，日益打破传统"民族"封闭居住地及国家疆界的发展趋势下，民族国家理论有其"一族一国"主张的空想性甚至危害性。事实上，多民族国家是常态，这也说明了多元一体格局理论具有更广泛的解释力和包容性，因而是更具生命力的民族理论。习近平总书记在2019年全国民族团结进步表彰大会上指出："一部中国史，就是一部各民族交融汇聚成多元一体中华民族的历史，就是各民族共同缔造、发展、巩固统一的伟大祖国的历史。各民族之所以团结融合，多元之所以聚为一体，源自各民族文化上的兼收并蓄、经济上的相互依存、情感上的相互亲近，源自中华民族追求团结统一的内生动力。正因为如此，中华文明才具有无与伦比的包容性和吸纳力，才可久可大、根深叶茂。"习近平总书记的这段讲话，不仅肯定了中华民族的多元一体格局理论，而且指明了中华民族从"多元"聚为"一体"的内生动力和发展机制。

中国作为统一多民族国家的历史与现实，使费孝通先生把民族国家理论提炼与升华为中华民族多元一体格局理论，从实际出发完成了对西方民族国家理论的升华与超越。该理论不仅对中国的历史与现实具有很强的解释力和政策意蕴，而且可以较好地解释世界上大多数多民族国家民族问题的症结与根源，具有很强的人类共同价值。产生于中国的"多元一体格局"理论不应该局限于中国，而应该成为世界民族问题研究的一种新流派。

二、强化国民意识是铸牢中华民族共同体意识的重要环节

在现代化的过程中，尽管出现了许多超国家或全球性的机构与组织，但当今世界的基本框架中，仍然是民族国家或者主权国家占据主导地位。国家依然是一个区分全球居民、群体和民族的基本单位。除了极少数的无国籍或跨国籍人士外，全世界几乎所有人都生活在某个具体的国度或国家中。国民身份是每个人最重要的社会身份之一，也是凭借该身份享有某国家权利义务的基本依据。虽然说这个身份在某些条件下是可以改变的，但绝大多数国民的国籍是无法改变的。对于一个国家的绝大多数（99.99%以上）国民来说，这种身份几乎是与生俱来的、终生不变的甚至世世代代延续的。

物质决定意识，意识离不开社会现实，尤其是一个人的身份。一个人可以同时具有性别、年龄、地域等自然身份之外的多种社会身份。国民身份作为公民个人的国家身份，超越了个人所属的家庭、邻里、社区、地域、文化、信仰习俗等身份属性，形成现代民族国家的人口基础。不同国家的国民或公民具有不同的国民身份。国民意识就是这种不同国民身份的主观意识和国家认同，是形成或建构个人与国家相互关系的关键环节。

国民意识也叫国家意识，是指一个国家的公民对自己国家的归属感和忠诚度。国民意识是一个国家民族的人民具备的最主要的内在特征。国民意识是国家认同的基础，最能体现爱国主义精神，是现代民族国家建设可以依赖的最深厚的情感基础和精神力量。国民意识教育或塑造，对于形成正确的国家观、民族观、文化观、历史观,增强"五个认同"(对伟大祖国、中华民族、中华文化、中国共产党、中国特色社会主义的认同)、铸牢中华民族共同体意识、培育爱国主义精神、维护国家统一和民族团结具有至关重要的作用。在一定程度上说,国民意识教育就是形成现代国家认同、夯实国家凝聚力的重要基础,塑造国民意识是形成国家意识的主要途径,也是现代民族国家建设的重要任务。

铸牢中华民族共同体意识成为新时代民族工作的主线。这一要求在党的重要会议和文献中多次得到强调。党的十九大报告明确提出,"深化民族团结进步教育,铸牢中华民族共同体意识,加强各民族交往交流交融,促进各民族像石榴籽一样紧紧抱在一起,共同团结奋斗、共同繁荣发展"。十九届五中全会《关于制定国民经济和社会发展第十四个五年规划和二〇三五年远景目标的建议》再次强调,坚持和完善民族区域自治制度,全面贯彻党的民族政策,铸牢中华民族共同体意识,促进各民族共同团结奋斗、共同繁荣发展。

中国作为统一的多民族国家,面临中华民族伟大复兴战略全局和世界百年未有之大变局的新形势。铸牢中华民族共同体意识成为全党和全社会高度关注的话题,更是各级党委政府推进民族工作的中心任务。中华民族共同体意识属于精神层面的现象,如何把铸牢中华民族共同体意识的各项工作做牢抓实,要全面贯彻落实好习近平总书记2014年在中央民族工作会议和2019年在全国民族团结进步表彰大会上的讲话精神,扎实推进各项工作部署尤其是精神方面的工作要求。加强国民意识教育,是铸牢中华民族共同体意识的关键环节和有效抓手之一。

以国民意识教育为抓手,可以把"深入民族团结进步教育"做实，同时摆脱由"民族"概念的多重内涵引发的误解、歧义、混乱和内在紧张。从全球角度看，民族是影响世界许多国家各族社会关系和政治关系的重要因素之一。尽管费孝通先生在《中华民族多元一体格局》一文中从理论上阐释了"民族认同"与"国家认同"是相互包容而不是相互对立的道理，但在实践中人们一般把"民族认同"理解为56个民族层面的"民族认同"而不是"中华民族认同"。"五个认同"其实包括了上述两个含义，即本民族认同与中华民族认同。从逻辑、事实和实践的角度看这也没有太大的问题，但从"铸牢中华民族共同体意识"的角度分析，当前民族工作的重点显然更强调推进"中华民族认同"而不是泛泛的"民族认同"。并且，"民族"作为一个政治概念，一旦误用有可能带来很大的危害。比如，如果对国家内部的民族或地区，不恰当甚至别有用心地滥用"民族自决权"概念，都会给国家统一与主权带来巨大危害，甚至成为国际敌对势力进行瓦解、破坏另一个国家的主权、统一和稳定的借口，"民族牌"就成为国际强权干预别国内政的工具。类似的例子也不胜枚举。

推进国民意识教育，显然更有利于把"五个认同"更好地贯通起来。国民身份是中华人民共和国的公民暨所有认同中国为自己祖国的"中国人"的共同身份。这样一个共同身份，是所有中国人所共同拥有的，是最大的公约数。这为强调各民族之间的亲和性、共同性、一体性奠定了最根本的身份属性、政治前提和法律保证。国民意识可以把"民族认同"与"中华民族认同"有机结合起来。同时，可以更好地从国家的角度、法律的角度、国际比较的角度弘扬爱国主义精神，增强中华民族凝聚力。夯实"国家认同"为基础的"五个认同"教育，在中华民族多元一体格局中可以实现"一体是主线和方向、多元是要素和动力"的辩证统一，进而把"尊重差异、包容多样"与"增强共性、增进一体"有机结合起来。

当今世界正经历百年未有之大变局，单边主义、保护主义、霸权主义盛行带来的动荡与不稳定性、不确定性明显增加。近年来，以美国为首的反华势力对我国打压不断加码，中国发展的外部环境明显恶化。加强爱国主义教育，强化各族人民尤其是每一个中国人的国民意识、国家意识，可以使14亿人民更好地团结起来。世世代代在神州大地上繁衍生息的各民族，在漫长历史岁月的交往交流交融过程中逐步形成了中华民族。近代以来，在反抗外国帝国主义入侵压迫的过程中，中华民族实现了从"自在实体"到"自觉实体"的转变，也使中国完成了从古老国家向现代"民族国家"的转变。中华人民共和国成立之后，建立了社会主义民族关系，实现了各民族一律平等。56个民族共同组成了中华民族大家庭，各族人民的每一个成员成为法律地位平等的公民，都是国家的主人翁和平等的国民。这样的历史性转变，促进了中华民族的大团结、促进了中国人民的大团结。依靠团结的力量，我们克服了重重困难，迈过了道道沟沟坎坎。越是艰难险阻，越是奋勇向前。在中国共产党的坚强领导下，中华民族迎来了从"站起来""富起来"到"强起来"的伟大飞跃，并且一步步为伟大复兴奠定坚实基础。所有这一切，都是各族人民群众依靠不怕困难和不怕牺牲的艰苦奋斗换来的。在这个过程中，各社会成员进一步增强了各族人民都是中国人，各民族都是一家人的意识。在与外国的比较中，每一个中国人的"国民意识"也不断增强。每个人在自己的"民族属性"之外，"中国护照""中国公民""中华民族"的身份标签都日益强化。伴随着改革开放以来对外开放力度的不断增大，大批中国公民出国留学、务工经商、旅游购物，不仅开阔了眼界，而且强化了"中国人"的身份意识和国民意识。对内，大家属于56个民族的某一个民族；对外，大家都是中国公民、中国人、中华民族。人民是国家的根基和依托，基于国民身份不断增强的国民意识和爱国主义精神，是中华民族绵延不绝并在全球化时代屹立于世界民族之林的力量源泉。不论是在困难时期还是辉煌时期，只要人心不散，中华民族就能生存发展。这里的人心，就是国民的根本属性，也就是国民意识或国民性。培育和塑造的国民意识，是维系一个国家国民的精神纽带，也是一个民族取之不尽、用之不竭的力量源泉。在现代民族国家建构过程中，国民意识不断发展变化，走向价值理念和公民身份的现代化转型。现代国民意识的培养和塑造，又可以成为推动国家现代化进程的动力和标志。

三、加强"五个认同"教育，夯实中华民族共同体的思想基础

中华民族共同体要具备共同的思想基础。"五个认同"，即对伟大祖国、中华民族、中华文化、中国共产党和中国特色社会主义的认同，是56个民族每一个公民都应该知道和掌握的最基本的共同思想。2015年中央统战工作会议通过的《中国共产党统一战线工作条例》，第一次完整地提出了"五个认同"。这是中国共产党统战工作的基本原则，也是打牢中华民族共同体思想基础的根本。深刻理解"五个认同"，有助于各民族树立正确的国家观、民族观、文化观、历史观、宗教观。

中国是统一的多民族国家，中华民族是包括中华大地上已经消失的历史民族和今天56个民族在内的各民族的总称。中华民族的家园坐落在亚洲东部，以黄河中下游和长江中下游地区为核心，西起帕米尔高原，东到太平洋西岸诸岛，北有广漠，东南是海，西南是山。在这样一块广袤的东亚大地上的各民族，在漫长的历史长河中逐步形成了多元一体的中华民族。中华民族作为一个自觉的民族实体，是在近代以来中国和西方列强的对抗中形成的；但中华民族作为一个自在的民族实体，则是由几千年的历史过程所形成的。辛亥革命推翻了清王朝封建帝制，建立了"五族共和"的中华民国。从此之后，"中华"成为现代中国的代名词，促成了中华民族的觉醒。抗日战争爆发后，在全民族抗战及后续中国共产党领导各族人民群众推翻国民党反动统治的进程中，中华各民族实现了完全自觉，形成了"中华民族"的共同体。中华人民共和国成立后，经过大规模的民族语言和社会历史文化调查，加之科学的论证，我国通过民族识别确认了56个民族，共同组成了多民族国家。这是我国民族领域的基本国情，即56个民族共同组建了中华民族大家庭。各民族共同开拓、共同守护的世世代代赖以生存和繁衍生息的这块疆土，叫作"中国"。"中国"一词的内涵尽管在不同时期也有变化，但以清中期疆域作为统一多民族国家的共同地理空间，作为现代中国领土的基础一直未曾改变。这就是中华各民族共同开拓的祖国疆域，也就是中华民族共同体的生存空间。各民族都是祖国大地的共同主人，每个个体都是这个国家的国民，近代以来也把具有一个国家国籍的个人称为公民。

正如"中国"一词在不同历史时期有不同内涵一样，作为中华民族总称的"中华"，先秦时期主要指中原居民或称"华夏"，秦汉隋唐时期又被称为"秦人""汉人""唐人"等。在很长时期内，封建王朝的汉人政权往往以"中华"正统自居，对周边少数民族存在歧视性称呼。到清晚期引进近代意义上的"民族"一词后，不同地区具有某些共同特征的居民，往往被称为"××民族"。辛亥革命胜利后，如何在传统封建王朝的基础上建立现代民族国家，成为革命党人的首要任务。面对各民族共同拥有的历史文化和列强瓜分中国的巨大压力，革命党人将"恢复中华"转换为"五族共和"，建立了中华大地上各民族共同拥有的"中华民国"。在这里，"中华"一词已经从"汉族"之意转换为包含了中国境内的"汉、满、蒙、回、藏"这五族，乃至中国境内各民族的总称。抗日战争时期国共两党都提出"全民族"抗战，并结成抗日民族统一战线。这里的"全民族"就是中华民族，中国境内的各民族都成为中华民族的组成部分。中国共产党坚持马克思主义民族平等观，在中华人民共和国成立后不仅通过民族识别确认了境内的56个民族，而且在少数民族集中聚居的地区建立了民族区域自治制度，共陆续建立了5个自治区、30个自治州、120个自治县（旗）。且不说古代的汉族就是中原居民在与周边少数民族居民相互交融的"滚雪球"中发展壮大起来的（当然汉族也不断充实了周边少数民族），其中包括了中华大地上许多民族的成分。至少自中华民国以来，"中华民族"就不再单指"汉族"，其内涵逐步向中国境内各民族总称转换。从这个意义上说，中国境内的各民族（现在指56个民族）中的任何一个民族都不能把自己等同于"中华民族"，也不能认为自己不属于"中华民族"的一部分而自外于"中华民族"。56个民族与中华民族形成了"多元一体"的格局，中华民族就是包含56个民族的大家庭即中华民族共同体。

每个民族都有自己的文化。中华民族既然作为中国境内各民族的总称，也拥有了自己的文化，即"中华文化"。与56个民族的"民族文化"相比，中华文化是与各民族共同开拓的伟大祖国和整个中华民族共同体关联在一起的"整体文化"或"国家文化"。其包括了56个民族的文化，每个民族的文化都是中华文化的有机组成部分。同时，中华文化往往与正统政权尤其是大一统政权联系密切，拥有国家法律法规、意识形态等"政权文化"的特征。疆域之内每个地区、每个国民皆须服从于国家的法律法规，也要受占据主导地位的意识形态的规范和影响。比如，延续1000多年的科举制度，四书五经成为全国各地学子入仕必读的官方教材。今天的高考制度等一系列国家制度，也是各民族都遵循的通用制度。在这个意义上讲，中华文化既是包含各民族文化在内的中华民族的整体文化，又是高于各民族文化之上的国家文化。在平等团结互助和谐的社会主义民族关系原则下，56个民族是平等的，相互之间兼收并蓄、相互依存，各民族文化拥有平等的政治法律地位。但是，各民族文化作为中华文化的组成部分，均不能外在于、等同于更不能高于全体中华民族共同体的"中华文化"。

  一个相对完整的文化体系一般包括物质文化、精神文化和制度文化三大组成部分。经过数千年的发展演变，中华文化体系中的制度文化尽管在近代经历了现代化、革命化的转型，但依然保留着整体大于部分、社会大于个人、个人价值在于奉献的基本理念和价值遵循。在马克思主义理论指导下建立的中国共产党，把马克思主义基本原理与中国实际特别是中华文化精髓相结合，自成立之日起就不断探索独立自主地走自己的路，在近百年的实践中带领中国人民和中华民族取得了革命、建设、改革的伟大胜利，开创和发展了中国特色社会主义。中国特色社会主义是中国共产党领导的产物，是历史的结论，也是人民的选择。实践证明，只有社会主义才能救中国，只有中国特色社会主义才能发展中国。中国特色社会主义是中国共产党领导中国人民团结的旗帜、奋进的旗帜、胜利的旗帜，是改变中国人民和中华民族前途命运的根本力量。只有在中国特色社会主义的旗帜下，中华民族才能屹立于世界民族之林。近代以来备受外国列强侵略、欺凌、剥削、压迫的中国，依靠中国共产党的坚强领导和中国人民的艰苦奋斗，在社会主义制度下取得了一个又一个震惊世界的伟大成就。在百废待兴、经济凋敝的薄弱基础上，经过70多年的发展，2020年我国GDP（国内生产总值）将突破100万亿元大关，成为近代以来最接近美国综合实力的第二大经济体。中国特色社会主义是中国人民和中华民族不断前进的旗帜，也是实现中华民族伟大复兴的制度保障。

坚持中国共产党的领导，是中国特色社会主义制度的最本质特征，也是实现对伟大祖国、中华民族、中华文化、中国特色社会主义的认同的政治前提和根本保证。政党在现代国家政治和社会生活中占据核心地位。得到民众支持的现代政党，是团结人民、凝聚人心、领导国家前进的根本力量。中国共产党成立以来，特别是中国共产党领导中国人民建立中华人民共和国以来的70余年，勇于自我革命、从严管党治党的中国共产党不仅在中国大地上的各种政治力量反复较量中脱颖而出，而且能够始终走在时代前列，成为中国人民和中华民族的主心骨。事实一再证明，办好中国的事，关键在于把中国共产党建设得更加坚强有力。

中国作为历史悠久、民族众多、文化多样、地区发展很不平衡的人口大国，在积贫积弱的基础上和并不安全的国际环境中迈向现代化，其难度可想而知。然而，已经实现民族自觉的中华民族，在中国共产党领导下不仅建立了社会主义的中华人民共和国，而且在革命、建设、改革的伟大实践中逐步完善和发展中国特色社会主义制度，逐步形成"五个认同"并且将其作为中华民族的共同思想基础。"五个认同"从民族的视角把56个民族统一为中华民族，并逐步凝聚成中华民族共同体。

中国共产党解决民族问题正确道路的百年探索与基本经验[1]

作为具有五千年源远流长文明历史的中华民族，又是一个由中华大地上各民族组成的共同体，尽管在历史上创造了灿烂无比的古代文明，但1840年鸦片战争以后却在外国列强的侵略和压迫下遭受了前所未有的劫难。中国共产党成立以来，带领全国各族人民经过百年奋斗，终于迎来了最接近实现中华民族伟大复兴的时刻。2021年7月1日，习近平总书记指出："我们实现了第一个百年奋斗目标，在中华大地上全面建成了小康社会，历史性地解决了绝对贫困问题，正在意气风发向着全面建成社会主义现代化强国的第二个百年奋斗目标迈进。""一百年来，中国共产党团结带领中国人民……书写了中华民族几千年历史上最恢宏的史诗。"[2]

我国是历史悠久的统一多民族国家，民族问题在中国历史进程中一直具有重要地位。中国共产党成立之后，不仅带领全国人民进

---

[1] 本文原发表于《中央民族大学学报》（哲学社会科学版）2021年第5期。第二作者周辉为国家民族事务委员会工作人员。
[2] 习近平：《在庆祝中国共产党成立100周年大会上的讲话》，人民出版社，2021。

行革命、建设和现代化道路的艰辛探索，而且在各个领域都努力开辟解决这些问题的具体道路。其中，中国特色解决民族问题的正确道路，就是中国共产党在穿越历史长河、应对时代大潮、历经全球风云变幻过程中逐步探索出来的。这一道路是对我国民族理论、政策、工作核心内容的凝练概括，是中国特色社会主义道路的有机组成部分和重要内容。作为马克思主义民族理论中国化的成果，解决民族问题的中国道路，不仅形成了一整套体现中国特色、中国智慧的民族事务治理话语体系，也为发展中国家解决自身民族问题提供了十分宝贵的实践经验。在庆祝中国共产党百年华诞之际，回顾百年探索历程，总结分析中国共产党探索这条道路积累的宝贵经验，很有意义和价值。

一、中国特色解决民族问题正确道路的百年探索

面对近代以来"数千年未有之大变局"，作为中国人民和中华民族先锋队的中国共产党团结凝聚全国各族人民，开启了中华民族从"最危险的时候"走向站起来、富起来、强起来的艰辛探索历程。依据历史进程，我们把这一百年大体划分为革命、建设、改革开放和新时代四个时期。

（一）革命时期（1921—1949年）

1921年7月，中国共产党诞生，这是中华民族发展史上开天辟地的大事变。面对旧中国军阀混战、列强蚕食，中华民族积贫积弱、一盘散沙的悲惨局面，我们党努力探索中华民族救亡图存之路。革命初期我们党的民族理论主要由马克思主义经典作家的民族理论、苏俄的民族理论及其实践和中国国内的民族理论观点构成。中国基本国情与欧洲、苏俄有很大不同。这便要求我们党的民族理

论政策必须结合本国国情,坚持走马克思主义理论中国化的道路。国内革命战争时期是中国共产党从幼年走向成熟的重要阶段,从"民族自决"纲领到"民族区域自治"的实践标志着我们党在民族问题上的初步成熟。其间,主要是在长征时期,中共中央进入民族地区,在处理红军与各民族的社会关系中开始反思经典作家民族理论、民族主义思潮与中国历史、中国国情、中国革命的关系。这一阶段争取国内被压迫的各少数民族对苏维埃的支持和拥护是民族政策的出发点。[1] 尊重各民族文化习俗被置于军队纪律的首位,红军在长征过程中塑造的政党形象和军队形象,在民族地区播下对中国共产党政治认同的种子。同时,为中国共产党探索符合中国国情的解决民族问题之路提供了实践基础和群众基础。

抗日战争时期,日本帝国主义与中华民族的矛盾上升为中国社会的主要矛盾,实现民族独立和人民解放是这一时期中国共产党最根本的任务。侵略者不仅采用武力进攻中国,利用民族主义思潮"诱惑"国内民族"分裂"也是其惯用伎俩。为了应对这一问题,我们党系统地研究了国内少数民族问题并积极开展少数民族工作。通过分析《回回民族问题》和《蒙古民族问题》两份文件,可以知道,我们党成功抓住了中国革命与民族独立之间关系的关键症结,即民族性的真正要求在于自由而不在于独立,"非为独立而独立,乃为自由而独立"[2],而自由是可以在坚持民族平等原则的民族政策中实现的,因此占人口多数的汉族必须对少数民族平等以待,少数民族则必须维护国家统一,与国家共存亡,才可能真正"争

---

[1] 中共中央统战部:《民族问题文献汇编》,中共中央党校出版社,1991,第210页。
[2] 吴文藻:《民族与国家》,《留美学生季报》1927年第11期。

取"到民族平等和自由。[1]这就在探索中形成了我们党革命时期民族政策的核心方针,即各民族共同抗战,建立统一的国家,少数民族实行民族区域自治。同时,中国共产党指明了中华民族与各民族的关系,"中华民族是由中国境内各个民族组成的一个总体""动员全中华民族的力量以战胜日本及一切帝国主义者对中国的压迫"。[2]

解放战争时期,坚持民族平等、民族团结,尊重少数民族基本权利,团结国内各民族共同建立新中国是首要目标。毛泽东在1945年《论联合政府》中指出,共产党人"必须帮助各少数民族的广大人民群众,包括一切联系群众的领袖人物在内,争取他们在政治上、经济上、文化上的解放和发展,……他们的言语、文字、风俗、习惯和宗教信仰,应被尊重"。[3]

革命时期,中国共产党在马克思主义民族理论中国化、解放国内各民族实现一律平等、确立单一制下的民族区域自治解决民族问题方面取得了伟大成就。逐步探索出解决民族问题的中国道路,结合基本国情是这条道路的鲜明特色,建立统一的多民族国家是明确指向,实现各民族一律平等是本质特征。正是由于坚持并形成了这条基本道路,中国共产党超越了历史上任何统治阶级在民族问题上共有的历史局限,破除了国际民族主义的影响,建立了统一的、平等的新中国。

---

[1] 华涛:《二十世纪三四十年代中国共产党解决民族问题的思路及其当代意义——关于长征及延安时期中国共产党民族理论发展的研究》,《民族研究》2016年第5期。
[2] 中共中央统战部:《民族问题文献汇编》,中共中央党校出版社,1991,第816页。
[3] 国家民族事务委员会:《中国共产党主要领导人论民族问题》,民族出版社,1994,第30页。

（二）建设时期（1949—1978 年）

中华人民共和国成立后，党和国家面临的根本任务是确立社会主义制度、建设社会主义现代化国家。相应地，在民族工作领域，如何建立保障民族平等团结、促进各民族共同发展的政策体系和工作体系是主要任务。这一时期国家在民族地区开展以推行民族区域自治为重点的民主建政，同时逐步衍生出宣传贯彻党的民族平等团结政策、培养选拔少数民族干部、开展少数民族社会历史大调查等工作内容。中国共产党建立起了解决民族问题的基本政策体系和工作体系。

民族区域自治制度赋予少数民族自主管理本民族事务的权利，但是"对于少数民族内部与社会主义制度不相适应的经济社会状况，应当更具条件逐步进行改革。这意味着民族区域自治的实施和自治机关建立，不可能是一帆风顺的过程"。[1] 能否争取与团结各方面代表人物特别是上层人士的支持是建立民族区域自治政权的关键。我们党主要采取"慎重稳进"的方针，在各地成立工作团，将开好各族各界人民代表会议作为推行民族区域自治的关键。一是深入宣传党的民族平等、民族团结政策；二是召开"头人"代表联系会和人民团结会，争取和团结民族宗教上层人士；三是组织内地参观团和民族访问团；四是大力培养少数民族干部；五是开展贸易、卫生、教育、救济等各项民生活动，调解各类纠纷；六是检查各地民族政策执行情况，确保党的民族政策有效贯彻落实。1954 年《中华人民共和国宪法》（以下简称《宪法》）颁布，宣告新中国民主建

---

[1] 陈建樾：《回溯百年：中国共产党解决民族问题的探索与创新》，社会科学文献出版社，2021，第 156 页。

政初步完成。

我国历史上民族支系繁多，族称众多，他称与自称混淆，族属不清现象突出。同时由于历史上的民族压迫政策，有的少数民族为了生存被迫隐瞒自己的民族成份。中华人民共和国成立后，党和政府对各民族一律平等相待，许多少数民族提出确认自己的族称的要求。在1953年第一次全国人口普查中，全国自报登记的民族名称就有400多种。为了科学确认各少数民族的族属和称谓，党和国家大规模开展民族识别。主要任务是通过识别，认定某一民族是汉族还是少数民族；识别该族体是单一的少数民族还是某一少数民族的一部分；确定这一族体的民族成份与族称。1954年确认了38个少数民族；1964年确认了15个少数民族；1965年确认了西藏自治区的珞巴族，1979年确认了云南省的基诺族。至此，法定的少数民族总数为55个，此后的识别工作主要是陆续恢复和更改民族成份。民族识别工作梳理了错综复杂的民族源流和现状，科学地鉴别了我国现实的民族成份，基本上认定了党和国家实行民族政策、开展民族工作的确凿对象。在民族识别的第二阶段，党中央同时开展少数民族社会历史和语言大调查，组织大量专家学者和民族工作者到西南、西北、东北、中南等地区进行调查，基本上摸清了各少数民族的社会历史状况，包括民族来源、生产力和生产关系发展状况、社会政治结构、语言文字、传统文化、风俗习惯、宗教信仰以及其他各种社会现象，形成大量调查资料，收集了大量历史文物，编写出版大量丛书，从而为党和国家制定和贯彻各项民族政策提供了科学依据和坚实基础。

（三）改革开放时期（1979—2012年）

"民族平等、民族团结和各民族共同繁荣，是一个关系到国家命运的重大问题。"[①] 党的十一届三中全会以来，民族工作进入了新的历史时期，从理论到实践都有全新的发展。这一时期，我国民族工作实现拨乱反正，进而逐渐确立了促进各民族共同团结奋斗、共同繁荣发展的民族工作主题，在理论、政策、工作层面取得显著成就。尤其是1992年、1999年和2005年召开的三次中央民族工作会议，深刻总结了历史上各个阶段的民族理论政策和民族工作经验，丰富发展了中国特色社会主义民族理论，不断赋予"中国特色解决民族问题的正确道路"新的时代内涵，将我国民族工作推向新时代的新发展阶段。

第一，拨乱反正，全面恢复和落实党的民族纲领政策。在1978年召开的第五届全国人民代表大会第一次会议上，通过了恢复国家民族事务委员会的决定。此后，各地各级民族工作部门和民族文化事业单位都陆续得到恢复，至1984年初，党的民族政策得到全面恢复。

第二，在民族理论问题上正本清源。20世纪60年代，我国民族理论层面曾出现"民族问题的实质是阶级问题"的错误思想，导致了一段时期内用处理阶级矛盾的方式处理民族问题，对民族关系造成了很大伤害。1980年4月，中共中央在《关于转发〈西藏工作座谈会纪要〉的通知》中明确否定了"民族问题实质是阶级问题"的说法，实现了民族理论核心问题上的正本清源。

第三，巩固发展社会主义民族关系。党中央明确了各民族之间的关系基本上是劳动人民之间的关系。1979年6月，邓小平在全

[①] 国家民族事务委员会：《新时期民族工作文献选编》，中央文献出版社，1990，第303—304页。

国政协五届二次会议上指出我国各民族已结成了社会主义的团结友爱、互助合作的新型民族关系。[①]这一科学论断标志着党在民族关系理论认识上达到了新境界。

第四，巩固加强各民族大团结，加快少数民族和民族地区经济社会发展。改革开放以来，商品经济发展、市场竞争加强，各民族在交往联系扩大的同时亦然出现一些新的矛盾和摩擦。为了维护各民族大团结，1982年，国家民委倡议开展民族团结模范集体和模范个人表彰活动。全国有26个省（区、市）召开了民族团结进步表彰大会。1988年国务院第一次全国民族团结进步表彰大会召开，国家形成了定期举办民族团结进步表彰活动的制度。促进民族发展，实现共同繁荣是这一时期民族工作的主基调。1979年党中央在全国边防工作会上确定了北京、江苏等地支援内蒙古、新疆等9省（区）对口支援和经济技术协助。此后，国家不断丰富对口支援形式，加大对口支援力度。与此同时，1992年社会主义市场经济体制确立，党中央明确把发展作为解决民族问题的关键。

第五，推进民族工作法制化进程。1982年12月4日颁布的《中华人民共和国宪法》为新时期民族区域自治制度的法制化建设奠定了坚实基础。1984年5月31日，依据《中华人民共和国宪法》基本原则，在30多年来民族区域自治实践经验的基础上制定并颁布了《中华人民共和国民族区域自治法》，使我国民族法制建设进入新阶段。1997年修订的《中华人民共和国刑法》把"煽动民族仇恨、民族歧视""在出版物中刊载歧视、侮辱少数民族内容"定为犯罪，并规定了量刑标准。2005年，中央民族工作会议提出要逐步建立

[①] 邓小平：《邓小平文选》（第二卷），人民出版社，1993，第186页。

比较完备的具有中国特色的民族法律法规体系，民族工作法制化进程不断推进。

第六，积极应对国内外敌对势力利用民族宗教问题进行的分裂活动。近代西方资本主义构建的全球殖民体系虽然崩溃了，但是殖民扩张和统治时代留给这个世界、留给大多数发展中国家的种族矛盾、民族冲突、宗教纷争和领土争端，却成为当今世界的一份纷繁复杂的"历史遗产"。这份"历史遗产"的发酵，成为冷战格局瓦解后世界民族问题此起彼伏的重要历史根源。[①]进入20世纪90年代以来，受第三次民族主义浪潮和西方敌对势力的影响，我国民族分裂活动呈现增多的趋势。我们党在处理这些问题时，一方面清晰判断其性质，认为分裂和反分裂的斗争是政治斗争，不能把分裂问题同民族问题、宗教问题混同起来。另一方面，坚定不移地严厉打击民族分裂主义活动，团结带领各族人民进行反分裂斗争。2005年，胡锦涛同志在中央民族工作会议上的讲话，两次强调"依法打击民族分裂主义势力及其活动"，彰显了我们党反对民族分裂的决心。

（四）中国特色社会主义新时代（2012年以来）

党的十八大以来，中华民族面临世界百年未有之大变局。中国共产党准确把握新形势下民族问题新特点新规律，赋予中国特色解决民族问题的正确道路新内涵，即"八个坚持"。这一时期的新发展概括如下。

第一，中国特色社会主义民族理论在守正中创新。一是对中华民族和各民族关系作出新论断，指出"中华民族和各民族的关系，是一个大家庭和家庭成员的关系，各民族的关系，是一个大家庭里

[①] 郝时远：《中国共产党怎样解决民族问题》，江西人民出版社，2018，第9页。

不同成员的关系"。① 二是对民族团结做出新定位，将"中华民族一家亲、同心共筑中国梦"定义为新时代民族团结进步事业的生动写照，用"各民族像石榴籽一样紧紧抱在一起"形象阐述民族团结新内涵。三是创新提出"两个结合"理论，即新时代坚持和完善民族区域自治，"要坚持统一和自治相结合、民族因素和区域因素相结合"②。四是创新提出用物质和精神两种力量解决民族问题的路径。因此，物质层面的问题要靠增强物质力量来解决，发展生产力、制定分配制度等就是手段；精神层面的问题要靠增强精神力量来解决，增进文化认同、构筑共有精神家园就是手段。五是创新提出"五个并存"论，对民族工作阶段性特征做出新概括。③ 六是科学辩证地处理好共同性和差异性、中华民族共同体意识和各民族意识、中华文化和各民族文化、物质和精神这四对关系，按照增进共同性的方向改进民族工作。要根据不同地区、不同民族实际，以公平公正为原则，突出区域化和精准性，更多针对特定地区、特殊问题、特别事项制定实施差别化区域支持政策。④

第二，开创铸牢中华民族共同体意识民族工作主线。2014年中央民族工作会议提出坚持打牢中华民族共同体的思想基础。党的十九大报告正式提出"铸牢中华民族共同体意识"并将其写入党

---

① 《中央民族工作会议暨国务院第六次全国民族团结进步表彰大会在北京举行》，《人民日报》2014年9月30日第1版。
② 《中央民族工作会议暨国务院第六次全国民族团结进步表彰大会在北京举行》，《人民日报》2014年9月30日第1版。
③ 国家民族事务委员会：《中央民族工作会议精神学习辅导读本》，民族出版社，2015，第41页。
④ 《习近平在中央民族工作会议上强调 以铸牢中华民族共同体意识为主线 推动新时代党的民族工作高质量发展》，《人民日报》2021年8月29日第1版。

章。党的十九大以来，习近平总书记在多个重要场合多次强调铸牢中华民族共同体意识。在2019年全国民族团结进步表彰大会上强调："以铸牢中华民族共同体意识为主线做好各项工作，把各族干部群众的思想和行动统一到党中央决策部署上来，不断增强各族群众对伟大祖国、中华民族、中华文化、中国共产党、中国特色社会主义的认同。"① 在2021年8月中央民族工作会议上指出："铸牢中华民族共同体意识是新时代党的民族工作的'纲'，所有工作要向此聚焦。"② 这一系列表述，既深刻阐述了铸牢中华民族共同体意识在党的民族工作中的主线地位，又明确指出了增进"五个认同"就是抓住这条主线的基本方向。铸牢中华民族共同体意识这一重大论断，首次将国家认同、民族认同、文化认同、政治认同有机统一起来，包含着对中国特色社会主义行稳致远和中国共产党长期执政能力建设的期盼，成为新时代新发展阶段团结带领全国各族人民共同团结奋斗、共同繁荣发展，实现中华民族伟大复兴的重要法宝。

第三，推动民族地区与全国一道迈入全面小康社会、走向现代化。党的十八大以来，中国共产党把脱贫攻坚摆在治国理政的突出位置，组织开展了声势浩大的脱贫攻坚人民战争。民族地区贫困相对集中，是脱贫攻坚中难啃的"硬骨头"。经过8年艰苦奋斗，"我国脱贫攻坚战取得了全面胜利，现行标准下9899万农村贫困人口全部脱贫，832个贫困县全部摘帽，12.8万个贫困村全部出列，区

---

① 习近平:《在全国民族团结进步表彰大会上的讲话》,《人民日报》2019年9月28日第2版。
② 《习近平在中央民族工作会议上强调 以铸牢中华民族共同体意识为主线 推动新时代党的民族工作高质量发展》,《人民日报》2021年8月29日第1版。

域性整体贫困得到解决，完成了消除绝对贫困的艰巨任务"①。习近平总书记指出，这是中国人民、中国共产党和中华民族的伟大光荣。在2021年中央民族工作会议上，习近平总书记指出，"要推动各民族共同走向社会主义现代化"，并提出了一系列有力举措。②

第四，推进民族事务治理体系和治理能力现代化。一是民族事务治理的法治体系。依法治理民族事务，确保各族公民在法律面前人人平等是新时代民族工作的显著特征。党的十八届四中全会提出建设中国特色社会主义法治体系，建设社会主义法治国家的总目标，这便要求民族工作法治化。二是民族工作干部队伍能力体系。提出民族工作干部的选拔依据、评价标准和能力要求。新时代对民族干部提出新要求，"民族地区的好干部要做到明辨大是大非的立场特别清醒、维护民族团结的行动特别坚定、热爱各族群众的感情特别真诚"③"把懂不懂民族工作、会不会搞民族团结作为考察领导干部的重要内容"④。要坚持新时代好干部标准，努力建设一支维护党的集中统一领导态度特别坚决、明辨大是大非立场特别清醒、铸牢中华民族共同体意识行动特别坚定、热爱各族群众感情特别真挚的民族地区干部队伍，确保各级领导权掌握在忠诚干净担当的干部

---

① 习近平：《在全国脱贫攻坚总结表彰大会上的讲话》，《人民日报》2021年2月26日第2版。
② 《习近平在中央民族工作会议上强调 以铸牢中华民族共同体意识为主线 推动新时代党的民族工作高质量发展》，《中国民族》2021年第8期。
③ 《中央民族工作会议暨国务院第六次全国民族团结进步表彰大会在北京举行》，《人民日报》2014年9月30日第1版。
④ 习近平：《在全国民族团结进步表彰大会上的讲话》，《人民日报》2019年9月28日第2版。

手中。① 三是加强党对民族工作的领导是实现民族事务治理体系和治理能力现代化的必然要求。2014年中央民族工作会议总结了中国特色解决民族问题正确道路的内涵即"八个坚持",其中第一条便是要坚持党的领导。2019年,习近平总书记在全国民族团结进步表彰大会上的讲话中总结新中国成立70年来民族工作的九条经验,再次强调"坚持加强党对民族工作的领导,不断健全推动民族团结进步事业发展的体制机制"。2021年,习近平总书记在中央民族工作会议上,概括党关于加强和改进民族工作的重要思想时指出,"必须坚持党对民族工作的领导,提升解决民族问题、做好民族工作的能力和水平"。②

回顾中国共产党百年民族工作,从早期接受共产国际的民族理论,到从中国国情实际出发逐步探索民族区域自治制度,中国共产党的民族理论政策日益丰富,越来越符合中国历史传统和现实国情。中国共产党建立全国政权之后,围绕建立统一的多民族国家、开展社会主义革命、消除民族剥削压迫、完成民族识别工作、实行民族平等团结等系列政策、加快少数民族和民族地区发展、推进民族团结进步创建、加强城市民族工作、推进民族事务治理体系和治理能力现代化、铸牢中华民族共同体意识等内容,开展了许多卓有成效的工作,创造了无数宝贵经验,形成了中国特色解决民族问题的正确道路。每个时期,我们都对这一道路进行总结评估,分析其利弊得失,寻找今后工作的方向。直到今天,我们依然如此。

---

① 《习近平在中央民族工作会议上强调 以铸牢中华民族共同体意识为主线 推动新时代党的民族工作高质量发展》,《人民日报》2021年8月29日第1版。
② 《习近平在中央民族工作会议上强调 以铸牢中华民族共同体意识为主线 推动新时代党的民族工作高质量发展》,《人民日报》2021年8月29日第1版。

二、解决中国民族问题的实践经验和基本理念

民族问题是人类社会面临的基本问题之一。20世纪被誉为民族主义的世纪，充斥着民族问题引发的战争与冲突。起源于欧洲的民族主义从局部地区蔓延至世界范围，在民族主义浪潮之下，欧洲陈旧的帝国势力瓦解、新兴民族国家取而代之；殖民势力相继退场、世界受压迫的民族纷纷独立。本以为"各民族实现建立自己国家的目的就能安土守境，与其他民族和平相处"①，然而令政治家们始料未及的是，世界局部地区的民族主义冲突仍然大行其道，国家内部多层次的民族主义运动甚嚣尘上，甚至连那些惯用民族分离主义为"武器"的国家，自身也陷入民族分离运动的阴霾。民族主义从局部到世界，从国家间到国内民族间，范围更广、程度更深。进入21世纪，尽管以民族解放运动为目的的民族主义运动退居幕后，但是各种类型的新型民族主义，不仅没有消退，反而愈演愈烈。以西方国家为例，美国逆全球化、英国脱欧、苏格兰独立公投，以及各种种族主义的思潮和社会运动，成为很多国家不稳定的根源，也是搅动世界格局的重要因素。当今世界，民族问题更加复杂，国际国内相互交织，波及面广，影响深，解决难度也更大。

在这样的背景下，中国共产党在百年历程中探索出中国特色解决民族问题的正确道路，尤其难能可贵。2014年中央民族工作会议把这条道路概括为"八个坚持"。2019年9月，习近平总书记在全国民族团结进步表彰大会上的讲话中，对"八个坚持"道路的形成进一步提炼出9条经验。2021年8月，习近平总书记在中央民族工作会议上，总结了党的十八大以来形成的党关于加强和改进民族工

---

① 由美国第28任总统伍德罗·威尔逊提出。

作的重要思想，即十二条根本遵循。①这些都是对中国共产党领导的我国民族工作基本经验的高度概括和总结。学术理论界对此也进行了大量的研究，在此我们不再进行归纳。相反，我们希望对上述实践经验背后的逻辑进行初步探讨。下面我们从国家观、民族观、历史观、政权观、文化观等五个方面，对中国共产党解决民族问题基本经验背后的基本理念和话语逻辑进行粗浅的归纳。

（一）国家观：坚持统一多民族国家的历史延续

"中国"一词，受古代传统"天圆地方"宇宙观和"类族辨物"分类系统的影响，在"五方之民"的族类分布中，产生出"居天地之中者曰中国，居天地之偏者曰四夷"②的观念。较四方之民，华夏居于中心，是称中国。故先秦时期儒家典籍《礼记》将"中国、夷、蛮、戎、狄"并举。此处中国代指地理上居于中间的民族集团——华夏。

随着历史的推进，后一个历史时期往往"刷新"前一时期对"中国"的看法。春秋时期，黄河中下游的周王室、晋、郑、齐、鲁、宋、卫等国以中国自居，他们把秦、楚、吴、越等国视作夷狄，到了秦汉时期，秦楚吴越等地亦称中国。晋时，东晋人将十六国看作夷狄。南北朝时期，南朝把北朝视作索虏，北朝认南朝为岛夷，双方都将自己视为中国，视为正统。到了唐朝，南北朝皆是中国。宋时，宋人将辽、金、夏、大理视为夷狄，而辽、金自视为中国正统。到了元朝，辽、金、夏、宋、大理、吐蕃等皆为中国。明朝将长城以外视为夷狄，而到了清朝，长城内外皆为中国。这一过

---

① 《习近平在中央民族工作会议上强调 以铸牢中华民族共同体意识为主线 推动新时代党的民族工作高质量发展》，《人民日报》2021年8月29日第1版。
② 石介：《徂徕石先生文集》，中华书局，1984，第116页。

程至少说明了：第一，各民族共同努力缔造了中国；第二，中国的含义从指代"华夏族团"向指代"正统"转变；第三，自古以来，建立统一的多民族国家是中国各民族共同的历史夙愿。

19世纪中叶以降，由于受资本主义列强、帝国主义侵略，帝国主义通过不平等条约宰割了我们的部分领土，在这样的特殊背景下，"中国"这一含义完成了从"正统"向"政权"的演进，它指代我们国家的主权所到达的地域范围，打破了中国人传统的天下观念，形成了现代的国家观。因此在鸦片战争前后，中国的现代疆域范围基本确立，当时清朝的疆域成为现代"中国"所继承的疆域范围。此时的"中国"已经指代国家主权，以及主权所及的领土范围和疆域上的人民。其历史基础是上千年来称作"中国"的地域的历史延续；其认同基础是该地域内的人们在广泛的社会交往、经济交流和文化交融中所形成的对"中国"的强烈认同。帝国主义列强对中华民族的侵略作为外部挑战加速了"天下观"向"国家观"的转型。

20世纪上半叶，捍卫中国领土、保护中国人民、建立统一政权是中国人民共同的历史心愿。然而，建立一个什么样的中国成为不同政治力量对决的核心问题。1921年，以实现中华民族独立和人民解放为宗旨的中国共产党诞生。我们党在早期由于受苏共和世界影响，加之对民族地区情况认识还有限，起初产生了关于采取联邦制国家结构形式的理论构想，主张民族自治自决，"促成蒙古、西藏、回疆三自治邦，再联合成为中华联邦共和国，才是真正民主主义的统一"①。联邦制这种复合制的国家结构显然与中国"大一统"的政治文化大相径庭，也与建立统一多民族国家的人民夙愿不相一致。但必须指出的是，中国共产党早期关于新疆、西藏自治自决的表述同样是在中国前提之下的。1920年，毛泽东在致蔡和森的书信中指出："做事又并不限定在中国，我以为固应该有人在中国做事，更应该有人在世界做事。如帮助俄国完成它的社会革命；帮助朝鲜独立；帮助南洋独立；帮助蒙古、新疆、西藏、青海自治自决，都是很要紧的。"②其中对朝鲜、南洋"独立"和对蒙古、新疆、西藏、青海"自治自决"的表述，显然表达了"外国"与"中国"的区别。③经过红军在长征时期与民族地区发生的各种联系和形成的经验，延安时期我们党在以毛泽东为代表的中央领导集体正确领导下科学、准确地把握中国国情，创造性地探索解决民族问题的根本道路。在日本帝国主义加紧侵略中国的形势下，瓦窑堡会议形成决议："为了使民族统一战线得到更加大的与有力的基础，苏维埃工农共和国及中央政府宣言：把自己变为苏维埃人民共和国。"④改"工农共和国"为"人民共和国"，使国内各阶级加入抗日民族统一战线，使各少数民族以推翻民族压迫为主的斗争在服从中国各民族共同利益基础上取得了局部与全局的统一。这一思想的提出，表明我们党已经从根本上抛弃了建立所谓"中华联邦共和国"的政治主

---

① 《中国共产党第二次全国代表大会宣言》，载中共中央统战部《民族问题文献汇编》，中共中央党校出版社，1991，第17页。
② 毛泽东：《致蔡和森》等，载《毛泽东书信选集》，人民出版社，1983，第3页。
③ 郝时远：《中国共产党怎样解决民族问题》，江西人民出版社，2018，第50页。
④ 中共中央统战部：《民族问题文献汇编》，中共中央党校出版社，1991，第332页。

张，体现了中国新民主主义革命性质所决定的建国目标[1]，标志着我们党实现了马克思主义中国化的又一次重要理论突破。"中国应该统一，不统一就不能胜利。"[2]因此，毛泽东在《论新阶段》提出了各少数民族"在共同对日原则之下，有自己管理自己事务之权，同时与汉族联合建立统一的国家"。[3]

总之，中国共产党之所以放弃了参照苏联模式建立联邦国家的教条主义构想，做出建立统一的人民共和国并在少数民族聚居地区实行民族区域自治的历史性选择，是因为中国共产党准确把握了中国千百年来统一多民族国家的历史延续性和各民族建立统一多民族国家的历史夙愿。

（二）民族观：坚持尊重差异、包容多样、增进一体的历史传承

《礼记》载"广谷大川异制，民生其间者异俗""修其教，不易其俗，齐其政，不易其宜。中国戎夷，五方之民，皆有性也，不可推移"[4]。可见中国在先秦时期就形成了对人类文化多样性及其生态环境关系的认识，并且产生了既强调礼教、政令、法律统一，又强调尊重文化多样性的民族观。[5]东夷、南蛮、西戎、北狄、中华夏虽各有其性，但都是中国这一大家庭中的一分子，都是"天下"体系的成员。在"大一统"的共同价值追求下，各民族交往交流交融不断深化，共同性、一体性不断增加。因此，杰克·威泽弗德对中

---

[1] 郝时远：《中国共产党怎样解决民族问题》，江西人民出版社，2018，第66页。
[2] 毛泽东：《必须制裁反动派》，《毛泽东选集》（第二卷），人民出版社，1991，第576页。
[3] 中共中央文献研究室、国家民族事务委员会：《毛泽东民族工作文选》，中央文献出版社，2014，第1页。
[4] 李学勤：《礼记正义》（下册），载《十三经注疏》，北京大学出版社，1999，第398页。
[5] 郝时远：《中国共产党怎样解决民族问题》，江西人民出版社，2018，第34页。

国有这样的认识:"中国古代的知识分子总是坚守一个难以实现的梦想,即建立一个大一统的国家,所有人民都在一个政府的统治之下,这种'中国'观念经久不衰。"①这个"难以实现的梦想"在中国共产党的领导下,各民族共同努力将其变为现实。

19世纪后半叶,帝国主义侵略活动对古老中国权益的不断损害,迫使王朝中国社会全面转型。②中国与帝国主义国家之间被动的社会交互,以及包括西方民族学在内的"西学东渐"对中国的民族观产生重要影响。由于清朝统治者在与西方列强的斗争中屡次失策,在一定程度上激发了中国国内的民族主义情绪,以孙中山为代表的资产阶级革命派打出"驱除鞑虏,恢复中华"的口号。依列宁观点"民族国家是资本主义发展中的一个必经阶段",是资本主义的一定阶段上发展生产力所必须的基础③。辛亥革命"国族"(国家属性民族)构建无疑顺应了这一趋势。进入20世纪之后,在日本长期且巨大的压力之下,"中华民族是一个""中华民族复兴"的民族共识达到顶峰。很快就有进步的知识分子认识到并产生共鸣,"凡是中国人都是中华民族——在中华民族之内我们绝不该再析出什么民族"④。虽有费孝通、吴玉章、吕振羽、翦伯赞等人不同的意见"中国并非单一民族成份的国家,中国的历史不是汉族或

---

① 郝时远:《坚定不移走中国特色解决民族问题的正确道路——学习中央民族工作会议精神的几点体会》,《民族研究》2014年第6期。
② 陈建樾:《回溯百年:中国共产党解决民族问题的探索与创新》,社会科学文献出版社,2021,第89页。
③ 列宁:《关于无产阶级和战争的报告》,载《列宁专题文集:论资本主义》,人民出版社,2009,第88页。
④ 顾颉刚:《中华民族是一个》,《益世报·边疆(周刊)》1937年1月10日第9版。

者汉族扩大的历史。"[1]但在中华民族危急存亡之际，关于中华民族理论的争鸣服从于历史形势才更加有利于建立抗日民族统一战线。1939年，中国共产党对中华民族做出了科学的解释和定义："中国有四万万五千万人口，组成中华民族。中华民族包括汉、满、蒙、回、藏、苗、瑶、番、黎等几十个民族，是世界上最勤劳，最爱和平的民族。中国是一个多民族的国家，中华民族是代表中国境内各民族之总称。"[2]既指明了中国是一个由多数民族结合而成的国家，又强调了中华民族的整体性和对外代表性。

1949年中华人民共和国成立，中国人民站了起来，实现了当家做主。各民族一律平等是新中国最重要的标志之一。具有国家宪法性质的《中国人民政治协商会议共同纲领》强调必须完成国家统一的同时，宣布中国各民族一律平等，并且规定在少数民族聚居地区实行民族区域自治，各少数民族享有发展其语言文字、保持或改革其风俗习惯及宗教信仰的自由。这些纲领性的内容在往后七十余年的历史里丰富发展成为一套具有中国特色的民族政策体系，走出一条特色解决民族问题的正确道路。20世纪末，即便第三次民族主义运动席卷全球，"一族一国"的民族国家建构甚嚣尘上，苏联、南斯拉夫两大社会主义国家解体，中国共产党仍然有效应对了民族主义分裂和渗透，维护了国家统一。之所以取得如此成就，是因为中国共产党在实践中培养和形成了"各民族不分大小、历史长短、发育阶段高低都应该一律平等""民族问题是社会总问题的一

---

[1] 陈建樾：《回溯百年：中国共产党解决民族问题的探索与创新》，社会科学文献出版社，2021，第40页。

[2] 中共中央统战部：《民族问题文献汇编》，中共中央党校出版社，1991，第808页。

部分"①"要正确把握共同性和差异性的关系，增进共同性、尊重和包容差异性是民族工作的重要原则"②等内容丰富、与时俱进的马克思主义的民族观。这样的民族观成为中国共产党民族政策可以有效整合国内各民族、维护国家统一的理论根基。

（三）历史观：中华大地上的各民族共创中华

历史唯物主义认为，推进社会历史运动发展的原动力在于生产力和生产关系、经济基础和上层建筑之间的两对矛盾。这种科学的学说坚持人民是历史的主体，是社会历史的真正创造者。但在马克思主义传入中国之前，中国社会的历史观无疑是"天命王朝史观"长期占主导地位。"天命王朝史观"由"天命观"和"王朝更替论"两部分组成。"天命观"认为上天是正义的最高主宰，人间的帝王是上天选择的代表和执行者，帝王受天命而治万民，而天命只授予有德行的人。"王朝更替论"认为王朝更替是由于前朝帝王失德而致，前朝曾受天命而治天下，但逐渐失德以致无道最终被天命所抛弃。本朝先祖因大德，是故奉天承运，建立新朝以统天下、治万民。这种观点成形于以王朝为线索、以帝王为核心开展的历史记述传统，是后朝在为前朝修史时往往坚持的核心思想。每个王朝都坚持以这种修史方式来论证自己统治的神圣性和合理性。正因如此，中华文明绵延五千年未曾中断，至少从商代起就开始有形式严密、内容完整的历史记录。

---

① 江泽民：《必须树立马克思主义的民族观和宗教观》，载中共中央文献研究室综合研究组、国务院宗教事务局政策法规司《新时期宗教工作文献选编》，宗教文化出版社，1995，第181—182页。
② 《习近平在中央民族工作会议上强调 以铸牢中华民族共同体意识为主线 推动新时代党的民族工作高质量发展》，《人民日报》2021年8月29日第1版。

二十世纪以降，辛亥革命废除了"天子"，天命王朝史观被梁启超等引领的近代史学革命所抛弃，一时间，"科学主义的历史学观点"蔚然成风。但归根结底，它是西化的、资本主义的历史观，不符合人民的根本利益。1919年，李大钊发表《我的马克思主义观》，第一次对唯物史观进行了比较全面系统的介绍。唯物史观认为，推动人类社会进步的力量是社会基本矛盾：生产力和生产关系、经济基础和上层建筑的矛盾。人类历史由原始社会、奴隶社会、封建社会、资本主义社会向社会主义、共产主义社会演进。中国革命胜利后，我们党对传统中国史进行了改造：简单讲就是继承了以王朝为主线、帝王为核心的叙述方式，剔除掉其中起统领作用的天命观的内容，代之以唯物史观的科学原理。在今天铸牢中华民族共同体意识、实现中华民族伟大复兴的叙事背景下，传统的强化王朝认同、帝王崇拜的王朝史显然无法呈现中华民族历史发展演进全貌、不利于构建中华民族历史认同。中国共产党基于历史唯物主义的科学原理，牢牢把握"夷狄进至于爵，天下远近小大若一"的大一统历史，合理继承了"水则载舟水则覆舟"人民主体的传统思想，在实践中对"王者统三才而宅九有，顺四时而治万物"[①]的天命王朝史进行改造，构建起新时代的中华民族史观，引领当代史学的"新革命"。

习近平总书记在2019年全国民族团结表彰大会上指出，我们辽阔的疆域是各民族共同开拓的、我们悠久的历史是各民族共同书写的、我们灿烂的文化是各民族共同创造的、我们伟大的精神是各

---

① 李学勤：《春秋左传正义》（上册），载《十三经注疏》，北京大学出版社，1999，第4页。

民族共同培育的。① 在 2021 年中央民族工作会议上强调："必须坚持正确的中华民族历史观，增强对中华民族的认同感和自豪感。"②"四个共同"的科学判断，"正确的中华民族历史观"的提出，有力破解了王朝史向中华民族史的转型问题，标志着中国共产党唯物史观指导下以各民族共创中华为主要脉络的中华民族史观正式形成。这一史观生成于中国历史上五千多年来各民族共同创造、交融与共的历史事实，源于新时代铸牢中华民族共同体意识的现实需要，同时昭示着中华民族实现伟大复兴的美好未来。

（四）政权观：坚持江山就是人民的人民主权

政权是政治中最本质的东西，政权的组织形式是由一个国家的阶级本质决定的。我们党自成立之日起就以实现中国人民当家作主和中华民族伟大复兴为己任，"为索我理想之中华矢志不渝"。坚持武装夺取政权，坚持政权由人民掌握。毛泽东将"党开辟了人民政权的道路"③定义为我们党取得重大进步和重大成功的两大原因之一。中华人民共和国成立后，以《宪法》确立了"一切权力属于人民"，确定了国家政权的人民属性。党的十八大以来，习近平总书记强调："一个政党，一个政权，其前途命运取决于人心向背。""我们国家的名称，我们各级国家机关的名称，都冠以'人民'的称号，这是我们对中国社会主义政权的基本定位。"④因此可以认为，中国

---

① 习近平：《在全国民族团结进步表彰大会上的讲话》，《人民日报》2019 年 9 月 28 日第 2 版。
② 《习近平在中央民族工作会议上强调 以铸牢中华民族共同体意识为主线 推动新时代党的民族工作高质量发展》，《人民日报》2021 年 8 月 29 日第 1 版。
③ 毛泽东：《毛泽东选集：第二卷》，人民出版社，1991，第 611 页。
④ 习近平：《在庆祝全国人民代表大会成立 60 周年大会上的讲话》，《人民日报》2014 年 9 月 6 日第 2 版。

共产党是中国人民、中华民族的先锋队，中国共产党的政权观就是坚持一切为了人民、一切依靠人民，就是坚持"江山就是人民，人民就是江山"。以各族人民为中心，一切为了各族人民，也是我们党民族理论、政策、工作取得重大成功的重要经验。

中国共产党人民至上的政权观是对中华政治文明传统的扬弃继承、对马克思主义政权学说的发展创新。一是对中华传统政治哲学核心内核的历史继承。"民惟邦本，本固邦宁"（《尚书·五子之歌》）、"政之所兴，在顺民心；政之所废，在逆民心"（《管子·牧民》）、"得天下有道，得其民，斯得天下矣；得其民有道，得其心，斯得民矣"（《孟子·离娄上》）。中国先秦思想家认识到人民在推动社会历史发展中的巨大力量，将民喻为水、君喻为舟，阐明"水则载舟，水则覆舟"的为政之道，形成了以人民为基础的政权观。二是以马列主义政权观为理论指引。马列主义认为："只有当阶级斗争不仅属于政治范围，而且抓住政治中最本质的东西即国家政权机构时，才是充分发展的、全民族的阶级斗争。""任何一个革命的最主要的问题都是国家政权问题。政权在哪一个阶级手里，这一点决定一切。"[①] 因此，革命的人民取得政权是共产党人革命的关键。可见，马列主义的政权观与中国传统政治哲学，都是以人民立场作为共同追求的，但"政权由人民掌握"是马列主义科学性、革命性的内涵。三是在中国革命的艰辛探索中形成。毛泽东曾指出："没有适当形式的政权机关，就不能代表国家。"[②] 在中国建设现代国家的长期探索中，一方面有太平天国运动、洋务运动、戊戌变法、义和

---

① 人民出版社编辑部：《列宁论无产阶级革命和无产阶级专政》，人民出版社，1960，第1—2页。

② 中共中央文献编辑委员会：《毛泽东著作选读》（上册），人民出版社，1986，第364页。

团运动等积极探索，另一方面也尝试了君主立宪制、帝制复辟、议会制等各种形式，都没能找到正确答案。在由中国共产党领导的新民主主义革命时期，还面临"民族国家的西方范式"和"联邦制的苏联模式"的双重影响。中国共产党科学把握长期历史传统、各方政治经验和中国具体国情，在中国主权建构中坚持人民立场、构建人民政权，设计和发展了人民代表大会制度这一根本政治制度，"它是我们党长期进行人民政权建设的经验总结，也是我们党对国家事务实施领导的一大特色和优势。"[1]

（五）文化观：坚持"大一统"传统与和而不同、美美与共的价值追求

实践活动是文化的本质。人的实践活动总处于一定的历史条件之下，故而文化也处于一定历史之中。由于实践中必然有政治生活，即文化观必然伴随政治的色彩，因此，这里的文化观不单单指文化的价值旨归，也有政治文化的内容，既包括文化属性问题，又包括政治属性问题。和而不同、美美与共的文化观的形成，解释了中国共产党的文化品格在解决民族问题时的贡献和优越性。

中华大地上的"大一统"思想源远流长。周代的分封制，就在国家权力体系中确立了中央和地方的结构关系。周王室以天子"正统"维系着中央与诸侯国的关系，实现了形式上的"一统"。这种制度一直维系到战国时期公元前249年。秦统一六国后，废分封而改郡县制，其在技术层面虽然完成了"书同文""车同轨""量同衡"，但由于缺乏文化和与文化相对应的政治体制，故而只能称作

---

[1] 江泽民：《坚持和完善人民代表大会制度》，《江泽民文选》（第一卷），人民出版社，2006，第111页。

是疆域上的"一统"。真正的封建"大一统"格局是在汉朝完成的。为了确定汉室皇权的正统性，统治阶级吸收法家、道家思想与儒学相融，提出"天人合一"学说，完成了文化上"独尊儒术"及其对应政治体制的"大一统"。"这套制度的核心在于建立高度集中的君权，以及以君权为核心建构一套价值的、伦理的和社会生活的秩序"[1]，构建起汉室政权的合法性，家庭、宗庙都是为之服务的社会组织形式。这种"大一统"的政治范式延续至清代。学者陈理阐述了它的三个主要特性：第一，"大一统"的政治体系是超越民族性的。也可以理解为其得到中国历史上各少数民族的认同，辽、金、元、清等政权即鲜活案例。完成大一统被视为是"天命所归"，而谁来完成则没有族别的界限。第二，大一统需要一个支撑它的思想体系。这个思想体系最初是在春秋时期萌生[2]，由董仲舒为代表的汉儒正式建构，其后又有宋明理学对其发扬。这使"大一统"这套思想体系同时具有文化认同和政治认同两重属性。第三，中国文化的族别差异很大，"五方之民，各异其俗"，要完成"大一统"就必然形成一种尊重差异的文化体制。上述三个特性，便生成了中国传统的文化观，以追求"一体之和"（即"一统"）为宗旨，但形式、内容可以多元（即"大"）。所以在先秦时期，"华夷之辩"终究服从于"华夷一体"论，呈现出从"内其国而外诸夏""内诸夏而外夷

---

[1] 陈理：《"大一统"理念中的政治与文化逻辑》，《中央民族大学学报》（哲学社会科学版）2008年第2期。
[2] 陈其泰：《春秋公羊"三世说"：独树一帜的历史哲学》，《史学史研究》2007年第2期。

狄"，到"夷狄进至于爵，天下远近小大若一"的民族社会结构。①这即是汉代何休，清代龚自珍、康有为等知识分子极力推崇的历史哲学，他们坚信历史总是从"据乱世""升平世"到"太平世"的历史演进。

"大一统"这种"超稳定结构"在中国维持了两千多年，已然成为中国国情中重要的一个部分，深刻地影响了中国共产党文化观的形成。一方面是从历史文化属性的角度，我们党诞生于中国社会，社会历史、社会文化的属性必然影响我们党，以及组成我们党的每个人。另一方面是从马克思主义政党的角度，坚持在特定的历史环境下分析研判问题是马克思主义的鲜明标志，我们党是马克思主义的政党，将马克思主义的基本原理与中国国情相结合是必然要求。因此，我们党的文化观必然是继承历史、源于国情、适应形势的。

文化观对中国特色解决民族问题正确道路的影响和贡献是什么？首先，使我们党继承了和而不同、美美与共的文化价值，明白国家"大一统"的历史应然。其次，引领我们党践行"各美其美、美人之美、美美与共"的文化价值。再次，对我们党民族理论形成、民族政策制定产生了积极影响。如，保障少数民族当家作主，坚持各民族一律平等，尊重少数民族语言文字、风俗习惯、宗教信仰，在少数民族聚居区实现民族区域自治，培养少数民族干部，加快少数民族地区经济社会发展，构筑中华民族共有精神家园等等。

---

① 何修解云："于所传闻之世，见治起于衰乱之中，用心尚麤觕，故内其国而外诸夏，先详内而后治外。""于所闻之世，见治升平，内诸夏而外夷狄。""至所见之世，著治太平，夷狄进至于爵，天下远近，小大若一。"详见于《十三经注疏》整理委员会：《春秋公羊传注疏》，北京大学出版社，2000，第30—32页。

这些民族政策都是和而不同、美美与共文化观的具体体现。最后，在指导现代国家建构过程中起着不可忽视的作用。具体来说，就是封建"大一统"政治社会中长期发挥影响的"华夷一体观""五方之民共天下"等历史文化资源在向现代国家转型过程中起着关键作用，国家统一的"历史愿景"、民族多样的基本国情、多元和合的价值观念使"联邦制的苏联模式""民族国家的西方范式"在主权中国建构中被彻底抛弃，反映了中国人民"美美与共"的文化基因，以及对"强大且统一国家"的强烈渴望。

三、结论与启示

中国共产党在百年民族工作的探索中，开创并不断完善了中国特色解决民族问题的正确道路，形成了以"八个坚持""九个坚持"和"十二条根本遵循"为核心内容的民族工作基本经验。上述行之有效的基本经验，必须继续坚持下去，并在实践中进一步创新和发展，以适应时代的发展和形势的需要。

把中国共产党百年探索中形成的中国特色解决民族问题的正确道路放到世界范围内进行比较，可以充分体现出我们党"在继承中创新、在创新中发展"的鲜明特征。尽管我们深受几千年封建皇权体系下"天下观"的影响，同时又陷入近代以来西方国家构筑的"民族主义"话语的包围，但是在马克思主义指导下，中国共产党一方面对传统的民族观、天下观、政权观、文化观、历史观进行彻底的改造，另一方面又跳出了"一族一国"的西方民族主义"陷阱"。同时，对待马克思主义的一些具体结论，也从中国实际出发进行适当的调整与完善，以适应中国实际，从而真正把马克思主义基本原理与中国实际相结合。比如，我们探索的民族区域自治制度及一整套的中国特色的民族理论政策，既没有照搬"苏联模式"，也没有放弃马克思主义民族平等等一系列基本原则、理论和方法，终于探索出中国特色解决民族问题的自己的道路。这个探索是不容易的，在一些时期甚至是用巨大的代价换来的。这条道路包含走什么路、采取什么方法、如何解决问题等十分丰富的内涵，对这些内涵如何形成、如何逐步发展、目前还存在什么问题、下一步往什么方向继续发展，这样的探索并没有终结，更没有止境。"一个国家在解决民族问题上，选择什么样的道路、采取什么样的模式，是基本国情、历史演进、经济社会状况、文化传统等各种因素共同作用的结果。"① 对此，不仅实际工作部门要保持清醒的认识，学术理论界更应当坚守实事求是的思想路线，坚持马克思主义的正确立场、观点和方法论。我们不仅要对实践进程进行描述总结，更应该分析探究实际工作背后的理论逻辑及理念。

本文对中国共产党探索中国特色解决民族问题正确道路的背后五大理念的分析，是一个粗浅的尝试。我们认为，"八个坚持""九个坚持"和"十二条根本遵循"背后，深刻体现了中国共产党坚守的初心使命和人民至上等基本理念和价值追求。这些理念，是中国共产党民族工作取得成功的基本保证，又是今后民族工作不断创新发展的重要启示。站在中国共产党百年成就的新起点上，面对世界百年未有之大变局和开启中华民族伟大复兴的第二个百年赶考重任，我们的实践脚步和理论探索都不能止步。中国特色解决民族问题的正确道路仍要继续探索，中国特色的民族话语体系更要不断发展。

---

① 转引自郝时远：《坚定不移走中国特色解决民族问题的正确道路——学习中央民族工作会议精神的几点体会》，《民族研究》2014年第6期。

中华民族多元一体格局形成的经济、文化、心理因素析论[1]

一、文献综述

习近平总书记在2019年全国民族团结进步表彰大会上指出，"一部中国史，就是一部各民族交融汇聚成多元一体中华民族的历史，就是各民族共同缔造、发展、巩固统一的伟大祖国的历史。各民族之所以团结融合，多元之所以聚为一体，源自各民族文化上的兼收并蓄、经济上的相互依存、情感上的相互亲近，源自中华民族追求团结统一的内生动力。正因为如此，中华文明才具有无与伦比的包容性和吸纳力，才可久可大、根深叶茂"[2]。习近平总书记的这段讲话，是理解中华民族从古至今是一个统一的共同体的重要观点，他不仅把中国历史概括为各民族交融汇聚成多元一体中华民族

---

[1] 本文原发表于《西南民族大学学报》（人文社会科学版）2021年42卷第9期。第二作者宁亚芳为中国社会科学院民族学与人类学研究所副研究员，第三作者章昌平为中国社会科学院大学博士研究生。

[2] 习近平：《在全国民族团结进步表彰大会上的讲话》，人民出版社，2019，第7页。

的历史，而且把"三个相互"概括为中华民族从"多元"聚为"一体"的内生动力。这是基于中国历史事实和发展逻辑得出的重要观点，是做好以铸牢中华民族共同体意识为主线的新时代民族工作的科学指南，对于凝聚全国各族人民实现中华民族伟大复兴具有重大指导意义。

各民族交融汇聚成多元一体中华民族的学术理论来源于费孝通先生1988年正式提出的"中华民族多元一体格局"理论，该理论是费孝通先生关于中华民族起源及结构的整体性理论[1]。林耀华先生评价称，费孝通先生确立了"多元一体"这个核心概念在中华民族构成格局中的重要地位，从而为我们认识中国民族和文化的总特点提供了一组有力的认知工具和理解全局的钥匙[2]。作为一个关于中华民族结构的学术新体系[3]，"中华民族多元一体格局"理论对中华民族的含义与起源、结构与层次、历史上的民族交往与民族关系进行了纲要性阐释，这些阐释对理解中华民族何以是一个共同体，"多元"何以凝聚为"一体"这两个命题提供了启示。自20世纪90年代初以来，围绕"中华民族多元一体格局"理论，多个学科开展了深入研究，大致分为四类。第一类是阐释"多元一体"话语体系和学术思维的时代价值。例如，有人提出应当构建、完善和发展多元一体主义[4]，将"多元一体格局"理论视为推动构建全球化时代人类

---

[1] 费孝通：《中华民族的多元一体格局》，《北京大学学报》（哲学社会科学版）1989年第4期。
[2] 周星：《关于"中华民族多元一体格局"的学术评论》，《北京大学学报》（哲学社会科学版）1990年第4期。
[3] 陈连开：《关于中华民族结构的学术新体系——中华民族多元一体格局理论的评述》，《民族研究》1992年第6期。
[4] 王希恩：《再倡"多元一体主义"》，《学术界》2018年第8期。

命运共同体的中国式智慧和思想参照系[1]。第二类是对"多元一体"纲要性观点进行专题论证。例如，划分中华民族多元一体格局发展阶段[2]，分析中华民族多元一体格局形成的影响因素[3]，深入研究民族关系史[4]。第三类是辩证阐释中国少数民族文化和中华文化的关系[5]。第四类是阐释"多元"何以凝聚成"一体"及新时代背景下的中华民族共同体。例如，从"多元"走向"一体"是中国各民族互动、整合和认同的历史趋势[6]。中华民族朝着一体化的方向发展，才能为中国崛起和中国梦的实现提供必要支持[7]。中华民族共同体意识是中华民族多元一体格局存续的必要条件，而中华民族多元一体格局则是中华民族共同体建设的结构性基础[8]。综上可见，自铸牢中华民族共同体意识提出以来，学界对中华民族何以为"一体"的研究不断

---

[1] 杨文炯：《理解现代民族国家的中国范式——费孝通先生"多元一体"理论的现代价值》，《青海民族研究》2018年第2期。

[2] 高翠莲：《试论中华民族多元一体格局发展的阶段划分》，《中南民族大学学报》（人文社会科学版）2004年第4期。

[3] 许彬、谢忠：《论地理环境对中华民族多元一体格局形成和发展的影响》，《广西民族研究》2007年第1期；樊良树：《四海之内：地理环境对中华民族多元一体格局形成的影响》，《西藏大学学报》（社会科学版）2013年第2期。

[4] 伍雄武：《多元一体——论云南民族关系的历史经验之一》，《云南师范大学学报》（哲学社会科学版）2005年第5期；黄桂华《论中华民族多元一体格局中的民族关系：和谐共处》，《理论界》2014年第7期。

[5] 吴正彪、李永皇：《论民族文化多元一体格局的实质与价值》，《贵州民族研究》2009年第1期；刘锦：《中国文化多样性与民族国家——从费孝通〈中华民族的多元一体格局〉谈起》，《探求》2014年第4期。

[6] 徐杰舜：《论中华民族从多元走向一体》，《西北民族大学学报》（哲学社会科学版）2007年第6期。

[7] 周平：《中华民族：一体化还是多元化？》，《政治学研究》2016年第6期。

[8] 郝亚明：《论中华民族多元一体格局与中华民族共同体建设》，《湖北民族学院学报》（哲学社会科学版）2019年第1期。

增多，并表现出由"中华民族多元一体格局"理论转向"中华民族共同体"理论的态势。结合习近平总书记提出的"三个相互"论述，本文意在从经济、文化、心理三个维度，进一步解读"中华民族多元一体格局"理论，帮助我们深化认识铸牢中华民族共同体意识的深远意义。

二、统一生存空间内中华民族的"多元一体"

任何一个民族都不是凭空产生的，也无法脱离自己的生存环境。"中国"作为一个历史性概念，其内涵在不同历史时期并不完全相同。同时，在今日中国的广袤国土内，多个民族从古至今世世代代"生于斯，长于斯"。这是一个如何看待历史上的中国与今日中国、历史上的多民族与今日56个民族关系的问题，同时也是如何理解中国多民族共同建设一个国家的问题。显然，这不是本文篇幅能够全面厘清的问题。费孝通先生在其文章中也面临同样的问题，只不过他将其作为立论的前提。

费孝通先生《中华民族的多元一体格局》一文首先论述了中华民族的生存空间，认为这是"中华民族"赖以生存和发展的"共同地域"。尽管这个共同地域的开发过程是逐步的且疆域版图在不同中央王朝历经变动，但是作为一个东到西太平洋、西到帕米尔高原和中亚内陆，南抵青藏高原喜马拉雅山麓以南、北到蒙古大漠这样一个相对独立封闭和比较完整的广袤空间，为生活在这里的各族人民及其祖先最终发展成统一的"中华民族"奠定了统一场域。[1]

---

[1] 费孝通：《中华民族的多元一体格局》，《北京大学学报》（哲学社会科学版）1989年第4期。

中国自古以来把共同的生存空间延续下来，必然有很多原因[①]。费孝通先生从历史的角度叙述了中华大地上各民族不断扩大相互交往的进程，用民族学、人类学理论阐发了"中华民族从以东亚平原为核心逐步实现地区性的多元统一""各民族自发融合成中华民族""中华民族近代以来完成了从自在实体到自觉实体的转变"等重要论断。最重要的是，费孝通先生没有停留在"中华民族"是不是"一个"、是"实体"还是"组合体"等概念的讨论中[②]，而是将"中华民族"与各民族进行了分层。56个民族共同组成了中华民族，中华民族和56个民族形成了"多元一体格局"。这个划分解决了中华民族作为国家层面的"民族"与56个民族作为中华民族组成部分的"民族"的概念及其关系混淆问题，同时承认了56个民族平等的政治法律地位。这不同于很多国家从文化层面把国家民族之下的人群共同体称为"族群"，把族群定义为拥有某种共同文化的群体。当然，56个民族的政治法律地位与中华民族不能相提并论，不具有"国家民族"属性，也不能按照"民族自决"理论寻求独立建国。从这个意义上看，费孝通先生的"多元一体格局"理论既有机结合了理论与现实，也充分照顾了历史发展、认知状况和不同群体的"民族"情感，得到了广泛的认可与推崇，比国际上所谓的"王朝国家""民族国家"理论更具包容性。

中国在民族结构上形成了"多元一体"格局，由"多元"组成"一体"，这与历史上的一些王朝国家或帝国分裂为多个民族国

[①] 安德烈亚斯·威默：《国家建构——聚合与崩溃》，叶江译，格致出版社、上海人民出版社，2019，第132页。
[②] 国内学术界在很长时间内存在56个民族是实体而中华民族不是"实体"（是"虚体"或"组合体"）的看法，当然也有不同意见，而且经常发生争论。

家的情况很不相同。中国境内的多民族没有在近代建立各民族自己的"民族国家",而是在"王朝国家"基础上建立了统一的多民族现代国家。同时,现代中国并没有因为"中华民族"具有"国家民族"的地位而否认56个民族同样具有"民族"的地位,都可称之为"民族"。从历史上看,各民族在统一的地理空间内是密切联系、相互依存的共同体。实现"大一统"是历代王朝政权所追求的目标,并且为境内执政的各民族统治者接受和实践,追求"大一统"在各民族心中根深蒂固,这是古代中国虽几经分裂而最终能形成"统一"国家的最深层原因之一。

费孝通先生认真梳理了中华民族多元一体格局的现状及其历史演进,认为多个民族在一个相对独立完整的统一地理空间内相互密切交往,形成了谁也离不开谁的格局。在这个地理空间内,历史上的各民族虽不叫"中华民族",但中华民族是客观存在的,费孝通先生称之为"自在的"中华民族。近代以来,中华民族实现了由"自在"转变为"自觉",成为与现代国家紧密关联的"中华民族"。自古以来由中华大地上的各民族组合而成的中华民族,是中国成为历史悠久的统一多民族国家的客观基础。

三、经济上的相互依存形成了中华民族的共同经济生活

马克思主义认为,经济基础决定上层建筑。经济活动是人类社会最普遍和最基础的活动,也是促进社会成员和群体间交往交流、相互协作甚至相互竞争的内在动力。费孝通先生提出,"民族格局似乎总是反映着地理的生态结构。中华民族生存所处的是一个在地理上自成单元但又生态环境多样丰富的生存空间"①。共同生存空间内部生态环境的多样性使各民族的经济互补成为可能，也构成了各民族形成经济上相互依存格局的发展逻辑。

自古以来，中国境内各区域内部及区域之间的经济联系就十分密切。区域之间的经济联系既有和平时期的贸易互市，也有冲突战争时期的经济掠夺和人口迁徙。②贸易等经济活动和人口流动，把农区与牧区、内地与边疆、不同经济类型之间的各民族在经济上连为一体。在中国历史发展进程中，各地区、各民族经济上相互往来甚至形成相互依存关系的例子不胜枚举。藏彝走廊内各民族人口迁徙与经济上相互依存成为我国自古以来各民族交往交流交融的典型写照。除了较大区域间存在的各民族间经济上相互依存，局部地域范围内各民族间经济上相互依存的现象也普遍存在。以云南为例，由于地理和生态的差异性、互补性更加显著，各民族居住上的交错杂居和经济上的相互依存情况更加明显。山区的少数民族群众经常以茶叶、"山茅野菜"等土特产品与坝区群众交换粮食、食盐、布匹等物品③。其实，中国各地区内部乃至各个区域之间，都存在着经济上的密切联系。诸如茶马古道、藏彝走廊、西北民族走廊的形成

---

① 费孝通：《中华民族的多元一体格局》，《北京大学学报》（哲学社会科学版）1989年第4期。
② 历史上即使在不同政权发生矛盾冲突甚至对峙战争期间，互市中断但经济联系也依然存在。战争和冲突导致大范围的人口迁徙流动，促进了边远地区、少数民族聚居地区的经济开发，加深了各民族的相互融合，夯实了各民族在经济上相互依存的基础。
③ 杨佳鑫：《经济交往对云南多元宗教和谐共存的影响研究》，昆明：云南民族大学，2013年学位论文，第11页。

等都是各民族相互联系、相互依存的例证①。从某种程度上看，内地农耕区与边疆草原游牧区之间密不可分的交往交流交融，在很长时间内成为中国历史发展的一个重要内容。

近代以来，伴随民族国家的形成，各民族经济上的相互联系趋向统一化、规则化、体系化，并逐渐形成统一的国家市场。在近代统一市场基础上，一个国家的国民逐步建立起共同经济生活，进而构成现代民族国家的经济基础。虽然中国对于统一市场内涵的理解与西方近现代国家有所不同，但中国境内的各民族在共同生存空间内形成统一市场的时间要比西方国家早得多。中国境内统一市场的形成早于近代，秦统一六国之后，车同轨、书同文、统一货币与度量衡、统一法律，奠定了古代中国统一市场的雏形。历代王朝为统一市场的发展不断注入新的活力。

鸦片战争之后，中国被迫纳入西方主导的资本主义经济体系并逐步成为半殖民地半封建社会。在国外资本主义坚船利炮的侵略和先进生产方式的冲击下，传统经济模式难以为继。国家主权和经济利益大量丧失，各族人民被迫承担不平等条约强加的赔款责任，人民群众生活在水深火热之中。在与外国列强的抗争中，经济上相互依存的各民族人民意识到，中华民族的成员是休戚与共、利益共享、风险共担的命运共同体和利益共同体。

中华人民共和国成立以来，我国地区间和民族间的经济联系更

---

① "藏彝走廊"和"西北民族走廊"是费孝通先生提出的两个学术概念，是"中华民族多元一体格局"理论的重要组成部分。这两个走廊自古以来就是我国西部地区多民族交往交流交融的重要通道，不但在区域文化上极具典型意义，同时在我国民族格局中具有独特地位和特殊价值。"茶马古道"源于我国古代西南边疆的茶马互市，兴于唐宋，盛于明清，是中国西南经济文化交流的走廊，也是各民族文化进行交流、互动的重要区域。

加密切，国内统一市场不断发展，大大提升了各民族共同经济生活的广度、深度和一体化程度。大规模的工业化建设和人口流动（如屯垦戍边、知识青年上山下乡、三线建设），尤其是改革开放以来商品经济的快速发展，交通、通讯技术进步和基础设施的极大改善，使全国各地区成为现代国民经济体系的有机组成部分。地区之间、民族之间的资源、资金、技术、人才流动更加频繁，经济交往更加密切，相互依存程度不断提高。在中国共产党的统一领导下，"全国一盘棋"、财政转移支付、"统收统支"、民族地区开发支持援助政策等，进一步增强了各地区经济上的互补性和全国经济体系的一体性，各民族作为中华民族大家庭的成员角色更加显著，各民族成员越来越成为"一个锅里吃饭"的"一家人"。由国家主导区域发展规划，通过市场和政府合理配置地区资源要素，发展现代产业，建设现代经济体系，实现城乡之间、地区之间的协调发展，促成改革成果实现全民共享。社会主义大家庭各民族经济上的相互依存关系发生了质的变化。

经济上的密切联系和相互依存使各民族形成了利益共同体、命运共同体，中国这一相对完整的经济体系和巨大市场，为地区间、民族间的相互协作和共同发展提供了客观条件，大一统国家的体制和治理结构为各地区、各民族结成事实上的共同体提供了制度基础。中华人民共和国成立后在中国共产党领导下建立了平等团结互助和谐的社会主义民族关系，成为中华民族实现"共同团结奋斗、共同繁荣发展"的坚实保障。

四、文化上的兼收并蓄塑造了各民族共有精神家园

兼收并蓄是文化适应人类生产生活实践并保持生机活力的基本

策略。我国各民族在漫长的历史长河中通过相互吸收借鉴，不断丰富发展了各自的民族文化，也在相互借鉴吸收中交融汇聚形成了各民族共建共享的中华文化。兼收并蓄并不以丧失自身文化特点为前提和代价，而是各民族文化在平等交流、相互欣赏中实现包容多样并吸收其他文化的优秀元素。而中华文化得益于各民族文化的交融汇聚，具备各民族文化之间的共同因素，不仅为各民族提供了共同文化产品，也塑造了各民族共有精神家园，成为各民族共享的中华民族精神。

文化是群体的，群体不同，则文化各异。费孝通先生在《中华民族的多元一体格局》中也是从文化角度探讨中华民族的"多元起源"。在文字正式发明之前的数千年甚至更早的时期，中华大地上聚居的许多"族团"形成了统一生存空间内的多元文化区。不同文化区的竞争与交流，形成各民族文化兼收并蓄的原初表象。费孝通先生认为"文化具有历史性和社会性""文化是流动和扩大的，有变化也有创新"[①]。各民族同处一个地理生存空间但又属于多元起源的史实，决定了各民族文化的形成必然受到其他民族文化的影响。相互影响就是各民族文化的兼收并蓄，这既是各民族文化的基本特点，也是中华文化的本质特征和发展规律，更是中华文化永葆活力的根本路径。纵观中国历史，自古以来各民族文化都是在兼收并蓄过程中形成与发展的。例如，在整合濮、越、巴、蛮等先民文化的基础上，土家族自元明时期就开始接受汉文化的影响，认同以儒释道为核心的中原文化。至清代改土归流后，土家族自觉将儒家道德伦常等内化到日常生活和思想观念。土家族对汉文化的兼收并蓄，

---

① 费孝通：《对文化的历史性和社会性的思考》，《思想战线》2004年第2期。

在节庆上则体现为土家族除了庆祝春节、端午和中秋等中华民族共有的传统节庆外，还庆祝独特的"赶年"等民族节庆。再如，我国彝族先民自苍山洱海散入黔西北等地，三国时期帮助诸葛亮七擒孟获，元代时又被土司制度整合到统一的王朝国家，在"以文化民"和"崇儒兴学"的影响下，逐渐认同、共享中原文化；至清代改土归流后，历史悠久的彝族游牧传统逐渐被定耕种植的生产方式取代，但仍然养殖"水西马"作为生产、交通的工具。很明显，彝族文化的发展也体现了鲜明的兼收并蓄特征。

文化上的兼收并蓄同样贯穿于中华文化的形成发展过程。从历史上看，民族往往是在不同群体交往交流交融过程中逐步形成的，而当不同群体通过充分交融形成民族共同体之后，这个民族的文化也在群体交融过程中逐步形成，并在其后的发展过程中以兼收并蓄的方式不断丰富民族文化的内涵。从中国的情况来看，中华民族是在各民族的交往交流交融中形成的，各民族在这个过程中也经历了"滚雪球"式的交往交流交融过程，通过各民族文化的兼收并蓄，中华文化的内涵不断丰富，各民族共同认同的文化元素不断增多。

各民族都是中华文化的创造者和贡献者，各民族的优秀文化元素不仅在兼收并蓄中成为中华文化的重要组成部分，也为中华文化的持续发展和永葆活力做出了独特贡献。比如，中国文学是中华文化最具魅力的组成部分，包括唐诗宋词及以四大名著为代表的古典文学，充分反映了古代中原地区和边疆地区各民族的生产生活内容，其中有诸如词语互借等多种文化兼收并蓄的情况，中国文学的很多经典篇章都是各民族在兼收并蓄的基础上共同创造的。在古代，少数民族悠久的历史和独特文化也被写入汉文诗词歌赋，少数民族作家借助汉语言文字展现本民族风采，是各民族文化上兼收并蓄的重要体现。诗经、楚辞、汉赋、唐诗、宋词、元曲、明清小说等伟大作品，以及藏族《格萨尔》、蒙古族《江格尔》和柯尔克孜族《玛纳斯》等伟大史诗，既是古代汉族作家呕心沥血的艺术结晶，也是各少数民族作家艺术才情的生动呈现。来自各民族优秀文化元素的兼收并蓄和相互借鉴启发，极大地丰富了我国各民族文学的发展。各民族文化上的兼收并蓄使我们更加认识到，尽管汉族在中华民族的形成过程中发挥了主体凝聚作用，但是不能把汉族等同于中华民族，也不能把汉民族文化等同于中华文化。

与56个民族的文化相比，中华文化的特点及其引领作用更值得研究。从外在形式看，中华文化是历史上我国各民族文化和今日56个民族文化的集大成，是各民族文化汇聚而成的中华民族的总体文化。从内涵上看，中华文化作为更大范围、更高层次、更加宏大的文化形态，是各民族共建共育共享的文化，对各民族的文化更具引领作用。在追求国家政权统一和"大一统"理念的支配下，中华文化往往与国家政权的主流价值观或意识形态紧密结合在一起，成为引领社会的政治文化。从外延上看，当中华文化完成与国家政权（古代为王朝政权）主流意识形态的整合之后，中华文化便超越其作为一种民族文化的范畴，成为居于各民族文化之上、代表整个中华民族文化面貌的国家文化，引领着各民族文化朝着维护国家统一和增进民族团结的方向发展。

由此可见，正是兼收并蓄的基本特征决定了中华文化的内涵和外延。各民族文化的兼收并蓄共同孕育了中华文化，而中华文化则进一步保障了各民族文化持续推进兼收并蓄的现实基础。只有全面理解各民族文化上兼收并蓄的基本特征，才能正确把握中华文化与各民族文化的辩证关系。中华文化与各民族文化既是整体与局部的关系，又是不同层次之间的关系；中华文化往往与国家政权结合在一起，体现着国家作为一个政治共同体的基本特征。而民族文化则更多地与本民族的生存方式、生活习性息息相关，有时候也与该民族主要聚居地区的区域文化、地方文化交织在一起。从结构上看，各民族文化从属于中华文化。从这个意义上说，中华民族的多元一体格局，也体现为中华文化的多元一体特征，一体是中华文化，多元是各民族文化。正是秉承兼收并蓄的基本策略，各民族文化这个"多元"才凝聚出中华文化这个"一体"，中华文化这个"一体"又引领着各民族文化这个"多元"交融出更好服务于中华民族伟大复兴的共同文化元素。

中华文化不单纯是民族学意义上的民族文化，要从层次论的视角去辩证看待中华文化的特征。在古代中国，中华文化可以指中华民族自在状态下的整体文化。近代以来，又成为自觉的中华民族的整体文化。中华人民共和国成立后，中华文化既包括56个民族的民族文化，同时又是位居各民族文化之上的整体文化和国家文化。从国家层面看待中华文化，比简单从民族层面看待中华文化更容易全面理解其内涵和本质。从层次上看，中华文化既可以指56个民族文化的总和，也可以指56个民族文化的"公约数"，更可以指与国家主权、政权、制度相关联的国家文化。而当我们从国家层面去理解中华文化和中华民族精神时，就必须避免出现将中华文化看成单纯的民族文化的错误。中华文化的形成历程启示我们，只有在坚持国家政权与国家政治视角的前提下才能全面准确地理解中华文化。也只有这样，才能正确把握中华文化既受益于各民族文化的兼收并蓄，又凸显各民族文化兼收并蓄的基本特征。

五、情感上的相互亲近培育了各民族的共同心理素质

"共同心理素质"是一个民族在历史上形成并在相当长时期内保持基本稳定的共同体意识、思维方式和民族（性格）精神，主要包括共同的祖先崇拜、历史记忆、制度规范、道德观念、价值判断、精神追求、风俗习惯，是认同"我们"、区分"他者"的主要标准。共同心理素质通过某类文化载体表达出来，既是一种心理现象，也是一种历史文化现象。这种在某种文化精神或价值观引导下的共同心理素质产生、培育与发展机制，就是形成民族精神或民族共同体意识的共同心理过程。共同心理过程一般表现为民族成员的共知、共情、共思、共忆，并在此基础上共育出一个民族的价值观和精神追求。党的十八大以来，习近平总书记多次强调"中华民族多元一体"是先人们留给我们的丰厚遗产，也是我国发展的巨大优势。习近平总书记以"四个共同"总结了这一过程，"我们辽阔的疆域是各民族共同开拓的，我们悠久的历史是各民族共同书写的，我们灿烂的文化是各民族共同创造的，我们伟大的精神是各民族共同培育的"[1]。在共同生存空间里的我国各民族，就是拥有共有国土和共有精神家园的一家人，相互之间具有天然的亲近感。

各民族共同创造的中华文化，不仅是中华民族屹立于世界民族之林的历史见证，也是各民族在多元一体格局中保持生机活力的内在源泉。共同的文化增强了各民族在思维方式与行为习惯方面的一致性，使我们这样一个拥有十四亿多人口规模的大国在重大关头能够保持很强的组织动员能力，形成一个团结统一的共同体，这与其他国家形成了鲜明对比。正是得益于中华文化的滋养和引领，一致

---

[1] 习近平：《在全国民族团结进步表彰大会上的讲话》，人民出版社，2019，第4—7页。

的思维方式与行为习惯，强化了我国各民族的"中国人"意识，也拉近了彼此之间的情感，更进一步增强了各民族的亲近感、凝聚力和向心力。

情感上相互亲近的各民族在长期的交往交流交融中逐步培育出中华民族的共同心理素质，各民族作为中华民族大家庭成员的意识也不断铸牢，各民族的人们在政治心理、文化价值理念、民族思维方式、民族性格、民族精神上的共同性日益增强。政治心理上的共同性，即形成了"五个认同"，构筑了国家统一、民族团结、社会稳定的思想基础，构成了坚定走中国特色社会主义道路、弘扬中国精神、凝聚中国力量的源泉。文化价值理念上的共同性，即"天人合一""物我统一""仁、义、礼、智、信""中庸""崇德求善"等心理准则，以及新时代积极培育和践行的社会主义核心价值观，成为国家主流价值观和凝聚全党全国各族人民团结奋斗的共同思想基础，决定着各民族共有精神家园的发展方向。民族思维方式上的共同性，即根植于各族人民内心的思维方式，这种思维方式决定了一个国家的公民对国家与民族、国家（集体）与个体等根本关系的认识状况。中华民族利益和国家利益优先至上，是我国公民的民族思维方式的基本特征。我国公民的民族思维方式的另一个基本特征是追求变革、强调创新，正如习近平总书记所指出的"中华民族充满变革和开放精神"。民族性格上的共同性，即勤劳善良与秉持诚信、守则、求和的心理特征[①]。毛泽东同志在赞扬中华民族的优良传统时，概括出中华民族的民族性格在千百年中始终保持着刻苦耐劳、

[①] 张健：《文化符号、文化心理与中华民族共同体意识》，《光明日报》2020年5月8日第11版。

勤劳勇敢、谦恭谨慎、团结互爱、自强不息等特点。民族精神上的共同性，即各族人民在长期交往交流交融中形成的特质、禀赋和独特的历史文化。习近平总书记站在中国特色社会主义进入新时代和实现中华民族伟大复兴的战略高度，将中华民族的民族精神深刻阐释为"中国人民具有伟大创造精神、伟大奋斗精神、伟大团结精神、伟大梦想精神"①。在党的十九届四中全会上，习近平总书记更为系统全面地阐释了中华民族的民族精神和价值理念，即"大道之行、天下为公的大同理想，六合同风、四海一家的大一统传统，德主刑辅、以德化人的德治主张，民贵君轻、政在养民的民本思想，等贵贱均贫富、损有余补不足的平等观念，法不阿贵、绳不挠曲的正义追求，孝悌忠信、礼义廉耻的道德操守，任人唯贤、选贤与能的用人标准，周虽旧邦、其命维新的改革精神，亲仁善邻、协和万邦的外交之道，以和为贵、好战必亡的和平理念，等等"②。

"长期的共同生活，使同一民族的人在心理上形成了共同的意识，将本民族看成是利益一致的群体。"③但在此过程中各民族"我们"意识和"共同体"意识的增强却依赖于各民族间"共同性"的不断提升。费孝通先生《中华民族的多元一体格局》一文启示我们，在地方性的多种文化区和多个"族团"演化为中华民族这个实体的过程中，在从自在的民族实体向自觉的民族实体转变的过程中，在中华民族形成多元一体格局的过程中，各民族间共同性的不断增加

---

① 新华社：《习近平：中国人民具有伟大创造精神、伟大奋斗精神、伟大团结精神、伟大梦想精神》，新华网（https://baijiahao.baidu.com/s?id=1595419552251926077&wfr=spider&for=pc），访问日期：2018年3月20日。
② 习近平：《坚持和完善中国特色社会主义制度推进国家治理体系和治理能力现代化》，《求是》2020年第1期。
③ 李静：《民族心理学》，民族出版社，2009，第180页。

和强化，加深了各民族间情感上相互亲近的程度，并最终促使中华民族共同心理素质的形成。在上述过程中，各民族间的互动、共同意义空间、近代以来共同的抗争历史、包容差异的民族性格，综合形成了各民族情感上相互亲近的内生动力、心理基础、记忆基础和情感基础。

共同的历史是各民族交融形成共同心理素质的历史基础。中国早在历史上就是一个多民族国家，民族结构的"多元一体格局"特征培育了中华民族的"共同心理素质"。密切的交往互动是各民族在相互离不开的基础之上形成"共同体意识"的社会前提。各民族在漫长的历史中，民族间、不同民族身份个体间的接触、交往和互动一直处于密切状态。近现代以来，人口跨区域流动逐渐成为常态。尤其是改革开放后，各民族人口跨区域流动日趋活跃。来自不同地区、不同民族身份的人们共同居住、共同学习、共同工作、共同生活的现象十分普遍，各民族在政治、经济、文化、社会等多个领域的交往交流交融越发广泛和深入。也正是在这个过程中，平等团结互助和谐的社会主义民族关系得以形成并持续巩固，各民族之间"你中有我、我中有你、谁也离不开谁"的命运共同体意识不断深化，相互亲近的情感日益浓厚。

中华民族共同意义空间则是形成共同心理素质的现实基础。中华民族共同意义空间的建构，对于各民族形成共同心理素质具有决定性的作用。一般而言，一个民族共同意义空间的核心内容与基本精神在一定时期内保持基本稳定。但是，在不同时期保持共同意义空间完全不变则是不现实的。伴随着时代的发展，共同意义空间的内涵与外延发生一些变化以适应时代变化恰恰是必要也是必然的。近代以前，各民族的优秀文化都为中华民族共同意义空间的建构做出了巨大贡献。近代以来,中华民族共同意义空间则在抵御列强入侵、谋求民族独立解放的过程中,逐步演变为以爱国主义为基调、以革命文化为表征、以现代文化为方向的现代文化体系。进入 21 世纪以来,中华民族共同意义空间的内涵则具时代特征,集中体现为社会主义核心价值观成为新时代各民族共有精神家园的集中概括。社会主义核心价值观以其鲜明的共识性、导向性、时代性特征,赋予中华民族共同意义空间丰富的内容。社会主义核心价值观把国家价值目标、社会价值取向和公民价值准则有机结合,实现了对中华优秀传统文化的继承和超越,既成为引领当代中国文化建设的纲领,也成为培育和巩固共同心理素质的指引。

纵观历史,各民族间的接触、交往与互动并不是一个自发、自在、自然而然的过程,恰恰需要不断引导与塑造。一方面,中华民族大家庭的成员因具有诸多共同性,借此可以区分中华民族和国外其他民族。另一方面,在中华民族大家庭内部,各民族又在民族性格、风俗习惯、民族思维方式、行为方式等方面存在一些差异。在日益频繁的交往互动中,由于资源利益竞争以及生产生活方式、思维方式等方面的差异而造成的误解、矛盾甚至冲突难以避免。如果不对这些误解、矛盾甚至冲突进行及时有效的干预,那么在特定条件下就会衍生出严重影响民族关系和社会稳定的事件,对中国特色社会主义现代化建设和中华民族伟大复兴造成不利影响。要建设和谐的民族关系与社会关系,就必须做好民族工作,创造必要的外部条件,通过有意识地开展引导工作,推动各民族积极参与到诸如民族团结进步创建、"民族团结一家亲"等实践活动中来。通过这些主动性的引导,帮助各民族形成符合新时代要求的共同心理素质。社会学有一个"社会化"理论,其意是指个体需要不间断地参与"社会化"培育过程，才能成为合格的社会成员。因此，塑造我国各民族的共同心理素质和中华民族共同体意识，需要持续不断地建构与建设。习近平总书记反复强调"铸牢中华民族共同体意识"，把它上升到新时代民族工作主线的高度，要求各级党委政府做好物质和精神两个方面的工作，尤其是要下大力气做好精神层面的工作，强化每一个公民的中华民族共同体意识，巩固民族大团结，把全部力量都凝聚到建设社会主义现代化强国和实现中华民族伟大复兴中来。

进入新时代，弘扬并践行社会主义核心价值观是在社会主义现代化建设进程中巩固我国各民族共同心理素质的重大举措。社会主义核心价值观充分继承了优秀传统文化的精髓，既体现了近代以来对公民个人权利的尊重和正当利益的保护，也体现了中华民族将国家和集体置于优先的价值导向，还体现了建设社会主义现代化国家的时代要求。从加强新时代共同心理素质建设的角度看，弘扬并践行社会主义核心价值观，从根本上就是要强化对中华文化的认同。这是新时代建设和丰富伟大民族精神的需要，更是调动各民族和全体人民积极性，形成中华民族伟大复兴磅礴力量的客观要求。

六、对新时代进一步铸牢中华民族共同体意识的思考

（一）坚持"全国一盘棋"，统筹推进国家区域协同发展战略，形成各民族经济上相互依存新格局

要以构建新发展格局为契机，大力提升民族地区资源要素开发水平、社会主义市场经济建设水平、产业结构和国民经济体系优化水平，着力破解民族地区发展不平衡不充分的难题。深化经济政策、社会政策联动协同，提升民族地区各族群众共享改革开放成果

的能力。加快中西部和农村基础设施建设，为构建国内大流通体系和国家统一市场奠定基础。创新对口支援民族地区的模式与机制，提升各地区经济合作与互惠的效果。克服地区间、民族间"吃亏占便宜"的心理，增进各民族群众经济上相互依存的意识，夯实铸牢中华民族共同体意识的物质基础。

（二）坚持中华文化认同，增强社会主义核心价值观引领作用，开辟共有精神家园建设新局面

塑造新时代各民族的共有精神家园，是推进各民族"三个相互"深入发展的重要思想基础。党的十八大以来，习近平总书记多次强调，"解决好民族问题，物质方面的问题要解决好，精神方面的问题也要解决好"[1]。价值观是民族精神和国家意识形态的集中体现，是一个国家和民族文化的灵魂。弘扬社会主义核心价值观，对筑牢人民群众信仰根基、增强中华民族凝聚力、建设社会主义先进文化至关重要，也是强化"五个认同"的关键。"加强中华民族大团结，长远和根本的是增强文化认同。"[2] 各民族要避免"等同于"或"自外于"中华民族的错误言行，树立正确的历史观、民族观、国家观、文化观。全面正确贯彻党的民族政策和宗教政策，加强民族团结进步创建工作力度，不断增强各族群众对伟大祖国、中华民族、中华文化、中国共产党、中国特色社会主义的认同，要把各民族的中华文化认同，转变为铸牢中华民族共同体意识和促进民族团结的自觉行动。

---

[1]《中央民族工作会议暨国务院第六次全国民族团结进步表彰大会在北京举行》，《人民日报》2014年9月30日第1版。
[2]《中央民族工作会议暨国务院第六次全国民族团结进步表彰大会在北京举行》，《人民日报》2014年9月30日第1版。

（三）以铸牢中华民族共同体意识为主线，做好新时代民族工作，迈出各民族交往交流交融新步伐

促进各民族交往交流交融，既是民族自身发展的客观需要，也是铸牢中华民族共同体意识、推动中华民族共同体建设的重要内容和基本途径。在市场化、城镇化、信息化、现代化和全球化背景下，封闭孤立没有前途，扩大开放、加强合作是必由之路。坚持"各美其美、美人之美"才能"美美与共、天下大同"。各民族间、国家间要在加强联系交往的基础上增进了解，相互学习、相互借鉴、取长补短、共同发展。与此同时，要做到换位思考、相互体谅，增进各自感情相依、情感交融的程度，进而实现相互欣赏、荣辱与共的新境界。达此目的，要把几千年积累的解决民族问题的历史经验总结好，把中国共产党解决民族问题的正确道路坚持好，把中华人民共和国实现各民族共同团结奋斗、共同繁荣发展的基本方针贯彻好。

（四）正确处理各民族文化差异性与中华文化共同性的关系，克服极端化、绝对化、简单化，取得各民族共同心理素质建设新进展

要准确理解民族与国家的关系，不要把民族、国家、认同等一系列概念和理论僵化、固化。要处理好共同性与差异性的关系，在坚持共同性发展方向的同时，不能忽略多元差异存在的客观事实，还要坚决克服试图通过强调多元差异阻碍共同性不断增强的错误倾向。处理好民族与国家的关系，要防止在政策与实践上强调民族本位，使"全国一盘棋"真正落到实处。以强化"五个认同"为导向处理好民族认同与中华民族认同、民族认同与国家认同之间的辩证关系，既不要等同起来，更不能对立起来。要明确民族现象的理论研究和民族政策的政治属性及意识形态特征，坚决反对将中华文化

现代化等同于"汉化""西方化",坚决抵制境内外反华势力破坏中国稳定发展大局和国家主权利益。要加强中国共产党解决民族问题正确道路的阐释与宣传,破除对我国解决民族问题道路的误解和质疑。要增强科学研究水平和理性发声能力,防止泛民族主义思潮、民粹主义思潮甚至种族主义思潮的冲击,坚决制止大汉族主义、狭隘民族主义、民族分离主义的言行。要按照习近平总书记强调的"打基础、利长远、润物细无声"的要求,对涉及民族因素的问题做耐心细致的基础性工作,建立严谨科学的工作评价与监督机制,防止出现忽左忽右、走极端、形式主义、官僚主义作风,不能为了从形式上解决问题而留下真问题,也不能为了今天解决问题而给未来留下更大的矛盾与隐患。

中国特色社会主义建设进入新征程,做好铸牢中华民族共同体意识工作,要继续深化"五个认同",通过强化中华文化认同来建构共同的民族心理素质;通过强化经济上的相互依存把"三个离不开"的民族关系做深做实;通过强化共同使命和担当,提升各民族共同团结奋斗、共同繁荣发展的能力。借此,推动新时代各民族"三个相互"融合发展,把中华民族建设成为更加亲密、更加团结、更具凝聚力和向心力的中华民族共同体。

扎实推进中华民族共同体建设[1]

中华民族是世界上伟大的民族，有着5000多年源远流长的文明历史。在中华大地上，中华民族的各民族及其先民们，创造了辉煌灿烂的中华文明，为人类文明进步做出了不可磨灭的贡献。党的十八大以来，习近平总书记反复强调大力培育和铸牢中华民族共同体意识，2019年9月在全国民族团结进步表彰大会上第一次将其概括为新时代民族工作的主线；[2] 2021年中央民族工作会议将其确定为新时代党的民族工作主线，进一步阐述了铸牢中华民族共同体意识的基本内涵、重大意义与四个"必然要求"（铸牢中华民族共同体意识是维护各民族根本利益、实现中华民族伟大复兴、巩固和发展平等团结互助和谐的社会主义民族关系、党的民族工作开创新局面的

---

[1] 本文原发表于《民族研究》2022年第1期。
[2] 新华社：《习近平：在全国民族团结进步表彰大会上的讲话》，http：//www.qstheory.cn/yaowen/2019-09/27/c1125049226.htm，访问日期：2019年9月27日。

必然要求)。① 习近平总书记在强调铸牢中华民族共同体意识的同时，进一步明确提出了"推进中华民族共同体建设"的问题。本文围绕这个问题进行进一步的论述。

一、正确理解中华民族共同体的科学内涵

铸牢中华民族共同体意识，其前提是承认中华民族是一个共同体。理解中华民族共同体的关键，是正确理解"中华民族"的内涵与属性，在此基础上正确认识"中华民族"与中国境内各民族（中华人民共和国成立后就是中华民族与56个民族）的相互关系。这个问题也是树立正确的"五观"（国家观、历史观、民族观、文化观、宗教观），尤其是正确的中华民族历史观的理论前提。

在召开中央民族工作会议之前，相关部门进行了大量调查研究和理论分析。一些基本概念问题是当时讨论最热烈、存在分歧最显著的部分。比如，什么是中华民族？中华民族是如何形成的？中华民族与中华民族共同体是不是一回事？如果是一回事，为什么还要用两个概念来表述？与此相关的问题还包括：中华民族或中华民族共同体的范围如何确定，海外华人能不能纳入中华民族共同体的范围之内等。学术界关于这些基本概念问题的研究与讨论十分热烈，其中有些是有共识的，有些也存在明显的分歧。中央民族工作会议的文件，特别是习近平总书记在会议上发表的重要讲话，以及会后印发的《中共中央国务院关于以铸牢中华民族共同体意识为主线，

---

① 新华社：《习近平在中央民族工作会议上强调 以铸牢中华民族共同体意识为主线 推动新时代党的民族工作高质量发展》，https://www.xinhuanet.com/politics/leaders/2021-08/28/c_1127804776.htm，访问日期：2021年8月28日。后文出自该文献的内容，不再引注。

推进新时代党的民族工作高质量发展的意见》，对这些问题进行了新的阐发和概括。学习和掌握这些新概括、新表述，是理解中华民族共同体科学内涵的钥匙，对于完整准确全面把握中央民族工作会议精神至关重要。

关于民族问题的讨论，一般是从"民族"的概念入手。长期以来，中国学术理论界一直沿用斯大林的定义，民族"是人们在历史上形成的一个有共同语言、共同地域、共同经济生活以及表现在共同文化上的共同心理素质的稳定的共同体"。这一定义与中国这样一个统一的多民族国家的历史不能完全匹配，也不能客观反映多民族国情的现实。民族概念传入中国以来其内涵的不断演进，包括20世纪30年代关于"中华民族是不是一个"的讨论，都说明来自国外的"民族"概念和"民族理论话语"如何与中国统一多民族国家的国情相结合，并不是十分容易的事情。这不仅需要理论界的探索和努力，更需要我们党在这些问题上提出自己的观点和立场。

其实，中国共产党一直坚持马克思主义中国化、时代化的道路。在百年历史发展中，中国共产党实现了三次伟大的理论飞跃。每次理论飞跃都结合时代变化和现实国情，明确自己的指导思想，指导革命、建设和发展道路。在相关具体工作领域和一些重大问题上，都会形成指导某一领域工作的新思想、新理论、新概括。具体到民族工作领域，2021年中央民族工作会议就在总结中国共产党解决中国民族问题正确道路实践经验基础上，根据现阶段民族工作的历史方位和重要使命，提出了习近平总书记关于加强和改进民族工作的重要思想。这一思想被概括为"十二个必须"，不仅阐明了新时代民族工作的基本原则、工作主线和重大问题，而且针对理论界十分关注的"中华民族"或"中华民族共同体"等基本概念问题，给出了更加明确的界定与概括。

习近平总书记的讲话从中华民族伟大复兴的历史方位，明确新时代党的民族工作的主线为铸牢中华民族共同体意识；从共同体和大家庭的角度，概括"中华民族"的内涵与本质。在中华人民共和国成立之后的很长时间内，我国关于"民族"的内涵和民族工作的重点，主要都是面向56个民族，尤其是汉族之外的55个少数民族，而不是"中华民族"这样一个整体或者共同体。尽管这样满足了民族识别、实现各民族共同当家做主和建立平等团结互助和谐的社会主义民族关系的需要，但也在很长时间内使民族研究主要关注各民族而忽略了中华民族这个整体，使民族工作主要围绕少数民族与民族区域自治地方的需要进行政策设计和工作部署，并没有将工作重心真正落脚在实现各民族"共同团结奋斗、共同繁荣发展"的目标与主题上。对于民族领域出现的诸多问题，特别是片面强调特殊性、忽略共同性的导向问题，难以做出有效的回应和适当的政策调整。

20世纪80年代末，费孝通先生提出"中华民族多元一体格局"理论，一方面从历史发展的角度叙述了中华民族的形成、发展和实现整体自觉的历史过程；另一方面用"多元一体"的理论，分析了中华民族与各民族的关系，指出各民族属于"民族"的下层，中华民族是"民族"的上层，这种上下层关系说明中华民族对各民族的包容关系，即各民族都是中华民族的组成部分，各民族是实体，由各民族实体组成的中华民族自然也是实体，而且这个实体是不断发展变化的。这个理论不仅更加客观全面地解释了中华大地上民族关系的状况和现实，而且提出了符合中国实际的民族理论，对于扭转片面强调各民族的差异性、忽略中华民族的共同性的导向具有重要作用。他用"多元一体格局"理论，论述56个民族与中华民族的关系及相关理论问题的探索，成为中国民族理论研究的一个里程碑。此后关于"多元"和"一体"的关系讨论十分热烈，"多元一体"的理论得到了广泛的认同。但是，由于这一理论主要是从学术方面分析了"多元"和"一体"的辩证关系，并没有明确给出理论的侧重点和工作的着眼点，受历史惯性的制约和改革开放以来"多元文化主义"等西方民族理论的影响，在民族理论界和民族工作实践部门强调各民族差异性、忽略共同性的倾向并没有发生实质性改变。

在2014年中央民族工作会议上，习近平总书记明确提出了继续坚持中国特色解决民族问题的正确道路（"八个坚持"），[1]同时提出了"建设各民族共有精神家园"、加强"四个认同"（2015年增加为"五个认同"）、树立正确的"五观"的指导思想和工作导向。但是，虽然中央已经表态，理论界的学习领会还有一个过程。在此后的几年时间里，一些中央已经明确的理论观点在理论界还没有形成真正的共识，直到党的十九大报告中明确提出"铸牢中华民族共同体意识"，新时代民族理论和实践工作的正确导向才真正确立下来。在承认中华民族"多元一体"格局的基础上，习近平总书记对"多元"与"一体"的关系进行了新的概括，既没有忽略哪一个方面，又指明了"一体"是根本和方向，为中华民族是一个共同体的提法奠定了理论前提。在多个场合，习近平总书记反复强调中华民族是一个大家庭、各民族都是家庭成员的"大家庭论"，以及强调民族

---

[1] 评论员：《坚定不移走中国特色解决民族问题的正确道路》，《求是》2014年第20期。后文2014年中央民族工作会议的讲话同此，不再加注。

团结是各民族的生命线、各民族要像石榴籽一样紧紧拥抱在一起的"石榴论"，从根本上指明了中华民族是什么的问题，并进一步理清了中华民族和各民族的关系：各民族都是大家庭的平等成员，都不能等同于、更不能自外于中华民族。这为反对两种民族主义、加强民族团结、打击"三股势力"、促进民族团结进步事业发展指明了方向，澄清了理论误区。

在 2021 年中央民族工作会议上的讲话中，习近平总书记进一步明确了"中华民族共同体"的概念。这实际上是对关于"中华民族"的历史讨论做出了结论，中华民族是由 56 个民族组成的共同体。在漫长的历史进程中，中华大地上的各民族逐步形成了一个"你中有我、我中有你、谁也离不开谁"历史共同体和命运共同体。习近平总书记在 2019 年全国民族团结进步表彰大会上的讲话中指出，"一部中国史，就是一部各民族交融汇聚成多元一体中华民族的历史，就是各民族共同缔造、发展、巩固统一的伟大祖国的历史"。[①] 他用"四个共同"（中国辽阔的疆域是各民族共同开拓的、悠久的历史是各民族共同书写的、灿烂的文化是各民族共同创造的、伟大的精神是各民族共同培育的），清晰地概括了"中华民族共同体"的科学内涵，为明确铸牢中华民族共同体意识的工作主线奠定了理论基础，为推进中华民族共同体建设、开展"五观"教育，特别是树立正确的中华民族历史观教育工作指明了正确方向。

---

① 新华社：《习近平：在全国民族团结进步表彰大会上的讲话》，http://www.qstheory.cn/yaowen/2019-09/27/c_1125049226.htm，访问日期：2019 年 9 月 27 日。

二、牢固树立中华民族共同体理念

习近平总书记在 2021 年中央民族工作会议上的讲话中指出，铸牢中华民族共同体意识，就是要引导各族人民牢固树立休戚与共、荣辱与共、生死与共、命运与共（简称"四个与共"）的共同体理念。这是对中华民族共同体理论的又一个创新性观点。其实，从前面的内容可以看到，习近平总书记关于加强和改进民族工作的重要思想是不断发展完善的。党的十八大以来，党中央特别是习近平总书记不仅高度重视民族工作，而且根据时代需要和现实问题，在民族工作方面提出了一系列的新思想、新论断、新认识，有些论断在党的民族工作历史上具有原创性，是重大的理论创新。比如，提出要把铸牢中华民族共同体意识摆在"五位一体"总体布局和"四个全面"战略布局中统筹谋划，提出"四个与共"的共同体理念，提出推进中华民族共同体建设的重大命题，提出各民族交往交流交融是推动中华民族共同体建设的重要途径，提出加强和改进新时代民族工作必须坚决维护国家主权、安全和发展利益，提出坚持正确的中华民族史观，提出民族工作创新发展要重点把握好四大关系，提出赋予所有改革发展以彰显中华民族共同体意识的意义，提出新时代加强民族事务治理体系和治理能力现代化、推进党的民族工作高质量发展的新格局，等等。这些新思想、新论断在 2021 年的中央民族工作会议上被集中概括为"十二个必须"。这说明习近平总书记关于加强和改进民族工作的重要思想基本成熟，我们党关于加强和改进新时代民族工作已经形成了比较系统完整的理论体系。

铸牢中华民族共同体意识是这个理论体系的纲领和主线，不断推进中华民族共同体建设就是目标和任务。做好民族工作的重要标志，是推动各民族坚定对伟大祖国、中华民族、中华文化、中国共产党、中国特色社会主义的高度认同（简称"五个认同"），带领全国各族人民为全面建设社会主义现代化国家共同奋斗，实现中华民族的伟大复兴，这也是新时代民族工作的出发点和落脚点。把树立"四个与共"的共同体理念作为铸牢中华民族共同体意识、推进中华民族共同体建设的重要内容，具有多方面的重要意义。

一是清晰阐明了中华民族共同体的基本内涵。"四个与共"的共同体理念是习近平总书记首次完整阐述中华民族共同体意识的具体内容，而且也为中华民族或者说中华民族共同体"是什么"作了明确界定。学术理论界对中华民族的内涵与外延、性质与属性的不同认识，特别是对相关问题的争执不休给实践部门带来困扰，习近平总书记强调中华民族与中华民族共同体的一体性，指出了56个民族组成的中华民族就是中华民族共同体，中华民族共同体就是中华民族。把这两个概念统一起来认识，两个概念之间的关系也就说清楚了。

二是为正确把握铸牢中华民族共同体意识与推进中华民族共同体建设的关系指明了方向。党的十八大以来，习近平总书记反复强调民族工作既要重视物质层面的工作，也要重视精神层面的工作。铸牢中华民族共同体意识是对精神层面工作的集中概括和理论提升。这次会议不仅进一步强调铸牢中华民族共同体意识的主线定位，而且首次提出并明确了推进中华民族共同体建设的目标和任务。从铸牢中华民族共同体意识与推进中华民族共同体建设的关系而言，铸牢中华民族共同体意识，是为了推进中华民族共同体建设。中华民族共同体建设，反过来就会进一步增强中华民族共同体意识。从提出铸牢中华民族共同体意识到强调推进中华民族共同体建设，我们党在民族理论认识上实现了又一次飞跃。

三是为铸牢中华民族共同体意识与推进中华民族共同体建设指明了实践路径。中华民族作为 56 个民族组成的大家庭，是利益攸关、荣辱与共、生死相依的命运共同体。总书记提出中华民族共同体意识就是引导各族人民树立"四个与共"的共同体理念，为团结各族人民，凝聚起维护各民族根本利益、巩固和发展平等团结互助和谐社会主义民族关系、开创民族工作新局面、实现中华民族伟大复兴的磅礴力量提供了理论指引，也为新时代党的民族工作及所有改革发展举措赋予彰显中华民族共同体意识的意义指明了方向，即要在实践工作中推动各民族更加坚定"五个认同"。

牢固树立"四个与共"的共同体理念，是引导各族人民树立正确的国家观、民族观、历史观、文化观、宗教观的强大思想武器，更是坚定"五个认同"的重要理论根基。党的十八大以来，针对民族宗教工作领域的诸多问题，习近平总书记反复强调要引导各族人民特别是青少年树立正确的"五观"，这是铸牢中华民族共同体意识、建设各民族共有精神家园、实现中华民族伟大复兴历史任务的战略举措。中国共产党带领全国人民建立的是中华民族的现代国家，而不是近代西方那种"一族一国"的"民族国家"。新中国按照马克思主义民族平等原则，建设平等团结互助和谐的社会主义民族关系，与剥削阶级建立的不平等的民族关系有着本质的不同。如果用"四个与共"的共同体理念，看待中华大地上各民族共同开拓祖国辽阔疆域、共同书写辉煌历史、共同创造灿烂中华文化、共同培育伟大民族精神的历史与现实，就可以使各族人民更好地把握中华民族共同体意识和各民族意识、中华文化和各民族文化的关系，形成和树立正确的国家观、历史观、民族观、文化观和宗教观。有了正确的"五观",引导各族人民坚定对伟大祖国、中华民族、中华文化、中国共产党、中国特色社会主义的高度认同,就不是简单的宣传话语或政治口号,而是拥有深厚历史底蕴和扎实现实支撑的学术话语和理论表达,是铸牢中华民族共同体意识、推进中华民族共同体建设的理论武器。

树立"四个与共"的共同体理念,不仅要认识到中华民族本身已经是一个实现了从自在到自觉转变的共同体,更要正确地把握中华民族与其组成部分(56个民族)之间的相互关系,坚持民族工作创新发展的基本原则。中华民族共同体作为56个民族组成的大家庭,共同利益是靠各族人民共同维护的。中华民族作为一个命运共同体,各民族是一荣俱荣、一损俱损的关系。各民族只有把自己的命运同中华民族的命运紧紧连接在一起,才有前途,才有希望。中华民族是各民族最大的依托和依靠,在此前提下,处理好各民族之间共同性和差异性的关系,对于树立"四个与共"的共同体意识至关重要。

习近平总书记在讲话中特别强调了正确把握中华民族共同体意识和各民族意识、中华文化和各民族文化的关系,这是正确认识和更好把握共同性与差异性的两大基本问题。正确把握中华民族共同体意识和各民族意识的关系,就是引导各民族始终把中华民族利益放在首位,本民族意识要服从和服务于中华民族共同体意识,要在实现好中华民族共同体整体利益进程中实现好各民族具体利益。同时,要坚决反对大汉族主义和地方民族主义,因为那都是不利于铸牢中华民族共同体意识和推进中华民族共同体建设的大敌。正确把握中华文化和各民族文化的关系,就是要认识到各民族优秀传统文化都是中华文化的组成部分,各民族文化为中华文化的产生与发展提供了不竭的源泉和动力，中华文化成为各民族优秀文化的集大成，民族文化不能自外于中华文化而不受其引导或规范。在中华文化和各民族文化关系中，中华文化是主干，各民族文化是枝叶，根深干壮才能枝繁叶茂。有了这样的认识，把握各民族之间的共同性与差异性就有了方向和依据，那就是把"增进共同性、尊重和包容差异性"作为新时代民族工作的基本原则。树立正确的"五观"、坚定"五个认同"，增强各族群众的国家意识、公民意识、法律意识，就是增进共同性的基本要求和基本任务。按照这个要求推进民族工作创新发展，"就是要坚持正确的，调整过时的"，及时调整过时的法律法规和政策规定，逐步完善差别化、精准化的区域支持政策。同时，针对各民族在建筑服饰、饮食习惯、社会风俗等方面的差异性，还必须按照"尊重和包容差异性"的原则予以尊重和保护，不要搞一刀切、千篇一律，更好地保障各族群众的合法权益。做到这一点，才能使"四个与共"的共同体理念深入人心，中华民族共同体建设才能稳步推进，中华民族共同体才能更加牢不可破。

三、深刻把握中华民族共同体建设的历史方位

把铸牢中华民族共同体意识作为新时代民族工作的主线，在一定程度上意味着党的十八大以来"中华民族"（或"中华民族共同体"）建设进入了更加自觉（一些专家认为"自为"）的新阶段。这不仅是中华民族发展史的自然延续，更是回顾总结中国共产党诞生百年来民族工作实践经验得出的客观结论，对开启中国特色社会主义现代化建设第二个百年征程和推进中华民族伟大复兴，具有承上启下、继往开来的重要意义。这一转变不是自然产生的，而是以习近平同志为核心的党中央根据国内外形势的发展变化，从实现中华

民族伟大复兴战略高度，统筹谋划和推进新时代党的民族工作高质量发展的自觉抉择，具有深刻的历史逻辑、现实逻辑、理论逻辑和工作逻辑。

中华民族共同体是历史形成的。在广袤的中华大地上，众多族群经过长时间的分散发展、组团发展到相互连接、密切交往交流交融，形成了以中原为中心、辐射周边的庞大国家。尽管这个古老的国家时而统一、时而分裂，同时并立的政权并不鲜见，但是追求"大一统"的历史传统，使"中国"最终凝聚为统一的多民族国家。这块土地上的各民族在长期的交流交往过程中，形成了"你中有我、我中有你、谁也离不开谁"的多元一体格局。根据费孝通先生的论述，中华民族作为一个"自在"的民族实体，已经存在了数千年。有些学者把中华民族的形成史划分为三个阶段，即远古到秦统一之前为中华民族的孕育阶段，从秦汉到1840年为"自在阶段"，从鸦片战争开始算起进入了中华民族的"自觉阶段"。作为一个古老的客观存在的民族实体，中华民族从自在到自觉阶段的转变是一个艰难的过程。按照费孝通先生的研究，这个转变是在近百年来中国和西方列强对抗中出现的。

地理大发现之后，特别是近代以来，西方国家通过资产阶级民主革命和产业革命，进入了西方列强群起、古老帝国没落的时代。这一时期也是"民族国家"纷纷崛起的时代，即民族与国家"同构"的时代。鸦片战争之后，中国逐步成为半殖民地半封建社会，作为历史上形成的统一多民族国家，如何在这个进程中不要持续地沉沦下去，不要成为西方列强完全的殖民地，而是建设中华民族独立自主的新国家，也就是从传统意义上的封建王朝国家转变为近代意义上的"民族国家"，这是一个跨越上百年、历经数代人苦苦追求的时代之问。不论是孙中山先生领导的旧民主主义革命，还是中国共产党诞生之后的"国共合作"，"民族""建国"都是一个绕不过去的重大问题。国民党在一个时期内把"中华民族"确定为由汉族为主干、各民族为支系的单一民族。这在一定程度上算是传统天下观的延续，是一种种族主义的民族建国理论。高举马克思主义民族平等原则的中国共产党，则主张"各民族一律平等"的马克思主义民族观和"人民主权"的民族建国理论，提出各民族共建"中华民族"的新中国和新社会。人民选择了中国共产党，在各族人民群众的支持下，中国共产党带领全国人民建立了不同于历史上任何政权的新中国。中华人民共和国的成立，意味着"中华民族"的新中国和新社会已经确立。只不过由于历史原因和国际因素的影响，直到今天我国还没有实现海峡两岸的完全统一，也是联合国安理会常任理事国里唯一没有实现祖国完全统一的国家。但是，海峡两岸的中国人及全球爱国华侨就像努力实现中华民族伟大复兴的中国梦一样，永远都不会放弃建立统一多民族国家的梦想。在纷繁复杂的国际国内背景下，中华民族大团结、中华民族大家庭、中华民族一家亲，就是中华民族的共同体理念在不同时期的不同表达，也是新中国中华民族共同体建设的逻辑起点。

中华人民共和国成立后，党的民族工作大体划分为三个阶段。在社会主义建设时期（1978年之前），我们党确立了以民族平等、民族团结、民族区域自治、各民族共同繁荣为主要内容的民族理论和民族政策基本框架，形成民族工作的一系列基本制度和政策。党的十一届三中全会以来，我们党因应国内国际形势的发展变化，不断丰富和发展民族理论和民族政策，强调各民族共同团结奋斗共同繁荣发展、坚持和完善民族区域自治制度、促进各民族交往交流交融、依法治理民族事务。党的十八大以来，我们党立足中华民族伟大复兴的历史方位和战略全局，强调中华民族大家庭、中华民族共同体、铸牢中华民族共同体意识等理念，形成了比较系统完整的民族工作指导思想和理论体系，成为指引新时代中华民族共同体建设的理论指南。

在百年发展历程中，中国共产党团结带领各族人民进行革命、建设与改革开放，使中华民族迎来了从站起来到富起来再到强起来的伟大飞跃，为中华民族的民族解放、民族发展和民族复兴做出历史性贡献。目前我国尚未完成统一大业，影响我国安全和发展利益的因素众多。面对中国蓬勃发展的势头，以美国为首的西方国家对我国和平崛起的遏制、打压日益加剧，我们维护国家主权、安全、发展利益的外部环境变得十分严峻。国内发展不平衡不充分问题日益凸显，疫情肆虐、灾害频发、能源资源短缺与各种社会问题，都对我国的持续发展和社会稳定形成冲击和制约。民族宗教和思想文化领域的形势好转但仍存在诸多问题，其中有认识问题、理论问题，也有法律政策调整滞后、改革发展举措效果不显著的问题。对此，我们不应对取得的成绩过于乐观。民族领域重大风险隐患和意识形态安全问题不容忽视，维护国家统一和民族团结的思想基础还不十分坚固，有效抵御各种极端、分裂思想渗透颠覆的体制机制还不十分完善。我们前进路上还面临着很多艰难险阻与困难挑战。

上述困难挑战大致可以概括为国际国内两种类型和物质精神两个方面。以美国为首的西方国家主导的国际秩序对中国发展的约束与遏制，是中国和平崛起、实现中华民族伟大复兴道路上绕不过去的最大外部障碍。对此我们要全面分析、辩证评估。资本主义、帝国主义的侵略压迫无疑是导致近代中国沉沦的外部因素，但根本原因还是在中国内部的应对策略和治理能力不足。如果应对得当，外部压力是可以克服的，甚至在一定程度上还可以将外部压力转化为激发全国各族人民爱国主义热情的动力，成为凝聚国民团结起来一致对敌的有利因素。近代以来中华民族完成了从自在到自觉的转变，中华人民共和国成立以来在西方列强围堵、封锁、打压、遏制下中华民族的奋斗崛起，都是我们将外部压力转化为凝聚人民群众进行爱国抗争和团结各民族共同奋斗的例证。但是，外部因素与内部因素的互动是双向、多层的，外部因素冲击对中国发展稳定带来的影响也是全面、巨大的，如果我们无法有效应对，受到的冲击就会极其强大。近代以来中国现代化进程几次被外部冲击所打断、中国现代化崛起之路极其艰难，也是不争的历史事实。如何处理好中国内部与外部的关系，应对来自外部因素的压力和冲击，特别是防范西方国家利用所谓民族牌干涉我国主权、安全和发展利益的行为，防止其对我国营造和平发展的空间与外部环境设置障碍，是铸牢中华民族共同体意识与推进中华民族共同体建设不得不重视的重大战略问题。

唯物辩证法告诉我们，外因是通过内因起作用的，影响稳定发展的各种国内问题仍是我们必须关注的根本问题。处理好改革、发展、稳定的关系，解决好各地区、各区域、各种社会群体之间存在的发展不均衡、不充分的问题，对我国长期稳定发展发挥着决定性作用。在改革开放以来很长一段时间内，我们强调经济发展，过于看重经济利益、物质因素在发展中的作用，对于非经济因素和精神因素的作用重视不够、举措不到位，没有充分实现经济发展相应的那种文明程度和文化素质同步提高的预期结果。特别是在民族工作领域，物质与精神的关系没有处理好，物质层面的政策优惠、支持、帮扶、援助是关注重点，精神层面的建设明显薄弱。党的十八大以来这种局面虽然发生了明显的改变，要从根本上扭转"重物质、轻精神"的倾向却不是一个简单、容易的工作，取得扎扎实实的成效还需较长的时间。

当然，不论是应对外部压力还是解决内部存在的诸多问题，我们都无法期待上述转变可以自然而然地发生，而要认识到必须通过我们的努力才可以实现。被动地等、靠、要是不会有好结果的。这些年在调研过程中，我们经常接触相关领域，特别是民族地区的干部群众，对一些地方和部门如何处理涉及民族领域的问题有一些感触。比如，大家对民族工作领域存在的一些问题一般都能感受得到，但又往往因为"民族问题太敏感碰不得"而退避三舍。遇到问题难题靠层层请示，责任上移，等待观望现象较为突出，主动作为解决实际问题用心用力不够。一些同志甚至领导干部，对党的十八大以来民族理论的发展转变不适应，认为"自己搞了一辈子民族工作，今天似乎不会干了"。还有一些因为民族政策的调整完善或者一些改革举措触动了切身利益，存在一定的消极心态甚至抵触情绪。不论是理论界还是实际工作部门，对2014年中央民族工作会议的精神，在学习解读和贯彻落实方面都不够完整、准确、全面，甚至出现一定程度的偏差。一些地区涉及民族因素和宗教领域的问题不时出现，有些问题处置不当，甚至酿成群体性事件。这一切都说明，处理好民族领域的问题，是解决好国内问题的重要内容。在这方面确实不能认识模糊、得过且过，不能对摆在眼前的问题视而不见、无动于衷。

习近平总书记在多次讲话中反复强调，建设社会主义现代化强国、实现中华民族伟大复兴绝不是靠敲锣打鼓、轻轻松松就可以实现的。"一百年来，我们取得的一切成就，是中国共产党人、中国人民、中华民族团结奋斗的结果。"①实现伟大梦想，仍要"依靠顽强拼搏、不懈奋斗"，必须准备"付出更为艰巨、更为艰苦的努力"。如何把56个民族的14亿多人民团结凝聚起来，继续顽强拼搏和不懈奋斗实现社会主义现代化强国建设的新成就，其难度和困难不亚于第一个百年奋斗目标。在这种背景下，2021年中央民族工作会议从四个"必然要求"出发，进一步强调铸牢中华民族共同体意识，以应对实现中华民族伟大复兴过程中民族领域可能发生的风险挑战，为党和国家兴旺发达、长治久安提供重要思想保证。同时，在党的历史上第一次明确提出推进中华民族共同体建设，努力增进各民族对中华民族的自觉认同，推动中华民族成为认同度更高、凝聚力更强的命运共同体。把铸牢中华民族共同体意识与推进中华民族共同体建设结合起来，统一谋划部署，为新时代民族工作高质量发展指明了正确方向，提供了根本遵循。

四、扎实做好中华民族共同体建设的基础工作

习近平总书记强调，铸牢中华民族共同体意识是新时代党的民族工作的"纲"，所有工作要向此聚焦。抓住铸牢中华民族共同体意识工作主线，全面准确完整把握习近平总书记关于加强和改进民族工作的重要思想，民族工作的方向和重点就不会偏；扎实推进中央民族工作会议确定的工作部署和重点任务，民族工作就可以取得实实在在的成效。围绕铸牢中华民族共同体意识这条主线做好民族

---

① 新华社：《习近平：在庆祝中国共产党成立100周年大会上的讲话》，https：//baijiahao.baidu.com/s？id=1704064566449070952&wfr=spider&for=pc，访问日期：2021年7月1日。

工作，不仅有利于推进民族地区的发展与稳定，而且有利于推动各地区各民族共同走向社会主义现代化。在这个进程中，中华民族共同体建设将不断向前推进，各民族的共同性、凝聚力、大团结将进一步增强。

做好教育和宣传工作是基础和前提。民族工作聚焦主线，就是要把铸牢中华民族共同体意识贯穿新时代党的民族工作的全过程各方面。要这样做，首先还是要把道理讲清楚，做好思想引导和宣传教育工作，这样才能把工作要求变成大家的自觉行动。

中央民族工作会议对如何加强新时代民族领域的教育宣传工作做出了全面部署：一是明确规定了教育宣传工作的领域和范围，"要构建铸牢中华民族共同体意识宣传教育常态化机制，纳入干部教育、党员教育、国民教育体系，搞好社会宣传教育"，实现全领域教育，覆盖全社会。在这些体系中，各级干部教育工作是关键，国民教育是基础，这也是做好教育工作的重点群体，必须采取更大的力度来推进。二是明确规定了教育宣传工作的目标和任务，就是要全面推进"中华民族共有精神家园建设"，按照"增进共同性、尊重和承认差异性"的原则处理好"四大关系"，使教育和宣传工作的结果有利于达到铸牢中华民族共同体意识、有利于建设中华民族共有精神家园的目的。三是明确规定了当前做好教育宣传工作的内容和形式，要把铸牢中华民族共同体意识的教育宣传工作与党的中心工作有机结合起来。2021年正是中国共产党成立100周年，全党开展了党史学习教育，可以自然地把铸牢中华民族共同体意识的教育工作与党史学习教育结合起来。2022年中国共产党将召开二十大，也部署了很多教育宣传工作，应当在各类教育学习活动中进一步有机结合。同时，要充分运用我们党在思想宣传领域切实有效的工作载体和抓手，把铸牢中华民族共同体意识的教育宣传工作，嵌入在党史、新中国史、改革开放史、社会主义发展史学习教育中，纳入实施文明创建、公民道德建设、时代新人培育等工程中，落实到现代文明教育中，引导各族群众在思想观念、精神情趣、生活方式上跟上时代步伐，向现代化迈进。四是特别强调了国家通用语言文字的学习问题。会议明确要推广普及国家通用语言文字，科学保护各民族语言文字，尊重和保障少数民族语言文字学习和使用。这一表述既强调了国家通用语言文字的主体地位和推广普及的总要求，又倡导了科学保护、尊重和保障少数民族语言文字的学习和使用问题。推广普及国家通用语言文字的明确要求，澄清了一个时期以来在语言文字政策上的一些模糊认识，调整与完善了语言文字政策，对民族教育工作的健康发展具有重要作用。五是强调了哲学社会科学工作者在铸牢中华民族共同体意识方面的特殊地位与作用，期待大家深入总结我们党百年民族工作的成功经验，深化对我们党关于加强和改进民族工作的重要思想的研究，加快推进中国特色民族学学科体系、学术体系、话语体系的建设，为做好民族领域的实践工作提供更加有效的理论引导和学理支撑。这些工作部署既是对铸牢中华民族共同体意识工作主线的强调，也是推进中华民族共同体建设的基础性工作。推动各民族共同走向社会主义现代化是目标和关键。没有持续的经济增长和物质条件的改善，人民的生活水平就无法提高，获得感、幸福感就缺乏基础支撑。强调正确认识和处理好物质和精神的关系，不是不重视经济发展和物质基础建设，相反，是在注重经济发展的同时，把物质因素与精神因素有机结合起来，不再继续出现"重物质、轻精神"的偏差。把物质与精神的关系处理好，就可以保证全国经济，尤其是民族地区的经济建设，在有利于铸牢中华民族共同体意识的前提下持续发展，社会主义现代化建设水平不断提高，铸牢中华民族共同体意识的物质基础不断夯实。

中央民族工作会议不仅指明了推动各民族共同走向社会主义现代化的目标，而且指出了民族地区推动各民族共同走向现代化的重点任务与基本路径。一是按照国家"十四五"规划的指导思想和基本原则，推动实施"三新"的现代化，也就是立足民族地区的资源禀赋、发展条件、比较优势等实际情况，"把握新发展阶段、贯彻新发展理念、融入新发展格局"。二是提倡共同走向现代化，继续完善民族地区的差别化支持政策。民族地区实现脱贫攻坚和全面小康不容易，完成这个任务，是在充分发挥民族地区广大干部群众积极性的同时，通过大力实施国家财政转移支付等各种支持扶持政策、动员沿海城市和发达地区支持援助的结果，也是充分发挥社会主义制度优越性和全国一盘棋整体发展战略的结果。这充分体现了"共同团结奋斗、共同繁荣发展"的原则和要求。下一步要同步走向现代化，民族地区仍要立足于发挥好自己的比较优势，在扩大开放和竞争中努力形成竞争优势。同时，积极争取国家的支持和发达地区的援助。国家区域发展和差别化支持政策也要与时俱进，更好地把民族因素和区域因素结合起来，切实完善并提升差别化区域性支持政策的效果。当然，这方面还有很多问题需要研究，需要及时总结实践经验，及时解决存在的问题，及时完善政策体系，促进各地区的平衡发展、协调发展。三是明确了民族地区经济高质量发展的重点任务。比如，加大对民族地区基础设施建设和产业结构调整的支持力度，优化经济社会发展和生态文明建设整体布局。支持民族地区实现巩固拓展脱贫攻坚成果同乡村振兴有效衔接，推动公共服务的均等化。促进农牧业高质高效、乡村宜居宜业、农牧民富裕富足。进一步完善沿边开发开放政策，深入推进固边兴边富民行动，努力把沿边地区打造成一个增长带和民族团结、边境稳定的示范区，实现边疆发展与国家安全的有机统一。四是更加强调生态文明建设，民族地区大多是生态脆弱地区，同时承担着维护国家生态资源安全、保障中华民族永续发展生态安全屏障的使命。在新发展阶段抓经济建设，不能是粗放式的资源开发，必须贯彻更加注重污染治理和生态环境保护的新发展理念和高质量发展方式，坚持绿色发展，守住生态底线，推动生态产业化、产业生态化，把生态文明建设的任务和要求落到实处。五是把铸牢中华民族共同体意识的要求融入社会主义现代化建设的进程中。要通过同步现代化（但不一定是"同一速度"或"同一标准"的现代化）不断缩小地区之间、城乡之间、民族之间、群体之间发展水平的差距，不断增强各族群众的获得感、幸福感、安全感和归属感，不断激发和强化全体人民的共同体意识。如果做到这一点，现代化进展越快，各族人民群众"五个认同"程度也就越高，中华民族共同体就会越牢。

促进各民族交往交流交融是重要结果和归宿。在历史长河中，频繁的人口流动促进了各民族之间的交往交流交融，甚至民族之间的融合。近代以来的工业化、城镇化和现代化进程，进一步加速了各地区、各民族的人口流动。这与全球化进程中人口跨国流动不断增长的趋势是一致的。交往交流越密切，交融与融合就越深入，各民族之间的共同性也就越强。这既是自然的历史过程，也与一个国家或政府采取的政策法规密切相关。中华人民共和国成立以来，我们建立了社会主义新型民族关系，倡导民族平等、民族团结和相互帮助，密切了各民族之间的联系。改革开放以来快速的现代化，进一步加速了我国人口流动的范围与规模。当前我国民族交往交流交融的广度与深度，超过了历史上任何一个时期，这为铸牢中华民族共同体意识、推进中华民族共同体建设奠定了日益深厚的社会基础。

中央民族工作会议为促进各民族的交往交流交融指明了方向，为进一步夯实中华民族共同体的社会基础明确了任务。一是要不断优化社会结构，下更大的力气推动人口的跨地区、跨区域流动。要尽量吸引更多的少数民族人口进城，使其更好地融入城市和现代化进程中来。同时推动更多的人口到边疆，特别是南疆、西藏等地工作就业、守边护边，进一步优化大区域的人口结构。二是营造嵌入式的社会环境和社区格局，逐步打破按民族抱团聚居的社区或学校，通过规划的引领、政策的引导和均等化的公共服务，打造嵌入式的社区、学校、企业、单位，实现各民族之间的共居、共学、共事、共乐。三是推动促进各民族交往交流交融的平台建设。国家民委等中央部委已经启动了三项工作计划，即各族青少年交流计划、各族群众互嵌式发展计划、旅游促进各民族交往交流交融计划。各地正在打造铸牢中华民族共同体意识的博物馆、展览馆、体验馆和大批旅游观光景点，在宣传、体验中把各地区、各民族丰富多彩的文化元素与彰显中华民族共同体意识的中华文化共享符号建设、爱国主义教育、优秀传统文化传承、现代文明行为培育有机结合起来。四是特别强调深入开展民族团结进步创建工作，结合新时代铸牢中华民族共同体意识、推动中华民族共同体建设的新要求，着力深化创建工作的内涵、丰富创建工作的形式和方法，提升创建工作的实际效果。五是推动全方位嵌入，不仅要在民族团结进步创建工作中实现铸牢中华民族共同体意识内容的全覆盖，而且要通过创建工作推动各民族的广泛交往、深入交流、深度交融，"逐步实现各民族在空间、文化、经济、社会、心理等方面的全方位嵌入",为真正把中华民族打造成为一个密不可分的共同体,实现中华民族的大团结和大融合夯实社会根基。

铸牢中华民族共同体意识、建设中华民族共同体,不是满足于对中华民族多元一体格局中56个民族与中华民族进行不同层次的区分,或者仅仅在理论上把中华民族确定为具有国家民族的属性那么简单,而是具有十分丰富的理论内涵和更加实际的工作要求。我们不仅要牢固树立"四个与共"的共同体理念,而且要把思想与行动落到各项工作中。中华民族共同体的形成与发展是一个自然历史过程,但如果没有国家的倡导和相关支持政策,这个过程会十分漫长。一旦国家积极介入并进行积极的引导,这个进程就成为中华民族自觉建设的重要内容。只要把铸牢中华民族共同体意识的战略部署和工作要求,切实落实到政治、经济、文化、社会、生态文明"五位一体"战略布局中,特别是落实到做好民族领域的基础工作中,我们就能够逐步把中华民族共同体建设成为政治上团结统一的共同体、经济上共富共享的共同体、社会上和谐互助的共同体、文化上美美与共的共同体。

五、推进民族事务治理体系和治理能力的现代化

民族工作关乎大局,古今中外概莫能外。世界各国不论什么样的历史传统和现实国情,国家统一和民族团结都是国家的最高利益和国内各族人民的根本利益。世界各国在这方面既积累了丰富的经验,也留下了很多值得反思的教训。中国在民族事务治理方面不仅拥有数千年来积累的经验教训,更有中国共产党成立百年来把民族工作作为"国之大者"积累的宝贵经验。这些宝贵财富弥足珍贵,是做好今后民族工作的重要借鉴和参考。

中央民族工作会议在总结历史经验，尤其是新时代民族工作最新实践的基础上，总结提炼出党关于加强和改进民族工作的重要思想，如何把铸牢中华民族共同体意识、推进中华民族共同体建设的各项任务落实到位，成为全党和全国当前一个时期的重要政治任务，必须引起各级党委、政府及各系统、各部门的高度重视，全面准确把握会议精神，全面落实工作部署，努力提高民族工作的质量和水平，实现从传统民族工作模式向新时代民族工作模式的转型与升级。这种转型的一个重要标志，就是把民族工作与民族事务治理从一个部门为主，转变为全党和全国各地区、各部门都要抓民族工作，加快民族事务治理体系与治理能力的现代化，实现民族事务治理的新格局。

民族工作是政治性、政策性都很强的工作。在2021年中央民族工作会议上，习近平总书记强调指出，"要坚持从政治上把握民族关系、看待民族问题"。在2014年的中央民族工作会议上，习近平总书记就提出不要泛化民族问题，民族工作要精准化。"要分清什么是民族问题，什么不是民族问题，既不能把不是民族问题的问题当成民族问题来处理，也不能把民族问题不当作民族问题来处理，而是什么问题就按什么问题处理，讲政治原则、讲政策策略、讲法治规范。"在2021年中央民族工作会议上，总书记进一步提出要进行"三个区分"，提出不要把"一般社会现象与民族现象、一般社会问题与民族问题、一般社会矛盾与民族矛盾"相混淆，这对处理民族问题、做好民族工作具有极强的针对性，有利于准确把握民族工作的政治定位、政策导向和工作力度，也是加强党对民族工作全面领导的充分体现。

加强和完善党的全面领导，是做好新时代党的民族工作的根本保证，也是铸牢中华民族共同体意识、加强各民族大团结、推进中华民族共同体建设的根本保证。党的十九大之后，党和国家机构进行了重大改革，民族工作的领导体制机制发生了重大转变。中央民族工作会议进一步提出构建党委统一领导、政府依法管理、统战部门牵头协调、民族工作部门履职尽责、各部门通力合作、全社会共同参与的新时代党的民族工作新格局，这是加快民族事务治理体系与治理能力现代化的战略部署。根据民族工作形成新格局、开创新局面的统一部署，要加快完善六项新机制：一是要完善党委统一领导的机制，把民族工作纳入"五位一体"战略布局和"四个全面"总部布局，要纳入党的建设、意识形态工作责任制、政治考察、巡视巡查、政绩考核等各项工作，确保党的领导制度化、具体化。二是要完善政府依法管理的机制，建立地方政府首长联系，甚至直接管理民族工作的制度，发挥好民族事务治理委员会工作职责，把民族事务治理纳入国民经济和社会发展规划，纳入法治建设规划和综合执法范畴。三是完善统战部门牵头协调的机制。统战部门负责把方向、管大局、保落实，党政分工不分家，加强工作协调和衔接。四是完善民族工作部门履职尽责的机制，为党和政府治理民族事务、协调民族关系、处理民族问题当好参谋助手，提出政策建议，落实工作部署，协调有关部门来齐抓共建。五是完善各部门通力合作的机制，探索建立民族工作专项协调机制，发挥好民委委员制度的作用。六是完善全社会共同参与的机制。广泛教育和动员，把全社会各方面的力量汇聚到参与铸牢中华民族共同体意识、推进中华民族共同体建设中来，形成浓厚的社会氛围，让全社会自觉行动起来。这种新格局，就是要切实改变把民族工作当成"一域"（局部）

或"单一"工作部门之事，使全党、全国和全社会都要重视起来、行动起来。

推进民族事务治理现代化，要坚持法治思维，实现依法治理。要认真贯彻落实宪法精神和依法治国理念，依法保障各族群众合法权益，依法妥善处理涉民族因素的事件，依法打击各类违法犯罪行为，做到法律面前人人平等，不断提高民族工作的法治化水平。法治在新时代民族工作中的地位与作用十分重要，三个"依法"，强调的都是法治精神。坚持法治化应当成为"提升民族事务治理体系和治理能力现代化"的重要内容。无论是"保障""处理"还是"打击"，都要坚持"依法"而行。同时，要认识到民族工作与国家统一、社会稳定、国家安全息息相关，积极稳妥处理涉民族因素的意识形态和国家安全问题，坚决防范民族领域重大风险隐患，确保国家统一、民族团结和社会稳定。

伴随工业化、城镇化、现代化进程的不断加快，中国各民族人口在全国范围内大规模流动，民族工作的范围、内涵及内容都在发生着变化。民族地区与其他地区人口双向流动，少数民族大规模进入城镇和沿海地区，城乡社区尤其是大中城市中少数民族人口聚集，各民族嵌入式居住工作格局扩展，已经极大地改变了"民族地区""民族工作"的传统内涵。新时代民族工作一定要重心下沉、向基层倾斜，要把提升民族工作能力，尤其是基层民族工作能力建设放在突出位置。要加强基层民族工作机构建设，充实民族工作力量，确保党的民族理论和民族政策到基层有人懂，确保民族事务治理在基层有人抓、无盲区，确保基层民族工作有效运转。

进一步加强民族干部队伍建设，是做好新时代党的民族工作的人才保障。习近平总书记指出，"办好民族地区的事，做好民族工作，要靠好干部"，要靠大批忠于马克思主义、忠于党、忠于人民的干部队伍。中央民族工作会议提出，建设更加广泛的民族工作干部队伍，极大地拓展了民族工作干部的范围，进一步明确提出新时代民族工作干部队伍建设的总体要求。"要坚持新时代好干部标准，努力建设一支维护党的集中统一领导态度特别坚决、明辨大是大非立场特别清醒、铸牢中华民族共同体意识行动特别坚定、热爱各族群众感情特别真挚的民族地区干部队伍。"同时，提出要更加重视、关心、爱护在条件艰苦地区工作的一线干部。重视培养和用好少数民族干部，对政治过硬、敢于担当的优秀少数民族干部要充分信任、委以重任。这不仅大大拓宽了民族工作干部的范围和视野，而且为民族干部队伍建设指明了方向和路径。当然，民族干部队伍建设的数量很重要，提高质量和能力更关键。要采取切实有效的举措，努力提高民族干部队伍的政治素质、理论素养和综合能力，为开创新时代民族工作新局面提供坚强的人才保障。

中华民族共同体的结构与秩序[①]

费孝通先生1988年在香港中文大学"泰纳讲演"（Tanner Lecture）之后发表的《中华民族的多元一体格局》对中华民族结构做了提纲挈领的论证，自此"中华民族多元一体"成为研究中华民族的核心理论。这一理论对我国民族研究领域进入中华民族整体综合研究具有里程碑式的贡献。

一、中华民族是包含内部结构秩序的复合概念

"民族"作为一种人类群体，是与国家联系在一起的。"中国"这一概念有其产生、发展和形成的过程，"中华民族"亦然。中国自秦汉以来即逐渐成为统一的、多民族的国家，[②]有两千多年的统一多民族国家的历史。中华民族作为一个自觉的民族实体，是近百年来中国和西方列强对抗中出现的，但作为一个自在的民族实体则是

[①] 本文原发表于《广西民族研究》2022年第1期。第二作者魏霞为内蒙古师范大学民族学人类学学院教授。
[②] 陈连开：《怎样阐明中国自古是多民族国家》，《历史教学》1979年第2期。

几千年的历史过程所形成的。①历史上形成的各个民族群体之所以接受"中华民族"这个族称,是由于中国境内的各个民族群体在长期的交往交流交融过程中,已经朝着"多元一体"的方向发展。②

马克思提到中国,称为"中国",或称"古老的中国""世界上最古老的帝国",他把清朝称为他所处时代中国的"现存政权"或"中华帝国",把满族称为"当今中国统治民族"。③陈连开先生认为,清朝本质上与北魏、辽、金、元等相同,都是以中国历史上早已加入多民族中国的少数民族作为统治民族的封建王朝。也就是说,在某一个历史时期,所有活动在中国这个领域内的民族和其建立的国家,不管相互之间如何对立,统统都是中国的民族和中国的国家,这就是"当时的实际情况"。民族关系史的研究只能依据这个实际情况而不能是别的什么情况。④历史上建立过王朝的少数民族,大部分进入内地,与汉族在交往交流的过程中相互交融。

冯友兰先生认为,人类按照组织单位区分,可以有部落、部族、民族等的差异,现在的世界有中国、日本等民族。⑤这里他将民族与国家结合在一起,在他的文章中民族也指中国作为"国族"(国家属性民族)的各个组成部分。如提到汉、满、蒙古、回、藏"五族共和"是在中国历史中出现的第三次民族团结,将五个民族

---

① 费孝通:《中华民族的多元一体格局》,《北京大学学报》(哲学社会科学版)1989年第4期。
② 周平:《中华民族:中华现代国家的基石》,《政治学研究》2015年第4期。
③ 陈连开:《统一多民族中国的历史不容割裂——斥"四人帮"割裂中国历史破坏民族团结的谬论》,《思想战线》1978年第5期。
④ 陈梧桐:《关于处理我国民族关系史若干原则的商榷》,《中央民族学院学报》1981年第2期。
⑤ 冯友兰:《从中华民族的形成看儒家思想的历史作用》,《哲学研究》1980年第2期。

联合为一个民族，称为中华民族。①也有学者认为居住和生活在中国领域的民族，包括现有的和曾经存在现已消失的民族，都属于中华民族。②中华民族是中国古今各民族的总称，是由许多民族在结合成统一国家的长期历史发展过程中逐渐形成的民族集合体。③

中国境内有 56 个民族，每个民族都有着各自的族名，同时 56 个民族又有一个共同的族名，即中华民族。④56 个民族共同组成了中华民族共同体。中华人民共和国成立后，我国进行了民族识别，把历史上形成的不同文化群体经过界定确认为某个民族，作为国家属性民族的中华民族就成为各个民族组成的整体——各民族的大家庭，或"多元一体"结构。中华民族与各民族的关系，也就成为整体与部分的关系。⑤费孝通先生在 1988 年明确提出的"中华民族多元一体格局"理论，不仅提出要从中华民族整体上研究国内的民族问题，从动的、变化的观点来看问题，从历史演进的进程中把握中华大地上各民族间的往来变动，各自的形成、合并和分化的趋势与规律，还以近代为标志划分了中华民族的自在阶段与自觉阶段，从一与多的关系入手把中华民族与 56 个民族的关系区分为"上层"与"下层"的内部结构，⑥从而引发了后续一系列的学术讨论，引领了中华民族或者说中华民族共同体的理论研究。

---

① 冯友兰：《从中华民族的形成看儒家思想的历史作用》，《哲学研究》1980 年第 2 期。
② 田继周：《我国民族史研究中的几个问题》，《文史哲》1981 年第 3 期。
③ 陈连开：《关于中华民族的含义和起源的初步探讨》，《民族论坛》1987 年第 3 期。
④ 谷苞：《论中华民族的共同性》，《新疆社会科学》1985 年第 3 期。
⑤ 周平：《中国民族构建的二重结构》，《思想战线》2017 年第 1 期。
⑥ 费孝通：《谈深入开展民族调查问题》，《中南民族学院学报》（哲学社会科学版）1982 年第 3 期。

二、中华民族共同体内部结构的分析维度

民族现象十分复杂,费孝通先生将我国的民族情况概括为"历史长,渊源久;幅员广大,民族众多;以及各民族社会经济发展不平衡"[①]等特点。中华民族共同体作为一个有机整体,需要协同和调整整体与局部以及局部之间的关系,以避免结构紊乱,使民族关系向有序的方向发展。

有些民族现象表面上看来似乎是杂乱无章的,但其背后总是存在着一定的规则和秩序。秩序和无序相对,有次序、规则、条理之意,是指人们在长期社会交往过程之中形成的相对稳定的关系模式、结构和状态。秩序也指自然和社会进程中存在着某种程度上的一致性、连续性和确定性。把民族关系纳入社会的整体框架之中,或者社会秩序之中去分析,需要从学术话语上把民族现象从看起来杂乱无章的状况,梳理出有条理不混乱、有先后不颠倒的秩序。政治、地理、经济、社会、文化、心理、语言、历史等均是梳理和理解民族关系秩序的不同维度。

(一)政治维度

民族现象的本质是群体与个体的关系问题,群体与个体不同,必然涉及秩序安排的问题,所以不能完全从学术本身,还应该从政治的角度去理解。脱离政治理解民族现象,会影响对民族理论政策理解和把握的准确性。民族现象不是纯客观的自然现象,或纯学理的实验室研究对象,它和理论政策,资源配置,人们的社会生活、工作实践等都有密切的联系。中国共产党坚持和发展马克思主义民族平等原则,"必须坚持各民族一律平等"是习近平关于加强和改

---

① 费孝通:《关于我国民族的识别问题》,《中国社会科学》1980 年第 1 期。

进民族工作重要思想中的一项主要内容。如果把中华民族和各民族的关系放在"各民族一律平等"的次序中理解，相当于将各民族和中华民族并列起来，就变成了57个民族。显然，中国的民族关系不是这样的次序，中华民族不是56个民族的简单累加，也不是相互并列。

费孝通先生1988年在香港中文大学发表讲演时谈到"把中华民族这个词用来指现在中国疆域里具有民族认同的人民。它所包括的50多个民族单位是多元，中华民族是一体。它们虽则都称'民族'，但层次不同"[1]，"虽则中华民族和它所包含的50多个民族都称为'民族'，但在层次上是不同的。而且在现在所承认的50多个民族中，很多本身还各自包含更低一层次的'民族集团'。所以可以说在中华民族的统一体之中存在着多层次的多元格局"[2]。也就是说，费孝通先生看到了民族现象的底层结构，即56个民族，同时还看到了56个民族之上的上层结构，即中华民族。他表述为"多元一体格局中，56个民族是基层，中华民族是高层"[3]。

56个民族是相互依存、统一而不可分的整体。从政治的角度，把中华民族和56个民族的关系分成上层和下层的关系，这样一个次序的建构有助于理解"中华民族共同体"和"中华民族大家庭"。这个次序设定之后，对深入理解"五个认同"的提出以及理解民族现象的其他多个维度均有帮助。

---

[1] 费孝通：《简述我的民族研究经历和思考》，《北京大学学报》（哲学社会科学版）1997年第2期。

[2] 费孝通：《简述我的民族研究经历和思考》，《北京大学学报》（哲学社会科学版）1997年第2期。

[3] 费孝通：《中华民族的多元一体格局》，《北京大学学报》（哲学社会科学版）1989年第4期。

（二）地理纬度

中华大地第一个地理特点是四周都有天然限隔，内部构成体系完整的地理单元[1]，是一个半封闭的、内向型的区域[2]。区域内各地区各民族之间交往密切，自古就有"四海之内皆兄弟"的说法。传统的"四海"范围以内多民族内向汇聚，共同创造着中华民族的历史。[3]分处于地理单元局部的不同民族群体，有的相对聚居，大多数处于散居状态，且在城镇化、工业化过程之中，越来越多不同民族的人口散居在全国各地，甚至散居到世界各地。这种分布状态说明人口突破了山脉、海洋等天然屏障和交通受阻状况，向经济文化繁荣的地区流动。各民族人口流动的传统自古有之，即便在相对孤立、封闭的乡土社会、部落社会，也存在北方和东北的游牧及狩猎民族向华北平原流动、西北边陲的部落与民族以东方的中原和蒙古草原为主要的交流和发展方向、西南边界的民族活动和发展方向是东北方的中原等规律。[4]也就是说，各民族数千年来在中华大地上的流动，早已打破民族或区域的局限性。如今在中华人民共和国的国土内，只要是中国公民，在中国境内可以自由流动、自由选择工作和生活区域，这是与国民身份产生关联的一种公民权利。

民族有生态结构和地理空间分布，但是中华民族的地理空间是

---

[1] 陈连开：《中华民族的结构》，载费孝通：《中华民族多元一体格局》，中央民族大学出版社，2003，第112页。

[2] 杨圣敏：《多元一体：中国民族关系的历史传统》，载张岂之、王巍、杨圣敏《中华文明十二讲》，上海交通大学出版社，2019，第34页。

[3] 陈连开：《中华民族的结构》，载费孝通：《中华民族多元一体格局》，中央民族大学出版社，2003，第112页。

[4] 杨圣敏：《多元一体：中国民族关系的历史传统》，载张岂之、王巍、杨圣敏《中华文明十二讲》，上海交通大学出版社，2019，第35—39页。

以国家为单元的；尽管有些民族的生活空间、生产空间在过去，或现在依然处于局部区域，但无论历时地看民族流动，还是共时地看多民族统一国家，只能说这个区域是国家的，某个民族生活在以国家为地理单元的局部，而不能说哪个区域属于某个民族。

（三）经济维度

2019年，习近平在全国民族团结进步表彰大会上的讲话提到"各民族之所以团结融合，多元之所以聚为一体，源自各民族文化上的兼收并蓄、经济上的相互依存、情感上的相互亲近，源自中华民族追求团结统一的内生动力"[1]。经济也就是过去讲的生计模式和生活方式，是各民族每个个体生活的物质基础。一个国家、一个民族或者一个区域、一个群体，它的生计模式的相对独立性和与外面联系的互补性之间到底是什么关系？一个群体内部是靠自给自足还是必须和外部进行联系才能够维持生存和发展，实现必备的生活条件、生产资料呢？费孝通先生在《中华民族多元一体格局》中提到长城南北的经济与自然条件相适应，有以农业和牧业为主的区别。农业是离不开土地的，而游牧经济中，牲口在草地上移动，一旦逢遭灾荒，北方草原上的牧民就会成群结队，南下就食农区。[2]牧民的南下某种程度促进了经济上的交流，但是，当双方的经济和人口发展到一定程度，农牧矛盾就会尖锐起来。[3]我国目前南北方在经济上相互依存，生产模式更加多元。就斯大林关于民族定义里的

---

[1] 习近平：《在全国民族团结进步表彰大会上的讲话》，《人民日报》2019年9月28日第2版。

[2] 费孝通：《中华民族的多元一体格局》，《北京大学学报》（哲学社会科学版）1989年第4期。

[3] 费孝通：《中华民族的多元一体格局》，《北京大学学报》（哲学社会科学版）1989年第4期。

"共同经济生活"而言，各民族到底有没有共同经济生活？中华民族有没有中华民族的共同经济生活？中华民族作为一个有机整体，与各民族以及各民族之间，有没有"谁也离不开谁"？如果离不开，就可以说明中华民族、各民族之间是一体的，且有共同经济生活。

当然经济上的联系程度、融入共同经济生活的深度各有不同，各民族对共同经济生活的理解也有不同，但是一个国家的国界或者边界，甚至一个国家国民共同经济生活的边界，在现代国际体系里是清晰的，每个国家内部一定要形成这个国家特有的共同经济生活的一系列制度和经济安排。在斯大林关于近代民族的定义里，"共同经济生活"是指民族国家，而不是民族国家内部的某个局部。所以，如果把"共同经济生活"放在国家内部的各个区域、各个局部考虑，就未必具有和国家一样的关联程度。在国家内部的经济生活中，国家为每个在国土上生活的国民提供的公共服务、财政保障和如交通、通讯等一切和生活生计所关联的安排，可能会形成一个国家共同经济生活的基础。但是，一个国家的局部或区域的共同经济生活及其广度深度都不如国家。各民族、各区域、各群体或个体与国家的共同经济生活都有交集，每个民族、每个公民都离不开国家，但是密切联系程度在区域之间、民族之间、群体之间、个体之间存在差异。在国家地理空间内，国民、民族、群体、区域对国家的从属性，就是国家的基础性和区域作为部分的从属性。

（四）社会维度

一个民族的内部和外部结构，以及其在国家内部的结构也可以从社会结构、群体关系、亲属等一系列的角度去理解。社会的范围很广，故而很难在社会层面找到民族的主从性，但研究社会政策、公共政策的安排时，还会发现社会层面的次序。比如在族际婚姻非常普遍的情况下，通婚家庭子女的社会身份选择有没有优先次序？社会政策对不同民族社会身份的选择有没有诱导性？尽管身份选择是一个很普通的社会现象，但这个现象背后包含着家长对子女未来成长，获得生计、发展机会等条件的考量。虽然我们赋予了子女成年之后可以自我选择的机会，但从社会身份的角度看待次序，会发现其并不是国家政策安排哪个民族或群体身份优先，但出于功利、名誉或文化因素，作为个体、家庭，有对某些民族身份选择的优先考虑。在很长一段时间，我国在民族工作、民族理论、民族政策方面强调特殊性多了一些，共同性强调得不够，对中华民族共同体内不同民族的各自特色过分强调，事实上导致了中华民族共同性的弱化，不利于民族平等和民族团结。所以，要减少民族身份与就业、教育和社会分层的重合，同时防止民族身份与社会角色、阶层的固化和刻板印象。[1]

（五）文化维度

文化是民族学、民族研究的核心问题，是一个有序的意义与象征体系，社会的互动依据它而发生。[2]文化认同是最深层次的认同，是铸牢中华民族共同体意识的重要前提。在中华民族多层次的民族结构中，文化必然涉及不同层次的民族文化。

我国56个民族都有自身区别于其他民族的民族文化，在56个民族文化之上，还有中华文化。56个民族的文化共同组成了中华文化，可以肯定中华文化和56个民族的文化是包含与被包含的关系。就包含与被包含的方式而言，有"拼盘式"的理解，也有"切割

---

[1] 杨盛益：《试论中华民族共同心理素质及其在实现祖国统一中的作用》，《贵州民族研究》1986年第3期。
[2] 克利福德·格尔兹：《文化的解释》，韩莉译，译林出版社，1999，第176页。

式"的理解。"拼盘式"的理解是把56个民族的文化堆积在一起，组成中华文化，即56个民族的文化之和就是中华文化。与之相反的是"切割式"的理解，即把中华文化切割成56个民族的民族文化。56个民族的文化看得见摸得着，在吃穿住用、风俗习惯、建筑艺术等方面，很多民族都有明显的文化特征，中华文化的影子似乎只能在各民族文化中看到。但是，"切割式"理解中华文化只能看到中华文化的局部和多元性，看不到整体。那么中华文化有没有整体性，该如何看待中华文化的整体性呢？根据"文化上兼收并蓄"，可以对中华文化的整体性做如下理解。

第一，中华文化是各民族文化之上交融性或交叉性的那部分文化。各民族在交往交流中，除了形成自己的民族文化之外，还有不同民族共享的文化。几个、多个，甚至56个民族共享的那部分文化是相对具体的，比如春节吃饺子。随着各民族人口的跨区域流动，这种共享的文化越来越多，各民族文化和中华文化的共同性、整体性越来越强。

第二，中华文化是在制度、物质、精神层面不属于民族文化层次，而是和国家、政权、制度关联在一起的国家文化。这些文化各民族和每个个体都共享。个体成员作为中华人民共和国公民，属于某个民族，同时也是中华民族成员。国家的政治制度、法律法规等一系列和国家关联在一起的机制，属于国家文化，它是一个国家国民整合的需要，是个体作为国民身份所享有的文化属性。国家认同包含对作为民族共同体（nation）的认同，也包含有对国家政治制度（state）的认同。①国家文化的内容包罗万象，核心是政治、政权。政治和政权作为文化要求每个国民都必须遵循、遵守，违反时会受到惩罚。这些我们看到的政权文化、制度文化也是中华文化。

第三，中华文化的内核是国家的意识形态。很多文化最深层的东西是价值观、理念，这些内容也是意识形态的内容。找到每一个民族的意识形态比较困难，但是一个政党、一个国家的意识形态是比较清晰的。作为文化体系的国家意识形态，是精神文化的内核部分。它不属于哪个民族单独享有，是这个国家的公民、国民共享的。

（六）心理维度

"共同心理素质"对构成民族共同体的重要性不言而喻。一个民族的共同心理，在不同时间、不同场合，可以有深浅强弱的不同。②中华民族内部不同文化群体情感上相互亲近可以从心理层面理解。尽管形成过程很难看到，但社会学、心理学等学科有很多测量工具，比如用"社会距离"测量群体之间的融合或者隔离，反映群体之间关系的亲密程度。社会距离能够"使得我们开始自觉不自觉地意识到自身与我们所不能完全理解的种族和阶级之间的区别或隔离"③。也就是说，个体与个体的关系并非完全等距，而是有远近之分。一个民族为了加强团结，总是要强调一些有别于其他民族的风俗习惯、生活方式上的特点，赋予强烈的感情，这些其实都是民

---

① 郝亚明：《论中华民族多元一体格局与中华民族共同体建设》，《湖北民族学院学报》（哲学社会科学版）2019年第1期。

② 费孝通：《关于我国民族的识别问题》，《中国社会科学》1980年第1期。

③ Karakayali, "Social Distance and Affective Orientations," *Sociological Forum*, no.3（2009）.

族共同心理的表现，并且起着维持和巩固其成为一体的作用。[1]

民族关系里有很多各民族内部自己的心理，也有很多不同民族共享的心理，还有很多属于国家共同的心理。不同民族在心理方面有个性，也有共性。但同胞观念是深深扎根于中华民族共同心理素质中的一种思想意识，[2] 爱国主义是中华民族精神的核心。

爱国主义并不是时时刻刻刻意进行，它一定程度上是内化的。比如讲到中国古代历史时国民的自豪感和讲到近代史时的屈辱感，都是自然而然的爱国主义教育。民族现象在心理层面上体现出民族情感、爱国主义和国民之间的关联性。"自豪感""屈辱感"这种共同的心理积淀容易形成内在心理机制的共同性。内在心理机制的不同表现为思维方式、表达方式、行动方式的不同。中华民族的共同心理素质与中华各民族的心理素质，是一般和个别、共性和个性的关系，它融合了各民族心理素质的精华。因此，不能把它看作是各民族心理素质的简单叠加，否则，就不能从总体上把握辩证运动着的中华民族的共同心理素质。[3]

（七）语言维度

民族在很大程度上被称为一种文化现象，语言是文化现象的本质特征之一，所以很多研究把民族和语言关联在一起。西方民族国家一个很重要的论点就是一个民族、一个国家，一种文化、一个民族，一种语言、一个民族。国家发展到最后，最极致的就是一个语

---

[1] 费孝通：《关于我国民族的识别问题》，《中国社会科学》1980 年第 1 期。
[2] 徐杰舜：《同胞观念与民族意识》，《广西民族学院学报》（哲学社会科学版）1985 年第 3 期。
[3] 杨盛益：《试论中华民族共同心理素质及其在实现祖国统一中的作用》，《贵州民族研究》1986 年第 3 期。

言可以推广成一个国家。欧洲近代民族国家建构过程之中，也是以语言为界分成不同的民族国家。但是，语言是纯粹人为的，非本能的，凭借自觉地制造出来的符号系统来传达观念、情绪和欲望的方法。[1]文化和语言的关系与种族和语言的关系一样。在原始的水平上，特别容易说明语言和文化没有内在联系，因为这时"民族"观念还没有兴起并干扰那种我们不妨叫作自然分布的潮流。完全不相干的语言在同一种文化里共存，密切相关的语言——甚至同一种语言——属于不同的文化区域。[2]

语言文字现象不同于自然现象，是一种复杂的社会秩序，也是一种社会安排。不同民族、文化层面的语言在社会中形成一种秩序结构。有的语言可能具有很强的适用性，就被称作强势语言；有的语言可能受制于人口分布等方面的原因而没有得到发展，甚至消失。每个国家都有主体性语言，现代国家通常用制度规定语言多样性和语言的主体性的关系、规定语言使用功能、规范标准等，并以法律、政策等形式确定一些强势语言一定的流行程度和功能上的次序关系。就我国而言，语言的多样性是客观存在的，为使国家通用语言文字在社会生活中更好地发挥作用，促进各民族、各地区经济文化交流，制定了《中华人民共和国国家通用语言文字法》，规定普通话和规范汉字是国家通用语言文字。我国对少数民族语言文字的使用也有相关法律做出具体规定。

（八）历史维度

中华新石器文化与远古传说，都证明中华民族的众多成员，其

---

[1] 爱德华·萨丕尔：《语言论》，陆卓元译，商务印书馆，2003，第7页。
[2] 爱德华·萨丕尔：《语言论》，陆卓元译，商务印书馆，2003，第191页。

起源于中华大地是共同的。①据史料记载，早在战国末期，"天下"的范围就包括了当时的"九州"之域和"中国"（中国不是一个国家概念，它包括了若干在中原地带建立的国家）、夷、蛮、戎、狄等"五方之民"。②

近代以来，在西方民族主义或者民族国家的话语体系冲击下，中国学术思想界不断尝试如何把中国的多民族与近代一个国家的建构有机结合起来的话语建构，由此产生了"中华民族"的概念，并试图从"一个民族"的角度对其进行解读或阐释，以符合"一个民族一个国家"的所谓现代民族国家的理念。梁启超先生认为"现今之中华民族，自始本非一族，实由多数民族混合而成"③。依据上述思路，很多政治派别乃至学术流派都提出了很多类似或相同的看法，当然也有许多不同甚至相反的认识。比较典型的就是国共两党对于汉族与中华民族关系的认识。这种认识上的分歧不仅导致各自民族理论和民族政策的不同，而且在中华人民共和国成立后，不论是民族识别还是此后的民族工作，都深受其影响。

抗战时期，国共两党都提出了"中华民族生死存亡"或"全民族抗战"的问题。那时"全民族"就是中国土地上的各民族，就是中华民族，是超越地域、超越主义、超越族群、超越单个民族的更大的共同体，是一个由多元组成的一体。抗日战争使中华民族从自在的民族共同体觉醒为自觉的命运共同体。

二十世纪五十年代，党中央特别是毛泽东提出"中华民族大团

---

① 陈连开：《关于中华民族的含义和起源的初步探讨》，《民族论坛》1987年第3期。
② 杨盛益：《中华民族系统初论》，《民族论坛》1986年第3期。
③ 梁启超：《历史上中国民族之观察》，载《饮冰室合集》（专集之四十一），中华书局，1989，第4页。

结万岁"。虽然当时"中华民族大团结"没有称为中华民族共同体，实际上也传递了56个民族在一起是一个民族大家庭的构想。

费孝通先生也是从中华民族形成与演变的历史进程中总结和概括出"中华民族多元一体格局"的理论的。中华民族多元一体格局的形成是一幅丰富多彩的历史长卷。费孝通先生在《中华民族多元一体格局》中开宗明义指出他是从历史的角度来论述中华民族多元格局的形成，他解释了中华民族在多元一体格局形成过程之中，作为多元的各民族和作为一体的中华民族在历史上以滚雪球的方式不断壮大和形成的中华民族多元一体结构。"汉族不断吸收其他民族的成分日益壮大，而且渗入其他民族的聚居区，构成起着凝聚和联系作用的网络，奠定了以这疆域内部多民族联合成的不可分割的统一体的基础，形成为一个自在的民族实体，经过民族自觉而称为中华民族。"[1]各民族之间长时间的杂糅是中华民族作为一个共同体的历史基础。汉族在形成和发展过程中大量吸收了其他各民族的成分时，不应忽视汉族也不断给其他民族输出新的血液。从生物基础，或者所谓"血统"上讲，可以说中华民族这个一体中经常发生混合、交杂的现象，没有哪一个民族在血统上可以说是"纯种"。[2]他把中华民族而不是各民族看作民族实体，并在理论上、实践上、历史事实上进行了充分论证，以消弭对中华民族作为实体的异议。只有把中华民族作为实体，中华民族共同体建设才有根基。中华民族和中华文化多源区域性不平衡发展，又互相依存、互相渗透，内向

---

[1] 费孝通：《中华民族的多元一体格局》，《北京大学学报》（哲学社会科学版）1989年第4期。
[2] 费孝通：《中华民族的多元一体格局》，《北京大学学报》（哲学社会科学版）1989年第4期。

汇聚与四周辐射的特点，贯穿着中国历史的全过程。[①] 各民族正是在共同缔造统一多民族国家的长期历史过程中，不断发展着经济上的联系和文化上的交流，在近代终于形成了中华民族的自觉意识，也就是中华民族与各民族是整体与部分、上层与下层关系的认识。

到今天，我们对中华民族性质与内涵的认识进一步升华，把其上升到"一个共同体"的高度。中华民族共同体是一个由56个民族组成的，有共同认同的血缘融通、流动交汇的有机体（自觉的实体和整体），是一个历经五千年风雨锻造而成的"多元一体"的命运共同体。[②] 根据第七次全国人口普查，我国人口共14.118亿，汉族人口占总人口的91.11%，各少数民族占总人口的8.89%。[③] 各民族人口的长远和根本利益一致，关系不可分割。这与一些历史上的王朝国家或帝国在民族国家时代分裂为不同的民族国家大有不同。中国境内的"多民族"没有在近代建立各民族自己的"民族国家"而分裂，而是建立了统一的多民族现代国家，即中华民族现代国家。[④]

三、中华民族共同体结构的秩序

每个民族都是诸种要素结合而成的复杂系统，但相对于高层次的中华民族来说，是子系统或子要素。从民族现象背后的结构和秩序安排中我们看到中华文化对社会稳定、对社会结构和谐的追求

[①] 陈连开：《关于中华民族的含义和起源的初步探讨》，《民族论坛》1987年第3期。
[②] 王延中：《铸牢中华民族共同体意识建设中华民族共同体》，《民族研究》2018年第1期。
[③] 国务院第七次人口普查领导办公室：《2020年第七次人口普查主要数据》，中国统计出版社，2021，第51页。
[④] 王延中：《从"多元一体"到共同体》，《今日民族》2021年第7期。

和涵化。这种对稳定与和谐的内在追求源于中华文化的内在结构特征，它不同于西方的所谓"一捆干柴"的社会结构和关系，用法律给它捆起来，各个干柴不是相互从属的，他们强调的是 independent（独立的），相互独立；而中国强调的是 dependent（非独立的），是相互依赖，相互依存，是你中有我，我中有你，你离不开我，我离不开你，你来我往，我来你去，在这种交往交流交融中形成了中华民族的整体结构，虽然整体结构内部可能有各种各样的安排，但这些安排符合"差序格局"的中国伦理。

用费孝通先生"差序格局"的理论看待中华民族共同体的内部结构，可以看出中华民族与 56 个民族的关系不是简单地"一与多"的关系，两者之间也不是平面或平行的关系，而是存在着上下层的结构关系，存在总体与局部的包容关系。就是在 56 个民族之间，虽然在中国共产党的领导下建立的社会主义大家庭中，各民族政治上是平等的，但是在发展程度、进行现代化的动力机制等诸多方面，也是存在着巨大差异的。因此，如果我们仅仅从"一与多"的关系或者 56 个民族之间的平等关系去理解费孝通先生的"多元一体"理论，是无法理解他提出的民族结构或民族关系理论的。

其实，自从费孝通先生提出中华民族的"多元一体格局"理论后，学术界开展了量的研究和阐释。一种阐释是从政治学的角度去分析，强调 56 个民族在政治上是一体的，在文化上是多元的。这种解释不是把中华民族的国家与各民族之间的关系简单地看成民族关系，而是引入了国家的概念，变成了"国家与民族"的关系问题。另外一种解释，是继续沿用中华民族的"民族"属性，但是却不是一般意义上的"民族"，而是与国家关联在一起的"民族"。有些学者干脆把"中华民族"的性质确定为"国家民族"。国家民族的性质显然与 56 个民族的"民族"不是同一层次上的，更不是同一性质的。当然，也有很多人继续从概念上开展讨论，主张 56 个民族因为不是"国家性质"的共同体，主要是文化属性的共同体，可以借鉴很多国家的"族群"概念而不是沿用"民族"概念，以把二者清晰地区分开来。当然，这些意见都引起了很多争论，要达成认识上的一致或者形成"共识"，还是不容易的。尤其是在 2008 年拉萨"3·14"事件和 2009 年乌鲁木齐"7·5"事件之后，在关于"第二代民族政策"的讨论中，上述意见分歧表现得十分突出。

理论问题从来都不是单一的学术问题，而是与实践紧密关联。十八大以来，我们党先后于 2014 年和 2021 年召开了 2 次中央民族工作会议，研究当前我国民族领域的重大理论和实践问题，根据主要问题提出了一系列新认识与新举措。习近平总书记高度重视民族工作，在民族工作领域发表了一系列重要讲话，提出了很多重要论断和理论观点，形成了习近平总书记关于加强和改进民族工作的重要思想，成为习近平新时代中国特色社会主义思想的重要组成部分，也是指导新时代民族工作高质量发展的行动指南。

习近平总书记关于加强和改进民族工作的重要思想的精髓或本质，归根结底一句话，就是强调"铸牢中华民族共同体意识"。他始终强调中华民族是一个共同体、中华民族一家亲、各民族要像石榴籽一样紧紧拥抱在一起，为实现中华民族伟大复兴的中国梦团结奋斗。"铸牢中华民族共同体意识"作为习近平总书记提出的重大原创性论断，不仅是马克思主义民族理论特别是中国化的民族理论的最新发展，而且成为中央民族工作确定的民族工作的主线。

以"铸牢中华民族共同体意识"思想为指导，进一步分析中华民族共同体的结构体系，我们不仅关注其中的上下层结构关系、

"民族"属性的异同问题，而且可以进一步注意到"中华民族与各民族之间"的秩序安排，以及这些秩序如何影响今后的民族工作方向等重大问题。民族识别之后，我国从法律上、政治上认定了社会生活中的56个民族，继续保持56个民族已经获得的相应地位是稳妥的，在相关话语体系中把56个"民族"的"民族性质"降格为"族群"是行不通的。沿着民族结构的理论，我们可以继续深化对中华民族性质和功能的认识，进而强化中华民族的共同体特点和整体性特征。尽管56个民族之间各不隶属，各有各的差异性，但是不影响他们共同隶属于中华民族的本质特征。由于中华民族是一个共同体，各民族之间的差异性也是一个共同体内部的差异性，这样差异性从属于共同性的秩序结构就理清楚了。2021年中央民族工作会议提出"要正确把握共同性和差异性的关系""要正确把握中华民族共同体意识和各民族意识的关系""要正确把握中华文化和各民族文化的关系""要正确把握物质和精神的关系"。[①]这四组关系模式是理解中华民族的民族结构和民族关系领域秩序的指引。同时，也为我们做好新时代的民族工作指明了方向，那就是坚持"增强整体性的导向"。不是不承认各民族历史的、现实的、客观的差异性，而是要转变对待"差异性"的态度，强调我国面临的任务是中华民族伟大复兴。

中国开启全面建设社会主义现代化国家新征程，中华民族作为一个整体面对的是以美国为首的西方资本主义国家几百年来确立的国际秩序。要在以美国为首的西方国家打压下实现中华民族

[①]《以铸牢中华民族共同体意识为主线 推动新时代党的民族工作高质量发展》，《光明日报》2021年8月29日第1版。

伟大复兴的目标，任务是十分艰巨的。虽然目前我们不像抗战时期面临着国破家亡的生死存亡考验，但中华民族要想实现伟大复兴绝不是"轻轻松松""敲锣打鼓"就可以实现的。面对西方国家经过几百年建立起的世界格局，中华民族要崛起，首先要铸牢中华民族共同体意识。铸牢中华民族共同体意识首先就要从文化、精神、理念、价值层面看，党在民族工作中要引导各族人民牢固树立"休戚与共、荣辱与共、生死与共、命运与共"的共同体理念，理念巩固了，"五个认同"才能更加坚定，中华民族共同体建设才能不断推进。只有中华民族总体上强大起来，中华民族的国家才能屹立于世界民族之林，才能更好地维护56个民族的根本利益。

铸牢中华民族共同体意识的历史演进与战略意义[①]

铸牢中华民族共同体意识是习近平总书记在新时代提出和确立的党的民族工作的主线,在中华民族发展史上具有里程碑式的意义。这不仅是中华民族实现从"自在阶段"到"自觉阶段"转变之后在马克思主义民族理论方面的又一次升华,更是在实践层面基于中华民族站起来、富起来、强起来的历史发展逻辑,为实现中华民族伟大复兴历史使命提出的重大战略举措,有利于我们积极主动、慎重稳妥地调整完善民族理论政策,提升民族事务治理能力,推动民族工作高质量发展。

一、铸牢中华民族共同体意识的提出

党的十八大之后,习近平总书记和其他中央领导同志参观《复兴之路》展览。他在参观时的讲话非常短,只有1000字左右。但是,这个讲话非常重要。他在谈到"中国梦"的时候说:"现在,

---

[①] 本文原发表于《中华民族共同体研究》2022年第3期。

大家都在讨论中国梦，我以为，实现中华民族伟大复兴，就是中华民族近代以来最伟大的梦想。这个梦想，凝聚了几代中国人的夙愿，体现了中华民族和中国人民的整体利益，是每一个中华儿女的共同期盼。历史告诉我们，每个人的前途命运都与国家和民族的前途命运紧密相连。国家好，民族好，大家才会好。"[1]在这个篇幅不长的讲话中，习近平总书记 20 多次提到"中华民族""中国人民""中华民族伟大复兴"，如果把在一定程度上表示"中华民族"内涵的"民族""中国人""我们民族""中华儿女""全体中华儿女"等概念加起来，接近 30 次。这是习近平总书记把维护中华民族和中国人民的整体利益、实现中华民族伟大复兴作为党中央明确施政目标的重要体现。习近平总书记基于"中华民族"整体的立场看待中华民族的昨天、今天和明天，为他提出并不断发展完善铸牢中华民族共同体意识重大原创性论断奠定了基础。

2013 年 3 月，在担任国家主席后的第一次重要讲话中，习近平总书记进一步阐述了他的中华民族观。"中华民族具有 5000 多年连绵不断的文明历史，创造了博大精深的中华文化，为人类文明进步作出了不可磨灭的贡献。经过几千年的沧桑岁月，把我国 56 个民族、13 亿多人紧紧凝聚在一起的，是我们共同经历的非凡奋斗，是我们共同创造的美好家园，是我们共同培育的民族精神，而贯穿其中的、更重要的是我们共同坚守的理想信念。""爱国主义始终是把中华民族坚强团结在一起的精神力量"，"实现中国梦必须凝聚中国

---

[1] 习近平：《中国梦，复兴路》（2012 年 11 月 29 日），载《十八大以来重要文献选编（上）》，中央文献出版社，2014，第 84 页。

力量。这就是中国各族人民大团结的力量。"①几千年岁月形成的把中华民族凝聚在一起的精神力量,在一定程度上就是"中华民族共同体的思想"。

内蒙古、新疆、西藏历来是我国少数民族聚集比较集中的区域,也是历史上中华大地上各民族你来我往、我来你往,密切交往交流交融的区域,不仅面积广大,而且是中国北部、西北、西南的边界区域,在中华民族的形成与发展史上占据重要地位。近代以来,中国逐步成为半殖民地半封建社会,国家蒙辱、人民蒙难、文明蒙尘,中华民族遭受了前所未有的劫难。在帝国主义列强的侵略、蚕食、压迫下,中国频频出现边疆危机,边疆地区逐步成为我国人民反分裂斗争的前沿阵地。直到中华人民共和国成立前后,在中国共产党的领导下,新疆和西藏逐步实现了和平解放,祖国基本实现了统一。但是,受国际形势、历史因素、文化宗教因素及经济社会发展水平等因素的影响,边疆地区尤其是新疆、西藏,仍然是维护国家主权、安全和发展利益的前沿阵地,反分裂斗争、反"三股势力"、促进民族团结、维护发展稳定大局的任务仍然十分艰巨。

早在党的十八大之前,习近平就高度重视西藏工作、新疆工作和其他民族地区工作,不断围绕这些地区的发展、稳定提出指导意见。在2011年7月庆祝西藏和平解放60周年大会上的讲话中,习近平指出:"做好西藏工作,是深入贯彻落实科学发展观、全面建设小康社会的迫切需要,是实现可持续发展的迫切需要,是维护民族团结和社会稳定的迫切需要,是维护祖国统一和国家安全的迫切

---

① 习近平:《在第十二届全国人民代表大会第一次会议上的讲话》(2013年3月17日),载《十八大以来重要文献选编(上)》,中央文献出版社,2014,第234—235页。

需要。加快西藏发展、维护西藏稳定，既是中央的战略部署和明确要求，也是西藏各族干部群众的强烈愿望和共同责任。"①2012年3月，习近平在参加十一届全国人大五次会议新疆代表团审议时指出，新疆工作在党和国家工作全局中具有特殊重要的战略地位。自治区和新疆生产建设兵团要按照中央新疆工作座谈会决策部署，毫不动摇地坚持发展和稳定两手抓、两手都要硬，突出抓好科学发展，切实保障和改善民生，始终高举团结稳定旗帜，谱写科学发展、稳疆兴疆、富民固边新篇章。"要坚持稳定压倒一切，不断巩固和发展社会和谐稳定的局面，特别要加强对西方敌对势力、东突分裂势力渗透破坏活动的防范打击，加强对民族宗教事务的管理，有效遏制非法宗教活动，坚决防范暴力恐怖犯罪，确保社会持续稳定。"②

党的十八大之后，习近平总书记对西藏、新疆和内蒙古自治区的工作更加关心和支持。在2013年全国两会上，习近平总书记针对西藏工作提出了"治国必治边、治边先稳藏"的战略部署，成为十八大之后西藏工作的战略方针，并且取得了显著的成效。③2014年1月，习近平总书记赴内蒙古调研时强调，要始终高举民族团结旗帜，坚持和发扬各民族心连心、手拉手的好传统，深入开展民族团结进步宣传教育，精心做好民族工作。2014年4月，习近平总书

---

① 习近平：《在庆祝西藏和平解放60周年大会上的讲话》，https://www.chinanews.com.cn/gn/2011/07-19/3194301.shtml，访问日期：2011年7月19日。
② 李行、钟秀玲、隋云雁：《习近平参加新疆团审议　要求始终高举团结稳定旗帜》，《新疆日报》2012年3月10日。
③ 2013年7月，中国社会科学院课题组到西藏开展稳定治理情况的实地调研，对西藏维护稳定的举措进行了总结。详见王延中：《西藏社会稳定新机制建设探索》，《民族研究》2013年第5期。

记主持十八届中央政治局第十四次集体学习时强调指出，加强新形势下反分裂斗争，坚决把暴力恐怖分子嚣张气焰打下去，必须"高举各民族大团结的旗帜""深入开展民族团结宣传教育，打牢民族团结的思想基础，最大限度团结各族群众"。[①]2014年4月27日至30日，习近平总书记专程到新疆考察，做出了一系列重要指示。他指出，新疆社会稳定和长治久安，关系全国改革发展稳定大局，关系祖国统一、民族团结、国家安全，关系中华民族伟大复兴。反对民族分裂，维护祖国统一，是国家最高利益所在，也是新疆各族人民根本利益所在。新形势下，"新疆工作的着眼点和着力点要放在社会稳定和长治久安上"，这是做好当前新疆工作的总目标。当前新疆民族工作的内外环境发生了很大变化，民族关系出现了不少新情况、新特点，对我们做好民族工作提出了新要求。要全面贯彻落实党的民族政策，坚持和完善民族区域自治制度，促进各民族和睦相处、和衷共济、和谐发展，"汉族离不开少数民族，少数民族离不开汉族，少数民族之间也相互离不开"。习近平考察时反复强调，民族团结是发展进步的基石，"新疆的问题，最难最长远的还是民族团结问题"，要通过扎实有效的工作，"让民族团结之花开遍天山南北"。[②]在新疆考察过程中，习近平总书记进一步强调了民族团结的重要性和树立中华民族共同体意识对于做好民族工作、促进民族团结、实现民族地区经济发展、社会和谐稳定的重要性。这是习近

[①]新华社：《习近平：切实维护国家安全和社会安定　为实现奋斗目标营造良好社会环境》，https://www.gov.cn/xinwen/2014-04-26/content_2667147.htm，访问日期：2014年4月26日。

[②]李斌、霍小光：《习近平新疆考察纪实：民族团结是发展进步的基石》，https://www.xinhuanet.com/politics/2014-05/03/c_1110509757.htm，访问日期：2014年5月3日。

平总书记提出铸牢中华民族共同体意识论断的最初表达。

2014年5月，第二次中央新疆工作座谈会召开。习近平总书记指出："要高举各民族大团结的旗帜，在各民族中牢固树立国家意识、公民意识、中华民族共同体意识，最大限度团结依靠各族群众，使每个民族、每个公民都为实现中华民族伟大复兴的中国梦贡献力量，共享祖国繁荣发展的成果。各民族要相互了解、相互尊重、相互包容、相互欣赏、相互学习、相互帮助，像石榴籽那样紧紧抱在一起。""要在各族群众中牢固树立正确的祖国观、民族观，弘扬社会主义核心价值体系和社会主义核心价值观，增强各族群众对伟大祖国的认同、对中华民族的认同、对中华文化的认同、对中国特色社会主义道路的认同。"[①] 在这次会议上，习近平总书记明确提出了牢固树立"中华民族共同体意识"，为9月份召开的中央民族工作会议确立了指导思想。

在2014年中央民族工作会议上，习近平总书记发表重要讲话，提出了做好民族工作的一系列新思想、新论断和新战略。他从"多民族是我国的一大特色，也是我国发展的一大有利因素"入手，指出"各民族共同开发了祖国的锦绣河山、广袤疆域，共同创造了悠久的中国历史、灿烂的中华文化"。把这几个"共同"与前面提出的"伟大民族精神"结合在一起，就成为"四个共同"思想的来源。会议还特别明确了中华民族与各民族的关系问题，那就是"一个大家庭和家庭成员的关系"。会议对如何进一步做好民族工作尤其是做好精神方面的工作指明了方向："加强中华民族大团结，长

---

① 新华网：《习近平：在各族群众中树立正确祖国观、民族观》，https://china.huanqiu.com/article/9CaKrnJF0VE，访问日期：2014年5月30日。

远和根本的是增强文化认同，建设各民族共有精神家园，积极培养中华民族共同体意识。要把建设各民族共有精神家园作为战略任务来抓，抓好爱国主义教育这一课，把爱我中华的种子埋在每个孩子的心灵深处，让社会主义核心价值观在祖国下一代的心田里生根发芽。弘扬和保护各民族传统文化，要去粗取精、推陈出新，努力实现创造性转化和创新性发展。"[1] 同年12月，中共中央、国务院印发了《关于加强和改进新形势下民族工作的意见》，进一步明确"坚持打牢中华民族共同体的思想基础"这个基本要求。

二、铸牢中华民族共同体意识的确立

2014年召开的第二次中央新疆工作座谈会和中央民族工作会议，是党的十八大之后习近平总书记主持召开的关于新疆工作和民族工作的中央专题会议。习近平总书记在两次会议上的重要讲话中，初步提出了新时代党的治疆方略和民族工作的大政方针和工作原则。他反复强调民族工作、新疆工作、西藏工作等要"积极培养（育）中华民族共同体意识、建设各民族共有精神家园""打牢中华民族共同体的思想基础"，为最终提出并确立"铸牢中华民族共同体意识"奠定了基础。

中国共产党是中国特色社会主义事业的坚强领导核心，是最高政治领导力量，各个领域、各个方面都必须坚定自觉坚持党的领导。习近平总书记强调，"党政军民学，东南西北中，党是领导一

---

[1] 新华社：《中央民族工作会议暨国务院第六次全国民族团结进步表彰大会举行》，http://politics.people.com.cn/n/2014/0930/c1024-25763714.html，访问日期：2014年9月30日。

切的"。① 民族工作与党的统战工作密切相关。从加强党的统一战线工作角度提出加强和改善新时代的民族工作和民族地区工作，是习近平总书记在党的十八大之后从总体上思考和把握民族工作问题的鲜明特色。

2015年5月，中央统战工作会议在北京召开。会议提出，在革命、建设、改革的各个历史时期，我们党始终把统一战线和统战工作摆在全党工作的重要位置，努力团结一切可以团结的力量、调动一切可以调动的积极因素，为党和人民事业不断发展营造了十分有利的条件。"做好新形势下统战工作，必须正确处理一致性和多样性关系，不断巩固共同思想政治基础，同时要充分发扬民主、尊重包容差异，尽可能通过耐心细致的工作找到最大公约数。""要坚持党委统一领导、统战部牵头协调、有关方面各负其责的大统战工作格局，形成工作合力。"民族工作、宗教工作既是全局性工作，又属于大统战工作格局的重要组成部分。会议要求各级党委按照2014年确定的民族工作大政方针和战略任务，认真贯彻落实好中央民族工作会议精神，"促进各民族和睦相处、和衷共济、和谐发展"；宗教工作"本质上是群众工作"，要"积极引导宗教与社会主义社会相适应，必须坚持中国化方向……引导宗教努力为促进经济发展、社会和谐、文化繁荣、民族团结、祖国统一服务"。② 这次中央统战工作会议还通过了《中国共产党统一战线工作条例（试行）》（简称

---

① 中共中央宣传部：《习近平新时代中国特色社会主义思想三十讲》，学习出版社，2018，第74页。
② 新华社：《习近平：巩固发展最广泛的爱国统一战线　为实现中国梦提供广泛力量支持》，https://www.gov.cn/xinwen/2015-05/20/content_2865448.htm，访问日期：2015年5月20日。

《条例》），要求抓好《条例》的学习宣传和贯彻落实，不断提高新形势下统战工作的规范化制度化科学化水平。中央民族工作会议提出"让各族人民增强对伟大祖国的认同、对中华民族的认同、对中华文化的认同、对中国特色社会主义道路的认同"（"四个认同"），本次会议和《条例》增加了"对中国共产党的认同"。从此之后，"四个认同"变成"五个认同"。

同年8月，中央召开了第六次西藏工作座谈会。习近平总书记在会上发表重要讲话，明确提出了新时代治藏方略。会议用"六个必须"概括了新时代党的治藏方略的基本内容。"治国必治边、治边先稳藏"的战略思想、增进"五个认同"以及"统筹国内国际两个大局"等，是新时代党的治藏方略的新内容。习近平强调，实现西藏和四省涉藏州县长治久安，必须常抓不懈、久久为功，把基础性工作做深做实做细，坚持依法治理，大力加强民族团结，"大力培育中华民族共同体意识，广泛开展民族团结进步宣传教育和创建活动"。"坚持不懈开展马克思主义祖国观、民族观、宗教观、文化观等宣传教育活动，凝聚中国特色社会主义思想共识。要落实依法治藏要求，对一切分裂祖国、破坏社会稳定的行为都要依法打击。"[①] 把大力培育中华民族共同体意识等中央民族工作会议精神纳入治藏方略、落实到西藏具体工作之中，意义重大。

2015年国庆节前夕，习近平总书记在邀请来自内蒙古、广西、西藏、宁夏、新疆5个自治区的13名基层民族团结优秀代表到北京参加国庆活动时强调，中华民族一家亲，同心共筑中国梦。我

[①] 新华社：《习近平：依法治藏富民兴藏长期建藏 加快西藏全面建成小康社会步伐》，https://www.gov.cn/guowuyuan/2015-08/25/content_2919704.htm，访问日期：2015年8月25日。

国 56 个民族都是中华民族大家庭的平等一员，共同构成了"你中有我、我中有你、谁也离不开谁"的中华民族命运共同体。实现中华民族伟大复兴的中国梦是各民族大家的梦，也是我们各民族自己的梦。中国共产党就是团结和带领各族人民向着中华民族伟大复兴、向着人民更加美好的生活前进。民族团结就是各族人民的生命线。各民族同胞要手足相亲、守望相助，一起做交流、培养、融洽感情的工作，增强各族群众对伟大祖国、中华民族、中华文化、中国共产党、中国特色社会主义的认同。习近平总书记不仅再次强调了"五个认同"和民族团结的重要性，而且从"培育中华民族共同体意识"出发，进一步提炼出了各民族是相互离不开的"中华民族命运共同体"。

2017 年 10 月，中国共产党召开第十九次全国代表大会。习近平总书记站在中华民族伟大复兴的高度，部署了决胜全面建成小康社会和建设中国特色社会主义现代化强国进程中的统战工作和民族工作战略："要高举爱国主义、社会主义旗帜，牢牢把握大团结大联合的主题，坚持一致性和多样性统一，找到最大公约数，画出最大同心圆。""全面贯彻党的民族政策，深化民族团结进步教育，铸牢中华民族共同体意识，加强各民族交往交流交融，促进各民族像石榴籽一样紧紧抱在一起，共同团结奋斗、共同繁荣发展。"[1]

党的十八大之后，习近平总书记关于中华民族是一个共同体和积极培育中华民族共同体意识的思想是不断发展的——在第二次中央新疆工作座谈会上，习近平总书记提出建设各民族共有精神家

---

[1] 习近平：《决胜全面建成小康社会 夺取新时代中国特色社会主义伟大胜利——在中国共产党第十九次全国代表大会上的报告》（2017 年 10 月 18 日），载《十九大以来重要文献（上）》，中央文献出版社，2019，第 28 页。

园、积极培育中华民族共同体意识；在中央民族工作会议上，明确把建设各民族共有精神家园作为战略任务；中央统战工作会议明确"五个认同"，用爱国主义、社会主义核心价值观、正确的"五观"，积极培养中华民族共同体意识、打牢中华民族共同体的思想基础；在党的十九大报告中，正式提出了"铸牢中华民族共同体意识"。从"打牢"到"铸牢"，表面看起来只是一个字的变化，但从深层逻辑去分析，十九大最后确定"铸牢中华民族共同体意识"，是经过几年实践检验后理论探索的结果，反映了党在民族工作理论与实践方面的创新，充分体现了党中央在新时代民族工作的新内涵和重大历史使命，是"习近平新时代中国特色社会主义思想在民族工作领域的具体体现"，也是改革开放以来各民族在政治、经济、社会、文化等领域广泛交往交流交融、"你中有我、我中有你、谁也离不开谁"的命运共同体关系的深刻反映。把"铸牢中华民族共同体意识"作为民族工作的重要内容，写入第十九次全国党代会的工作报告中固定下来，意味着这一认识逐步成为全党的共识。会议在审定《中国共产党章程（修正案）》时，把"铸牢中华民族共同体意识"的内容写入新修订的《中国共产党章程》，标志着"铸牢中华民族共同体意识"这一论断正式确立，为推进中华民族共同体建设和"中华民族一家亲"工作进一步明确了指导思想。

三、以铸牢中华民族共同体意识为主线

2018年春召开的十三届全国人大一次会议和全国政协十三届一次会议，是党的十九大之后召开的首次全国两会。党的十九大报告提出的"铸牢中华民族共同体意识"不仅写入了党章，而且成为两会讨论的热点问题之一。两会通过的《中华人民共和国宪法修正案》将序言第七自然段中"推动物质文明、政治文明和精神文明协调发展，把我国建设成为富强、民主、文明的社会主义国家"修改为"推动物质文明、政治文明、精神文明、社会文明、生态文明协调发展，把我国建设成为富强民主文明和谐美丽的社会主义现代化强国，实现中华民族伟大复兴"。① 把"实现中华民族伟大复兴"写进宪法，不仅在宪法中充分体现了学习贯彻习近平新时代中国特色社会主义思想的要求，而且也是在宪法中第一次出现"中华民族"概念，被誉为"中华民族"入宪。一些专家从法学的角度充分肯定了宪法修正案修改的重大意义，即从根本法的高度确立了"中华民族"的宪法地位，为中华民族认同、各民族自我认同和各民族相互认同提供了宪法依据和基础；从根本法的高度确立了中国是"中华民族"的政治组织形式，为国家认同和国家统一奠定了宪法基础，为民族问题纳入宪法调整范围和依法治理民族事务提供了根本法保障。中华民族作为 56 个民族组成的民族共同体，对中华民族宪法地位的认定，也包含着对组成中华民族的各个民族的宪法地位的肯定。这不仅改变了"中华民族"概念在宪法文本中缺位的状况，使中华民族的现代国家的宪法有了"中华民族"的概念，而且将"中华民族伟大复兴"与"社会主义现代化强国"并列而确定为国家发展目标，突出了中华民族在国家发展中的地位和作用，"具有划时代的意义"。②

---

① 李鹃：《将实现中华民族伟大复兴写入宪法 有利于引领全党全国人民共同奋斗》，https://www.ccdi.gov.cn/specialn/bwzp2436/201803/t20180323_103529.html，访问日期：2018 年 3 月 23 日。
② 新闻报道：《必看！"中华民族"入宪具有里程碑式的意义！》，https://www.sohu.com/a/230439259_467853，访问日期：2018 年 5 月 4 日。

2019年7月，习近平总书记在内蒙古考察时指出，全面建成小康社会，一个民族不能少；实现中华民族伟大复兴，一个民族也不能少。民族区域自治制度是我国的基本政治制度，要认真总结民族区域自治的理论和实践经验，坚持和完善这一制度，促进民族团结融合，促进各民族像石榴籽一样紧紧抱在一起。要高举各民族大团结旗帜，全面贯彻党的民族政策，深化民族团结进步教育，践行守望相助理念，铸牢中华民族共同体意识，把各族人民紧紧团结在党的周围，共同守卫祖国边疆，共同创造美好生活，在新时代继续保持模范自治区的崇高荣誉。

2019年8月，习近平总书记在敦煌研究院座谈讲话中指出，研究和弘扬敦煌文化，既要深入挖掘敦煌文化和历史遗存背后蕴含的哲学思想、人文精神、价值理念、道德规范等，推动中华优秀传统文化创造性转化、创新性发展，更要揭示蕴含其中的中华民族的文化精神、文化胸怀和文化自信，为新时代坚持和发展中国特色社会主义提供精神支撑。要加强对国粹传承和非物质文化遗产保护的支持和扶持，加强对少数民族历史文化的研究，铸牢中华民族共同体意识。

在2019年9月召开的全国民族团结进步表彰大会上，习近平总书记强调，"实现中华民族伟大复兴，需要各民族手挽着手、肩并着肩，共同努力奋斗。要以铸牢中华民族共同体意识为主线，全面贯彻党的民族理论和民族政策，坚持共同团结奋斗、共同繁荣发展，把民族团结进步事业作为基础性事业抓紧抓好，促进各民族像石榴籽一样紧紧拥抱在一起，推动中华民族走向包容性更强、凝聚力更大的命运共同体，共建美好家园，共创美好未来"。① 这是习近平总书记在讲话中第一次明确提出"以铸牢中华民族共同体意识为主线"，也是在全国性会议上正式提出"以铸牢中华民族共同体意识为主线做好各项工作"，标志着铸牢中华民族共同体意识这一重要论断开始被明确为新时代党的民族工作的主线。

在 2020 年召开的中央第七次西藏工作座谈会和第三次中央新疆工作座谈会上，习近平总书记反复强调以铸牢中华民族共同体意识为主线的问题。铸牢中华民族共同体意识不仅成为新时代党的民族工作的主线，而且已经"纳入新时代党的治藏方略、治疆方略"②，要贯彻落实到西藏工作、新疆工作的方方面面。

2020 年 10 月，中共十九届五中全会通过的《中共中央关于制定国民经济和社会发展第十四个五年规划和二〇三五年远景目标的建议》，明确提出了把"中华文化影响力进一步提升、中华民族凝聚力进一步增强"③的社会和文化建设目标，作为"十四五"时期乃至今后更长一个时期的经济社会发展的重要任务。

2021 年 7 月 1 日，习近平总书记在庆祝中国共产党成立 100 周年大会上的讲话中，对中华民族的发展历程进行了回顾，再次重申了 2012 年他参观《复兴之路》大型展览时的观点和中国共产党人的初心和使命——"实现中华民族伟大复兴，就成为中国人民和中

---

① 杨维汉、王琦:《习近平在全国民族团结进步表彰大会上发表重要讲话强调 坚持共同团结奋斗共同繁荣发展 各民族共建美好家园共创美好未来》，https://baijiahao.baidu.com/s?id=1645808989448526426&wfr=spider&for=pc，访问日期：2019 年 9 月 27 日。

② 闵言平:《以铸牢中华民族共同体意识为主线做好各项工作》，《中国民族报》2020 年 11 月 25 日。

③ 新华社:《中国共产党第十九届中央委员会第五次全体会议公报》，https://www.gov.cn/xinwen/2020-10/29/content_5555877.htm，访问日期：2020 年 10 月 29 日。

华民族最伟大的梦想"。"中国共产党一经诞生，就把为中国人民谋幸福、为中华民族谋复兴确立为自己的初心使命。一百年来，中国共产党团结带领中国人民进行的一切奋斗、一切牺牲、一切创造，归结起来就是一个主题：实现中华民族伟大复兴。"经过一百年英勇顽强的艰苦奋斗，"中华民族迎来了从站起来、富起来到强起来的伟大飞跃，实现中华民族伟大复兴进入了不可逆转的历史进程"！[①] 习近平在讲话中高度肯定了统一战线的作用，指出"不断巩固和发展最广泛的统一战线"，可以"团结一切可以团结的力量、调动一切可以调动的积极因素，最大限度凝聚起共同奋斗的力量"，也是"团结海内外全体中华儿女实现中华民族伟大复兴的重要法宝"。在新的征程上，必须继续坚持大团结大联合，必须加强中华儿女大团结，"努力寻求最大公约数、画出最大同心圆……汇聚起实现民族复兴的磅礴力量"！[②]

在2021年8月召开的中央民族工作会议上，习近平总书记把铸牢中华民族共同体意识作为新时代党的民族工作的主线，指出，"改革开放特别是党的十八大以来，我们党强调中华民族大家庭、中华民族共同体、铸牢中华民族共同体意识等理念，既一脉相承又与时俱进贯彻党的民族理论和民族政策，积累了把握民族问题、做好民族工作的宝贵经验，形成了党关于加强和改进民族工作的重要思想。"这一思想概括起来有12个方面，也就是"十二个必须"。其中第三个必须是"必须以铸牢中华民族共同体意识为新时代党的

[①] 习近平：《在庆祝中国共产党成立100周年大会上的讲话》（2021年7月1日），《人民日报》2021年7月2日第2版。

[②] 习近平：《在庆祝中国共产党成立100周年大会上的讲话》（2021年7月1日），《人民日报》2021年7月2日第2版。

民族工作的主线，推动各民族坚定对伟大祖国、中华民族、中华文化、中国共产党、中国特色社会主义的高度认同，不断推进中华民族共同体建设"。[1]这是在党的民族工作会议上第一次明确提出"以铸牢中华民族共同体意识为新时代党的民族工作的主线"，同时第一次提出了"不断推进中华民族共同体建设"的目标和任务。至此，铸牢中华民族共同体意识在全党全国民族工作中的主线地位正式确立。

十九届六中全会通过的《中共中央关于党的百年奋斗重大成就和历史经验的决议》，总结了百年党的民族工作的基本经验，即"坚持和完善民族区域自治制度，坚定不移走中国特色解决民族问题的正确道路，坚持把铸牢中华民族共同体意识作为党的民族工作主线，确立新时代党的治藏方略、治疆方略，巩固和发展平等团结互助和谐的社会主义民族关系，促进各民族共同团结奋斗、共同繁荣发展"。[2]这是对党的民族工作百年历程和基本经验的总结回顾，也是进一步做好新时代党的民族工作的基本遵循。

在2022年的全国两会上，习近平总书记参加内蒙古代表团审议时指出："我国是统一的多民族国家，各民族团结和谐，则国家兴旺、社会安定、人民幸福；反之，则国家衰败、社会动荡、人民遭殃。党中央强调把铸牢中华民族共同体意识作为新时代党的民族工作的主线，是着眼于维护中华民族大团结、实现中华民族伟大复

---

[1] 习近平：《以铸牢中华民族共同体意识为主线 推动新时代党的民族工作高质量发展》，《人民日报》2021年8月29日第1版。
[2] 中共中央：《关于党的百年奋斗重大成就和历史经验的决议》（2021年11月11日），载《党的十九届六中全会〈决议〉学习辅导百问》，党建读物出版社、学习出版社，2021，第43页。

兴中国梦作出的重大决策，也是深刻总结历史经验教训得出的重要结论。"他特别强调以铸牢中华民族共同体意识这条主线做好民族工作，尤其是民族团结工作，并对如何做好铸牢中华民族共同体意识工作提出了全面、清晰的指导意见："既要做看得见、摸得着的工作，也要做大量'润物细无声'的事情……各族干部要全面理解和贯彻党的民族理论和民族政策，自觉从党和国家工作大局、从中华民族整体利益的高度想问题、作决策、抓工作，只要是有利于铸牢中华民族共同体意识的工作就要多做，并且要做深做细做实；只要是不利于铸牢中华民族共同体意识的事情坚决不做。要把铸牢中华民族共同体意识的工作要求贯彻落实到全区历史文化宣传教育、公共文化设施建设、城市标志性建筑建设、旅游景观陈列等相关方面，正确处理中华文化和本民族文化的关系，为铸牢中华民族共同体意识夯实思想文化基础。"[1]这些指导意见既是对内蒙古自治区讲的，也是对全国各地区、各部门讲的，具有普遍的指导意义。[2]

四、铸牢中华民族共同体意识的战略意义

铸牢中华民族共同体意识是习近平总书记关于新时代党的民族工作提出的重大原创性论断，是新时代党的民族工作的主线和"纲"，也是习近平总书记关于加强和改进民族工作的重要思想的精髓和灵魂，为做好新时代党的民族工作"指明了正确方向、提供了

---

[1] 新华社：《习近平在参加内蒙古代表团审议时强调 不断巩固中华民族共同体思想基础 共同建设伟大祖国 共同创造美好生活》，https://baijiahao.baidu.com/s？id=1726467677882408700&wfr=spider&for=pc，访问日期：2022年3月5日。

[2] 葛亮亮等：《习近平总书记在参加内蒙古代表团审议时的重要讲话引发代表委员热烈反响》，http://hn.people.com.cn/n2/2022/0307/c208814-35162657.html，访问日期：2022年3月7日。

根本遵循"①，具有重大的战略意义。

（一）铸牢中华民族共同体意识的理论意义

铸牢中华民族共同体意识是当代中国共产党人在新时代对马克思主义民族理论的最新发展。习近平总书记在深刻把握中国历史文化和世界民族发展规律的基础上，对如何做好新时代党的民族工作提出了很多新理念和新思想，其中铸牢中华民族共同体意识这一论断，作为独具中国特色的标识性概念，是对马克思主义民族理论的创新发展，是关于多民族的社会主义国家如何处理好民族关系的重大原创性论断，也是我们党对民族工作认识的一次历史性飞跃。全国政协主席汪洋指出，铸牢中华民族共同体意识是"对党的民族理论与时俱进的创新发展，是马克思主义民族理论中国化的最新成果"。②

"十二个必须"是习近平总书记关于加强和改进民族工作的重要思想的主要内容，而铸牢中华民族共同体意识则是纲领和灵魂。习近平总书记关于加强和改进民族工作的重要思想，从中华民族伟大复兴的战略高度谋划民族工作，全面回顾了我们党民族工作百年光辉历程和历史成就，明确了以铸牢中华民族共同体意识为主线推进新时代党的民族工作高质量发展的指导思想，提出了动员全党全国各族人民为实现全面建成社会主义现代化强国的第二个百年奋斗目标而团结奋斗的战略目标，阐明了铸牢中华民族共同体意识的工作主线等内容，具有很强的政治性、思想性、理论性，是习近平新

---

① 闵言平：《以铸牢中华民族共同体意识为主线做好各项工作》，《中国民族报》2020年11月25日。
② 新华社：《汪洋出席全国政协民宗委主题协商座谈会》，https://baijiahao.baidu.com/s?id=1684970504823589935&wfr=spider&for=pc，访问日期：2020年12月2日。

时代中国特色社会主义思想的重要组成部分，对丰富和完善习近平新时代中国特色社会主义思想体系做出了重大贡献。

（二）铸牢中华民族共同体意识的实践意义

铸牢中华民族共同体意识是新时代坚持中国特色解决民族问题正确道路发展方向的行动指南。作为习近平总书记在新时代党的民族工作领域作出的重大原创性论断，其最大价值在于源自实践、指导实践。在百年发展历程中，中国共产党民族工作的最大成就，就是走出了一条中国特色解决民族问题的正确道路。以铸牢中华民族共同体意识为主线做好新时代党的民族工作，就是对这条正确道路的坚持和坚守。

以铸牢中华民族共同体意识为主线的实践意义可以用"四个必然要求"加以概括。铸牢中华民族共同体意识是维护各民族根本利益的必然要求，是实现中华民族伟大复兴的必然要求，是巩固和发展平等团结互助和谐社会主义民族关系的必然要求，是党的民族工作开创新局面的必然要求。中华民族是历史形成的共同体，也是由56个民族组成的现实的大家庭，具有天然的亲和力和根本利益的一致性。但是，如果56个民族的中华民族共同体意识不强，就无法构建起维护国家统一和民族团结的坚固思想长城，针对以美国为首的西方国家反华遏华等敌对势力的破坏就无法做到思想统一、情感统一、行动统一，中华民族作为一个整体在抵御各种极端、分裂思想的渗透破坏时就存在内部的隐患。只有铸牢中华民族共同体意识，我们才能真正做到思想与行动的统一，坚决实现好、维护好、发展好各民族的根本利益，增进各民族对中华民族的自觉认同，夯实我国民族关系发展的思想基础。以铸牢中华民族共同体意识为主线，新时代党的民族工作才能"按照增加共同性的方向"向前发展，才能做到共同性和差异性的辩证统一、民族因素和区域因素的有机结合，把每项具体工作部署做细做扎实。

（三）铸牢中华民族共同体意识的时代意义

实现中华民族的伟大复兴，是近代以来中华民族最伟大的梦想。中国特色社会主义进入新时代，中华民族迎来了从站起来、富起来到强起来的伟大飞跃，迎来了实现中华民族伟大复兴的光明前景。站在中华民族伟大复兴的时代高度，我们可以更清晰地看出习近平总书记提出铸牢中华民族共同体意识重大论断的历史方位和时代意义。

铸牢中华民族共同体意识是凝聚全国各族人民和全球中华儿女磅礴力量的精神旗帜。从国内角度看，中华民族共同体就是56个民族组成的共同体。中华大地上的各民族在漫长的历史进程中，逐步形成了一个"你中有我、我中有你、谁也离不开谁"的历史共同体和命运共同体。铸牢中华民族共同体意识，就是在共同体事实的基础上，进一步引导各族人民牢固树立休戚与共、荣辱与共、生死与共、命运与共的共同体理念，推进各民族对中华民族的自觉认同，夯实我国平等团结互助和谐的社会主义民族关系的思想基础。铸牢中华民族共同体意识，是推动中华民族成为认同度更高、凝聚力更强的命运共同体的关键举措与基础工程。遍及世界的全球华人华侨，也是中华民族大家庭的重要组成部分。实现中华民族伟大复兴，既要依靠国内各族人民持之以恒的艰苦奋斗，也需要最大限度地凝聚"海内外中华儿女智慧和力量"[1]，形成最大公约数，画出最

---

[1] 新华社：《全国政协十三届五次会议闭幕》，https://www.xinhuanet.com/politics/2022-03/10/c_1128458666.htm，访问日期：2022年3月10日。

大同心圆,以中华民族和全体中华儿女的大团结,共同实现中华民族伟大复兴的中国梦。

铸牢中华民族共同体意识是应对世界百年未有之大变局、推动新时代党的民族工作高质量发展的时代需要。当今世界正经历百年未有之大变局和大挑战,我国正处于开启社会主义现代化强国建设新征程和实现中华民族伟大复兴关键时期。面对复杂的国内外形势,各民族更需要团结一致、凝聚力量,维护好国家主权、安全和发展利益,推动中国发展巨轮胜利前进。以铸牢中华民族共同体意识为主线推进新时代党的民族工作高质量发展,为全国各族人民以高度自觉、自豪的心态和热情,积极投身于新时代中国特色社会主义建设伟大实践,创造出更好的条件和氛围,是中国特色社会主义现代化建设事业的内在要求,必将为不断夺取中国特色社会主义现代化强国建设的新胜利做出更大的贡献。

站在中国特色社会主义进入新时代和开启全面建成社会主义现代化强国的第二个百年新征程的时代背景下,我们可以更清晰地看出习近平总书记提出铸牢中华民族共同体意识重大论断的战略意义。"在新的历史条件下继续夺取中国特色社会主义伟大胜利的时代,是决胜全面建成小康社会、进而全面建成社会主义现代化强国的时代,是全国各族人民团结奋斗、不断创造美好生活、逐步实现全体人民共同富裕的时代,是全体中华儿女勠力同心、奋力实现中华民族伟大复兴中国梦的时代,是我国不断为人类做出更大贡献的时代。"[1] 铸牢中华民族共同体意识,为激励中华儿女团结奋进、开

---

[1] 中共中央:《关于党的百年奋斗重大成就和历史经验的决议》(2021年11月11日),载《党的十九届六中全会〈决议〉学习辅导百问》,学习出版社、党建读物出版社,2022,第30页。

辟未来提供了力量源泉和精神旗帜。①

（四）铸牢中华民族共同体意识的政治意义

铸牢中华民族共同体意识是坚持党对民族工作全面领导的集中体现。铸牢中华民族共同体意识是新时代党的民族工作的主线，要体现在民族工作的方方面面。党对民族工作的全面领导首先是政治领导。这是因为中国共产党是中国特色社会主义事业的领导核心，处于总揽全局、协调各方的地位。"党的领导是做好党和国家各项工作的根本保证，是我国政治稳定、经济发展、民族团结、社会稳定的根本点。"②实现好政治领导，必须建立相应的领导体制和治理体系。根据十八届四中全会关于加强国家治理体系与治理能力建设的要求和《中国共产党统一战线工作条例（试行）》安排，民族工作正式纳入"大统战工作格局"之内。把党的领导贯穿民族工作全过程，要"形成党委统一领导、政府依法管理、统战部门牵头协调、民族工作部门履职尽责、各部门通力合作、全社会共同参与的新时代党的民族工作格局。要加强基层民族工作机构建设和民族工作力量，确保基层民族工作有效运转。"③坚持加强党的全面领导，是做好新时代党的民族工作的根本政治保证。

铸牢中华民族共同体意识是树立正确的国家观、民族观、历史观、文化观、宗教观的关键，尤其是坚持正确的民族观和正确的中华民族历史观的重要理论前提。一个人的民族观和民族身份意识

---

① 中共中央宣传部：《习近平新时代中国特色社会主义思想三十讲》，学习出版社，2018，第32页。

② 中共中央文献研究室：《习近平关于社会主义政治建设论述摘编》，中央文献出版社，2017，第31页。

③ 习近平：《以铸牢中华民族共同体意识为主线 推动新时代党的民族工作高质量发展》，《人民日报》2021年8月29日第1版。

不是天生的，每个中华民族的成员，其中华民族共同体意识和国家公民意识也不是与生俱来的，都需要经过教育和培养才能形成。因此，要把正确的教育内容特别是树立正确的价值观教育，全面纳入国民教育、家庭教育、社会教育和干部教育体系中。爱国主义教育、社会主义核心价值观教育、"五个认同"教育，树立正确的国家观、民族观、历史观、文化观、宗教观的教育一刻也不能疏忽，而且需要持续不断地开展行之有效的活动加以巩固。

铸牢中华民族共同体意识是引领新时代党的民族工作保持正确方向的关键。民族工作在一定程度上讲复杂而敏感，涉及面广，影响大，有很多复杂关系不容易正确把握。中央民族工作会议对此提出了明确要求，要正确把握共同性和差异性的关系，坚持增进共同性、尊重和包容差异性的基本原则。"要正确把握中华民族共同体意识和各民族意识的关系，引导各民族始终把中华民族利益放在首位，本民族意识要服从和服务于中华民族共同体意识，同时要在实现好中华民族共同体整体利益进程中实现好各民族具体利益"，坚决反对大汉族主义和地方民族主义。"要正确把握中华文化和各民族文化的关系，各民族优秀传统文化都是中华文化的组成部分，中华文化是主干，各民族文化是枝叶，根深干壮才能枝繁叶茂。要正确把握物质和精神的关系，要赋予所有改革发展以彰显中华民族共同体意识的意义，以维护统一、反对分裂的意义，以改善民生、凝聚人心的意义，让中华民族共同体牢不可破"。[①] 这些处理民族工作重大关系的基本原则，是引领民族工作健康发展的关键，必须在具

---

① 习近平：《以铸牢中华民族共同体意识为主线 推动新时代党的民族工作高质量发展》，《人民日报》2021 年 8 月 29 日第 1 版。

体工作中全面把握和正确贯彻落实。

（五）铸牢中华民族共同体意识的文化意义

铸牢中华民族共同体意识是对中华优秀传统文化精神的继承。习近平总书记指出，中华民族在几千年历史中创造和延续的中华优秀传统文化，是中华民族的根和魂，"其中最核心的内容已经成为中华民族最基本的文化基因"。[①] 中华文化历来主张"家国同构""家国一体"，"大一统"思想源远流长。"天下一统""四海一家"，是中国古已有之、流传了几千年的思想传统，而且成为中华民族建立"大一统"国家的文化基因。"大一统"不以消灭差异或者消灭不同的文化与民族为目标，而主张求同存异，坚持一致性与多样性相统一，坚持"夏中有夷，夷中有夏"，夷夏一体，相互融合，共同发展。习近平总书记在2014年中央民族工作会议上就指出，始终追求团结统一被中华民族视为"天地之常经，古今之通义"。无论哪个民族入主中原，都把自己建立的王朝视为正统，建立的都是统一的多民族国家，越是强盛的王朝吸纳的民族就越多。"大一统"的思想与传统，使中国无论经历多少磨难，在历史上都能够作为泱泱大国屹立在世界东方，成为世界上唯一保持文化传统不间断的文明古国，使中华民族成为连绵至今、不断发展壮大的伟大民族。

铸牢中华民族共同体意识是促进中华优秀传统文化创新发展的重要指导。中国共产党在革命、建设和改革中用唯物辩证法的立场和观点对待传统文化，取其精华，去其糟粕。同时把中华民族五千多年文明历史孕育的中华优秀传统文化与革命文化、时代文化和社

[①] 习近平：《论党的宣传思想工作》，中央文献出版社，2020，第82页。

会主义先进文化相结合，实现了马克思主义理论中国化的三次伟大飞跃。习近平新时代中国特色社会主义思想是在继承和发展中华优秀传统文化基础上实现的重大理论创新，是"中华文化和中国精神的时代精华"。铸牢中华民族共同体意识，也是在民族工作领域对中国共产党长期倡导"中华民族大家庭""中华民族大团结""中华儿女大团结"思想的继承与发展，不仅指导民族工作实践的创新发展，而且为民族文化的传承保护与新时代中国特色社会主义新文化建设指明了前进方向，即在继承中华优秀传统文化基础上实现各民族传统文化的"创造性转化"和"创新性发展"。

（六）铸牢中华民族共同体意识的国际意义

"建构一个什么样的现代民族国家"或"如何打造现代民族国家的国家认同"，是一个困扰世界大多数现代（多）民族国家的重大难题。中国共产党作为在近代中国历经磨难和中华民族处于危亡时期诞生的现代政党，带领中国人民、中华民族在百年探索中走出了一条解决中国民族问题的正确道路。尽管对这条道路的内涵在不同时期的具体表述不尽一致，但其基本内容和精神实质是一致的。党的十八大以来提出的铸牢中华民族共同体意识，以及确立铸牢中华民族共同体意识在民族工作中的主线地位，不仅将引领新时代中国民族工作的高质量发展，而且对正确认识和评判世界其他国家的民族事务治理和民族政策的利弊得失，提供了重要参照和认识工具。

在现代国家建设中，尤其是从传统社会向现代社会转型过程中，如何对待本国的历史、文化和传统十分重要。中国具有悠久的文明发展史，历来不轻易否定自己的历史和文化传统，而是在继承中发展，在发展中创新。中国共产党作为百年大党，对待自己的历史更是如此，没有数典忘祖，更没有陷入历史虚无主义的泥沼。在

2014年和2021年中央民族工作会议上，习近平总书记反复指出，中国共产党解决中国民族问题的道路是正确的、成功的，并且把这概括为"党的百年历程，党的民族工作取得的最大成就"，必须坚定不移走下去。但是，中央民族工作会议同时提出，民族工作创新发展，"就是要坚持正确的，调整过时的"。正是在这一原则的指导下，中国共产党解决中国民族问题正确道路的内容才能不断发展，涉及民族事务治理的具体法规政策才能摆脱时代局限，不断探索更加符合时代和实际的解决之道。中国共产党历来注重吸收其他国家的经验教训，包括多民族国家处理民族关系的政策和实践，希望从中总结分析和实行符合中国实际的解决之道。如果说中国共产党探索出的中国特色社会主义道路是世界上现代化的一种新道路和人类文明的新形态的话，那么，中国特色解决民族问题的正确道路也应当作为世界各国解决本国民族问题、处理民族关系、促进各民族共同繁荣进步和共同走向现代化的一条成功之道，值得认真研究，也值得很多国家借鉴或参考。

应当指出，铸牢中华民族共同体意识、推进中华民族共同体建设的思想，与中国共产党倡导的"为世界谋大同"、积极推动构建"人类命运共同体"的思想，具有密切的关联性。在一定程度上讲，这是中华文明中"四海一家""天下大同"思想的当代表达。在处理国际关系中，中国"紧扣服务民族复兴、促进人类进步这条主线，高举和平、发展、合作、共赢的旗帜""积极参与全球治理体系改革和建设，维护以联合国为核心的国际体系、以国际法为基础的国际秩序、以联合国宪章宗旨和原则为基础的国际关系基本准则，维护和践行真正的多边主义""推动经济全球化朝着更加开放、包容、普惠、平衡、共赢的方向发展"，使构建人类命运共同体"成为引领时代潮流和人类前进方向的鲜明旗帜"。[1] 在铸牢中华民族共同体意识的引领下，由56个民族组成的中华民族共同体越发展、越稳定、越繁荣，对世界和平与发展、推动构建人类命运共同体的贡献就越大。铸牢中华民族共同体意识，不仅有利于推动中华民族大团结、中华儿女大团结、中华民族共同体建设，对于促进世界人民的大团结、积极构建人类命运共同体、最终实现全球共同价值基础上的"天下大同"，也具有积极的引领作用。

"中华民族共同体意识是国家统一之基、民族团结之本、精神力量之魂。"[2] 习近平总书记关于铸牢中华民族共同体意识的重大原创性论断，是马克思主义民族理论中国化、时代化的最新发展，也是新时代中国共产党解决中国民族问题正确道路的时代表达。这对做好新时代中国民族工作的顶层设计和统筹布局、推进以铸牢中华民族共同体意识为主线的民族工作和各项工作，具有很强的指导性，是新时代民族工作高质量发展必须遵循的行动指南。同时，当代中国解决民族问题的正确道路，是世界范围内正确解决民族问题的中国智慧和中国方案，为世界一些国家解决本国民族问题提供了有益的参考和借鉴，具有世界意义。

---

[1] 中共中央：《关于党的百年奋斗重大成就和历史经验的决议》（2021年11月11日），载《党的十九届六中全会〈决议〉学习辅导百问》，党建读物出版社、学习出版社，2021，第58—59页。
[2] 人民日报评论员：《深刻认识铸牢中华民族共同体意识的重大意义》，《人民日报》2021年8月30日第1版。

正确认识中华民族历史观[①]

习近平总书记强调，只有铸牢中华民族共同体意识，构建起维护国家统一和民族团结的坚固思想长城，各民族共同维护好国家安全和社会稳定，才能有效抵御各种极端、分裂思想的渗透颠覆；要引导各族群众树立正确的国家观、历史观、民族观、文化观、宗教观；必须坚持正确的中华民族历史观。[②] 本文通过对"新清史"等所谓"新史观"的评析，指出其中蕴含的历史和逻辑错误，论述树立和坚持正确中华民族历史观的必要性。

一、关于中华民族史的几种错误观点辨析

一个时期以来，一些学者以所谓学术方法、研究视角创新为由，通过歪曲史实、虚构历史等手段，提出了如"新清史"等一系

[①] 本文原发表于《历史研究》2022 年第 3 期。
[②]《习近平在中央第七次西藏工作座谈会上强调 全面贯彻新时代党的治藏方略 建设团结富裕文明和谐美丽的社会主义现代化新西藏》，《人民日报》2020 年 8 月 30 日第 1 版；《以铸牢中华民族共同体意识为主线 推动新时代党的民族工作高质量发展》，《人民日报》2021 年 8 月 29 日第 1 版。

列历史观，解构中国和中华民族的历史叙事，挑拨民族关系，干扰民族工作，影响我国治边方略，给正确认识我国历史上的民族关系和建设中华民族共同体带来挑战。因此，必须认真清理各种舶来史观的不良影响。

（一）"新清史"观

"新清史"研究代表人物有罗友枝（E. S. Rawski）、柯娇燕（P. K. Crossley）、欧立德（M. C. Elliott）等。他们视清朝为与英、俄一样的对外殖民扩张型帝国，歪曲、解构清朝与中国王朝序列关系，提出所谓"新清史"。其错误认识如"清帝国原来不是中华帝国，而是中亚帝国""中国不过是清帝国的一部分""满人汉化的概念是大汉沙文主义的产物""满人不是中国人，清朝皇帝只是满洲人的皇帝，不是所有中国人的皇帝""满人具有'族群主权'""中国人只是汉人，满人、蒙古人、西藏人都不是中国人"，等等。

"新清史"观点虽经不起推敲，但具有一定迷惑性，已有研究者系统批驳了"新清史"学者提出的所谓新观点。汪荣祖从"新清史"论者彻底否认汉化的说法入手，系统讨论了"族群主权""中国人就是汉人"，以及"蒙古人、新疆人、满洲人，统统不是中国人"的荒唐论调，并在此基础上，批驳了所谓"满蒙属于'阿尔泰文化'""辽东不是中国领土""清朝是征服王朝（帝国主义国家）""中国是内亚帝国的一小部分"等说法，指出历史疆域和现代疆域的联系与区别。通过认真梳理，汪荣祖认为"新清史"真正的来源在日本。日本人认为"满蒙非中国"，"新清史"也说"边疆都不是中国"，这个真实的来源就有政治味道在里面。殷之光指出，"新清史"包含了关键概念的偷换与含混，尤其是边疆与民族概念，甚至呈现出非历史化的特点。田雷认为，从客观结果上看，"新清史"的种种论述都指向对中国的解构,也就是解构中国自古以来就是统一多民族国家的结论,因为"新清史"论者认为根本不存在"一个自古以来的、一成不变的、凝固态的中国","在历史上长期存在的、在空间上又是超大型的政治共同体"的"中国"是不存在的。[1] 这就是"新清史"论者想要表达的观点,也是其迷惑性和破坏力所在。

此外,一些持有"清朝是征服王朝"观点的学者自我标榜为全球史研究者。全球史(或"新世界史")20 世纪下半叶兴起于美国,起初是一门世界历史课程,后来"演变为编撰世界通史的方法论",近年来发展成为一个世界历史研究中"新的史学流派"。[2] 全球史研究与全球化进程紧密相连,强调"比较、联系、传播、互动",有其新颖和独到之处。全球史的主旨是"摆脱民族国家界限对历史分析和社会想象的束缚",[3] 但是这一主旨一旦被别有用心者利用,很容易出现漠视国家、主权而片面强调所谓相互"关系"研究的倾向,也需要引起注意。

(二)"内亚史观"与"王朝征服论"

如果向前溯源可以发现,关于清史的所谓"新"观点或"新清史"观,不过是"内亚史观"或"王朝征服论"的延续。"内亚"指亚洲大陆闭塞的、无通向外海河流的广大地区。这一概念最初被运用于地理研究,后被拉铁摩尔(D. Lattimore)、罗萨比(M.

---

[1] 汪荣祖、李磊、殷之光等:《"新清史"与中国历史主体性》,《东方学刊》2019 年第 1 期。
[2] 马晓丹:《时域·概念·方法论——全球史观理论建构缺陷之探讨》,《求索》2020 年第 5 期。
[3] 蒙克、赵一璋:《全球史观下社会政策教育的英国传统——与德国的比较和对中国的启示》,《社会建设》2021 年第 5 期。

Rossabi)、塞诺（D. Sinor）、傅礼初（J. Fletcher）等使用和发展，其内涵逐渐演变为包括语言、文化、政治、民族、宗教等内容的历史地理概念。所谓"内亚史观"或"内亚视角"，就是从游牧或草原民族的角度重新审视人类历史，重构文明史叙事方式。

20世纪40年代，美国学者魏特夫提出"征服王朝"学说，主张将中国历代王朝划分为以汉族为主导的本土型政权和以北方民族统治者为主导的非汉族王朝，其中非汉族王朝又可细分为渗透型王朝和征服型王朝。[1]一些日本学者采纳上述观点，提出"满蒙非支那论"。[2]田村实造将"征服王朝"与"游牧国家群体"相对应，将中国北方的匈奴、柔然等政权从中国历史中人为割裂，形成"中国征服王朝史"与"北亚史"平行的二元格局。[3]在此理论背景下，"满蒙非支那论"演变为"北亚非中国论"。后来，江上波夫提出"骑马民族国家"说，松田寿男提出"干燥亚洲"论。[4]三者共同组成了战后日本内亚史研究的理论支柱。英美学者也对"征服王朝"说重新建构，致力于压缩历史中国的地理范围，把汉族政权与北方少数民族政权对立起来，认为只有"汉族王朝"才属于中国。罗萨比将宋朝当作中国的同义词，把与其并立的少数民族政权如辽、金、西夏等作为同等地位"邻国"看待。英国辽史学

---

[1] K.A.Wittfogel and Feng Chia-Sheng, *History of Chinese Society*, *Liao* (907—1125), Philadelphia: American Philosophical Society, 1949.

[2] 矢野仁一：《近代支那论》，弘文堂书房，1923。

[3] 田村实造：《北アジアにおける历史世界の形成》，哈佛燕京同志社东方文化讲座委员会，1956年，第15页。田村实造：《北アジア世界における国家の类型》，京都大学文学部编《京都大学五十周年记念论集》，京都：京都大学文学部，1956年，第475—492页。田村实造：《中国征服王朝の研究》（下），京都：同朋舍，1964—1985年。

[4] 江上波夫：《骑马民族国家》，张承志译，光明日报出版社，1988；松田寿男：《古代天山历史地理学研究》，陈俊谋译，中央民族学院出版社，1987。

者史怀梅（N. Standen）则否认北方民族汉化论述，将少数民族建立政权看作"外族"或"外国"在中国的统治。塞诺的"中央欧亚"（Centural Eurasia）概念，把"内亚"范围延伸至东欧平原，将其作为文化统一体。20世纪90年代以后，"中央欧亚"逐渐成为"内亚研究""征服王朝"的替代词。杉山正明为《中央欧亚的统合》所写长篇导言《中央欧亚的历史构图：连接世界史的事物》，标志着日本式"中央欧亚"史观正式诞生。所谓"中央欧亚"学派，主张在汉文、伊斯兰史料之外，使用其他调查资料和文献考古资料，进一步论证"中央欧亚"的主体性和主导地位。[1]

（三）族群史观

"族群"（ethnic group）是在语言、种族、文化和宗教等方面具有某些共同特征或特点的人们共同体，以"族群"为角度撰写"民族史"，形成了所谓"族群史观"，或者说"后现代民族理论的民族史叙事"。

"族群史观"的出现与"民族国家"理论相关。"民族国家"（nation state）指摆脱"神权""教权"统治后出现的"现代主权国家"，组成主权国家的基本单元是"民族"。所谓"一个国家一个民族、一个民族一个国家"，是西方话语体系中"民族国家"的经典定义，尽管"这种情况在世界历史和现实中并非常态"。因为国家与民族完全对应的"民族国家"十分少见，绝大多数国家都是多民族国家。然而，"民族国家"的理论基础是近代以来十分盛行的"民族主义"，这促使该理论成为分析近代主权国家乃至建构国际关

---

[1] 钟焓：《重写以"中央欧亚"为中心的"世界史"——对日本内亚史学界新近动向的剖析》，《文史哲》2019年第6期。

系的一种"理想类型"。"民族国家"话语体系对于历史上形成的多民族国家而言，是影响国家完整性的潜在威胁之一。

近代以来，欧洲传统"王朝国家"衰亡，"民族自决权"理论盛行，"以民族为单元"的主权国家数量不断增多。与此同时，国际移民持续增加，人群大规模流动使各国出现大量外国移民。面对民族成份日益多元化的现实，"族群"概念被提出，成为"民族"的替代品。20世纪下半叶起，西方国家"身份政治"运动发展，其理论和影响扩散到世界。① 多种类型的"后现代民族国家"理论涌现，比较典型的包括"多元文化主义"理论、"少数人权利"理论、"土著人（原住民）权利"理论等。

中国现代"民族"概念由梁启超自日本引入，与英文"nation"有较大差别。② 20世纪上半叶，我国常用"民族"概念指代具有不同特点的文化群体。对中国影响最为深远的是斯大林的"民族"定义，即具有共同语言、共同地域、共同经济生活以及共同文化上的共同心理素质的稳定共同体。中国的少数民族识别亦是在此基础上，融合中国传统民族观念进行的。现代"民族"含义既包括与"people"相对应的"人类共同体"，又包括与"nation"相对应的国家属性民族，还包括了国家属性民族的组成部分即中国的56个民族。"民族"一词反映了中国的历史与现实，但复杂多样的含义给

---

① "身份政治"的特点是"求异"，只有身份不同，才能以身份为理由争取更多的经济社会权利乃至政治权利。
② "nation"一词用法较为宽泛，含有种族、出身、血统等意义，16世纪早期才逐渐意指"人民"，到了18世纪，随着资本主义革命和民族国家的建立，这一词语开始具有"民族"和"国家"的双重意涵。参见潘蛟：《"族群"及其相关概念在西方的流变》，《广西民族学院学报》2003年第5期。

探讨民族、民族主义等问题带来困难。①

有学者主张用"族群"概念代替中国的"民族",这种看法虽然看到了族群概念中的文化意涵,但与中国民族实际状况不完全相符。在中国,民族是经过政府识别确定的,具有特定政策、政治意涵。将族群等同于民族,有弱化政治色彩、强化文化特性的意义。②如果仅从族群角度诠释民族意涵,容易陷入文化多元主义的旋涡。中华民族共同体是各民族政治、经济、文化共同塑造的统一体,不是简单的族群相加。对中国而言,文化不是判别民族的唯一基准,③族群概念不能完整表述民族的意涵。

在西方话语体系中,族群在一定程度上具有随意性甚至歧视性含义,主要指"落后的"原住民、异教徒,这与我国奉行的民族平等原则相冲突。所谓"多元文化主义"下的"多族群国家"实践并不成功,仅仅把"民族"更名为"族群",并不能解决实际问题,反而促使民族矛盾与经济社会矛盾纠缠在一起。因此,不应寄希望于用族群理论解决民族问题,也不可将族群问题简单地等同于民族问题,应当实事求是地研究一个国家各民族的历史与现状,从实际出发解决各自的问题。

(四)多元文化主义论

20世纪六七十年代开始,"多元文化主义"(multiculturalism)从西方流行起来,并且逐步影响世界。其核心观点是,"多元文化主义认为没有任何一种文化比其他文化更为优秀,也不存在一种超然

---

① 庞中英:《族群、种族和民族》,《欧洲》1996年第6期。
② 朱伦:《浅议当代资本主义多民族国家的民族政治建设》,《世界民族》1996年第2期。
③ 徐杰舜:《论族群与民族》,《民族研究》2002年第1期。

的标准可以证明这样一种正当性：可以把自己的标准强加于其他文化"。①这一理论承认文化的多样性、文化之间的平等和相互影响；关注少数民族和弱势群体，强调历史经验的多元性，承认一个国家的历史和传统是多民族不同经历相互渗透的结果。多元文化主义认为，所有人在社会、经济、文化和政治上机会平等，禁止任何以种族、民族或民族文化起源、肤色、宗教和其他因素为由的歧视，强调文化平等、种族平等、宗教宽容和社会平等。

国内学术界对多元文化主义进行了介绍和研究，在一段时间内持肯定态度者居多，其中也不乏辩证的分析。王希恩认为，多元文化主义既是一种文化观、历史观、教育理念、公共政策，又是一种意识形态和价值观，也是"一种民族理论"，具有"彰显文化平等、反对文化霸权的积极意义"，尤其"在维护弱小国家和民族的文化权益方面发挥了特殊的作用"。当然，该理论也存在"文化相对论""彰显差别和异质性""忽略了普遍性和同一性的存在"等问题，与文化保守主义、"新种族主义"、民族主义有千丝万缕的联系，容易与后现代"身份政治"理论及"民粹主义"思潮和运动相互呼应，对现代民族国家主流话语和意识形态造成冲击。②

二、舶来史观对中国历史主流话语的冲击与解构

中国是文明古国中文化传统和文明体系唯一未曾中断的国家，"自古就是统一的多民族国家"。然而，各种舶来史观不断以理论或话

---

① C.W. 沃特森：《多元文化主义》，叶兴艺译，吉林人民出版社，2005，"出版导言"，第1页。
② 王希恩：《多元文化主义与马克思主义民族理论的两点比较》，《科学社会主义》2010年第2期。

语体系创新的名义，对中国历史的正确认识进行攻讦、冲击，给树立正确的国家观、历史观、民族观、文化观、宗教观带来不利影响。

（一）解构"中国"的连续性和统一性

"中国"一词出现并使用了约3000年，这一概念具有多重含义，无论是其内涵还是外延，在不同历史时期有不同表述。但是，自秦建立统一的中央集权制国家到清王朝灭亡，不论是统一时期还是政权并立时期，作为统一多民族国家载体和依托的"中国"，2000多年来未曾改变。中华大地上的朝代更替、政权变迁，与事实上的"中国"同为一体。然而，"新清史"等舶来史观试图挑战上述观点。

汪荣祖分析指出，"新清史"论者不知是故意还是无意，总是将中国人等同于汉人，认为只有汉人才是中国人，不承认中国是多民族国家。把中国人等同于汉人，与将"汉人"集中居住区域称为"中国"观点相类。中华大地上除了人口占绝大多数的"汉人"外，还存在着大量"非汉人"群体，也就是今天的"少数民族"。仅仅把"汉人"称为"中国人"，把汉人聚居之处称为"中国"，就是把中华大地上的"少数民族"从"中国人"中分离出去，把少数民族集中居住地区从"中国"分离出去。宣扬"中国征服王朝史""北亚非中国"等种种论调，其目的是压缩"中国"的地理范围，制造汉族政权与中国北方少数民族政权的对立。

为了正确理解历史上"中国"一词的复杂性与多义性，讨论中华大地上多个王朝尤其是并立政权与"中国"版图的非对称性问题，需要对中国的"历史版图"与"现实版图"进行界定。20世纪50年代起编绘的《中国历史地图集》，打通了"历史中国"与"现实中国"，以清中期的版图作为"历史中国"的疆域范围，以民国时期及中华人民共和国成立后,通过国际条约认可的版图作为"今日中国"的疆域范围。由于现实疆域版图是清晰的,"新清史"等论者就试图解构以清中期版图作为"历史中国"版图的定论,以所谓"汉人中国"解构"多民族中国"的共识,认为除了"汉族地区",其余地区均不属于"历史中国"范畴。这实际上是对"中国"连续性、统一性进行解构,为其政治主张、反华遏华目的服务,更有甚者,是赤裸裸地为分裂中国制造借口。

(二)解构"中华民族"多元共生的一体性

民族是与国家联系在一起的。"中国"概念有其产生、发展和形成的过程,"中华民族"亦然。中国自秦汉以来即逐渐成为统一多民族国家,中华民族作为一个"自觉"的民族实体,出现于百余年来中国和西方列强的对抗中,但作为一个"自在"的民族实体则形成于几千年的历史进程中。历史上中国境内各民族群体在长期交往交流交融中多元一体发展,今天的中华民族是由56个民族组成的共同体,二者是一体和多元的关系。

一些舶来史观对上述事实或者视而不见,或者有意曲解。这些理论利用近代民族国家诞生前的传统"王朝国家"观点,把"中国人"等于"汉人"的观点沿用于近代民族国家,"中国"即"汉族"的国家,汉族人当皇帝的王朝和政权才是"中国"的王朝和政权。这些观点不仅不符合历史事实,更是逻辑谬误。费孝通先生提出的"中华民族多元一体格局"理论,充分论证了中华民族源于多元、实为一体的历史事实。十九大以来,中国共产党提出铸牢中华民族共同体意识,进一步推进中华民族共同体建设的理论,批驳了把中国境内的一部分民族与"中华民族"区分开来、把少数民族历史从"中国"历史中剥离出去、把历史上的游牧地区与中华大地(所谓中国即"中原王朝")区别对待的谬论。

马克思主义民族平等观与所谓的"族群"理论有本质不同。中文的"民族"有多重含义，既包括比较泛化的"族群"内涵，也包括通过民族识别认定的56个民族层次的"民族"（ethno 或 people）内涵，还包括"民族国家"之义的"中华民族"。如果用"族群"替代56个民族层面的"民族"，容易导致"民族"在国家政治经济社会地位降低的联想，造成新的混乱。一旦出现"族群"与"民族国家"层次上的含义混用，则容易把国家内部的"族群"或民族群体当成"民族国家"。用族群代替民族，以多族群国家解释多民族国家，不仅不符合历史实际，也与中国现实脱节。

（三）冲击中华文化的整体性和主体性

错误舶来史观在解构"中国"与"中华民族"的同时，利用"多元文化主义"冲击中华文化的整体性和主体性。从历史上看，中原地区文化为中华文化的形成与发展奠定了基础，引领了方向，成为中华文明体系的主流，它和各民族、各地区文化一样，是中华文化不可或缺的有机组成部分。从这个意义上说，中华文化是各民族优秀文化集大成者。正如中华民族与56个民族多元一体格局一样，中华文化与各民族文化之间也是"主干与枝叶"的关系。

然而，在一个时期内盛行的所谓"多元文化主义"，其要义是反对文化中心主义，这一理论的根本缺陷是强调差异性却忽略了普遍性和同一性。一些人把"多元文化主义"解读为不同类型文化的"绝对平等"，混淆作为一个国家"主流文化"或"主干文化"，与"民族文化"或"枝叶文化"之间的差异，把"民族平等"原则简单地套用于各民族语言文化方面的"一律平等"，冲击历史上形成的主流文化，影响国家主流价值观。事实上，兴起于西方国家的多元文化主义在文化政策实践方面并不成功。这说明一个国家如果没有自身的主流文化作为团结凝聚的核心，必然导致"国家文化"成为"文化拼盘"，很难将国民团结为一个整体。与多元文化主义相关联，通过强调不同文化群体的"身份"差异性、寻求超越公民特殊权利和待遇的"身份政治"理论，也没有带来期望的文化平等与社会平等。过分强调身份差别并提出各种政治化的诉求，弱化了"公民身份的凝聚力和民族国家的向心力"，多元文化主义用原则上的"多元文化平等"，将国家主流文化"民族化"，提出国家内部各民族（族群）的"文化主权"，实际上冲击甚至解构了国家主流文化和主流价值观。比如，混淆中华文化与各民族文化关系，否认中华文化集各民族文化大成的特点和国家主流文化属性，错误地把中华文化等于"汉人"或"汉族"文化，把本是部分的民族文化等同于整体的中华文化，或者把少数民族文化自外于中华文化，都是对中华文化整体性和主体性的冲击与挑战。

（四）冲击中原政权作为"中国"政权的正统性与合法性

在中华传统文化思想体系中，"问鼎中原"是一个政权获得代表"中国"资格的依据，也是历史上"大一统"思想的重要体现。在中原建立王朝或政权，是中国各种政治势力角逐的核心，也是该政权获得正统地位的关键。中华文化强调"名"与"实"的统一，一个政权的"名正言顺"，就是指其不仅具备了统治所辖疆域的实力和地位，而且获得了"道统"或"法统"承认，成为政权合法性与统治权威性的依据。这一点不仅在中国"大一统"时期（如秦汉、隋唐、元明清时期）毋庸置疑，即使在多个政权并立、"中国"版图分属不同政权管辖时期也是如此。中华文化的正统性代表治理"中国"的合法性，入主中原的少数民族政权，往往迅速接受以儒家思想为主的中华文化，采取科举选士等制度和国家治理体系。在某种程度上说，中国思想文化的大一统体系，成为凝聚中华大地上各地区、各民族多元文化的"主脉"或"主干"，是维系中国作为统一多民族国家数千年来文脉不绝、国祚连绵的精神力量。

错误舶来史观挑战中华文化的主体性、整体性和正统性，进而冲击中国中央政权对于边疆地区治理的合法性。以"新清史"学者为例，他们把宋元朝代更迭作为"中国"灭亡的依据，认为元朝是"蒙古帝国"的组成部分，人为割断中国历史的连续性。他们将元朝直接管辖西藏及清朝平定准噶尔叛乱后加强对西域的治理，与西方帝国主义国家殖民统治混为一谈，把西藏、新疆谬称为中原王朝的"殖民地"，把挑动地区分裂行为称为"殖民地解放运动"。所谓"王朝史观""内亚史观"，则是进一步用所谓"新理论""新观点"，论证这些地区历史上就不属于"中国"。一些学者利用所谓"多元文化主义"和"族群史观"，论证游牧区与农耕区的文明与文化体系是平等并列的，不存在中华文化的主体性与主导性，中华大地历史上的各政权，除在统一时期属于中国外，政权并立时期就是不同的国家，与近代以来国际体系下的各国政府在性质上是一样的，是平等、没有隶属关系的。至于元朝、清朝更不是中国政权，而是"蒙古帝国""满洲人帝国"而已。这就把中国历史上几千年来中原政权代表全国性政权的合法性、正统性抹杀了。

（五）冲击中华文明的传承性与独特性

一些"新清史"学者表面上反对"西方中心论"，实则反对中国、中华文化和中华文明的连续性。尽管他们不断标榜"价值中立"，强调用联系、中立的价值标准研究世界历史，以所谓"文明更替论"代替"民族国家中心论"，然而，所有的史学著作都是由具有一定立场和价值观的学者撰写的，一旦"具体到历史的具体叙述中仍需要借助文明或历史上一大事件作为历史叙述的主体"，事实上仍然摆脱不了"西方中心论"的"学理桎梏"。[①]片面强调"全球视野"，忽视中国历史长期演变的连续性，在一定程度上可能会对连绵几千年未曾中断的中华文明发展观带来冲击，实际上具有迷惑性和虚幻性。

表面上看，错误舶来史观似乎很有"创意"，很是"创新"，但实际上是解构中原王朝代表中国的正统性与合法性、解构中国历史、解构中华民族、解构中国，不过是打着学术的幌子歪曲中国历史。

三、深入研究和阐发正确的中华民族历史观

在历史发展进程中，中华民族已经结成了密不可分的共同体。共同体是以主客观方面的各种共同特征为纽带联结而成的人类群体，[②]"共性"在共同体的生成中起着基础性的作用，也是促使社会成员共同体意识生成的关键。要深入研究中国历史尤其是中华民族形成发展史，必须坚持正确的中华民族历史观。

（一）坚持"历史中国"与"现实中国"的统一性

今日中国由历史中国发展而来。尽管古今"中国"概念在内涵与外延上有所不同，但其主体部分未曾发生改变，特别是中华大地作为自古及今各民族的共同生存空间，是各民族先民共同开拓的。

---

① 马晓丹：《时域・概念・方法论——全球史观理论建构缺陷之探讨》，《求索》2020年第5期。
② "共同体"概念最早由德国社会学家滕尼斯（Ferdinand Tönnies）提出，马克思清晰地阐明了"真正共同体"的若干主要特征：首先是一切个体的自由发展；其次是各个个体的一种自由联合；最后是特殊利益和普遍利益获得有机统一。参见侯才：《马克思的"个体"和"共同体"概念》，《哲学研究》2012年第1期。

尽管在这个疆域范围内，不同历史时期存在不同的王朝或政权，但都是"中国"的王朝与政权，不能把其中的一部分当作与"中国"王朝对立的外国政权。在中国大一统王朝鼎盛时期，即清中叶有效管辖的疆域范围内，其领土都属于"中国"，是"历史中国"的一部分。坚持历史中国与现实中国的统一性与时代性，才能更好地认识各民族共同开拓中国疆域、共同建设中华大地的历史。

（二）中华大地上的各民族共同凝结成"中华民族"

中华大地上的各民族经过多元起源、自在阶段和自觉阶段的发展，已经凝聚成密不可分的共同体。这个共同体内部各民族拥有各不相同的名称，但自近代以来都拥有了与国家密切结合在一起的共同名称——中华民族。中华民族是历史形成的，是中国历史发展的结果，其根本原因在于中国历史上一次又一次的民族融合，民族融合不但是中国历史的主流，也是中华民族形成与凝聚的根本，更是中华文明得以绵延不绝、生生不息，始终保持生机与活力的关键所在。[①] 今天在铸牢中华民族共同体意识引领下，我们应不断加强各民族间交往交流交融，正确处理"多元"与"一体"的辩证统一关系，正确把握差异性与共同性的关系，在尊重和包容差异性的同时增加共同性，引导各民族人民在共同实现现代化征程中，不断推进中华民族共同体建设。

（三）坚持中华文化的主体主导性和开放包容性

正确处理中华文化与各民族文化的关系，对于树立正确的中华民族历史观至关重要。中国作为一个历史上形成的多民族国家，"多元一体"的民族格局使中国各民族在培育本民族"心理素质"

[①] 赵秀忠：《统一战线发展进程中的探索与思考》，河北人民出版社，2015，第119—121页。

和本民族认同的同时，逐步培养和发展了"中华民族"的"共同心理素质"，即中华文化和各民族共有精神家园。中华文化作为各民族优秀文化集大成者，是引领中国前进和维系国家统一的精神力量。基于此，我们要坚守中华文化立场，坚持在中华文化体系内各民族文化的"兼收并蓄"和"多元共荣"。当然，在坚守中华优秀传统文化的同时，推动各民族传统文化创造性转化和创新性发展，把以爱国主义为核心的民族精神、以改革创新为核心的时代精神、以社会主义核心价值观为核心的道德标准，融入各民族共有精神家园建设，正确处理铸牢中华民族共同体意识的"四大关系"，突出各民族共有共享的中华文化符号和形象，使各民族人心归聚、精神相依，形成人心凝聚、团结奋进的强大精神纽带，使"四个与共"的共同体理念更加深入人心，共同体建设更加顺利平稳，从自在到自觉再到自为的中华民族共同体更加牢不可破。

（四）坚持各民族共创中华的中华民族共同体史观

中华民族共同体史观是对中华民族发展史的科学总结和时代凝练。党的十八大以来，习近平总书记反复强调，"我们辽阔的疆域是各民族共同开拓的，我们悠久的历史是各民族共同书写的，我们灿烂的文化是各民族共同创造的，我们伟大的精神是各民族共同培育的"。这"四个共同"，是我们党以马克思主义民族观和历史观为指导，坚持用发展的眼光，在历史演进的动态过程中认识中华民族的形成与发展，从各民族交往交流交融的史实中总结中国历史发展经验、提炼把握历史发展规律，得出的客观结论。"四个共同"既是中华大地上的各民族从历史中国到现实中国一以贯之的中国史观，也是系统全面看待中华民族发展史的发展史观，更是坚持各民族共创中华的整体史观。

正确把握中华民族共同体建设的重大关系[①]

习近平总书记关于加强和改进民族工作的重要思想的根本特征就是铸牢中华民族共同体意识，推进中华民族共同体建设。习近平总书记在2021年中央民族工作会议上强调"党的民族工作创新发展，就是要坚持正确的，调整过时的"，系统阐释并明确要求正确把握"共同性和差异性的关系""中华民族共同体意识和各民族意识的关系""中华文化和各民族文化的关系""物质和精神的关系"[②]。正确把握这四对重大关系，是我们探析中华民族共同体的形成动力、建设路径、命运远景的基础。

关于什么是民族，国内外学者基于多个维度给出了各自的定义，无论是强调客观先赋因素对民族形成的决定性作用，还是强调主观建构对民族形成的决定性作用，民族作为一种人群共同体，是人们协调同和异二者关系以实现可持续发展的结果。同和异辩证关

[①] 本文原发表于《中央民族大学学报》（哲学社会科学版）2022年第5期。第二作者宁亚芳为中国社会科学院民族学与人类学研究所副研究员。
[②]《习近平在中央民族工作会议上强调 以铸牢中华民族共同体意识为主线 推动新时代党的民族工作高质量发展》，《人民日报》2021年8月29日第1版。

系的普遍性决定了维系并增强民族共同体凝聚力的实践，不可避免地也要正确把握物质和精神的关系，思想观念、意识与认同是影响个体如何看待民族共同体的重要因素。"中华民族是一体、各民族是多元"的中华民族多元一体格局基本特征，决定了正确把握中华民族和各民族的关系是中国特色解决民族问题正确道路的基本内容。由此，推进中华民族共同体建设还要正确把握中华民族共同体意识和各民族意识的关系、中华文化和各民族文化的关系。这四对重大关系虽然各具内涵且不在一个层面，但均直接影响着铸牢中华民族共同体意识、推进中华民族共同体建设。本文旨在从中华民族共同体视角对四对重大关系的基本内涵、正确把握四对重大关系的必要性及其实现路径进行学理阐释。

一、正确把握物质和精神的关系

（一）精神建设与物质建设均不可偏废

改革开放以来，我国工作重心转移到以经济建设为中心上来，与之相适应的是，加快少数民族和民族地区经济社会发展也成为新时期民族工作的重心，改善生产生活的物质条件则是重中之重。受各方面因素制约，民族地区发展滞后一直是我国现代化建设所面临的突出问题和短板，国家不断丰富和完善针对少数民族和民族地区的各项扶持优惠政策，先后实施了对口支援、"西部大开发"战略、兴边富民行动、扶持人口较少民族发展规划等一系列国家战略和专项规划，针对西藏、青海、新疆等发展难度更大的地区给予了更大的支持。在党的领导下，在国家大规模专项财政转移支付支持下，在发达省（市）的积极援助下，民族地区充分用好自身的资源禀赋，发挥各方面的比较优势，在经济社会建设等方面取得了跨越式的发展和历史性的成就。"十三五"期间，国家累计向民族八省区下达民族地区转移支付3800亿元、均衡性转移支付2万多亿元，民族地区累计减贫3000多万人，420个来自民族自治地方的贫困县实现脱贫，人口较少民族全部实现整族脱贫。绝对贫困和区域性整体贫困已经成为少数民族和民族地区发展的"过去式"[①]。以西藏自治区为例，和平解放以来不仅实现了由封建农奴制度向社会主义制度的历史性飞跃，改革开放特别是党的十八大以来更是进入了跨越式发展的最好时期，历史性消除了绝对贫困问题，与全国各地一道全面建成小康社会。自1994年正式启动对口支援西藏以来，各类对口援藏主体在人才、资金、项目等方面提供了大量援助。截至2020年，各类对口援藏主体选派9600余名优秀干部支援西藏建设，并累计投资超过500亿用于帮助西藏经济社会发展的6300余个项目。2020年，西藏GDP（地区生产总值）是1951年的1400余倍，全区社会消费品零售总额是1959年的2100余倍。西藏的经济发展活力不断增强，产业结构体系日益健全优化[②]。可以说，少数民族和民族地区在中国社会主义大家庭里，物质层面的进步十分显著。

但是，我国在社会主义现代化建设过程中，物质生产生活水平的提升和物质文明的进步，也伴随着社会结构转型和文化变迁。人们的价值观、思想观念、道德伦理等也在经济社会的转型与发展中出现了诸多变化。只有物质文明和精神文明协调发展才能实现社会

[①] 姜洁、李昌禹：《中华民族一家亲 同心共筑中国梦：党的十八大以来我国民族团结进步事业发展成就述评》，《人民日报》2021年8月26日第4版。

[②] 中华人民共和国国务院新闻办公室：《西藏和平解放与繁荣发展》白皮书（全文），http://www.scio.gov.cn/zfbps/tuijian/shezang/202403/t20240321_839128.html，访问日期：2021年5月21日。

稳定和可持续发展，这是现代民族国家探索现代化进程中已被充分证明的一个基本规律。阿历克斯·英格尔斯（Alex Inkeles）认为："如果执行和运用着这些现代制度的人，自身还没有从心理、思想、态度和行为方式上都经历一个向现代化的转变，失败和畸形发展的悲剧结局是不可避免的。"[1]纵观中国共产党的百年奋斗历史，可以清晰地发现，坚持物质文明和精神文明协调推进，是党带领中华民族实现从站起来、富起来到强起来这一伟大飞跃的基本经验。这个伟大飞跃不仅仅体现为我国经济实力、科技实力、综合国力等硬实力不断跃上新台阶，也体现在我国经济、政治、社会、文化、生态等"五大文明"建设的统筹推进。中国特色社会主义现代化的实践表明，努力保持物质文明与精神文明同步协调发展，是中国式现代化建设的突出特点之一，也是中国共产党始终保持先进性和纯洁性，不断提升执政能力和领导水平的基本规律。

中国共产党在百年建党征程中形成了涵盖井冈山精神、长征精神、遵义会议精神、延安精神、西柏坡精神等伟大精神在内的中国共产党人的精神谱系[2]，成为党领导全国各族人民实现中华民族伟大复兴的重要精神力量。党的十八大以来，以习近平同志为核心的党中央反复强调马克思主义信仰、共产主义远大理想、中国特色社会主义共同理想，是中国共产党人的精神支柱、政治灵魂和全党全国团结统一的思想基础。近年来，国际局势不稳定、不确定性因素增多，国内经济社会飞速发展也推动了人们思想观念的变化。统筹"两个大局"，为了抵御反华遏华势力的冲击，意识形态工作成为国

---

[1] 英格尔斯：《人的现代化》，殷陆君编译，四川人民出版社，1985，第4页。
[2] 《中国共产党人的精神谱系》，https://www.12371.cn/special/zgjs/，访问日期：2022年4月15日。

家重点关注的"国之大者"。推动中华优秀传统文化创造性转化、创新性发展，增强文化认同和文化自信，是实现中华民族伟大复兴的共同思想基础。在 2014 年中央民族工作会议上，习近平总书记强调解决好民族问题要同时着眼于物质和精神两个方面，并在这次会议上提出了要"积极培养中华民族共同体意识"①。伴随着"铸牢中华民族共同体意识"先后列入党的十九大报告和中国共产党章程，铸牢中华民族共同体意识的主线与纲领地位在新时代党的民族工作高质量发展中得以明确。

（二）正确把握物质和精神的辩证统一关系

马克思主义唯物辩证法认为，物质决定意识，意识反作用于物质。精神与意识同属上层建筑，对人的实践产生指导性作用。正确把握推进中华民族共同体建设过程中物质和精神的辩证统一关系，就必须积极稳妥地引导人们在有关民族关系的认识问题、情感问题、利益问题等方面形成正确观念，防范杜绝简单化、"一刀切"、形式主义和官僚主义。如果只强调中华民族共同体建设中的物质条件改善，而忽视增进民族团结与"五个认同"，则很容易出现"党和国家'管肚子'、分裂势力'管脑子'"的问题，这种情形将直接危害国家安全、民族团结和社会稳定。新疆、西藏及涉藏州县等地出现的"三股势力"破坏活动和分裂破坏行径就是例证。同样，推进中华民族共同体建设不能只重视精神引领而忽视各族人民生活获得感、幸福感、安全感的稳步提升。民族地区发展不平衡不充分的问题依然十分突出，巩固拓展脱贫攻坚成果同乡村振兴有效衔接的

---

① 《中央民族工作会议暨国务院第六次全国民族团结进步表彰大会在北京举行》，《人民日报》2014 年 9 月 30 日第 1 版。

任务艰巨，推进共同富裕难度较大，地区发展能力和当地居民生活水平依然亟待提高。

习近平总书记在 2021 年中央民族工作会议上指出："要赋予所有改革发展以彰显中华民族共同体意识的意义，以维护统一、反对分裂的意义，以改善民生、凝聚人心的意义。"[①]这三个"意义"为正确把握物质和精神的关系指明了前进方向和工作路径。铸牢中华民族共同体意识与中华民族共同体建设的协同推进，核心就在于凝聚各族人民在社会主义现代化国家建设进程中增进"五个认同"。推进现代化建设与铸牢中华民族共同体意识二者既不能偏废，也不能相互取代，必须整体协调推进。这是加强党对民族工作全面领导的客观需要，也是提升民族事务治理体系和治理能力现代化水平的基本保障。在民族工作中正确把握物质和精神的关系，才能更好地维护统一、反对分裂，促进发展、改善民生，才能使各民族人心归聚、精神相依、情感交融、团结奋进。

二、正确把握共同性和差异性的关系

（一）准确把握共同性和差异性的内涵

"同"和"异"是客观存在于自然界与人类社会的基本现象，保持"同""异"共存共生，是自然界物种进化、人类社会进步的基本策略。如何界定"同"和"异"，如何正确看待和把握"同"和"异"的关系，是中西方哲学研究的基本命题。"同"和"异"是辩证统一、共存共生的关系。"同"不仅仅指两个客观存在的物

[①]《习近平在中央民族工作会议上强调 以铸牢中华民族共同体意识为主线 推动新时代党的民族工作高质量发展》，《人民日报》2021 年 8 月 29 日第 1 版。

体之间属性的完全相同,还包括两个客观存在的主体为了各自的需求而达成的共识或目标,是一种主观能动创造的结果。"共同"和"同一"内涵不同,"同一"是客观存在的一种属性或结果,"共同"则是在相异的现象或事物中扩大相近或相同的部分,是为促进"同一"进行的主观能动创造,与"同一"的结果之间存在差别。这表明"同一"和"共同"在内涵上并不是完全相同的。而"异"虽指属性的"不同",某些时候还是"矛盾"形成的根源,但"异"只有放在"同"的规约下,"异"才能成立。这就意味着,我们既要尊重"同"和"异"作为一种客观存在看待,也应当基于所要达到的目标或者价值,来积极引导"同"和"异"的关系状态。而在对"同"和"异"的关系引导中,到底是把"同"理解为"共同"还是"同一",是把"异"理解为"矛盾"还是"差异",这要取决于具体的讨论范畴。

民族是划分人群共同体的一种类型,不同民族之间也存在"同"与"异"的关系问题。人类社会是由各种人群组织组成的,比如家庭、家族、氏族、部落等。民族是更大规模的一种人群共同体,而且是由具有某些共同特征的、相对稳定的人群共同体构成的。不同的民族之间必然存在一定的差异性,从而可以用来区分"我们"和"他们"。但无论是将民族看成不同的群体,还是将民族间共同性增加看成人类进步的一种规律性事实,我们都应当肯定民族本身就是共同性和差异性共存共生、辩证统一的结果。把握"同"和"异"的关系,是认识民族现象、处理民族问题的重要内容。一些学者强调血缘、族源、族裔等天然因素在民族形成过程中的作用;斯大林提出的"共同语言、共同地域、共同经济生活、共同文化基础上的心理素质"的民族定义,则是用多种共同因素确定

"民族"的内涵和属性；我国古代强调以文化区分民族，形成了"华夷之辨"。这些理论都提出了在民族现象中如何看待共同性和差异性关系的问题。尽管中西方观点存在差异，但应当明确的是，共同的内容和差异的内容并非完全一成不变，而是随情境不同而可以变化的。

共同性与差异性是对"同"和"异"的状态特征进行描述，二者都经常被拿来解释社会凝聚以及政治融合的形式。一般而言，考察人们关于共同性（或者说认同）和差异性的看法，是研究社会与政治融合之不同形式的关键所在[1]。基于国家体制和国家治理需要，不同的国家在共同性和差异性的理解上相差很大。一些民族国家基于建构国家民族或者专制统治的需要，将民族现象中的"共同性"理解为"同质化"，使用同化手段将不同民族身份或国外移民的身份强制转化为主体民族的民族身份。更为极端者，则通过采用"种族灭绝""族群清洗""屠杀宗教异见者"等残忍手段完成纯粹单一民族的民族国家建构。也有一些国家强调了"差异性"对于民族发展的重要性，如以加拿大为代表的国家实行"多元文化主义"处理民族问题，将民族问题"文化化"，但"多元文化主义"强调民族现象差异性却并未置国家政权统一与国家公民身份于不顾。因此，几乎没有国家过分强调或者放大民族"差异性"在国家建设中的作用。极端强调"差异化"会造成社会毁灭性危害是大众共识。

在中国这样一个历史上形成的统一多民族国家，如何认识民族的共同性和差异性呢？这是本文期望回答的问题之一。自古以

---

[1] 李峻石、吴秀杰：《论差异性与共同性作为社会融合的方式》，《青海民族大学学报》（社会科学版）2018年第3期。

来，中国的民族演化与发展，与西方资本主义产生后的民族建构在路径上是完全不同的，在民族事务治理上也与西方国家采取了完全不同的体制、方法。自古以来，各民族以中原大地为中心，以儒家文化为核心，进行广泛充分的交往交流交融，既形成了中华民族共同体，也不断推进着各民族自身演化与发展。一些古代民族在历史上融入了其他民族，一些民族吸收了其他民族后不断壮大而保留至今。在各民族的共同努力下，中华民族共同体由自在走向自觉，由自觉走向自为。中国民族现象中的"共同性"不是指"同一化"或"同质化"，更不是西方人类学意义上的"同化"，而是指自古以来各民族为了守护家园、共生共存而在历史文化、语言、地域、经济生活等方面形成的密切联系和共同内容。这些共同性既包括各民族在互补互惠过程中的共同实践，也包括各民族在交往交流交融中形成的共同公民身份、共同发展目标、共同价值观和共识。这些共同性既有物质层面的，也有精神层面的。中华民族共同体现象中的"差异性"则是各民族在历史演进发展中所形成的在民族意识、民族语言、服饰图样、饮食习惯、民居风格等方面的差异。各民族之间存在上述方面的差异，是历史发展的结果，既不是"铁板一块"的不可改变，也不是"非此即彼"的绝对不同。各民族在语言、服饰图样、饮食习惯、民居风格等方面都可以找到相互学习与借鉴之处。

（二）正确把握共同性和差异性的辩证关系

共同性和差异性辩证统一是认识事物的基本逻辑。在复杂的民族现象中正确把握共同性和差异性的辩证统一，对科学认识民族与民族之间、民族与国家之间的关系具有重要意义。基于对中华文化和中国民族结构特征的把握，费孝通先生提出了"中华民族多元一体格局"理论，系统阐释了中华民族这个"一体"与各民族这个"多元"之间的辩证关系及互动过程，为我们理解中国各民族的共同性和差异性辩证关系提供了借鉴。费孝通先生回溯中华民族多元一体格局形成过程，指出其"主流是由许许多多分散存在的民族单位，经过接触、混杂、联结和融合，同时也有分裂和消亡，形成一个你来我去、我来你去，我中有你、你中有我，而又各具个性的多元统一体。这也许是世界各地民族形成的共同过程"①。费孝通先生基于时、空两个维度阐释中华民族多元一体格局的形成逻辑启示我们：第一，承认一个共同的边界（诸如共同的生存空间）是进一步探讨差异性的基本前提，这也印证了"有其异也，为其同也，为其同也异"②的基本哲理。只有在各民族共同的自然生存空间之内，各民族的差异性、多样性才有了内涵，并且才可以进行有意义的比较。第二，承认差异性并发挥其互补互惠效应，共同性才有持续巩固与发展的基础。多元文化的交融与汇聚，不同民族、不同地区之间人口流动与迁徙，为不同文化之间的相互学习、经贸的互通有无提供了平台和媒介。差异性可能会同时引发竞争效应与互补效应，但随着碰撞交流的深入，相互借鉴、优势互补将成为差异性主体之间保持可持续发展的合理选择。

在中华民族多元一体格局中，中华民族是"一体"，各民族是"多元"。中华民族和各民族是属于不同层次上的民族，尽管二者都被称为民族。在结构性的层次中，各民族居于下层，中华民族位居于上层，而且还可以继续进行更细的分层。这就充分说明，在分

---

① 费孝通：《中华民族的多元一体格局》，《北京大学学报》（哲学社会科学版）1989年第4期。
② 姜宝昌：《墨经训释》，齐鲁书社，2009，第504页。

析民族关系的时候，既要看到56个民族之间的相互关系，或者是他们之间的差异性；同时也要看到中华民族作为56个民族的整体，他们之间又有内在的共同性。在2014年中央民族工作会议上，习近平总书记从中华民族整体性出发，强调"一体包含多元，多元组成一体，一体离不开多元，多元也离不开一体，一体是主线和方向，多元是要素和动力，两者辩证统一"[1]。在2019年全国民族团结进步表彰大会上，习近平总书记从中华民族多元一体是中国发展巨大优势的角度出发，系统阐释了"四个共同"的重要论断[2]。辽阔疆域、悠久历史、灿烂文化、伟大精神是中国各民族共同性之内涵的集中体现。习近平总书记用"四个共同"阐释了我国各民族共同性的生成机制，是我们理解中华民族共同体共同性的内涵、差异性促成共同性的内在逻辑的理论指引。

综观中华民族共同体的发展进程，中华民族共同体的共同性中虽有一些是先赋因素（如共同的生存空间），但更多的是各民族在交往交流交融实践中主观能动创造出来的，是各民族共同参与、共同努力以适应社会发展规律的结果。共同性不是强制同化的结果，更不是物理属性方面的同质化。中华民族共同体的差异性作为一种共同性形成的发展动力，与中国自古就有多民族这一基本特征密切相关。差异性的存在，使相互借鉴并且保持发展活力成为可能。差异性存在的客观性、必然性并不意味着差异性与生俱来就是"铁板一块"而不可改造。为了实现各民族的生存和发展，差异性特征是可

---

[1] 中共中央文献研究室：《习近平关于社会主义政治建设论述摘编》，中央文献出版社，2017，第150页。
[2] 习近平：《在全国民族团结进步表彰大会上的讲话》，《人民日报》2019年9月28日第2版。

以调整与改变的。在古代中国，北魏、辽、元、清等王朝政权出台官方政策调和各民族、各地区差异性的案例不胜枚举，民间层面潜移默化式的差异融合现象也十分普遍。差异性在融合的过程中，都围绕着共同的目标或期待进行，如共同的生存、共同的家园、共同的稳定、共同的和平等。简言之，共同性规约了各民族差异性的意义及价值，是引导各民族差异性发挥互补互惠效应的"主轴"；差异性则为共同性的形成和发展提供动力，不断夯实共同性的基础。

（三）坚持增进共同性、尊重和包容差异性的基本原则

进入新时代，党对国内外形势和发展环境的一系列新变化有了更加精准的认识。"当前和今后一个时期，我国发展仍然处于重要战略机遇期。既要看到我国发展总体态势是好的，我们完全有基础、有条件、有能力取得新的伟大胜利，也要看到我国发展面临着前所未有的复杂环境，诸多矛盾问题叠加、风险挑战凸显。"[①] 统筹"两个大局"，应对国内外的一系列新变化，需要凝聚起中华民族团结奋斗的磅礴伟力。一方面，国外反华遏华势力打压围堵中国的态势有增无减，企图通过打"民族牌""宗教牌""人权牌"，给我国民族工作制造杂音，破坏中华民族共同体团结发展的良好格局。另一方面，受国外反华遏华势力挑唆，国内仍有极小部分人员思想摇摆不定，甚至存在与反华遏华势力勾连破坏民族团结的行径。这些依然是影响我国发展稳定大局的不利因素，也是建设现代化强国与实现中华民族伟大复兴的重大障碍。在 2021 年中央民族工作会议上，习近平总书记明确了"增进共同性、尊重和包容差异性是民族工作

[①] 中共中央宣传部：《习近平新时代中国特色社会主义思想学习问答》，学习出版社、人民出版社，2021，第 377 页。

的重要原则"。① 统筹"两个大局",在中国特色社会主义新时代增进共同性、尊重和包容差异性具有现实必然性。立足当前我国民族工作的新形势和新任务,我们要巩固尊重和包容各民族间差异性的基础,保障各民族差异性为增进中华民族共同体共同性提供动力这一功能的发挥;要以增进共同性为方向,引领各民族群众自觉参与促进差异性更好地服务于增强共同性的实践中来,积极发挥各民族差异性的比较优势、动力优势和多样性优势。

在增进共同性方面,一是打牢正确把握各民族的共同性和差异性的关系的思想基础。围绕铸牢中华民族共同体意识主线,突出中华民族伟大复兴这一共同目标与使命的引领凝聚作用,激发各民族共同建设中华民族共有精神家园,增强"五个认同"并牢固树立国家意识、公民意识、法治意识。二是形成全社会增进共同性的社会实践。要全面推广普及国家通用语言文字教育,使各族群众的交往没有语言障碍。推进各民族的全方位嵌入,统筹城乡发展规划与资源配置,积极为各族人民在生产生活中结成交往交流交融的关系营造环境、平台与条件。持续开展民族团结进步创建,让全国各地各部门各行业的人们都自觉意识到促进民族团结是法定义务,引导各民族成员将参与民族团结创建内化为自觉实践。完善中华民族共同体意识的宣传教育体系,以干部教育、党员教育、国民教育等教育方式实现教育对象全覆盖。三是凝聚全国各族人民投身建设社会主义现代化强国的伟大实践。动员全党全国各族人民为实现全面建成社会主义现代化强国的第二个百年奋斗目标团结奋斗。全面建成社

---

① 《习近平在中央民族工作会议上强调 以铸牢中华民族共同体意识为主线 推动新时代党的民族工作高质量发展》,《人民日报》2021 年 8 月 29 日第 1 版。

会主义现代化强国是各民族共同承担的重要任务，在新发展阶段，各民族之间、各民族地区之间要围绕充分融入并服务于新发展格局的总体要求，增进合作与共享，实现经济社会发展进程中的互补互惠。

在尊重和包容差异性方面，首要的是树立正确的差异观。在中华民族共同体的发展历程中，各民族间的差异并不是绝对的；相反，各民族在文化、风俗习惯等方面的差异，背后都反映出各民族交往交流交融的逻辑和历史，且这些差异往往在不同自然环境、不同阶段、不同区域表现出变化性和融合性。尊重和包容差异性，是尊重和包容差异性的客观存在及其发展规律；尊重和包容差异并不等于固化差异，而是在尊重和包容差异的前提下积极引导差异性和共同性之间的辩证互动朝着增进共同性的方向发展。那些落后的、影响民族进步的、违背人类社会客观发展规律的因素，则不能固化和强化，"为了差异而差异"的僵化性、对立性思维要坚决杜绝。二是要坚持民族因素和区域因素的有机结合。我国已经实现了消除绝对贫困并全面建成了小康社会，但是在发展能力和发展质量方面，各民族之间、民族地区之间的发展不平衡不充分问题依然存在。要完善差别化区域支持政策，提升发展扶持政策的精准度。在"全国一盘棋"的思路下，促进民族之间、地区之间公平发展，共享社会主义现代化建设成果。三是做好对各民族在饮食服饰、风俗习惯、文化艺术、建筑风格等方面的保护和传承，加强对各民族优秀传统文化的保护与开发，增进各民族文化的交流互鉴。

三、正确把握中华文化和各民族文化的关系

习近平总书记在 2021 年中央民族工作会议上指出，党的民族

工作创新发展，"要正确把握中华文化和各民族文化的关系，各民族优秀传统文化都是中华文化的组成部分，中华文化是主干，各民族文化是枝叶，根深干壮才能枝繁叶茂"①。习近平总书记从马克思主义唯物辩证法的角度，用树干和枝叶的辩证关系比喻，深刻阐释了中华文化和各民族文化的关系，对于保护和传承各民族优秀传统文化，丰富发展中华文化内涵与外延，建设中华民族共有精神家园具有重大指导意义。

（一）准确把握中华文化和各民族文化的内涵

全球关于文化的定义有很多，有广义和狭义之分，有表层、底层、中层之分，还可以依据组成部分进行划分，此外也包括按行业区分的行业文化。文化作为对政治、经济、社会实践的反映，其基本内涵至少包含三个方面，即：文化形成过程中人的主体性，文化外延的多样性，文化现象的发展性。让文化适应时代变化需要、更好地服务于人民的美好生活需要，是中国特色社会主义文化的基本特征。

中华文化是各民族文化的集大成，由各民族共享。从内涵上讲，中华文化范围更大、层次更高、更具引领功能。中华文化往往又与国家政权联系紧密，因此中华文化也涵盖国家的政治文化、意识形态、价值理念、法律规范等内容。就这个层面来讲，中华文化超越了各民族文化的范畴，是居于各民族文化之上、代表整个中华民族共同体精神的国家文化，引领和规范着各民族文化的发展方向。从中华文化和各民族文化的关系来看，中华文化和各民族文化

---

① 《习近平在中央民族工作会议上强调 以铸牢中华民族共同体意识为主线 推动新时代党的民族工作高质量发展》，《人民日报》2021年8月29日第1版。

之间既属于层级关系，也是整体与部分的关系。费孝通先生把各民族与中华民族的关系区分为下层与上层的关系，而且指出下层还可以再区分出更多的层次。"虽则中华民族和它所包含的50多个民族都称为'民族'，但在层次上是不同的。而且在现在所承认的50多个民族中，很多本身还各自包含更低一层次的'民族集团'。"[1]费孝通先生理解中华民族与各民族层级关系的逻辑，也是我们正确认识中华文化和各民族文化关系的基本逻辑之一。中华文化往往与中国整个地域、国家政权倡导的主流价值观和主流文化融合在一起，而各民族文化属于地方区域文化，各民族文化从属于并共同构成了具有整体性且居上层地位的中华文化。

中华文化和各民族文化的形成机理和作用范围是不同的。各民族文化作为中华文化的重要组成部分，其根源在于各民族是中华民族共同体的组成部分。早在中华民族共同体的自在阶段，中华文化在其形成和发展中就始终保持了持续性的活力，而这恰恰得益于不同地区之间、不同民族之间的文化交流互鉴。费孝通先生指出："在中华文化的发展过程中，多元的文化形态在相互接触中相互影响、相互吸收、相互融合，共同形成中华民族'和而不同'的传统文化。"[2]中国历史上的各民族结合主要聚居区的自然环境，形成了一套与各民族自身具体生产生活实践相适应的民族文化，各民族的文化在处理人与自然、人与人、人与社会之间关系等方面形成了一套相对完整的文化内容，如信仰、服饰、饮食、语言文字、建筑风格、美学图案等。这些内容，一方面系统地反映了各民族生产力、

---

[1] 费孝通：《中华民族的多元一体格局》，《北京大学学报》（哲学社会科学版）1989年第4期。
[2] 费孝通：《费孝通文集》（第14卷），群言出版社，1999，第407—408页。

生产关系状况，另一方面也是民族文化、区域文化相互学习借鉴的结果。各民族交往交流交融，共同推动了各民族文化不断发展和繁荣。中华文化作为各民族文化尤其是优秀传统文化的集大成，在各民族文化的发展繁荣中起着主导作用，推动着各民族文化持续深入的交流互鉴。同时，受益于民族文化的持续交流互鉴，中华文化的内涵不断丰富，主流价值观等主导性文化内容始终适应时代需要，并更好地反映时代诉求，引领时代发展潮流。作为整体的中华文化所具备的诸多共性特征，不仅为各民族提供了共同文化的基础和土壤，也为中华民族共有精神家园的建设指明了方向，体现着中华民族精神的时代风貌。

（二）促进各民族优秀传统文化"两创"与增强中华文化认同

中华人民共和国成立以来，中华文化具有鲜明的当代性特征，这一方面体现为中华文化包含了中华优秀传统文化、革命文化、社会主义先进文化；另一方面体现为中华文化是各民族文化的集大成。在历史长河中形成和发展起来的各民族文化，尤其是其中的优秀传统文化，是建设中华文化的土壤和基础。但是，传统文化并不是所有内容都是精华，而且在时代变迁中可能会变成落后的制约性因素。事实上，文化必须适应时代的发展和人们的需求而不断推陈出新，才能永葆生机活力。这种推陈出新的过程也是一个有所扬弃、去粗取精的发展过程。中华文化既体现了它对各民族优秀传统文化的继承性、融合性和集成性，又体现了对各民族传统文化的引导性和扬弃性。在中华文化的引导下，各民族传统文化根据时代要求与群众需要，不断进行创造性转化和创新性发展。

党的十八大以来，习近平总书记高度重视文化自信和文化建设，不仅把文化建设纳入中国特色社会主义事业战略布局之中，而且反复强调文化自信、文化建设对于国家治理体系和治理能力现代化的重要意义。习近平总书记在2021年考察福建时强调："要推动中华优秀传统文化创造性转化、创新性发展，以时代精神激活中华优秀传统文化的生命力。"[1]在同年考察陕西时，习近平总书记指出："要坚持以社会主义核心价值观为引领，坚持创造性转化、创新性发展，找到传统文化和现代生活的连接点，不断满足人民日益增长的美好生活需要。"[2]充分挖掘中华优秀传统文化的宝贵财富，是推进中华民族共同体建设的重要路径，也是国家治理的战略举措。习近平总书记在参加十三届全国人大五次会议内蒙古代表团审议时强调："正确处理中华文化和本民族文化的关系，为铸牢中华民族共同体意识夯实思想文化基础。"[3]一方面，要加大对中华文化和各民族文化的保护、传承力度，促进优秀传统文化在新时代的继承和创新，为满足人民对美好生活的向往贡献力量。另一方面，加强各族人民对中华文化的认同，增进各族人民热爱中华文化、传承中华文化、发展和弘扬中华文化的主体性、自觉性、主动性，进而增强各族人民的中华文化自尊、自信、自豪。

正确把握中华文化和各民族文化的关系，促进各民族优秀传统文化的创造性转化和创新性发展，归根结底是为了更好地增强各族人民对中华文化的认同。中华文化不是某一个民族的文化，而是各民族共建共有共享的文化，是整个中华大地上各种文化体系的主

---

[1] 阮锡桂、刘辉、戴艳梅等：《在保护与传承中凝聚强大的前进定力——习近平推动文化和自然遗产保护福建纪事》，《人民日报》2021年8月2日第1版。

[2]《习近平在陕西榆林考察时强调 解放思想改革创新再接再厉 谱写陕西高质量发展新篇章》，《人民日报》2021年9月16日第1版。

[3]《习近平在参加内蒙古代表团审议时强调 不断巩固中华民族共同体思想基础 共同建设伟大祖国 共同创造美好生活》，《人民日报》2022年3月6日第1版。

干。混淆中华文化和汉族文化的关系、剥离中华文化和本民族文化的关系等的观念与做法都是错误的。文化认同不应该只认同枝叶部分而不认同主干部分。要防范和纠正把本民族文化和中华文化割裂开来、甚至对立起来的错误文化观，也要警惕和杜绝只强调本民族文化认同（或本区域文化认同）而排斥中华文化认同的狭隘文化认同观。

中华人民共和国成立以来，在各民族优秀传统文化的基础上，中国共产党领导全国各族人民自觉建设和塑造了现代中华文化。我们要以铸牢中华民族共同体意识为纲，更好地促进传统文化"两创"，通过增强中华文化认同增进我们的中华文化自信，把中华民族共有精神家园建设好。一是要紧紧抓住增强中华文化认同这个根本。文化的范畴很大、很宽，核心价值观和民族精神是其根本所在。要按照增进共同性、尊重和包容差异性的原则，着力增强各族人民的"五个认同"和国家意识、公民意识、法治意识[①]，深入培育和践行社会主义核心价值观，大力弘扬以爱国主义为核心的民族精神和以改革创新为核心的时代精神。二是要加强现代文化建设，倡导现代文明理念和生活方式。在保护、传承和弘扬优秀传统文化的同时，积极引导各族群众移风易俗，提升现代科学文化素质，倡导健康文明的思想观念、精神情趣、生活方式，激励各族人民更有信心地共同建设我们的社会主义现代化国家。

[①] 中共国家民委党组：《以铸牢中华民族共同体意识为主线　推进新时代党的民族工作高质量发展的纲领性文献》，《人民日报》2021年11月8日。

四、正确把握中华民族共同体意识和各民族意识的关系

中华民族多元一体的结构性特征，决定了推进中华民族共同体建设必须正确把握中华民族和各民族之间多个维度的关系，民族意识之间的关系就是其中的一对重要关系。能否正确把握并处理好中华民族共同体意识和各民族意识关系，事关国家统一、民族团结和社会稳定。

（一）准确把握民族意识和中华民族共同体意识的内涵

通常而言，民族意识是具有某个民族身份的人对所属民族的族属意识，往往既表现为一种对所属民族的认同，也表现为对维护和实现所属民族发展利益的自觉，并且这种自觉会直接激励属于某个民族身份的人采取其认为可行的实践。人对所属民族的认同，一般而言除了基本的民族身份之外，通常包括认同所属民族的一些共同元素，如民族历史、民族文化、风俗习惯等，对民族文化的认同则是民族意识最深层次的内容。除了极少数情况下个人出于特定原因而可以依法变更民族身份之外，绝大多数情况下拥有某个民族身份的人会终生使用自出生时获得的民族身份，并且在其所经历的学历教育或知识学习活动中形成对自己所属民族的认同，并对所属民族的发展过程、历史、文化等建立起稳定并且清晰的认知。但是，这些内容并不等同于民族意识，而只能说是民族意识的一部分。这些内容只是民族意识内涵中关于"我所属的民族是什么""为什么我所属的民族和其他民族不一样"等问题的反映。民族意识还有一个更为深刻的内涵，是所属成员对所属民族的利益的认知以及在实现所属民族的利益时采取何种实践，这是民族意识内涵关于"怎么办"这个层面的问题。在民族意识的形成过程中，其前提和基础是民族认同的形成，有了民族认同的基础，才可能生发出对所属民族利益的判断与期望，也才能促使个体采取正确的实践去维护其所属民族的利益①。

中华人民共和国成立之后，中国境内的各族人民实现了当家作主。作为一个社会主义政党，中国共产党坚持马克思主义民族平等原则，并实行民族区域自治制度解决国内民族问题。为了实现上述目标，当时的迫切任务就是搞清楚中国境内到底有多少个民族，只有这样才能确定民族政策的瞄准对象。为此，中华人民共和国于成立之初就启动了民族识别和少数民族社会历史调查这两项代表性的工作，经过30余年的持续努力，共识别出56个民族，明确了中华民族多元一体格局中多元的基本对象。随着民族识别和社会历史调查的开展，有关各民族起源、历史、文化等知识内容持续丰富和清晰，全国56个民族的成员在认同国家法律承认的民族身份的同时，也逐步强化了对新生产的有关各民族知识的认知，各民族意识逐步增强。这一时期的各民族意识总体上可以分为两个方面，一方面是拥有不同民族身份的人们对本民族的归属与认同不断增强，且对本民族与其他民族之间的差异有了更为清晰的认识。例如，民族识别的推进激发了"我和你属于不同民族"的意识逐步强化。另一方面则是各民族意识的共同性内容也不断增加。随着国家政权的建立，各族人民都开始意识到自己作为国家主人这一身份的确立，并意识到各民族都成了祖国大家庭的一员，也是中华民族共同体的一员。各民族成员拥有的国家主人这个身份能否持续稳固地保持住并发挥作用，需要各族人民共同努力和奋斗。因此，随着国家政权的

---

① 宁亚芳：《铸牢中华民族共同体意识视角下的国家意识与民族意识关系》，《百色学院学报》2021年第5期。

建立，新的国家制度和国家治理理念促使各族人民形成了"将本民族自内于中华民族、将本民族利益纳于中华民族利益之下、将幸福生活的获得置于共同团结奋斗之中"的中华民族共同体意识。

中华民族共同体意识具有鲜明的时代性和发展性特征，尤其在中华人民共和国成立以来的社会主义现代化建设进程中不断得以丰富和发展。中华民族共同体意识的内涵体现在多个方面、多个维度，即包括自觉认同中华民族共同体是一个经历自在、自觉、自强持续发展历程的民族实体，自觉归属、认同和自豪于中华民族共同体的身份，自觉认同中华民族共同体发展的历史，自觉形成对中华文化的认同与归属，自觉体会到中华民族共同体利益在更高层次、更优先顺序，自觉为中华民族共同体的建设和发展贡献力量[1]。虽然铸牢中华民族共同体意识作为主线，是新时代我国民族工作的重要时代特征，但作为一种意识，中华民族共同体意识应当说早就形成于中华民族共同体的历史发展进程之中，并在不同历史阶段有着不同的作用。在古代中国，其作用在于维护"大一统"格局；在近代中国，其作用在于凝聚各方力量谋求中华民族的独立解放；在现代中国，其作用在于团结各族人民共同奋斗，建设社会主义现代化中国，实现中华民族伟大复兴。综观中华民族共同体发展历史，实现国家统一和民族团结，一直是各民族意识和中华民族共同体意识的最高价值准则。

（二）发挥中华民族共同体意识的全方位引领作用

正确把握中华民族共同体意识和各民族意识的关系，最终目标

---

[1] 宁亚芳：《铸牢中华民族共同体意识视角下的国家意识与民族意识关系》，《百色学院学报》2021年第5期。

还是要促使各族人民自觉奉中华民族共同体根本利益于优先首要地位，以此凝聚共同投身中华民族共同体建设实践的力量。习近平总书记强调，铸牢中华民族共同体意识"就是要引导各族人民牢固树立休戚与共、荣辱与共、生死与共、命运与共的共同体理念"[1]，并且用四个"必然要求"全面系统地阐释了铸牢中华民族共同体意识的引领作用。实现中华民族伟大复兴、建设中国特色社会主义现代化强国，需要与之相匹配的共同体观念和精神素养，这种思想观念和精神素养既要能够凝聚全国各族人民对中华民族和国家的最高利益、整体利益达成认识上的一致，就中华民族伟大复兴的目标与中华民族共同体的整体利益形成共识，还要能够激励各民族成员积极参与到推进中华民族共同体建设、实现中华民族伟大复兴的实践中来[2]。

中华民族共同体意识作为一种精神层面的内容并不会自然产生，而是需要在实践中加以引导和培育，这就意味着开展对各族人民的教育宣传工作十分重要。发挥好中华民族共同体意识的全方位引领作用，关键还是要加强对各族干部群众的教育引导。按照马克思主义唯物辩证法的观点，要想发挥好认识对实践的反作用，就必须树立正确的意识；而要树立和培育正确的意识，则离不开全方位的教育引导。从正确把握中华民族共同体意识和各民族意识的关系出发，就是要持续开展常态化、全过程、全覆盖的以"五个认同"和国家意识、公民意识、法治意识为核心内容的教育宣传工作。

---

[1]《习近平在中央民族工作会议上强调 以铸牢中华民族共同体意识为主线 推动新时代党的民族工作高质量发展》，《人民日报》2021年8月29日第1版。
[2] 宁亚芳：《铸牢中华民族共同体意识视角下的国家意识与民族意识关系》，《百色学院学报》2021年第5期。

（三）反对大汉族主义和地方民族主义

除了积极加强正面宣传教育之外，对错误的思想认识予以批评和纠正也是正确把握中华民族共同体意识和各民族意识关系的重要工作原则。其中，关键是要时刻提防并反对大汉族主义和地方民族主义。大汉族主义和地方民族主义作为两种极端的民族主义，如果任其存在，将破坏各民族共同团结奋斗、共同繁荣发展的良好局面。在 2014 年中央民族工作会议上，习近平总书记强调，"加强民族团结，要坚决反对大汉族主义和狭隘民族主义"，"大汉族主义要不得，狭隘民族主义也要不得，它们都是民族团结的大敌"[①]。这一观点在 2021 年中央民族工作会议上得到进一步强调，"大汉族主义和地方民族主义都不利于中华民族共同体建设"[②]。这两种民族主义都在把握中华民族共同体意识和各民族意识关系、中华民族共同体整体利益和各民族利益关系方面走了歪路。应当看到，实现中华民族共同体的整体利益才是实现各民族利益的前提与保障。旗帜鲜明地反对"两种民族主义"也是正确把握中华民族共同体意识和各民族意识的关系的题中之意。反对"两种民族主义"关键需要强有力的制度保障，对实践中出现的"两种民族主义"苗头性问题给予及时治理。2014 年中央民族工作会议上，中央第一次提出"用法律来保障民族团结"[③]。2021 年中央民族会议进一步提出，"要依法保障各族群众合法权益，依法妥善处理涉民族因素的案事件，依法打击

[①] 中共中央文献研究室：《习近平关于社会主义政治建设论述摘编》，中央文献出版社，2017，第 155 页。
[②]《习近平在中央民族工作会议上强调 以铸牢中华民族共同体意识为主线 推动新时代党的民族工作高质量发展》，《人民日报》2021 年 8 月 29 日第 1 版。
[③] 国家民族事务委员会：《中央民族工作会议精神学习辅导读本》，民族出版社，2022。

各类违法犯罪行为，做到法律面前人人平等。"[1]民族工作相关部门要对民族歧视、歪曲历史事实挑拨民族关系、以历史虚无主义抹黑中华民族共同体建设等问题进行依法治理，理论界也要加强相关专题研究以正视听，防范"两种民族主义"衍生出的破坏民族团结和中华民族共同体建设的各种问题。

五、结语

立足于开启全面建设社会主义现代化国家新征程和实现中华民族伟大复兴的历史方位，铸牢中华民族共同体意识，凝聚中华民族磅礴伟力，推进中华民族共同体建设是党领导全国各族人民的新时代任务。推进中华民族共同体建设既需要坚强的物质保障，也需要正确的精神引领。党的十八大以来，习近平总书记关于加强和改进民族工作的重要思想中有关正确把握四对重大关系的论断，为探析中华民族共同体的形成动力、建设路径、命运远景提供了理论指引和要求，具有鲜明的时代性、理论性、思辨性和人民性。习近平总书记关于正确把握四对重大关系的系统阐释，是我们理解中国特色解决民族问题道路何以正确的理论指导，也是理解中华民族何以自立于世界民族之林的中国智慧，对现代国家治理具有重要的世界意义。

---

[1]《习近平在中央民族工作会议上强调 以铸牢中华民族共同体意识为主线 推动新时代党的民族工作高质量发展》，《人民日报》2021年8月29日第1版。

论中华民族共同体民族观[1]

习近平总书记在 2021 年中央民族工作会议上指出:"做好新时代党的民族工作,要把铸牢中华民族共同体意识作为党的民族工作的主线。"[2] 铸牢中华民族共同体意识,是以习近平同志为核心的党中央在民族理论方面做出的重大原创性贡献,是马克思主义民族理论的最新发展,是新时代中国特色民族观的核心内容。这一思想不仅是引领我国新时代民族工作的主线,而且已成为中国共产党探索解决民族问题正确道路的一个新里程碑。

一、历史演进中的中华民族观

马克思主义认为,民族是在一定的历史发展阶段形成的稳定的人们共同体。划分民族的标准包含主观和客观两个方面,是主观和客观的统一。一般来说,民族在历史渊源、生产方式、语言、文化、风俗习惯以及心理认同等方面具有共同的特征。民族是一个历

---

[1] 本文原发表于《前线》2022 年第 6 期。
[2]《习近平在中央民族工作会议上强调 以铸牢中华民族共同体意识为主线 推动新时代党的民族工作高质量发展》,《人民日报》2021 年 8 月 29 日第 1 版。

史范畴，有其产生、发展和消亡的过程。各民族在法律面前一律平等，维护国家统一和民族团结是各民族最高利益。中华民族是我国各民族的总称。中华民族在长期交往中形成了"你中有我、我中有你、谁也离不开谁"的多元一体格局。对于这个孕育于中华大地、超越了单一民族（或族群）边界、凝聚在中华民族旗帜下的超大型民族共同体的看法和认识，构成了中华民族观。中华民族观是从整体的观点和民族的视角，看待中华民族与作为其组成部分的各民族及其相互关系的立场和观点。从历史发展的角度看，中华民族观的演进可以分为三个阶段：古代中国"天下观"下的中华民族观、近代中国民族主义的中华民族观和现当代马克思主义指导下的中华民族观。

古代中国"天下观"下的中华民族观。古代中国的民族观，总体上看是"以文辨类"。一般依据不同的群体文化特点区分不同的民族，并且强调教化与文化熏陶的作用。传统文化尤其是"天下"观念对民族共同体的影响巨大。在某种程度上，古代中国的民族观可以说是"天下观"下的中华民族观。中国是历史悠久的文明古国。中国历史上的多民族社会现实和政治上的"大一统"思想，已经演变为中华文明的重要传统和思想基础。中华大地上的各民族在几千年的演变进程中形成了中华民族多元一体格局。各民族在漫长的历史长河中不断交流交往交融，客观上凝聚为一个自在的中华民族，尤其是近代以来中华民族在与外国列强的抗争中实现了自觉。政治上的长期的"大一统"或者在几个政权并列时期对政治上"大一统"的追求，形成了中国"大一统"的文明传统。

近代中国民族主义的中华民族观。中华民族"大一统"的局面在近代遭遇了严峻的挑战，生存发展出现了严重的危机。1840年，鸦片战争爆发。随着外国列强的入侵，中国作为中央之国的信念、知识、理论逐步发生动摇。维新派代表人物梁启超在戊戌变法失败后东渡日本，在西方思想影响下提出了中华民族的概念，从而开启了传统民族观（天下观）向近代民族观（民族国家观）演变的历程。梁启超在《中国历史上民族之研究》一文中，从地理、社会、自然、心理等因素论述了中华民族的子系统及其相互关系。他的总体看法是：一、中华民族为一极复杂而极巩固之民族；二、此复杂巩固之民族，乃出极大之代价所构成；三、此民族在将来，绝不至衰落，而且有更扩大之可能性。[1]他批判那种"只知有天下有朝廷有自己而不知有国家之旧时观念拘囿"，指出国家是民族立于世界最有力的保证，要求将中国疆域内各民族统合至中华民族之下，争取民族独立和国家主权完整。梁启超推崇当时西方及世界许多地区兴起的民族主义与民族国家含义中的"民族"概念，将之视作"谋公益而御他族"的法宝。[2]他正是要用具有民族主义意涵的"民族"这一新的思想资源，谋求中国的社会整合与国家强盛。中国近代民主革命的先行者孙中山，基于推翻封建王朝腐朽统治、建立民主共和国的需要，利用近代西方民族主义理论，提出"驱逐鞑虏、恢复中华"的口号。他在《临时大总统宣言书》中宣告："合汉满蒙回藏诸地为一国，即合汉满蒙回藏诸族为一人，是曰民族之统一。"[3]他进一步提出要打造以中华民族为国民身份认同的现代主权国家。

现当代马克思主义指导下的中华民族观。中国共产党把马克思

---

[1]李喜所、元青：《梁启超传》，人民出版社，1993，第524—525页。
[2]张枬、王忍之：《辛亥革命前十年间时论选集》（第一卷）（上册），生活·读书·新知三联书店，1960，第120页。
[3]《孙中山选集》（上），人民出版社，2011，第95页。

主义的民族理论与中国多民族国情相结合，探索形成了解决民族问题的新理论和新道路。这条道路经历了近百年的发展，以中华人民共和国成立为界大致分为两个时期。中华人民共和国成立前，其主要任务是依靠工人阶级和劳苦大众，团结带领民族资产阶级和全国各族人民，共同完成反帝反封建和推翻国民党反动统治的任务，建立权力真正属于人民的社会主义新中国。1938 年，毛泽东在中国共产党扩大的六届六中全会上所作的报告中，将中华民族界定为由"汉族"和"蒙、回、藏、苗、瑶、夷、番"等各少数民族组成的统一体，并指出工作的重中之重是"团结中华各族，一致对日"。[①]毛泽东又在《中国革命与中国共产党》一文中，对中华民族的内涵做出更详细的阐述。他指出，"中国是一个由多数民族结合而成的拥有广大人口的国家"，各族人民"赞成平等的联合，而不赞成互相压迫"。[②]然而，一旦完成推翻国民党腐朽政权的革命，建立新的国家政权之后，如何对待革命过程中民族因素和阶级因素之间的关系，如何确立国家内部各民族的地位，并处理好统一的多民族国家建设中的民族关系，就成为新政权必须面对的重大问题。中华人民共和国成立后，尽管社会主要矛盾和党的中心任务在不同时期有所不同，但民族工作在党和国家工作全局中的战略地位一直没有改变。70 多年来，不论是中华人民共和国成立初期进行民族识别、确立民族区域自治制度、建立社会主义民族关系，还是改革开放以来大力发展民族地区经济、完善少数民族和民族地区优惠扶持政策，我国的民族工作实践开展得扎扎实实，成就斐然。每个时期党都对

[①] 中共中央统战部：《民族问题汇编》，中央党校出版社，1991，第 595 页。
[②] 《毛泽东选集》（第二卷），人民出版社，1991，第 622—623 页。

民族工作的经验进行总结梳理。2005年召开的中央民族工作会议归纳提炼了新时期民族理论的"十二条",要求新阶段的民族工作必须把"共同团结奋斗、共同繁荣发展"作为主题。该次会议将民族定义为:"民族是在一定的历史发展阶段形成的稳定的人们共同体。一般来说,民族在历史渊源、生产方式、语言、文化、风俗习惯以及心理认同等方面具有共同的特征。"这是中国共产党基于中国国情实际对民族概念做出的新概括。2014年中央民族工作会议把中国特色解决民族问题的正确道路概括为"八个坚持"。2019年全国民族团结进步表彰大会,将"八个坚持"进一步充实提升为"九个坚持"。党的十八大以来,以习近平同志为核心的党中央高度重视民族工作,站在坚持和发展中国特色社会主义、实现中华民族伟大复兴的战略高度,提出了一系列民族工作的新理念新思想新观点,采取了一系列新举措,引领我国民族团结进步事业不断创新发展,取得了新的历史性成就。习近平总书记在党的十九大报告中指出:"深化民族团结进步教育,铸牢中华民族共同体意识,加强各民族交往交流交融,促进各民族像石榴籽一样紧紧抱在一起,共同团结奋斗、共同繁荣发展。"[1]铸牢中华民族共同体意识不仅仅要在宣传教育方面下功夫,还应该强调建设中华民族共同体这一根本任务和方向。构建新的中华民族观,铸牢中华民族共同体意识,是中国共产党在新时代对马克思主义民族观的重大理论创新。

---

[1] 习近平:《决胜全面建成小康社会 夺取新时代中国特色社会主义伟大胜利——在中国共产党第十九次全国代表大会上的报告》,《人民日报》2017年10月28日第1版。

二、中华民族共同体民族观的继承与创新

中华民族共同体民族观是中华民族观理论的新概括和新发展，是一种新的中华民族观。把中华民族共同体本身作为新中华民族观的核心，不是对以前我国民族研究理论观点的否定，而是为深化"铸牢中华民族共同体意识"重大论断的理论逻辑提供了新思路。

新中华民族观的继承性。以华夏文明几千年的历史积淀为基础，中国的地理版图和生存空间保持着巨大的稳定性。在中华大地上生存的各民族及其在历史上不同时期建立的地方性政权，都始终把追求国家统一、政治一统作为自己的追求。以孙中山为代表的革命党人在继承维护国家统一、坚持中华文化包容性的同时，把近代民族国家观念、国家主权意识和民族主义思想引入中国，提出了资产阶级的民族理论，推翻了君主专制制度，建立了中华民国。中国共产党人以马克思主义为指导，对资产阶级的民族理论进行了彻底改造，把马克思主义的民族理论与中国多民族国情相结合，与中国革命、建设、改革实际相结合，推进马克思主义民族理论中国化，探索形成了解决民族问题的新理论和新道路。从古代中国"天下观"下的中华民族观到近代中国民族主义的中华民族观，再到现当代马克思主义指导下的中华民族观，主体是中华民族这一事实没有变，概括这一事实的中华民族观念始终保持着连续性和一致性。把中华民族共同体作为一种新的中华民族观，可以更好地体现对中华民族观的继承，最大程度地在各民族间凝聚共识，共同推进民族团结进步事业，共同促进中华民族伟大复兴。

新中华民族观的创新性。我国是多民族国家，需要建立一个国家范围内所有群体和公民个人均认同的新概念，也就是促进政治整合、文化包容、社会团结功能的国家民族观念。进入新时代，提出

以建设中华民族共同体为核心的新中华民族观，则是在继承基础上的创新，在总结实践经验基础上的新综合。中华民族共同体民族观这一新概括是对具有鲜明同质性特征的狭义民族概念的超越，其回应的是现代多民族国家实现国家整合的必然诉求，彰显的是多民族国家内部成员对国家作为政治共同体的身份认同，具有更大的包容性和更强的凝聚力。新中华民族观的核心概念是中华民族共同体。对中华民族共同体进行概念界定，必须要以马克思主义作为指导，将马克思主义基本原理同中国革命、建设和改革的实践结合，同中国的历史传统和中华优秀传统文化结合。马克思主义在政治上主张，现代民族国家应当采取社会主义共和国形式，以更加广义的国家民族概念来组建政治国家，并且认为国家应该成为无产阶级实现民族平等和民族自决的政治组织形式。[①]在理论与实践结合中，新中华民族观逐渐形成了自身的理论特色与现实关怀，其当代构建不断与中国特色社会主义的道路探索合二为一，最终造就了以马克思主义为指导的理论底色，形成了一种具有中国特色的政治共同体主张。理解中华民族共同体的本质属性，可以有多个维度。其中最核心的特征包括：深厚的爱国主义传统。爱国主义是千百年来形成的对自己祖国的一种最深厚的感情，是对自己家园的归属感、认同感和荣誉感。中华民族具有深厚的爱国主义传统，这种传统作为一种潜移默化的文化精神，植根于深厚的历史之中，植根于中国人民的思想意识和行为实践中，"经历了一个随着'中华民族'观念不断

---

① 任勇、付春：《马克思主义政治学视野中的民族和民族国家》，《政治学研究》2011年第1期。

深入发展的历史过程"。① 密不可分的经济社会生活。在中华大地上各民族"经济上相互依存、情感上相互亲近、文化上兼收并蓄",在长期交流交往交融的历史中形成了巨大的共同性,凝结成紧密的共同体,客观上形成了超越本民族范围的超大型民族实体。基于共同历史记忆基础上的中华文化认同。近代以来,特别是中国共产党成立以来,实现了民族自觉的中华民族为屹立于世界民族之林,经历了艰苦卓绝的抗争与奋斗,推翻了君主专制,建立了中华人民共和国,实现了中华民族站起来、富起来、强起来的历史巨变,中华民族精神不断升华。在当代,各族人民"五个认同"不断强化,爱国、爱党和爱社会主义高度统一,中华民族日益成为"包容性更大、凝聚力更强的命运共同体"。

三、中华民族共同体民族观对新时代民族工作的重大意义

新中华民族观是在中国共产党的领导下,全国各族人民为实现人民的主体性和建设社会主义现代化国家而形成的博采众长的民族观。以中华民族共同体为核心的新中华民族观不以同质性为指向,而以共同性为目标,对于增进我国各民族之间的共同体意识和民族友谊,促进全国各族人民在多元一体的格局下,进一步实现民族团结进步发展,有着重大的理论价值和现实意义。

新中华民族观的理论意义在于,厘清了民族研究领域若干概念之间的关系。新中华民族观与其他民族观的最大不同,在于对民族现象中的共同性、同质性、差异性三个基本概念进行了清晰准确的

---

① 王珍、向建华:《新时代继承和发扬中华民族爱国主义传统》,《民族研究》2022年第1期。

区分，即共同性不等于同质性，共同性包含同质性和差异性。新中华民族观是追求不断增强共同性而非同质性的民族观，强调把中华民族建设成为中华民族共同体，增强中华民族的共同性。中华民族自古以来是一个自在并不断自觉的实体，而中华民族共同体则是一个需要在新时代围绕实现中华民族伟大复兴目标进行建构，进一步建设的自为的实体。新中华民族观关于民族现象中共同性、同质性和差异性关系的理论创新，为我们厘清了中华民族和中华民族共同体的关系、中华民族共同体与中华民族外延的关系、中华民族与56个民族的关系以及中华文化与56个民族文化的关系。

新中华民族观的文化意义在于，它本身就是一种新文化观。新中华民族观并不是凭空出现的，而是对中华优秀传统文化、党领导人民在革命、建设、改革中创造的革命文化和社会主义先进文化的新综合。新中华民族观吸收了上述各种文化的精华成分，从而对民族现象有了更加理性且符合中国特色社会主义国情的认识。新中华民族观是一种在对民族文化现象的反思和借鉴中产生的民族观，彰显了鲜明的自主性和主体性，体现了社会主义中国对新时代民族现象的文化解释，体现了对"一与多""共同与同质""共同与差异"等基本问题的辩证把握，是新时代社会主义中国的一种新文化观。

新中华民族观的时代意义表现在，为统筹"两个大局"提供了新的理论工具。统筹"中华民族伟大复兴战略全局和世界百年未有之大变局"，要求我们必须统一思想认识，形成凝心聚力、团结合作的中国力量。从树立正确的民族观入手，有利于澄清人民群众在国家观、历史观、文化观和宗教观等方面的困惑，有利于在全党全社会深入推进"五个认同"教育，更好地把爱国主义思想和正确的"五观"内容植根于青少年灵魂深处，为做好新时代的民族工作和推进中华民族复兴伟业奠定坚实的理论基础。新中华民族观以建设中华民族共同体为主线方向，突出强调了增强中华民族的共同性，为实现中华民族伟大复兴和推动构建人类命运共同体有机结合提供了理论指导。

新中华民族观的工作意义表现在，为推进民族工作改革提供新的引领。中华民族共同体民族观能帮助人们形成正确的国家观、历史观、文化观和宗教观，具有鲜明的实践指导意义。新中华民族观有助于加深人们对中华民族共同体的认识，培育中华民族共同体思维，更加理性科学地认识新时代民族工作的新形势和新要求，为民族工作的改革优化提供了基本原则，为民族工作具体改革措施提出了时代标杆和发展方向，将对推进各领域、各地区的民族工作发挥引领作用。

中华优秀文化理念与中华儿女大团结[①]

在 2022 年召开的中央统战工作会议上,习近平总书记强调指出,"加强思想政治引领,发挥凝聚人心、汇聚力量的政治作用,促进政党关系、民族关系、宗教关系、阶层关系、海内外同胞关系和谐,促进海内外中华儿女团结奋斗",是"新时代爱国统一战线的基本任务"[②]。围绕中华儿女大团结问题,笔者从传承和弘扬中华优秀文化基因的角度,进行简要的论述。

中华民族共同体历经数千年发展,形成了宝贵的中华优秀传统文化。中华优秀传统文化蕴含了中华民族的世界观、价值观和人生观之核心要义,推动了中华民族共同体和中华文明绵延持续发展,创造了人类文明发展史上的辉煌,贡献了促进人类社会发展进步的中国智慧。2022 年,习近平总书记指出,中华优秀传统文化是中华文明的智慧结晶和精华所在,是中华民族的根和魂,是我们在世界

[①] 本文原发表于《中南民族大学学报》(人文社会科学版)2022 年第 12 期。第二作者宁亚芳为中国社会科学院民族学与人类学研究所副研究员。

[②]《习近平在中央统战工作会议上强调:促进海内外中华儿女团结奋斗 为中华民族伟大复兴汇聚伟力》,《人民日报》2020 年 7 月 31 日第 1 版。

文化激荡中站稳脚跟的根基①。中华优秀传统文化在传承和发展中，形成了一系列带有文化基因性质的文化理念，如"大一统""以民为本""尊异求和""多元一体""天下大同"等。这些文化理念集中展现了中华民族在数千年的发展中形塑的思维模式和处世智慧，成为加强中华儿女大团结、推进中华民族共同体建设的宝贵精神标识。

一、"大一统"的文化理念

维护团结、追求统一是中华文化最显著的标志，也是印刻在中华儿女心底里的情结。早在五帝时代，当时在中原地区就结成了"族邦联盟"的政治组织形式②，"族邦联盟"在走向夏、商、周的王朝国家阶段的过程中，逐步产生了与之相匹配的"联盟一体"的思想观念，为春秋战国时期儒家提出"大一统"思想奠定了基础。"大一统"作为一个固定词语，初见于儒家经典《公羊传》中的"何言乎王正月？大一统也"。《公羊传》中"大一统"的本意是"尊崇一个以时间开端为标志的统绪"③，东汉何休注曰："统者始也，总系之辞。夫王者始受命改制，布政施教于天下，自公侯至于庶人，自山川至于草木昆虫，莫不一一系于正月，故云政教之始。"④由此可

---

①《习近平总书记在中共中央政治局第三十九次集体学习时强调把中国文明历史研究引向深入　推动增强历史自觉坚定文化自信》，《人民日报》2022年5月29日第1版。
②王震：《"大一统"思想的由来与演进》，《海南大学学报》（人文社会科学版）2022年第3期。
③晁天义：《"大一统"含义流变的历史阐释》，《陕西师范大学学报》（哲学社会科学版）2021年第3期。
④何休（注）、徐彦（疏）：《春秋公羊传注疏》，载《十三经注疏》（第3册），阮元校刻，中华书局，1980，第2196页。

知,"大一统"原意是要求大家遵照国家颁布的"正月"这样一个时间点,尊重和维护新生政权的权威性与合法性。

公元前221年,秦统一六国,建立了中国历史上第一个中央集权的统一的多民族国家。秦始皇为了巩固国家统一,实行郡县制,推行"车同轨""书同文",统一货币和度量衡。秦汉广泛推行郡县制,地缘因素取代了血缘因素成为国家政治生活的核心组织力;确保地理空间上的统一和政令畅通,也成为国家治理实现中央集权和有效治理的现实需要。自秦汉始,原本强调时间维度的"大一统"思想扩展为包含国家地理空间统一的"大一统"思想,以适应秦汉以来国家形态结构和政治运行规则的变化。值得一提的是,西汉儒家学者运用"五德终始说"建构新生政权合法性的实践,也进一步强化了后世政权在意识形态上强调自身是上一个政权合法继承者的趋向。"五德始终说"在帮助新生政权建构和强化其政权合法性的同时,也在客观上强化了历代政权继承"大一统"思想的意愿。

随着"大一统"思想和以郡县制为基础的中央集权国家治理模式在维护国家统一强盛方面所展现出的效能,后世的一些朝代虽出现过国家分裂,但总体保持着从统一到分裂再到统一的历史循环。秦朝统一六国之后,历代王朝都把国家统一作为政治成就的最高目标。即使在分裂时期,割据势力往往把自身说成是正统,把国家统一作为奋斗目标。以元朝为例,《元史·文宗本纪》中有"世祖皇帝既大一统,即建储贰"[1]的记载。《元史·伯颜列传》中有"国家之业大一统,海岳必明主之归"[2]的记载。这两处记载中提及的"大

---

[1] 宋濂:《元史》,中华书局,1976,第737页。
[2] 宋濂:《元史》,中华书局,1976,第3111页。

一统",均指元代实现了国家统一。

直至近代,西方列强侵略引发了强烈的国家存亡、民族独立危机,"大一统"思想在中华民族抵御外国列强入侵和谋求救亡图存中再次发挥了凝聚团结的积极作用。近代以来,知识精英阶层对于实现国家统一、维护民族团结的重要性最为敏感,因此,在实现国家完整统一的基础上广泛发展了"大一统"思想中"一统"的维度,也衍生出了许多"大一统"的相关概念。例如梁启超在1902年提出,"中国者,天然大一统之国也,人种一统、言语一统、文学一统、教义一统、风俗一统,而其根原莫不由于地势"[1]。1935年,傅斯年刊文强调,"我们中华民族,说一种话,写一种字,据同一的文化,行同一的伦理,俨然是一个家族"[2]。郭沫若在1942年创作的《屈原》第二幕中,也将"大一统"理解为"大统一"[3]。钱穆在20世纪60年代提出,"就空间讲,能完成而统治此广大的国土。以时间言,能绵延此一大一统规模达于几千年之久而不坠"[4]。

纵观中华民族数千年的发展史,"大一统"思想对于国家统一、中华民族共同体建设一直发挥着深远而积极的影响,并在数千年的历史发展中,从执政者和知识分子的政治思想发展成为中华优秀传统文化理念,深深地内嵌于中华儿女的思想观念和文化认同之中。正因为如此,追求统一成为千百年来中国各族人民最核心的观念,也是中国历史发展的主线。各民族在"大一统"理念下,不断扩大和巩固统一的政治与治理格局,使得中国历史长期处于"政治的统

---

[1] 梁启超《中国地理大势论》,载《饮冰室合集》(第2册),中华书局,1989,第77页。
[2] 傅斯年:《中华民族是整个的》,《独立评论》1935年第181号。
[3] 郭沫若:《郭沫若全集(文学编)》(第6卷),人民文学出版社,1986,第323页。
[4] 钱穆:《中国历史研究法》,生活·读书·新知三联书店,2001,第21页。

一和建立统一的国家"的连续发展趋向之中,这也是近代以来中华民族共同体意识与统一多民族国家形成和发展的历史根基。

二、"以民为本"的文化理念

中华民族共同体在数千年的历史发展中,先哲始终弘扬并发展着"以民为本"的思想,将满足人民的发展需要摆在国家治理的出发点和落脚点,团结一切可以团结的力量,实现中华民族每个成员的自由全面发展,人的发展规律和人创造历史的主体性被广泛尊重。这一文化理念构成了中华民族共同体绵延发展的重要动力之一。

为了应对春秋战国时期的纷争混战及其导致的民不聊生,诸子百家提出了各自的施政方案。例如,孔子编撰的《尚书·夏书》中就主张"民为邦本,本固邦宁",并提出了"仁政"的思想,"仁者,莫大于爱民"。从孔子到孟子再到荀子,"以民为本"的理念不断演绎发展。孟子提出了"民为贵,社稷次之,君为轻"的民本观点。至荀子,提出"君舟民水"的理念:"且丘闻之,君者,舟也;庶人者,水也。水则载舟,水则覆舟。君以此思危,则危将焉而不至矣?"除儒家以外,道家、墨家、法家、兵家等也对"以民为本"思想有所发挥。例如墨子提出"兼相爱,交相利""天下兼相爱则治,相恶则乱"等观点。

从秦汉至今,"以民为本"理念贯穿整个中华民族的全部历史,世界上没有任何一个民族拥有如此丰富深厚的"以民为本"的传统。"以民为本"塑造了中华民族鲜明的精神品格和个性,是中华民族区别于其他民族的一个重要特色。"以民为本"思想作为一种观念,长期以来被中华民族主体所掌握,使之具备实践性和自觉能动性，演变成为绵延千古的德法并行并重的治国传统。历代贤明君主将"重民爱民"作为巩固统治的重要举措，形成历史上的繁荣时期，如"文景之治""贞观之治""康乾盛世"等。"以民为本"理念也深深地影响了一些官员士大夫，使他们具有可贵的忧民为民情怀。贾谊《新书》鉴于秦亡教训，强调爱民，须施仁义、行仁政，因为"王者有易政而无易国，有易吏而无易民"。苏轼在《荔支叹》中写道："雨顺风调百谷登，民不饥寒为上瑞。"黄宗羲在《原臣》中说："我之出而仕也，为天下，非为君也；为万民，非为一姓也。"王夫之在《张子正蒙注》中说："尽民之情曰察。地大民众而不得民之情，民必不附。"他由此主张"宽以养民"。

从鸦片战争到五四运动前，一大批思想精英为救亡图存、振兴中华、富国强民而进行的实践探索从未停止过，"以民为本"的理念不断丰富和发展。孙中山的"三民主义"更是将"以民为本"推向高峰，成为"以民为本"理念的集大成。1921年成立的中国共产党，以马克思主义为指导，始终坚持"立党为公、执政为民"的本质属性，实现了对传统"以民为本"理念的历史性超越。中国共产党人作为坚定的历史唯物主义者，始终坚信"人民，只有人民，才是创造世界历史的动力"，强调人民群众的支持和拥护是中国共产党的立党之本、执政之基、力量之源。毛泽东强调，"共产党人的一切言论行动，必须以合乎最广大人民群众的最大利益，为最广大人民群众所拥护为最高标准"[1]。邓小平时刻关注最广大人民的利益和愿望，总是把人民"拥护不拥护""赞成不赞成""高兴不高兴""答应不答应"作为制定各项方针政策的出发点和归宿。江泽

---

[1]《毛泽东选集》（第3卷），人民出版社，1991。

民强调，领导和支持人民当家作主，最广泛地动员和组织人民群众依法管理国家和社会事务，管理经济和文化事业，维护和实现人民群众的根本利益[①]。胡锦涛提出，"相信谁、依靠谁、为了谁，是否始终站在广大人民群众的立场上，是区分唯物史观和唯心史观的分水岭，是判断真假马克思主义的试金石"[②]。

党的十八大以来，以习近平同志为核心的党中央系统全面推进了"以民为本"文化理念在中国特色社会主义新时代的创新发展，习近平总书记提出了中国共产党的初心和使命、"以人民为中心"的思想、"江山就是人民、人民就是江山"的重大论断，成为新时代"以民为本"文化理念的集中体现。2012年11月29日，习近平总书记在参观《复兴之路》展览时指出："每个人都有理想和追求，都有自己的梦想。现在，大家都在讨论中国梦，我以为，实现中华民族伟大复兴，就是中华民族近代以来最伟大的梦想。这个梦想，凝聚了几代中国人的夙愿，体现了中华民族和中国人民的整体利益，是每一个中华儿女的共同期盼。"[③]在党的十九大报告中，习近平总书记强调，"中国共产党人的初心和使命，就是为中国人民谋幸福，为中华民族谋复兴。这个初心和使命是激励中国共产党人不断前进的根本动力"[④]。在中国共产党成立一百周年庆祝大会上，习

[①] 江泽民：《全面建设小康社会，开创中国特色社会主义事业新局面》，《人民日报》2002年11月8日第1版。

[②] 胡锦涛：《在"三个代表"重要思想理论研讨会上的讲话》，《人民日报》2003年7月2日第1版。

[③]《习近平在参观〈复兴之路〉展览时强调：承前启后，继往开来，继续朝着中华民族伟大复兴目标奋勇前进》，《人民日报》2012年11月30日第1版。

[④] 习近平：《决胜全面建成小康社会 夺取新时代中国特色社会主义伟大胜利——在中国共产党第十九次全国代表大会上的报告》，《人民日报》2017年10月28日第1版。

近平总书记强调:"江山就是人民、人民就是江山,打江山、守江山,守的是人民的心。中国共产党根基在人民、血脉在人民、力量在人民。"①

三、"尊异求和"的文化理念

"和"文化理念是中华优秀传统文化中的一个十分重要的理念,是中华民族先民看待世界和处理各类关系的基本准则,是中华优秀传统文化中具有基础性和支撑引领作用的核心理念。在灿烂的中华优秀传统文化中,处处充满着贵和、重和的思想。"和"字出现得很早,在甲骨文和金文中就已经有了"和"字。西周末年的史伯最早阐释了"和"的内涵。《国语·郑语》记载,史伯在为郑桓公分析天下大势时指出:"和实生物,同则不继。""和"就是承认任何事物有矛盾有差别,是在承认有矛盾有差别基础上的统一,是多样性的统一,是处理共同性与差异性关系的重要原则。

春秋战国时期的诸子百家都论述过"和"的相关含义,尤其是儒家和道家对"和"这一理念的阐释深远地影响了中华民族的世界观、价值观和人生观。孔子把"和"作为一种道德要求,用"和"思想来衡量和评判君子和小人,提出"君子和而不同,小人同而不和"。强调君子在为人处世方面,既坚持原则又不排斥不同意见,不是否认矛盾差别,而是求同存异。以孔子为代表的儒家把音乐中的"和"引申为礼乐制度的基础,以此来表明维护和巩固群体既定秩序和谐稳定的重要性。

---

① 习近平:《在庆祝中国共产党成立100周年大会上的讲话》,《人民日报》2021年7月2日第2版。

道家也十分强调"和"的重要性,在强调自然之道、天人相合之道的基础上阐释了其对于"和"的理解。《老子》一书中多处提到"和"、论述"和"。如:"音声相和,前后相随";"和其光,同其尘";"万物负阴而抱阳,冲气以为和";"终日号而不嗄,和之至也";"知和曰常,知常曰明";等等。在老子眼中,"和"是人存在于世界中最重要的一种生存状态,要求人们不受外界与自我意识的干扰,达到平和如水、天人合一。老子关于"和"的思想最重要的解释就是"和谐",或是与"和谐"相关的"和解"、"平和"等含义。

梳理儒家和道家关于"和"文化理念可以发现,"和"有四个最基本的特征:一是整体中的平衡,二是差异中的协调,三是纷繁中的有序,四是多样性的统一。[①]

"和"的精神贯穿于中国文化的始终,渗透到每一个人的思想观念和行为方式中,成为极为重要和宝贵的中华民族思想遗产。"和"文化理念不仅闪烁着中华民族的哲学智慧,而且在维系社会稳定、促进社会进步、推动社会发展的过程中,具有十分重要的借鉴价值。例如,《论语·学而》中提出了"礼之用,和为贵,先王之道斯为美。小大由之";《尚书·虞书·尧典》提出了"协和万邦"的政治理念;《周易·乾·彖》提出了"万国咸宁"的思想;《周礼·天官冢宰·大宰》提出了"以和邦国,以统百官,以谐万民"的思想。这些理念成为春秋战国以后处理政治事务的基本准则。现在人们所说的"和",包括了和谐、和睦、和平、和善、祥和、中

---

① 王杰:《以和为贵和而不同——谈谈中国文化的和谐观》,《中国领导科学》2019年第3期。

和等含义，蕴涵着和以处众、政通人和、内和外顺等深刻的处世哲学和人生理念。"和"文化理念的核心就是追求一种和谐平衡的状态，它所追求的就是"天人和谐""人我和谐""身心和谐""世界和谐"。主张邦族、国家之间的和平共处，反对用武力征伐他国，一直是中华优秀传统文化处理邦国之间关系的准则。"协和万邦""四海一家"等思想就是传统"和"文化理念在处理民族关系、国家关系方面的重要表现。在处理国内民族关系的时候，承认和尊重差异性、增进和发展共同性也是中央民族工作会议确定的重要原则。

"和"是中华民族的重要精神基因，"和"文化理念是中华优秀传统文化中最具生命力的组成部分，是几千年社会发展的重要思想动力之一。追求人际相处乃至国际关系的和合、和睦、和谐，是五千年中华文明的核心价值理念之一。

四、"多元一体"的文化理念

"多元一体"文化理念是概括中华民族和中华文化起源、特征的重要理念，充分体现了中华儿女对中华文化和中华民族共同体的高度认同。回溯历史，远古时期的中华民族先民虽然较难意识到中华民族作为一种命运共同体早已客观存在，但以文化来区分华夷的理念，以及中原地区的华夏先民关于东夷、西狄、南蛮、北戎的划分，也反映出先民具备了认知民族多样性和文化多样性的理念素养。历史上的"大一统"文化理念强化了对国家"一体"的认识，但古代先民在中华民族"一体"这个问题上的认识还需要进一步深化。

中华人民共和国成立后，随着我国考古事业不断推进，在全国各地先后发现了多处文明遗址，证明了早在远古时代，中国的黄河流域、长江流域、辽河流域、珠江流域均在新石器文化的发展基础上，或先或后步入了文明社会的门槛，形成了南北部族林立、交相辉映的局面。20世纪80年代初，考古学家苏秉琦先生提出了中国文明起源的"满天星斗说"，认为新石器时代的中国，直至夏商时期，都同时存在着发展水平相近的众多文明，散布在中国的四面八方，犹如天上群星之星罗棋布，苏秉琦先生将之形象地概括为"满天星斗"。

"满天星斗说"打破了历史考古学界根深蒂固的"古中原中心""王朝中心"等传统观念，但是由于其未能对不同文化之间的互动关系给出系统回答，学界也围绕多元起源的文化之间属于何种关系进行了探讨。代表性的有严文明1987年提出的"重瓣花朵"与张光直先生1989年的"中国相互作用圈"。苏秉琦先生的"满天星斗说"也启发了费孝通先生对于中华民族起源及其内部结构的思考。1988年，费孝通先生提出了"中华民族多元一体"理论，创造性地阐释了中华民族"多元"与"一体"的辩证关系。对中华民族"一体"的强调，实现了对中华文化"满天星斗"这种客观性描述理念的超越，将各民族的起源和各民族文化交融互鉴都纳入中华民族共同体这个"一体"的历史进程中，对中华民族与各民族的关系给出了合乎历史规律、合乎科学逻辑的回答，展现了马克思主义的辩证唯物主义和历史唯物主义的鲜明特征。

"中华民族多元一体"理论是对中华优秀传统文化中"多元一体"文化理念的集中概括。按照费孝通先生的论述，"五十多个民族单位是多元，中华民族是一体。它们虽则都称'民族'，但层次不同……中华民族作为一个自觉的民族实体，是近百年来中国和西方列强对抗中出现的，但作为一个自在的民族实体则是几千年的历史过程所形成的……它的主流是由许许多多分散存在的民族单位，经过接触、混杂、联结和融合，同时也有分裂和消亡，形成一个你来我去、我来你去，我中有你、你中有我，而又各具个性的多元统一体"①。

"中华民族多元一体"理论对中华民族的历史形成过程和现实民族结构做出了开创性的理论概括，成为研究中华文化、民族史、民族关系、民族—国家关系等问题的主流理论范式与核心概念。在中国共产党加强和改进民族工作的实践中，"中华民族多元一体"也成为具有意识形态内涵的重要社会政治概念和话语，是全国各族人民正确认识中华民族共同体、中华民族与各民族关系、中华文化与各民族关系的基本遵循。

五、"天下大同"的文化理念

作为中华优秀传统文化的核心理念之一，"天下大同"是中华民族如何看待世界并追求人类社会和谐有序的美好理想。

"天下大同"中的"天下"，并非仅是一个属于科学认识的空间概念，而是中华民族先民源于生存体验的对世界的想象，体现着人站立在大地上时对自身与万物所共有的生存境域的感受和理解。"天下观"中包含的"天下"概念和"畿服"理论，就是中国人利用"空间"构想出来的世界秩序观。作为中华民族传统的"世界观"，一方面，"天下观"体现出了"天下一家""王者无外"的观念，使"天下观"指导下建立的世界秩序从总体来说具有内敛、

---

① 费孝通：《中华民族的多元一体格局》，《北京大学学报》（哲学社会科学版）1989年第4期。

"德化"和"非战"特征。另一方面,"天下观"建构下的世界秩序中,中心与外围之间,具有共容和互利的特征[①]。"天下大同"中的"大同",则体现着中华民族先民对当时社会秩序状态的一种期待。《礼记·礼运》曰:"大道之行也,天下为公,选贤与能,讲信修睦。故人不独亲其亲,不独子其子,使老有所终,壮有所用,幼有所长,鳏寡孤独废疾者皆有所养;男有分,女有归,货恶其弃于地也,不必藏于己;力恶其不出于身也,不必为己。是故谋闭而不兴,盗窃乱贼而不作,故外户而不闭,是谓大同。""大同"代表了古代先民修身齐家、治国平天下的追求,对人与人、人与社会、人与万物和谐共生的追求。自秦汉至晚清,古代中国的历代王朝执政者继承了中华民族先民的"天下观"和"大同"思想,将"天下一统"和"天下大同"视为执政的最高目标。

1840年,第一次鸦片战争爆发,中国社会逐渐由封建社会变为半殖民地半封建社会,社会剧烈动荡。摆脱殖民压迫和封建社会的束缚,建设一个独立自主的国家和美好和谐的社会成为当时爱国仁人志士的普遍理想。例如,康有为借鉴儒家"大同"思想编著了《大同书》,主张通过改良渐进的方法实现其构想的"大同之世,天下为公,无有阶级,一切平等"的理想社会。孙中山先生在《临时大总统宣言书》中提出了"将使中国重见于国际社会,且将使世界趋于大同"[②]的新目标。在近代抗击西方列强的侵略中,虽然借鉴西方民族国家政治逻辑实现救亡图存是不可避免的选择,但爱国仁人志士在救国实践中依然努力延续和弘扬着中华传统文化中的"天下

---

① 何新华:《试析古代中国的天下观》,《东南亚研究》2006年第1期。
② 《孙中山全集》第9卷,中华书局,1986,第335页。

观"和"大同"思想。

"大同"思想集先秦各家理想追求于一体，高度概括和表达了中华民族对理想社会的追求。中国共产党成立之后，把马克思主义建设社会主义社会的目标与传统的大同理想结合起来，并且落脚到为追求"天下为公"的共产主义大同理想而奋斗的社会实践中，实现了大同理想的现代化转型。"天下大同"文化理念被积极运用于治国理政的实践之中，尤其对于中国这样一个统一的多民族国家，"天下大同"文化理念不仅得到继续弘扬，而且在社会主义现代化建设实践中实现了创新发展。

1990年，费孝通提出了"各美其美，美人之美，美美与共，天下大同"的观点，把传承数千年的"大同"思想运用到处理人类社会中不同文化之间的关系上，充分展现了中国人追求社会和谐、美好、有序的文化智慧。这"十六字箴言"前瞻性地为世界提出了一条化解冲突的理念，让不同文化在对话与沟通中取长补短，最终实现"和而不同"的美好世界，力求在不同民族、不同国家、不同文化之间，建立一种包容的和谐[1]。

中国特色社会主义进入新时代，习近平总书记倡议建设"人类命运共同体"，创新和发展了中华民族的"天下大同"理念。"人类命运共同体"思想在充分发扬中华民族伟大智慧的基础上，坚持"和而不同、兼收并蓄"原则，对"不同历史和国情""不同民族和习俗"的"不同文明"表达了充分的尊重，并视之为文化动力与发展源泉。"人类命运共同体"思想关注的是全人类整体福祉，是超

---

[1] 黄湄、徐平：《从"天下大同"到"人类命运共同体"：费孝通"文化自觉"的新时代回声》，《中南民族大学学报》（人文社会科学版）2021年第5期。

越了不同文明文化界限、超越民族国家与意识形态差别的国际观①，是"天下大同"文化理念在新时代的创造性转化和创新性发展。

党的十八大以来，以习近平同志为核心的党中央提出以人民为中心的发展思想，推动改革发展成果更多更公平惠及全体人民，推动共同富裕取得实质性进展。在此基础上，大力弘扬和发展中华优秀文化理念，将会进一步团结海内外中华儿女，凝聚推动中华民族伟大复兴的磅礴力量。

---

①邓纯东：《人类命运共同体思想研究》，人民日报出版社，2018，第195—197页。

深入推进中华民族共有精神家园建设[①]

中华民族共有精神家园，是我国各族人民人心归聚、精神相依的强大纽带，是中华文明绵延不绝的基因密码，是引领中华民族勇毅前行、持续屹立于世界东方和世界民族之林的精神力量。加强中华民族共有精神家园建设是铸牢中华民族共同体意识的内在要求，学习党的二十大精神，必须持续推进中华民族共有精神家园建设。

一、正确把握共同体意识与共有精神家园的相互关系

党的十八大以来，习近平总书记提出了铸牢中华民族共同体意识的重大原创性论断，并且在中央民族工作会议上明确为新时代党的民族工作主线。习近平总书记反复强调建设各民族共有精神家园问题，经常将构筑中华民族共有精神家园与铸牢中华民族共同体意识联系起来论述，将两者并列为"打牢中华民族共同体的思想基础"。由于铸牢中华民族共同体意识所具有的战略意义[②]，围绕铸牢

[①] 本文原发表于《贵州民族研究》2023年第1期。
[②] 王延中：《铸牢中华民族共同体意识的历史演进及战略意义》，《中华民族共同体研究》2022年第3期。

中华民族共同体意识的基本理论问题、教育宣传问题、民族政策问题、实践工作问题已开展了大量工作。各地各部门对铸牢中华民族共同体意识工作更加重视，认识水平提高了，围绕铸牢中华民族共同体意识开展工作的积极性、主动性增强了，过去存在的"重物质建设轻精神建设""强调差异性忽视共同性"的倾向有所改变，相关政策调整稳步推进。然而，与铸牢中华民族共同体意识工作相比，构筑各民族共有精神家园、推进中华民族共有精神家园建设的工作没有得到足够重视。一些地区把铸牢中华民族共同体意识与中华民族共有精神家园建设等同起来，认为两者是一回事。由于对中华民族共有精神家园的认识本身存在很大的歧义，在实践中对如何推进共有精神家园建设存在不少畏难情绪。

从整体上说，铸牢中华民族共同体意识与中华民族共有精神家园建设的确存在内在的逻辑关联和有机联系，两者在很大程度上的确是一回事。然而，仔细推敲两种表述，二者又不完全是一回事：一是定位明显不同。铸牢中华民族共同体意识是新时代党的民族工作主线，也是民族工作的纲领，是根本方向问题和全局性的工作。中华民族共有精神家园建设工作，是落实新时代民族工作主线的具体工作，是其中的一个领域，虽然很重要但仍是全局工作的一个方面或局部，不能把局部工作与全局性战略等同起来。二是内容有所不同。铸牢中华民族共同体意识侧重内心深处的认同，尤其是确立"五个认同"（即对伟大祖国、中华民族、中华文化、中国共产党和中国特色社会主义的认同），树立正确的"五观"（国家观、民族观、历史观、文化观、宗教观），增强"三个意识"（国家意识、公民意识、法治意识），引导各族人民牢固树立休戚与共、荣辱与共、生死与共、命运与共（简称"四个与共"）的共同体理念。中华民族共有精神家园建设则是强调外在的形式和方式方法，是为了更好地贯彻落实好上述理念和目标要求。中华民族共有精神家园凸显外在的、共享的精神文化成果的创造和发展，是在精神文化领域推进铸牢中华民族共同体意识的具体工作和载体。三是方式方法有别。铸牢中华民族共同体意识工作既可以是轰轰烈烈的实际工作或工作实践，也可以是深入细致的、"润物细无声"的思想政治工作和教育宣传工作。中华民族共有精神家园建设更强调处理好民族文化与中华文化的关系，按照铸牢中华民族共同体意识的要求把精神文化建设工作抓实抓细，落到工作实处，使中华民族的共有精神家园不断发展壮大，扩大中华文化的凝聚力、感召力、影响力，增强各民族的共同体意识，促进中华民族和中华儿女的大团结。

二、正确看待中华民族共有精神家园建设的进展与问题

共有精神家园建设并不是今天才提出来的。改革开放以来，在注重以经济建设为中心的同时，精神文明建设的重要性日益凸显。两个文明建设一手硬一手软的问题导致精神文明建设滞后于物质文明建设。早在改革开放初期，邓小平就反复强调精神文明建设问题，提出了"坚持两手抓、两手都要硬"的战略方针[1]。实践证明，这一方针是完全正确的，这不仅保证了中国改革开放始终沿着正确的方向前进，而且促进了中国精神文明建设、精神家园建设和中华民族共有精神家园建设的不断发展。在这一战略引领下，我国精神文明建设和精神家园建设，是伴随改革开放的进程不断向前发

---

[1] 毕天云：《试论坚持两手抓 两手都要硬》，《云南师范大学学报》（哲学社会科学版）1993年第A1期。

展的。

2005年中央民族工作会议之后，进一步增强了精神家园建设与民族工作的关联性。胡锦涛在党的十七大报告中，第一次明确提出"弘扬中华文化，建设中华民族共有精神家园"的命题[①]。2008年拉萨"3·14"事件和2009年乌鲁木齐"7·5"事件后，学术界、理论界关于各民族文化与中华文化的关系、各民族精神家园建设与中华民族共有精神家园建设关系的讨论不断深入，陆续发表了一些研究成果，"中华民族共有精神家园"逐步成为理论界和实践工作部门日益关注的新领域。

党的十八大之后，中国特色社会主义进入新时代，民族工作也进入了以铸牢中华民族共同体意识为主线不断创新发展的新阶段。习近平高度重视"各民族共有精神家园"和"中华民族共有精神家园"建设。围绕这个问题发表了一系列新观点、新论述，提出了"中华民族共有精神家园"建设的新思路、新战略。"中华民族共有精神家园"建设作为新时代以铸牢中华民族共同体意识为主线的民族工作的重要内容，不论是在认识上、理论上，还是重视程度上都得到进一步深化；在政策上与实际工作中，工作举措更加具体，工作力度得到加强，取得的成效更加显著。

在看到中华民族共有精神家园建设取得突出成效的同时，也应看到共有精神家园建设存在的问题与不足。一是思想认识方面还存在一些误区。一种观点把中华民族共有精神家园看成是各民族文化和民族精神的汇总，没有看到中华民族和中华文化本身所具有的

[①] 尹世尤、沈其新：《中华民族共有精神家园建设与当代中华民族凝聚力的增强》，《马克思主义研究》2008年第11期。

整体性、共同性和规范性。对各民族精神文化的特质和特殊性强调得比较多，对各民族共建共享的共同文化要素尤其是国家层面的文化要素重视不够，在处理共同性与差异性的关系时存在偏差。对待各民族传统文化的态度不能做到与时俱进，对各民族传统文化的认识和相关态度还不够清晰准确。在对待文化传承和文化建设的问题上，过多看到精神文化家园本身的文化性、艺术性和文化形式，对于精神文化家园本身所具有的政治性、意识形态属性视而不见，甚至把民族文化与中华文化对立起来，把各民族的精神文化与中华民族的共有精神文化对立起来。二是在实践层面与铸牢中华民族共同体意识的要求还存在不小差距。"管脑子"的工作没有完全跟上"管肚子"的工作。一些干部和知识分子在国家观、民族观、文化观、历史观、宗教观等方面出现偏差，对伟大祖国、中华民族、中华文化、中国共产党、中国特色社会主义的认同度不高。不少地方还没有找到既符合中央精神又符合本地实际的有效工作方法，措施的针对性和有效性不强。三是理论研究滞后的问题比较突出。与民族理论导向相关的民族学、人类学等相关学科"三大体系"建设与新时代中国特色社会主义民族理论建设需求不适应的问题比较突出，教材体系建设严重滞后，话语体系跟不上实践工作需要。对本民族文化的认同高于对中华文化的认同，把本民族文化自外于或者把某一民族文化（主要是指汉文化）等同于中华文化的问题依然存在。网络上时不时出现民族关系领域的非理性言论。境外涉华史观也存在不少问题，对我国领土主权安全带来负面影响。四是对当前民族工作面临的新形势、新问题、新挑战估计不足，应对还不够有力。尤其在互联网引领的自媒体，我们对于舆论的引导和管理仍然跟不上时代的要求。

三、对加强共有精神家园建设推进铸牢中华民族共同体意识的建议

（一）进一步提高对推进中华民族共有精神家园建设重要性的认识

加强中华民族共有精神家园建设是促使以铸牢中华民族共同体意识为主线的新时代民族工作高质量发展的实践载体和具体路径，对促使各民族优秀传统文化的传承与保护并在现代化建设过程中实现创造性转化和创新性发展，以及推动中华民族共有精神家园的百花园更加巩固、更加璀璨具有战略意义。中华民族共有精神家园建设，贯穿我们党团结带领全国各族人民进行革命、建设与改革的全过程。我们党高度重视立足中华优秀传统文化来构筑中华民族共有精神家园。中华优秀传统文化和人民在伟大斗争中孕育出来的革命文化、社会主义先进文化一道，成为中华民族独特的精神标志，引领着中华民族伟大复兴的进程，指引着革命、建设和改革的方向和路径，成为中国特色解决民族问题正确道路和基本经验的重要组成部分。构筑中华民族共有精神家园既是推进铸牢中华民族共同体意识工作的重要内容，也是推进新时代民族工作高质量发展的战略举措。

（二）尽快澄清中华民族共有精神家园建设的理论误区和模糊认识

针对目前构筑中华民族共有精神家园的诸多认识误区与理论难题，要加强理论界对这个问题的协同攻关。不能仅仅把中华民族共有精神家园建设看成是民族学或民族理论关注的问题，仅仅在"各民族"的共有精神家园或是"中华民族"的共有精神家园等概念的异同分析方面下功夫，而要把这个问题看成是各学科共同的话题，

切实解决"共有"的"精神家园"是什么和如何建的难题。精神家园说大了是整个精神文化体系的问题，说小了是整个精神文化体系中的优秀部分，包括各民族优秀传统文化和近代以来以爱国主义为主线不断建设发展的时代文化、革命文化和现代文化。概括起来说，就是在上万年的文化史和 5000 多年的文明史的进程中培育并且不断发展壮大的中华优秀文化。从内容上看，中华优秀文化基于各民族的文化传统和优秀基因，但又是全体中华民族的整体文化，不能把中华文化简单化为 56 个民族文化的简单拼装或总和，其实在各民族文化基础上还有整体性、引领性、方向性的内容。就像中华民族是各民族组成的大家庭一样，56 个民族是家庭成员，但 56 个成员简单相加并不能算是一个完整的"大家庭"，需要依靠团结凝聚 56 个民族的"家庭结构""家庭秩序"和"家庭关系"，才能把所有成员凝聚团结起来，形成一个整体。这样的"家庭结构""家庭秩序"和"家庭关系"是长期的共同历史形成的，又是经过"民族自觉"的过程才能完成的。所谓"民族自觉"就是中华民族的成员自觉意识到我们是一家人、一个共同体、一个"国家民族"的意识。中国共产党成立 100 多年来，带领已经觉醒的中华民族实现了从站起来到富起来、强起来的历史性转变。这个转变也是中华民族的转变，而不仅仅是哪一个民族的转变。中华民族优秀文化在这个转变中发挥了至关重要的作用，而且伴随物质现代化的进步不断实现理论的创新和文化的发展。这样发展起来的现代中华文化，就是整个中华民族的现代文化，是属于中华民族大家庭或者"中华民族共同体"的文化。这样的文化才是整个中华民族的"共有精神家园"，而不是再区分为 56 个民族的局部文化体系。只有承认中华民族共有的、整体的、发展的精神家园，才能为 56 个民族各自的文化体系找到安身立命之本，才能为解决共有精神家园建设中的一些理论困惑和认识误区找到清晰的解决思路。

（三）以强化"五个认同"、树立正确"五观"为根本推进共有精神家园建设

在现代民族国家时代，代表一个国家整体民族属性的名称，不单纯是一个概念，而是与现代国家建设的政治目标、社会主义核心价值观和意识形态属性具有密切关联。没有一个现代国家不强调爱国主义、不强调国民对国家的政治归属和政治认同。在一定程度上讲，国家认同、国家民族认同、国家文化认同、国家政治认同是不可分割的。从国家的立场上看共有精神家园问题，可以看到这是从国家层面对国民提出的最高归属感，也是面向世界的文化归属感。中华人民共和国成立之后，我们在宣传思想工作和国民教育中反复强调"五个认同"的教育，也就是引导各民族的成员对伟大祖国、中华民族、中华文化、中国共产党、中国特色社会主义的自觉认同。这种认同不是可有可无的，与对本民族的认同也不是可以替代的，而是宪法和法律明确的一个基本要求，是每个公民应当做到的义务。在这里，国家认同、民族认同、文化认同、政治认同是相互联系的整体，是国家法律确定的政治目标和政治要求，也是在56个民族层次之上的中华民族成员政治归属和政治身份的体现。树立中华民族共同体"四个与共"的理念，政治归属和政治认同是根本，"五个认同"是核心内容。在"五个认同"的基础之上，还要强化"三个意识"即增强国家意识、公民意识、法制意识。这三个意识也是铸牢中华民族共同体意识的重要内容和基础支撑。

（四）以爱国主义和社会主义核心价值观为基本内容推进中华民族共有精神家园建设

中华民族具有爱国主义的优良传统，这是沉淀在中华民族内心深处的伟大精神。习近平总书记指出，爱国主义精神深深植根于中华儿女心中，是中华民族的精神基因，维系着中华大地上各个民族的团结统一，激励着一代又一代中华儿女为祖国发展繁荣而不懈奋斗。几千年来尤其是近代以来，中华民族之所以能够经受住无数难以想象的风险和考验，始终保持旺盛生命力，生生不息，薪火相传，同中华民族有深厚持久的爱国主义传统是密不可分的。构筑中华民族共有精神家园，要始终倡导和弘扬爱国主义的理念，使其成为每一位国民的自觉行动。在对外开放的背景和一些人以追求个人利益最大化为人生理想的观念下，弘扬爱国主义精神对于传承中华优秀传统文化、实现中华民族伟大复兴至关重要。

核心价值观是一个民族赖以维系的精神纽带，是一个国家共同的思想道德基础。社会主义核心价值观融合中华各民族优秀传统文化的精髓，注入了革命文化、社会主义先进文化的新要求，凝结着全国各族人民共同的价值追求，是当代中国精神的集中体现，是各民族共同拥有的思想道德基础，是中华民族必须共同遵守的行为准则。24个字的社会主义核心价值观涵盖了从国家到社会再到个人的系统性的内容，是在实践基础上经过反复总结提炼出来的现代社会的公民价值体系，是在中华优秀传统文化基础上，对党和人民在伟大斗争中孕育的革命文化和社会主义先进文化精神和行为规范的集中概括，具有很强的导向性和引领性。把社会主义核心价值观作为中华民族共有精神家园建设的基本内容，有利于巩固各族人民团结奋斗的共同思想道德基础，有利于推动各民族文化的创造性转化和创新性发展，有利于构建与现代化进程和社会主义社会相适应的现代文化价值导向和文明健康的行为规范。

（五）加快构建各民族共享的中华文化符号和中华民族形象

处理好铸牢中华民族共同体建设的四大关系，尤其是处理好"中华文化与各民族文化""中华民族共同体意识与各民族意识"的关系，是推动中华民族共有精神家园建设的关键环节。贯彻落实好习近平总书记关于加强和改进民族工作的重要思想，既要全面准确，又要抓住重点。比如在处理共同性与差异性的关系问题上，要尊重和承认差异性、包容多样性，又要以增进共同性和一体性为方向。构筑中华民族共有精神家园，就是要按照上述原则处理好中华文化与各民族文化的关系，保护传承好各民族的优秀传统文化，更要突出各民族共享的中华文化符号和中华民族形象，把那些更好地体现中华民族整体性的、总括性的形象符号挖掘出来，赋予时代的内涵和铸牢中华民族共同体意识的意义。要加大对中华文化符号和中华民族形象标志的研究，形成一大批认同度高、传播力强的符号和标志。要在全国旅游文化和宣传思想工作中，引导和建立那些各民族共享的中华文化符号和中华民族形象，强化现代国家关联的国家符号（如国旗、国徽、国歌、党和国家领袖等）、全国性节日符号、全民性的传统文化符号、各地区域性的符号和标志也要注意突出中华民族的共同性，凸显中华民族的多元一体。

（六）进一步加强中华民族共同体理论建设，提高中华民族共有精神家园建设工作的针对性和实效性

中华民族共有精神家园建设就是中华民族共同体建设的重要内容。全面贯彻落实中央民族工作会议精神，必须加强中国特色社会主义民族理论建设和中华民族共同体理论建设，提高中华民族共有

精神家园建设工作的针对性和实效性。要坚持用马克思主义唯物史观来认识和阐述历史，加强对中华民族交往交流交融历史特别是多元一体格局形成脉络的系统梳理，挖掘各民族交往交流交融的历史事实和中华民族共同体的发展逻辑。要进一步加强对各民族交往交流交融历史、中华民族共同体历史的研究，为构筑中华民族共有精神家园奠定历史根基和理论根基。应当指出，加快构建民族学人类学三大体系建设对中国特色社会主义民族理论建设和中华民族共同体理论建设至关重要，但绝不仅仅是民族学人类学的任务。我国哲学社会科学界都承担着相应的职责和使命。宣传思想教育工作是建设中华民族共有精神家园的基础性工作。要进一步健全包括家庭、学校、社会于一体的宣传教育常态化机制，营造构筑中华民族共有精神家园的浓厚氛围。要加强推广普及国家通用语言文字工作，更好搭建构筑中华民族共有精神家园的桥梁纽带。要充分利用现代化技术手段，创新方式载体，注意网上和网下相结合，让互联网、自媒体成为构筑中华民族共有精神家园的促进力量，抵制不利于中华民族共有精神家园建设的错误言行，使现代媒体成为与国内外敌对势力进行舆论对冲的有效阵地。

中华民族现代文明建设的三大问题[①]

习近平总书记在党的二十大报告中明确提出"以中国式现代化全面推进中华民族伟大复兴"的号召，论述了中国式现代化的五大中国特色、本质要求和重大原则。在2021年中央民族工作会议上，习近平总书记提出"党的民族工作创新发展，要正确把握中华文化和各民族文化的关系"。在2023年6月文化传承发展座谈会上，习近平总书记鲜明提出"中华文化主体性"的重大论断，深刻阐释了中华文明的五大基本特性，指出当代文化建设的重要目标就是推进中华民族现代文明的发展。本文根据对上述重要论述的学习，提出需要处理好三大关系，明确中华民族现代文明建设的三大原则。在分析中华文化和各民族文化的关系时，要准确把握中华文化的主干性；在分析中华文明与世界其他文明的关系时，要始终坚持中华文化的主体性；在分析中国式现代化与推进中华民族现代文明的关系时，要提升中华文化的时代性。

[①] 本文原发表于《马克思主义研究》2023年第8期。

一、坚持中华文化在各民族文化中的主干性

中华民族和56个民族的多元一体格局决定了正确处理中华文化与各民族文化的关系是中国民族工作的重要内容。习近平总书记强调："各民族优秀传统文化都是中华文化的组成部分，中华文化是主干，各民族文化是枝叶，根深干壮才能枝繁叶茂。"[1] 这是从马克思主义唯物辩证法的角度深刻阐释了中华文化与各民族文化的关系，对于保护和传承各民族优秀传统文化、丰富发展中华文化内涵与外延、建设中华民族共有精神家园具有重大指导意义。在2022年3月5日参加十三届全国人大五次会议内蒙古代表团审议时，习近平总书记进一步强调，要把铸牢中华民族共同体意识的工作要求贯彻落实到全区历史文化宣传教育、公共文化设施建设、城市标志性建筑建设、旅游景观陈列等相关方面，正确处理中华文化和本民族文化的关系，为铸牢中华民族共同体意识夯实思想文化基础。[2] 这些论述为我们正确处理中华文化与各民族文化的关系提供了重要遵循。

中华文化与各民族文化的内涵与外延是不同的。中华文化作为更大范围、更高层次、更具引领功能的各民族共享的文化，包括与国家政权紧密结合在一起的政治文化、意识形态、价值理念、法律规范等，超越了各民族文化的范畴，成为各民族文化之上、代表整个中华民族文化精神的国家文化，引领并规范着各民族文化的发展

---

[1]《习近平出席中央民族工作会议并发表重要讲话》，http://www.gov.cn/xinwen/2021-08/28/content_5633940.htm，访问日期：2023年8月28日。

[2] 雷振华：【总书记到团组】《铸牢中华民族共同体意识 推进民族团结进步事业》，http://www.china.com.cn/opinion2020/2022-03/10/content_78100123.shtml？f=pad&a=true，访问日期：2022年3月10日。

方向。由此可见，吸纳汇聚各民族文化的中华文化，其内涵与外延与各民族文化不尽相同。

中华文化与各民族文化的层次是不同的。费孝通先生把各民族与中华民族的关系区分为下层与上层的关系，而且指出下层又可以区分为更多的层次。由此推论，各民族文化与中华文化的关系也是下层与上层的关系，其中各民族文化又可以区分为更多的层次。如果把文化的层次与中国不断细分的地理单元相比较，这个特点更加鲜明。如同不同层级的地理单元具有不同的行政级别一样，中华文化在不同层级的地理单元也形成了不同的圈层。这个圈层越接近国家权力的中心，就越接近文化的上层与核心层；越到底层的地理单元，就越接近文化的基层。

中华文化与各民族文化既是不同文化层次之间的关系，也是整体与局部的关系。中华文化往往涉及中国整个地域，与国家政权倡导的主流价值观和主流文化结合在一起，是整体文化、国家文化；各民族文化属于地方文化或者区域文化，是局部文化，从属于整体文化和国家文化。从这个意义上说，中华民族的多元一体格局也体现为中华文化的多元一体特征。各民族文化作为局部文化，既是中华文化的有机组成部分，又受中华文化规范和制约。

中华文化与各民族文化的形成机理和作用范围也是不同的。各民族文化作为中华文化的重要组成部分，其根源在于各民族是中华民族共同体的组成部分。早在中华民族共同体的自在阶段，各民族文化交融发展，为中华文化的形成和发展提供了源源不竭的动力。费孝通先生指出："在中华文化的发展过程中，多元的文化形态在相互接触中相互影响、相互吸收、相互融合，共同形成中华民族

'和而不同'的传统文化。"① 在中国历史上，各民族结合主要聚居区的自然环境，形成了一套与各民族具体生产生活实践相适应的民族文化。各民族在处理人与自然、人与人、人与社会之间关系等方面形成了一套相对完整的文化内容，例如信仰、服饰、饮食、语言文字、建筑风格、美学图案等。这些内容，一方面反映了各民族生产力和生产关系状况，另一方面也是各民族相互学习借鉴的结果。各民族的交往交流交融，共同推动着各民族文化不断发展和繁荣。在这个过程中，中华文化作为各民族优秀传统文化的集大成，在各民族文化的发展繁荣中起着主导作用，推动着各民族文化持续深入的交流互动。同时，受益于各民族文化的持续交流互动，中华文化的内涵不断丰富，主流价值观等主导性内容不断适应时代需要，更好地反映时代诉求，引领时代发展潮流。作为整体的中华文化所具备的诸多共性特征，不仅为各民族提供了共同文化的基础和土壤，也引领着各民族的共有精神家园建设，成为各民族共享的中华民族精神的时代体现。

二、坚持中华文化和中华文明的主体性

中华民族有5000多年的文明史。在近代以前，伟大的中华民族不仅创造了灿烂辉煌的古代文明，在相当长的时间内中华文化都处于世界领先地位。但是，"1840年鸦片战争以后，中国逐步成为半殖民地半封建社会，国家蒙辱、人民蒙难、文明蒙尘，中华民族遭受了前所未有的劫难"②。由于近代以来中国在国际竞争中的落伍，

---

① 费孝通：《费孝通文集》（第14卷），群言出版社，1999，第407—408页。
② 习近平：《在庆祝中国共产党成立100周年大会上的讲话》，人民出版社，2021，第2页。

关于中华传统文化能否继续成为推进中华民族争取独立和现代化发展的主导性精神力量，引发了诸多的争论。不论是洋务运动时期的"中学""西学"之争，还是新文化运动时期的各种"主义"论战，都说明中华传统文化到了必须彻底变革的境地。

在中国共产党的领导下，通过把马克思主义基本原理同中国具体实际相结合、同中华优秀传统文化相结合，实现了中华传统文化的精神再造。这种改革不仅深刻改变了中华文化的走向，而且深刻改变了中国人民和中华民族的前途和命运，甚至深刻改变了世界发展的趋势和格局。在庆祝中国共产党成立100周年大会上的讲话和关于中国共产党百年历史的第三个历史决议中，习近平总书记总结了中国共产党带领中国人民和中华民族取得的重大成就：1921—1949年取得了新民主主义革命的胜利，建立了人民当家作主的中华人民共和国，实现了民族独立、人民解放；1949—1977年进行社会主义革命，推动社会主义建设，创造了社会主义革命和建设的伟大成就；1978—2012年经过改革开放，开创、坚持、捍卫、发展中国特色社会主义，中国大踏步赶上了时代，创造了社会主义现代化建设的伟大成就；党的十八大以来，中国特色社会主义进入新时代，实现了第一个百年奋斗目标，明确实现第二个百年奋斗目标的战略安排，创造了新时代中国特色社会主义的新成就，中华民族迎来了从站起来、富起来到强起来的伟大飞跃，实现中华民族伟大复兴进入了不可逆转的历史进程。

从全球看，肇始于近代西方的现代化是改变人类历史进程的全面变革乃至革命。自那时起，实现现代化成为人类社会发展与世界历史进程的基本逻辑，也是中国共产党百年来一以贯之的历史使命与责任担当。

中国式现代化是以习近平同志为核心的党中央对中国共产党百年来领导现代化实践经验的系统总结，更是对"什么是中国式现代化道路、如何拓展中国式现代化道路"等重要理论与实践课题的创造性回答。党的二十大报告系统总结归纳了中国式现代化的五大基本特征。中国式现代化是人口规模巨大的现代化、是全体人民共同富裕的现代化、是物质文明和精神文明相协调的现代化、是人与自然和谐共生的现代化、是走和平发展道路的现代化。中国式现代化既坚持了现代化道路的一般规律，符合现代化普遍标准，又坚持了科学社会主义的基本原则和发展方向，体现出中国式现代化道路的社会主义性质。中华儿女之所以能够扭转近代以后中国的历史命运，取得今天的伟大成就，最根本的就是始终坚持中国共产党的领导。只有认识和把握坚持中国共产党的领导这一中国式现代化的根本要求，才能全面理解中国式现代化的五重维度与深刻内涵，才能充分认识中国式现代化如何打破西方现代化模式的窠臼，实现对西方式现代化模式的超越，提振以中国式现代化全面推进中华民族伟大复兴的信心和决心。

在中国共产党领导下，中国新民主主义革命、社会主义革命和建设、改革开放和中国特色社会主义事业的成功，极大增强了中国人民和中华民族的自豪感，也消除了近代以来压在中国人民心头的中国文化无法实现现代化的阴霾，增强了整个民族对中华文化的信心。党的十八大以来，习近平总书记在"理论自信、制度自信、道路自信"的基础上提出了"文化自信"。在党的二十大报告中，习近平总书记对文化自信作了进一步的阐述，确立和坚持马克思主义在意识形态领域指导地位的根本制度，新时代党的创新理论深入人心，社会主义核心价值观广泛传播，中华优秀传统文化得到创造性转化、创新性发展，文化事业日益繁荣，网络生态持续向好，意识形态领域形势发生全局性、根本性转变。全党全国各族人民文化自信明显增强、精神面貌更加奋发昂扬。[①] 这一切都说明，在不断取得发展进步的现代化进程中，中华优秀传统文化经过创造性转化和创新性发展已经大踏步地跟上了时代，中华文化的主体性进一步彰显。

习近平总书记在党的二十大报告中把中华文化自信提高到能否坚持和发展马克思主义的高度来认识。他指出："坚持和发展马克思主义，必须同中华优秀传统文化相结合。只有植根本国、本民族历史文化沃土，马克思主义真理之树才能根深叶茂。""我们必须坚定历史自信、文化自信，坚持古为今用、推陈出新，把马克思主义思想精髓同中华优秀传统文化精华贯通起来、同人民群众日用而不觉的共同价值观念融通起来，不断赋予科学理论鲜明的中国特色，不断夯实马克思主义中国化时代化的历史基础和群众基础，让马克思主义在中国牢牢扎根。"[②] 这是从政治和意识形态的高度论述了中华文化的主体价值，是推进中国式现代化的精神力量。

深入学习党的二十大关于文化自信自强问题的论述，不仅有如何看待传统文化的问题，还有如何看待中华文化与世界各国文化的关系、中华文化在世界文化格局中的地位的问题。在对待传统文化问题上，由于近代以来中国的衰落和沉沦，思想界、文化界长期存在着反思甚至否定传统文化价值的思潮。在五四运动之后的100年

---

① 习近平：《高举中国特色社会主义伟大旗帜　为全面建设社会主义现代化国家而团结奋斗——在中国共产党第二十次全国代表大会上的报告》，人民出版社，2022，第18页。
② 习近平：《高举中国特色社会主义伟大旗帜　为全面建设社会主义现代化国家而团结奋斗——在中国共产党第二十次全国代表大会上的报告》，人民出版社，2022，第18页。

中，社会各界对于传统文化的态度大相径庭。中国共产党运用马克思主义的唯物辩证法看待中华传统文化，坚持用"吸收精华、去其糟粕"的态度对传统文化进行创造性转化和创新性发展。中国特色社会主义进入新时代，我们党在坚持"道路自信、制度自信、理论自信"的基础上进一步提出了坚持"文化自信"，使"三个自信"变为"四个自信"。这充分说明，文化自信已经纳入我国主流意识形态体系，成为实现中华民族伟大复兴的精神力量。中宣部部长李书磊在阐述党的二十大报告精神时认为，一个民族的复兴需要强大的物质力量，也需要强大的精神力量。实现中华民族伟大复兴必然要求中华文化繁荣兴盛，全面建成社会主义现代化强国必然要求建设社会主义文化强国，满足人民日益增长的美好生活需要必然要求不断满足人民的精神文化需求，推动构建人类命运共同体必然要求不断提升中华文化影响力[①]。

中国共产党带领中华民族历经艰难险阻迎来了从站起来、富起来到强起来的百年奋斗历程，增强了整个中华民族的自信，包括文化上的自信。但是，在以美国为首的西方资本主义国家的极力打压遏制下，我们在国际舆论上被动挨骂甚至被"围剿"的局面尚未根本改变，中国的声音在国际上传播不出去或者传播出去也传不远、影响不大的问题依然存在。面对至今仍然处于强势地位的西方文化，中华文化如何坚持主体性的问题成为我们面临的重大问题。北京师范大学教授黄会林先生提出了把中华文化打造成世界"第三极

[①] 参见《党的二十大报告辅导读本》，人民出版社，2022，第401—403页。

文化"①的设想，并进行了深入的论证。其实，不论是 20 世纪末费孝通先生提出的文化反思或文化自觉，还是我们今天强调的文化自信和文化建设，都是强调中华文化本身就具有主体性，这不仅仅是数千年连绵不断的中华文明具有坚实的历史根脉决定的，也是中国在近代以来始终坚持中国本土特色的独立发展道路所决定的。在中国共产党的领导下，在"两个结合"的过程中，中国探索出一条既符合世界现代化规律、又具有中国特色的社会主义道路和中国式现代化之路。这是基于中国国情特别是中华文化五大鲜明特色的客观选择，呈现出中华文化一脉相承的主体性。

三、准确把握中华民族现代文明建设的时代性

在党的二十大上，习近平总书记指出要"以中国式现代化全面推进中华民族伟大复兴"，深刻论述了中国式现代化的五大特征与根本保证。推进中国式现代化必须坚持"四个自信"，尤其是"文化自信"。我们应当坚信在 5000 多年历史中从未中断的中华文明，不仅一直以来都是世界文化体系中占重要地位的主体性文化，而且在近代以来中国经济社会沉沦的过程中也没有被强势的西方文化和西方文明所击倒。恰恰相反，历经磨难的中华民族和中国人民在吸收借鉴外来文化的过程中，始终坚守着中华文化的立场和传统。在中国共产党的领导下，中华文化立场和传统再次焕发勃勃生机活力，不仅成为支撑中国站起来、富起来、强起来的精神支柱，而且

---

① 黄会林教授认为，与欧洲文化、美国文化鼎立的"第三极文化"，即当代中国文化已经形成。参见黄会林：《守住民族文化本性　创造不可替代的"第三极文化"》，《山西大学学报》（哲学社会科学版）2010 年第 5 期；黄会林：《世界文明格局中的中国文明主体性》，《中外艺术研究》2020 年第 1 期。

成为继续推动中国式现代化和建设人类文明新形态的精神力量。随着中国式现代化的不断发展和我国综合国力的进一步增强，中华文化的吸引力、传播力、影响力将进一步提高，中华文化的主体性将进一步彰显，成为世界"第三极文化"将不仅仅是愿望，而是可以预见的现实。

中国式现代化必须坚守中华文化立场，坚持走中国特色的社会主义现代化建设之路，同时推进文化的创新发展，创造与中国式现代化道路相适应的社会主义新文化。肯定中华优秀传统文化的价值是我们在世界文化激荡中站稳脚跟的根基，但不是全部，也不是决定性的，还必须坚持"不忘本来、吸收外来、面向未来，在继承中转化、在学习中超越，不断推动文化创新创造"，"在文化强国建设中铸就社会主义文化新辉煌"[①]。党的二十大报告提出了五个方面的具体任务：一是建设具有强大凝聚力和引领力的社会主义意识形态，二是广泛践行社会主义核心价值观，三是提高全社会文明程度，四是繁荣发展文化事业和文化产业，五是增强中华文明传播力影响力。

习近平总书记关于中华文明连续性、创新性、统一性、包容性和和平性的论述，揭示了当代中华文化建设的方向。当前理论界的一个重大任务，就是全面阐述中华文明五大突出特性的理论价值与现代意义。五大特性充分体现了中华优秀传统文化的精神实质和精髓要义，既是坚持"两个结合"阐释中华文明重大理论成果的典范，也对当前以铸牢中华民族共同体意识为主线推进新时代党的民族工作高质量发展、推进中华民族共同体和中华民族现代文明建设

[①]《党的二十大报告辅导读本》，人民出版社，2022，第405页。

具有实践意义。

"中华文明具有突出的连续性，从根本上决定了中华民族必然走自己的路。如果不从源远流长的历史连续性来认识中国，就不可能理解古代中国，也不可能理解现代中国，更不可能理解未来中国。"① 在5000多年的文明史中，中国人民创造了璀璨夺目的中华文明，为人类文明进步事业做出了重大贡献。我们的祖先在几千年前创造的文字至今仍在使用，今天我们使用的汉字同甲骨文没有根本区别。尽管"中国"一词在古代和近现代有不同的内涵，但谁也无法否认中华文明是世界上唯一绵延不断且以国家形态发展至今的伟大文明。今日中国是历史中国的自然延续，中国是全体中国人的中国，也是中华民族赖以生存和发展的共同家园。铸牢中华民族共同体意识就是要求各民族继续发扬"爱我中华"的伟大爱国主义精神，共同团结奋斗，共同走向社会主义现代化，共同致力于中华民族伟大复兴。

建设中华民族现代文明，需要传承中华优秀传统文化，但更需要对中华优秀传统文化进行创造性转化、创新性发展，这是中华文明的创新性在新时代的新要求。"中华文明具有突出的创新性，从根本上决定了中华民族守正不守旧、尊古不复古的进取精神，决定了中华民族不惧新挑战、勇于接受新事物的无畏品格。"② 铸牢中华民族共同体意识在强调各民族共同维护、赓续中华文明连续性的同时，还要求各民族发扬"锐意进取、与时俱进"的精神财富，面对

---

① 《担负起新的文化使命　努力建设中华民族现代文明》，《人民日报》2023年6月3日第1版。
② 《担负起新的文化使命　努力建设中华民族现代文明》，《人民日报》2023年6月3日第1版。

新挑战、新困难不气馁、不妥协，敢于斗争、善于斗争，不断进行创新创造，在创新实践中开辟新的发展空间。

铸牢中华民族共同体意识是中华文明统一性根本追求在新时代的集中体现，开辟了各民族共同维护祖国统一、促进中华民族大团结的新境界。"中华文明具有突出的统一性，从根本上决定了中华民族各民族文化融为一体、即使遭遇重大挫折也牢固凝聚，决定了国土不可分、国家不可乱、民族不可散、文明不可断的共同信念，决定了国家统一永远是中国核心利益的核心，决定了一个坚强统一的国家是各族人民的命运所系。"[1] 铸牢中华民族共同体意识就是中华优秀传统文化中"大一统思想"在进入现代民族国家时代之后的体现，强调各民族在国民身份上的一致性，进而形成维护祖国统一、共同团结奋斗的思想认同、理论认同、心理认同和情感认同。中华文明的统一性，从根本上决定了中华民族是"四个与共"共同体理念凝聚起来的大家庭，决定了各民族文化融为一体的中华文化是在延续中华文明的根和脉，决定了国家统一的重要性以及各民族共同维护坚强统一的国家的必然性。中华文化使中华文明具有超强的内聚力，承继九州共贯、六合同风、四海一家的大一统传统，成为中华民族"向内凝聚、多元一体"的历史发展大趋势的重要体现。

中华文明的包容性涵养了中华民族海纳百川、兼收并蓄、万物并育、和谐相处的开放胸怀和共生理念，为中华民族现代文明的建设奠定了坚实根基。"中华文明具有突出的包容性，从根本上决

---

[1]《担负起新的文化使命 努力建设中华民族现代文明》，《人民日报》2023年6月3日第1版。

定了中华民族交往交流交融的历史取向，决定了中国各宗教信仰多元并存的和谐格局，决定了中华文化对世界文明兼收并蓄的开放胸怀。"①铸牢中华民族共同体意识，倡导各民族牢固树立"四个与共"共同体理念，是中华民族团结和谐共同发展的历史主流趋势在新时代的体现。中华文化注重"和而不同"，在数千年的交往交流交融过程中，各民族汇聚成多元一体的中华民族，最终建设成你离不开我、我离不开你、血脉相连、命运与共的中华民族共同体。同时，包容性也决定了中华民族对于不同宗教秉持开放包容的态度，但又坚持"政主教从、多元通和"的治理原则，确保各种宗教被纳入中华文化的体系框架，并立并存，相互包容，和谐相处。在对待外来文化时，包容性决定了中华民族海纳百川、接纳世界文明尤其是其他国家先进文化的宽广胸怀。中华民族强调万物并育，辩证统一，在博采众长、兼收并蓄中和谐共生。

中华文明的和平性彰显了中华民族"协和万邦、天下一家"的人类命运共同体理念，是引领世界和平的精神力量。"中华文明具有突出的和平性，从根本上决定了中国始终是世界和平的建设者、全球发展的贡献者、国际秩序的维护者，决定了中国不断追求文明交流互鉴而不搞文化霸权，决定了中国不会把自己的价值观念与政治体制强加于人，决定了中国坚持合作、不搞对抗，决不搞'党同伐异'的小圈子。"②铸牢中华民族共同体意识，强调中华民族大团结、中华儿女大团结，并不是强调"大中华主义""泛中华主义"，

---

① 《担负起新的文化使命 努力建设中华民族现代文明》，《人民日报》2023 年 6 月 3 日第 1 版。
② 《担负起新的文化使命 努力建设中华民族现代文明》，《人民日报》2023 年 6 月 3 日第 1 版。

而是追求和平的文化基因的体现。几千年来，中国作为一个地域广袤、人口众多、物产丰饶的大国，崇尚礼尚往来、和谐相处，从不扩张、殖民，也不推行霸权。追求和平的历史传统和文化基因，也是中华大地上各民族最终凝聚为中华民族的根本原因，因为这种文化把各民族聚在一起，具有化解族群冲突、内向凝聚的"大家庭"传统，这就是取长补短、相互帮助。随着社会主义民族关系的确立，我们又把这些历史文化传统发展为"平等、团结、互助、和谐"的基本理念。这与西方难以化解族群冲突最终不得不靠各自的民族主义，建立"一族一国"的民族国家路径大相径庭。中国式现代化决不走西方"国强必霸"的老路，而是走和平发展的新路。"我国不走一些国家通过战争、殖民、掠夺等方式实现现代化的老路，那种损人利己、充满血腥罪恶的老路给广大发展中国家人民带来深重苦难。我们坚定站在历史正确的一边、站在人类文明进步的一边，高举和平、发展、合作、共赢旗帜，在坚定维护世界和平与发展中谋求自身发展，又以自身发展更好维护世界和平与发展。"[1]这是习近平在党的二十大报告中提出的中国式现代化的新逻辑，也是中华文化在世界文化体系中的新定位。正如中国式现代化引领人类文明新形态一样，中国必须在世界文化体系中坚持中华文化的主体性，坚持提升中华文化的国际传播力和影响力，但是这种传播力和影响力的提升，并不是像主导西方文明的西方文化体系所主张的"普世价值"那样，要求甚至强制别的国家接受。恰恰相反，中华文化强调"己所不欲，勿施于人"，通过自己的言行、礼仪、道德

---

[1] 习近平：《高举中国特色社会主义伟大旗帜　为全面建设社会主义现代化国家而团结奋斗——在中国共产党第二十次全国代表大会上的报告》，人民出版社，2022，第23页。

和文明修养潜移默化地产生影响，发挥创造人类文明新形态、构建人类命运共同体的建设作用。中国主张共商共建共享的全人类共同价值，而不是强人所难、损人利己、适者生存的丛林法则和所谓的普世价值。正是在这一点上，中华文化的主体性更加增添了其所具有的世界性文化的价值理念和核心特征。坚持中华文化的主体性，建设中华民族现代文明，为建设人类文明新形态、推动构建人类命运共同体提供了中国智慧。

这些宝贵的历史文化特点，决定了中华文明能够生生不息、传承至今而且根深叶茂、具有光明前景。铸牢中华民族共同体意识，不仅仅针对民族工作，而且服务于中华民族伟大复兴战略全局的重大决策部署。这是把马克思主义民族理论同中国民族工作具体实际相结合、同中华优秀传统文化相结合，是习近平新时代中国特色社会主义思想民族篇的核心要义。

建设中华民族现代文明，必须大力加强新时代文化强国建设，也就是建设具有时代特色、引领时代潮流、体现中国乃至全球文化建设方向的先进文化，体现文化与文明的时代性。坚持中华文化的主体性，并不是抱残守缺，把中华文化仅仅等同于中华传统文化。因为任何文化都是时代的文化，都必须时代化，都必须在创造和创新中不断发展。哪怕是那些被视为优秀传统文化的内容，也需要在传承中进行创新和创造。因为这种传承不是简单地照搬照抄，而是必须使文化的主体内容与时代精神和时代要求相一致。像中国共产党人始终坚持马克思主义的中国化时代化一样，对传统文化也需要进行创造性转化和创新性发展，并把这种"双创"作为建设当代中华文化的基本遵循和根本路径。当代中华文化集中华优秀传统文化、革命文化、社会主义先进文化于一体，是各民族优秀文化的集大成。在漫长的历史长河中形成和发展起来的各民族优秀传统文化，是建设当代中华文化的土壤和基础。但是，传统文化并不都是精华，甚至还有一些是糟粕。有些文化内容在当时可能是适当的，但是在历史发展进程中可能因无法跟上时代步伐和满足人民群众需要而不得不进行改变。事实上，任何文化都必须随着时代的发展进步不断进行有机更新和推陈出新。这种更新过程也是一个去粗取精、扬弃发展的过程。

党的十八大以来，习近平总书记高度重视文化自信和文化建设，不仅把文化建设纳入中国特色社会主义事业总体布局，而且反复强调文化自信、文化建设对于国家治理体系和治理能力现代化的重要意义。2021年3月，习近平总书记在福建考察时强调，"要推动中华优秀传统文化创造性转化、创新性发展，以时代精神激活中华优秀传统文化的生命力。要把坚持马克思主义同弘扬中华优秀传统文化有机结合起来，坚定不移走中国特色社会主义道路"[1]。同年9月，习近平总书记在陕西榆林考察时指出："要坚持以社会主义核心价值观为引领，坚持创造性转化、创新性发展，找到传统文化和现代生活的连接点，不断满足人民日益增长的美好生活需要。"[2] 习近平总书记在党的二十大报告中指出："全面建设社会主义现代化国家，必须坚持中国特色社会主义文化发展道路，增强文化自信，围绕举旗帜、聚民心、育新人、兴文化、展形象建设社会主义文化强国，发展面向现代化、面向世界、面向未来的，民族的科学的大

---

[1]《在服务和融入新发展格局上展现更大作为 奋力谱写全面建设社会主义现代化国家福建篇章》，《人民日报》2021年3月26日第1版。
[2]《解放思想改革创新再接再厉 谱写陕西高质量发展新篇章》，《人民日报》2021年9月16日第1版。

众的社会主义文化，激发全民族文化创新创造活力，增强实现中华民族伟大复兴的精神力量。"[1]"要坚持马克思主义在意识形态领域指导地位的根本制度，坚持为人民服务、为社会主义服务，坚持百花齐放、百家争鸣，坚持创造性转化、创新性发展，以社会主义核心价值观为引领，发展社会主义先进文化，弘扬革命文化，传承中华优秀传统文化，满足人民日益增长的精神文化需求，巩固全党全国各族人民团结奋斗的共同思想基础，不断提升国家文化软实力和中华文化影响力。"[2]这些重要论述是新时代推进我国文化强国建设的理论指南和行动纲领，也是在世界文化体系坚持中华文化主体性的体现，对推进全民族的文化自信自强、铸就社会主义文化新辉煌意义深远。

---

[1] 习近平：《高举中国特色社会主义伟大旗帜　为全面建设社会主义现代化国家而团结奋斗——在中国共产党第二十次全国代表大会上的报告》，人民出版社，2022，第42页。
[2] 习近平：《高举中国特色社会主义伟大旗帜　为全面建设社会主义现代化国家而团结奋斗——在中国共产党第二十次全国代表大会上的报告》，人民出版社，2022，第43页。

中国共产党民族政策与中华民族大团结[①]

中国共产党及党的历代领导人都高度重视中华民族大团结和中华儿女大团结，并将其作为党的统一战线工作尤其是民族工作的重要内容。党的十八大以来，习近平总书记更是把国内56个民族之间的"民族团结"视作各民族的生命线，把海内外中华儿女的大团结视作"实现中华民族伟大复兴的中国梦"的磅礴力量，提出了铸牢中华民族共同体意识这一重大原创性论断，将铸牢中华民族共同体意识作为新时代党的民族工作和民族地区各项工作的主线，形成了习近平总书记关于加强和改进民族工作的重要思想。之所以有这样的认识，是因为"团结统一的中华民族是海内外中华儿女共同的根，博大精深的中华文化是海内外中华儿女共同的魂，实现中华民族伟大复兴是海内外中华儿女共同的梦"；"共同的根让我们紧密相连，共同的魂让我们心心相印，共同的梦让我们同心同德"[②]。而且，这样的认识经过了百年党史的检验，也是被历史"证明"了的客观

---

① 本文原发表于《内蒙古社会科学》2024年第1期。
② 张敏彦：《习近平谈"强国建设、民族复兴"系列之四：两个"大团结"》，http://www.news.cn/politics/xxjxs/2023-04/04/c_1129490632.htm，访问日期：2023年4月12日。

结论。

一、中国共产党早期的民族政策（1921—1949）

尽管中华民族作为一个自在的民族实体，在中华大地上繁衍生息了数千年，但是直到中国进入近代西方主导的国际体系之后，中国由"天下观"之下的"中央之国"转变为国际体系的一员，中华民族才逐步觉醒。1902 年，梁启超先生最早提出并使用"中华民族"一词，这是中华民族从自在走向自觉的一个重要标志。费孝通先生指出："中华民族作为一个自觉的民族实体，是近百年来中国和西方列强对抗中出现的，但作为一个自在的民族实体则是几千年的历史过程所形成的。"[1] 习近平总书记指出："一部中国史，就是一部各民族交融汇聚成多元一体中华民族的历史，就是各民族共同缔造、发展、巩固统一的伟大祖国的历史。各民族之所以团结融合，多元之所以聚为一体，源自各民族文化上的兼收并蓄、经济上的相互依存、情感上的相互亲近，源自中华民族追求团结统一的内生动力。"[2]

中华民族自古以来就是统一的整体。中华民族所拥有的人口规模，自尊自强、勤劳勇敢的优良品质，以及不怕牺牲的不屈斗志和保家卫国精神，是列强在中国最衰弱的时候不能瓜分更不能吞并中国的社会基础。1911 年辛亥革命推翻了中国最后一个封建王朝和绵延数千年的封建帝制，建立了中华民国。这时的中华民国已经不是

---

[1] 费孝通：《中华民族的多元一体格局》，《北京大学学报》（哲学社会科学版）1989 年第 4 期。
[2] 习近平：《在全国民族团结进步表彰大会上的讲话》，《人民日报》2019 年 9 月 28 日第 2 版。

孙中山早期立志建立的"汉族共和国"（驱除鞑虏，恢复中华），而是中华大地上各民族统一（汉满蒙回藏"五族共和"）的共和国。然而中华民国的成立并不能马上改变中国积贫积弱的状况，中国依然是列强侵略的对象。

西方列强尤其是日本帝国主义侵华图谋不断扩大，从逼迫袁世凯签署"二十一条"，到巴黎和会攫取战败国德国在山东的权益，再到"九一八"事变，日本帝国主义步步紧逼。直至1937年侵华战争全面爆发，日本帝国主义占领南京，并实施了疯狂的南京大屠杀，试图消灭中华民族的反抗意志，吞并乃至灭亡中国。日本帝国主义不断扩大侵略、企图灭亡中国的行径，唤醒了中华儿女保家卫国的"民族自觉"。在中国共产党的倡导下，国共两党结成抗日民族统一战线，掀起了全民族抗战的热潮。这里的全民族指的是"团结统一的中华民族"。此时的中华民族不仅仅指"汉满蒙回藏"五个民族，而且包含了"苗瑶彝壮"等中华大地上的"各民族"。应当指出，已经觉醒的中华民族不仅包括居住在中华大地上的中国人，也包括了旅居海外的华侨华人，他们也是抗日救国的重要力量。爱国华侨领袖陈嘉庚就是其中最著名的代表人物。大敌当前，中华民族同仇敌忾，成为最后取得抗日战争全面胜利以及近代以来反对列强侵略斗争最终胜利的根本力量。

马克思主义经典作家主张的民族解放、民族自决、民族平等、民族团结、民族进步、民族融合，建立劳动人民当家作主的真正的共同体，是马克思主义民族观的主要内容。中国共产党是以马克思主义为指导思想的政党，在马克思主义民族理论的指导下制定自己的民族工作制度和政策。

解放战争时期，坚持民族平等、民族团结，尊重少数民族基本权利，团结国内各民族共同建立新中国是首要目标。1946年2月18日，中国共产党首次明确指出"不应提出独立自决口号"[1]，主张在少数民族地区推行民族区域自治政策。1946年4月，中国共产党召开内蒙古自治运动统一会议，以"民族区域自治"的方式统一了东西内蒙古自治。1947年5月，内蒙古自治政府宣告成立，这是在中国共产党领导下我国建立的第一个省级民族区域自治地区。[2]《内蒙古人民代表会议宣言》郑重宣告，内蒙古自治政府是蒙古民族各阶层联合内蒙古区域内各民族，实行高度区域性自治的地方民主联合政府，并非独立自治政府。这为中国共产党在少数民族地区建立民族区域自治制度树立了光辉典范。

1949年9月，中国人民政治协商会议通过的具有临时宪法地位的《中国人民政治协商会议共同纲领》（以下简称《共同纲领》）确认了中华人民共和国是统一的多民族国家，强调要"使中华人民共和国成为各民族友爱合作的大家庭"，明确提出在"各少数民族聚居的地区，应实行民族的区域自治，按照民族聚居的人口多少和区域大小，分别建立各种民族自治机关"。[3]民族区域自治制度成为解决我国民族问题的基本制度形式，确立了新中国民族理论、政策和实践工作的基本框架，奠定了中国特色解决民族问题的正确道路的制度基础。

中华人民共和国成立前，中国共产党坚持以马克思主义民族理

---

[1] 中共中央统战部：《民族问题文献汇编（1921.7—1949.9）》，中共中央党校出版社，1991，第1000页。

[2] 郭雷庆、李新：《中国共产党反对民族分裂主义的实践路径：百年演进与迭代升级》，《统一战线学研究》2023年第2期。

[3] 中共中央统战部：《民族问题文献汇编（1921.7—1949.9）》，中共中央党校出版社，1991，第1290页。

论解决中国民族问题，但不是照抄照搬相关理论，而是从中国统一多民族国家的基本国情出发，把"民族自决"权转向建立"民族自治"制度，初步实现了马克思主义民族理论同中国民族问题具体实际的结合，建立了独立的、多民族统一的新中国。

二、社会主义革命和建设时期的民族工作与民族团结（1949—1978）

早在中华人民共和国成立前夕，发挥着临时宪法功能的《共同纲领》的第 50 条明确规定："中华人民共和国境内各民族一律平等，实行团结互助，反对帝国主义和各民族内部的人民公敌，使中华人民共和国成为各民族友爱合作的大家庭。反对大民族主义和狭隘民族主义，禁止民族间的歧视、压迫和分裂各民族团结的行为。"[①] 我国将民族平等和民族团结纳入《共同纲领》和《中华人民共和国宪法》《民族区域自治实施纲要》当中[②]，并将民族团结思想付诸实践。新中国成立后，解决历史遗留的民族问题、消除民族隔阂、加强民族之间的交往与联系成为民族工作的重点。

为消除旧中国长期存在的民族之间的隔阂，贯彻落实党在民族地区采取的各项政策，在中华人民共和国成立之初，党和政府决定组织中央民族访问团，深入民族地区，宣传党的民族政策，传达党中央对各族人民的关怀和慰问。从 1950 年 7 月到 1952 年底，中央政府陆续派出了西南、西北、中南、东北内蒙古四个访问团。访

[①] 中共中央文献研究室：《建国以来重要文献选编》（第 1 册），中央文献出版社，1992，第 12 页。

[②] 何叔涛：《新中国 60 年的民族平等和民族团结政策》，《云南民族大学学报》（哲学社会科学版）2009 年第 5 期。

问团历时数月，行程数万里，足迹几乎遍及西藏以外的全国所有少数民族地区，向少数民族群众宣传党和国家的民族政策，了解他们的疾苦和要求，征求他们对民族工作的意见，并带给他们急需的药品、医疗手术用品及大量生活用品。这次活动对于扩大党在少数民族地区的群众基础和政策影响、加强和改进党和政府的民族工作、增进民族团结起到了很大作用。

在少数民族集中聚居的地区广泛建立民族自治地方，确保各族人民共同当家作主。在民族识别工作开展期间同步进行消除民族歧视、赋予少数民族合理政治权利的工作。我国先后发布《关于处理带有歧视或侮辱少数民族性质的称谓、地名、碑碣、匾联的指示》《关于今后在行文中和书报杂志里一律不用"满清"的称谓的通知》，整治民族歧视问题，为加强民族团结奠定基础。

深入开展民族地区的广泛调查和民族识别工作。为充分保障少数民族平等权利的落实，中央政府广泛动员各方力量，在全国范围内尤其是少数民族地区开展了大规模的少数民族历史语言和社会文化调查工作。从1950年全国各地提出的400多个族别称谓中进行甄别和民族识别工作，"能基本上划清哪些要识别的单位是汉族的一部分，哪些是少数民族，如果是少数民族，他们是单一民族还是某一民族的一部分"①。从20世纪50年代到70年代末，我国基本完成了民族识别工作，总体上确定了全国56个民族的民族名称，从国家层面解决了历史上遗留下来的民族名称混乱问题。民族识别是体现民族平等的工作，为开展民族区域自治制度建设提供了重要依托，成为中华人民共和国成立后一项基础性的民族工作。

---

① 费孝通：《关于我国民族的识别问题》，《中国社会科学》1980年第1期。

建立民族区域自治制度，从政治上赋予各民族尤其是集中聚居的少数民族自治权利。民族区域自治是中国共产党运用马克思列宁主义民族理论解决国内民族问题的一项基本政策，是在解放战争时期探索并在中华人民共和国成立后采取的一项基本政治制度。根据《共同纲领》确定的"各少数民族聚居的地区，应实行民族的区域自治"的法律规定，按照民族聚居的人口多少和区域大小，在不少地区分别建立了各种民族自治机关。到1959年底，全国共建立了4个自治区、1个自治区筹备委员会、29个自治州、54个自治县，民族区域自治制度得到了广泛实施。1965年9月1日，西藏自治区正式成立。自此，五大自治区、29个自治州和近半数的自治县（旗）的建立奠定了我国民族区域自治制度的基础，在国家统一的前提下为少数民族提供了实现平等地位和实施平等权利的制度保障，也有利于少数民族聚居区按照自身特点进行经济文化建设，自主管理本民族内部的地方性事务。除了建立民族自治地方，这一时期的民族工作还重视散杂居少数民族权利的落实，规定在各民族杂居地区，各民族在当地政权机关中都应有相当名额的代表。民族区域自治制度的建立成为中国特色解决民族问题的正确道路的重要内容。

为解决各民族加快发展过程中面临的难题，党和国家实施倾斜化的民族干部政策，大力培养少数民族干部，并将其作为引领民族地方发展和维护社会稳定的骨干力量，特别是在疏通、引导和化解各民族群众之间的利益纠纷与矛盾冲突方面，民族干部发挥着重要作用。国家颁布《培养少数民族干部试行方案》、创办民族院校，在中央党校设立民族班，在部分重点高校、大专院校开设民族预科班，全方位提高民族干部的文化水平和治理能力，充分保障少数民族权利的落实。

实施民主改革，大力开展社会主义改造和社会主义建设。民主改革是以土地改革为主要内容的改变生产资料所有制形式的社会变革，其目的在于废除各种特权和压迫、剥削制度，建立平等、互助的新型社会主义社会关系。社会主义改造则是在民主改革的基础上，消灭私有制，建立社会主义集体所有制和全民所有制，把各族人民引上社会主义的道路，发展生产力。中华人民共和国成立后，在少数民族地区积极稳妥地推进民主改革，相关部门坚持实事求是的原则，因族因地制宜、分类指导、精准施策。在中央的统一领导下，各级地方党委和政府深入调查研究，在充分了解地方少数民族情况的基础上，创造性地提出了许多行之有效、富有特色的民主改革措施，确保了全国少数民族地区民主改革和社会主义改造的顺利进行，为建立平等团结互助和谐的社会主义民族关系奠定了政治基础，也为真正实现中华民族大团结奠定了政治前提。

为了实现真正的民族大团结，中国共产党在开展新中国的民族工作中始终注意处理好国家统一与民族自治、民族平等与民族团结等一系列重大关系，把反对"两种民族主义"作为重要的指导思想。除了1949年通过的《共同纲领》外，在1952年制定的《中华人民共和国民族区域自治实施纲要》、1954年颁布的《中华人民共和国宪法》中亦多次强调"反对大民族主义和狭隘民族主义，禁止民族间的歧视、压迫和分裂各民族的行为"。在这些思想的指导下，中央在1953年和1956年先后开展了两次大规模的民族政策检查工作，促进了社会主义民族关系的和谐发展。

中华民族大团结既是中国共产党领导中国人民和中华民族获取政治独立、民族解放的重要目标，又为有效开展新中国各项民族工作、真正建立社会主义新型民族关系奠定了政治基础和制度保障，还为新中国提供了抵御国内外各种风险挑战的底气，维护了祖国统一，使中国社会在生产力相对落后、经济基础十分薄弱的前提下取得了社会主义革命的伟大胜利，为社会主义现代化建设奠定了政治前提、制度保障、现代工业体系和国民经济体系的基础性支撑。

三、社会主义现代化建设新时期的民族工作与民族团结（1978—2012）

改革开放以来，党的工作重心转移到了经济建设上来，如何在改革开放和社会主义现代化建设中做好民族工作和侨务工作，成为推进中华民族大团结和海内外中华儿女大团结的关键。这些工作做得好，可以为社会主义现代化建设新时期的各项工作提供必要条件和重要促进力量。

这一时期，中国共产党逐渐在理论上否定了"民族问题的实质是阶级问题"的认识，实现了民族工作重心的转移。新时期的民族工作紧紧围绕社会主义现代化建设，拨乱反正，纠正一个时期忽略民族政策的问题，开展了对民族政策执行情况的检查工作，包括尊重少数民族平等权利和风俗习惯、培养少数民族干部、关心少数民族人民的困难等。[1]特别是通过颁布《中华人民共和国民族区域自治法》，把民族区域自治制度正式确立为我国的一项基本政治制度。针对国内外形势的变化和民族领域存在的问题，在1992年、1999年、2005年分别召开三次中央民族工作会议，不断丰富完善关于民族问题的基本理论和基本政策。

---

[1] 国家民族事务委员会、中共中央文献研究室：《新时期民族工作文献选编》，中央文献出版社，1990，第18—19页。

民族区域自治制度不断发展。截至2012年，全国共建立了155个民族自治地方，其中包括5个自治区、30个自治州、120个自治县（旗）。在行政区划方面，有44个少数民族实现了民族区域自治。在人民代表大会、政治协商会议、基层民主自治等政治活动中，各民族代表亦广泛参与。在广大民族地区，各级党组织和基层政权组织日益健全。

为了贯彻落实好民族区域自治制度，国家大力培养少数民族干部，不断提升少数民族干部的能力和积极性。[1]全国共建成15所民族院校，培养的少数民族干部由1万多人增加到299万余人；少数民族干部队伍规模不断扩大，参政议政的积极性和能力水平不断提高。历届全国人民代表大会中少数民族代表占代表总人数的比例均高于同期少数民族人口占全国总人口的比例。第十一届全国人民代表大会常务委员会161名委员中有少数民族代表25名，占比为15.53%。

加快少数民族和民族地区经济社会发展是改革开放后民族工作的重心所在。由于资源禀赋、发展条件、市场观念等方面存在差异，改革开放后民族地区的经济发展与沿海地区及中东部地区的发展差距日益明显。为了缩小发展差距，我国先后积极实施了联合开发政策、西部大开发战略、扶贫开发政策、对口支援、东西部协作、兴边富民行动[2]等重大战略举措，投入大量人力、物力、财力，扶持、帮助少数民族和民族地区加快发展，努力缩小东部与西部之

---

[1] 张少春：《团结之路70年：新中国民族团结理论与实践的历史脉络》，《西北民族研究》2019年第3期。
[2] 陈砚燕：《新中国民族政策研究——经由"内容—过程"的分析模式》，博士学位论文，中共中央党校，2020。

间、少数民族地区与其他地区之间的经济发展差距，推动各族人民共同发展进步。

少数民族和民族地区的现代化水平不断提高。随着工业化和现代化的不断发展，我国民族地区实现了跨越式进步，发生了翻天覆地的变化。民族地区产业结构不断优化，工业和服务业比重显著上升，经济发展后劲进一步增强。特色优势产业不断发展壮大，形成了一批特色农产品加工业、优势矿产资源开发利用、重大装备制造和高新技术产业基地。民族地区对外开放程度不断深化，基础设施建设水平不断提升，国道主干线和省级干线公路全面贯通。到2009年底，民族地区公路总里程达到88万公里，乡镇通公路比例达到98%，建制村通公路比例达到88%。[1] 在加大投资、实施西部大开发战略等因素的共同作用下，民族地区经济发展成效显著。经济总量由1978年的324亿元增加到2009年的34619亿元；城镇居民人均可支配收入由1980年的414元增加到2008年的14070元；农牧民人均纯收入由1980年的168元增加到2009年的3931元，全社会固定资产投资从9374亿元增加到25261亿元。[2]"十一五"期间，民族地区外商投资企业达到1.7万家，投资总额达到814亿美元，企业和投资总额分别比"十五"期间增长了147%和79%；民族地区货物进出口总额达到475.2亿美元，增长84.7%。经济发展也为民族地区的扶贫工作提供了强大支撑，民族地区8省区农村绝对贫

---

[1] 杨晶：《国务院关于加快少数民族和民族地区经济社会发展工作情况的报告——2010年12月22日在第十一届全国人民代表大会常务委员会第十八次会议上》，http：//www.npc.gov.cn/zgrdw/huiyi/ztbg/gwygyjkssmzhmzdqjjshfz/2010-12/23/content_1611095.htm，访问日期：2023年4月12日。

[2] 同上。

困人口明显下降。①

民族地区教育和卫生事业不断发展。在教育方面，民族人口素质不断提升。至2008年，民族地区的各类学校共72711所，专职教师183.7万人，在校学生达3450.3万人，基本实现了普及九年制义务教育和扫除青壮年文盲的目标。其中，少数民族在校大学生人数为115.35万，比1950年增长了886倍。②加大民族教育投入，在民族地区实行"两免一补"政策、"两基"攻坚计划。至2011年，民族地区实现"两基"县已达到674个，占总数的96.6%，民族地区"两基"人口覆盖率达到98.5%。大力发展民族教育，民族教育政策不断丰富，在一些地区推行双语教学，在招生考试中对少数民族学生实施加分政策。同时，加强职业技术教育，大力培养各类专业技术人才。在医疗卫生方面，党和国家培养了诸多少数民族卫生技术人员深入边疆民族地区，至2009年民族地区每千人口卫生技术人员数达到3.3人。民族地区覆盖城乡的公共卫生服务体系基本建成，新型农村合作医疗制度和医疗救助制度不断完善，人民健康水平不断提高。

在文化建设方面，国家大力抢救、保护和发展少数民族文化。建立各种民族文化机构，在民族地区配置各种公共文化服务设施。实施"万里边疆文化长廊建设工程""广播电视村村通工程"等，大大改善了民族地区的文化基础设施条件。党和国家将少数民族

---

① 杨晶：《国务院关于加快少数民族和民族地区经济社会发展工作情况的报告——2010年12月22日在第十一届全国人民代表大会常务委员会第十八次会议上》，http://www.npc.gov.cn/zgrdw/huiyi/ztbg/gwygyjkssmzhmzdqjjshfz/2010-12/23/content_1611095.htm，访问日期：2023年4月12日。

② 杨晶、杨传堂：《光辉的实践　正确的道路：新中国民族工作60年的成就和经验》，《求是》2009年第19期。

非物质文化的抢救和保护落在实处，在国务院公布的两批共 1028 项国家级非物质文化遗产中，少数民族项目为 367 项，占比达到 35.7%。中央和各部门亦在尊重少数民族风俗习惯，尤其是在饮食、节庆、非物质文化遗产方面做出了诸多规定，充分考虑并尊重少数民族文化特点，充分尊重少数民族风俗习惯，保护少数民族语言文字发展。

进一步加强民族团结工作，先后提出"汉族离不开少数民族、少数民族离不开汉族"和"汉族离不开少数民族、少数民族离不开汉族、各少数民族之间也相互离不开"的政策主张，把民族团结教育工作纳入各级党委政府的日常工作，大力表彰民族团结先进个人，促进民族团结示范区建设，建立了从中央到地方的民族团结进步表彰机制。民族团结教育与民族团结建设常态化。至 2008 年，国务院先后召开了 4 次全国民族团结进步表彰大会，多个先进集体和 4000 多名先进个人受到表彰。"三个离不开"的理念日益深入人心，平等团结互助和谐的社会主义民族关系不断发展。

民族团结工作是维护国家统一、社会安定和谐、实现繁荣发展的重要保障，也是我国各族人民的生命线和我国民族政策的基本原则和主线。党和政府高度重视民族团结进步创建工作，将其作为中国特色社会主义事业的有机组成部分，在民族工作中明确了"共同团结奋斗、共同繁荣发展"的时代主题，广泛持久地推进民族团结进步创建活动，形成了各民族共同团结奋斗、共同繁荣发展的生动局面，中华民族大团结的局面不断巩固。

四、新时代以铸牢中华民族共同体意识为主线的民族工作与民族团结（2012 年至今）

党的十八大以来，中国特色社会主义进入新时代，对中华儿女大团结提出了新任务新要求。以习近平同志为核心的党中央统筹中华民族伟大复兴战略全局与世界百年未有之大变局，站在实现中华民族伟大复兴的历史方位，提出了铸牢中华民族共同体意识这一重大原创性论断，将铸牢中华民族共同体意识作为新时代党的民族工作和民族地区各项工作的主线，形成了习近平总书记关于加强和改进民族工作的重要思想，为新时代增强中华民族的共同性提供了基本遵循，对凝聚起全国各族人民磅礴伟力、共同推进强国建设、实现民族复兴起到了关键引领作用。

进入新时代以来，我国民族工作面临着一些新形势新任务，在维护中华民族根本利益、实现中华民族伟大复兴、巩固社会主义民族关系等方面面临着一系列挑战。随着中国社会的主要矛盾发生重大变化，区域经济发展不平衡，社会结构出现重大变迁，新兴阶层不断涌现，思想利益诉求更加多元，外部干预渗透更具风险性，一些长期累积的深层次问题开始显现，一些新的苗头性问题也开始出现，对国家统一和民族团结带来重大冲击，对中华民族共同体建设构成严峻挑战。2014 年，习近平总书记在中央民族工作会议上反复强调，"要把党的民族政策贯彻落实好，把民族地区改革发展稳定工作抓好，没有正确的思想认识不行"；"民族领域的思想阵地，同其他思想阵地一样，如果我们不用正确的思想去占领，错误思想就会去占领"；"加强中华民族大团结，长远和根本的是增强文化认同，建设各民族共有精神家园，积极培养中华民族共同体意识"。[①]中国特色社会主义进入新时代以来，以铸牢中华民族共同体意识为主线，我国在加强中华民族大团结方面采取了一系列重要举措。

第一，确立了铸牢中华民族共同体意识是党的民族工作的主线和民族地区各项工作的主线。党的十八大以来，习近平总书记提出了铸牢中华民族共同体意识的重大原创性论断，对于从精神思想层面增强各族人民的"五个认同"、凝聚中华民族的磅礴伟力具有重要的引领作用。围绕铸牢中华民族共同体意识、推进中华民族共同体建设，我国将"中华民族"写入宪法，将"铸牢中华民族共同体意识"写入了新修订的地方各级人大和政府组织法，推动7个省份制定了民族团结进步条例，将铸牢中华民族共同体意识逐步纳入法治化轨道。此外，将铸牢中华民族共同体意识教育融入国民教育、干部教育、社会教育之中，推动铸牢中华民族共同体意识教育进教材、进课堂、进评价体系，纳入各级领导班子中心组学习的重要内容，纳入党校、行政学院培训的核心课程。以铸牢中华民族共同体意识为主线还充分体现在民族团结进步创建工作中。党的十八大以来，我国修订民族团结进步创建的指标体系，把铸牢中华民族共同体意识的几项战略任务细化成创建的主要指标。用好少数民族发展资金，实施一系列高质量发展产业项目，深入推进兴边富民行动，让各族群众共享改革发展成果。各族群众深刻意识到，只有国家强了、中华民族好了，自己才能过上好日子。让各族群众共享改革发展成果，使中华民族共同体意识越铸越牢。

[①]《中央民族工作会议暨国务院第六次全国民族团结进步表彰大会在北京举行》，《人民日报》2014年9月30日。

第二，铸牢中华民族共同体意识成为建设社会主义意识形态的重要内容。意识形态决定文化的前进方向和发展道路，意识形态工作是为国家立心、为民族立魂的工作。立足促进各族人民在理想信念、价值理念、道德观念上团结统一，习近平总书记提出了铸牢中华民族共同体意识的重大原创性论断，强调铸牢中华民族共同体意识是党的民族工作的主线，也是民族地区各项工作的主线。党的十八大以来，铸牢中华民族共同体意识先后被写入新修订的《中国共产党党章》《中国共产党统一战线工作条例》和《中华人民共和国地方各级人民代表大会和地方各级人民政府组织法》，成为新时代党的治藏方略和治疆方略的主线，从而为引导各族群众树立正确的"五观"，坚定"五个认同"，培育和巩固社会主义核心价值观提供了坚强保障。

第三，实施精准扶贫战略与乡村振兴战略，推进民族地区全面建成小康社会。2014 年中央民族工作会议结束后，培养中华民族共同体意识的理念不断落实到国家的各项治国理政实践中。尤其是实施精准扶贫战略以来，习近平总书记在考察民族地区的多个场合多次强调"全面实现小康，一个民族都不能少"，"决不让一个少数民族、一个地区掉队"。围绕培养中华民族共同体意识的要求，习近平总书记在 2015 年考察云南时强调，"注重把建设各民族共有精神家园作为战略任务来抓，使各民族人心归聚、精神相依"[①]。在 2015 年中央第六次西藏工作座谈会上，习近平总书记强调，"要大力培育中华民族共同体意识，广泛开展民族团结进步宣传教育和创

---

① 《习近平在云南考察工作时强调坚决打好扶贫开发攻坚战 加快民族地区经济社会发展》，《人民日报》2015 年 1 月 22 日。

建活动"[1]，并将不断增进各族群众的"五个认同"作为党的西藏工作的重要任务。党的十八大以来，通过产业扶持、资金投入、易地扶贫搬迁、教育提升等扶持政策，民族地区整体面貌发生了翻天覆地的变化，昔日阻碍当地脱贫致富的"穷根"被逐渐斩断。少数民族和民族地区同全国一道如期打赢脱贫攻坚战，2020年，民族地区3121万贫困人口全部脱贫，实现了全面小康。全国民族自治地方420个贫困县全部脱贫摘帽，28个人口较少民族全部实现整族脱贫，迎来历史性变迁。各族群众的生活水平得到了极大提升。通过脱贫攻坚奔小康，各族群众有了更稳定的工作、更满意的收入、更好的医疗卫生条件、更优质的生活环境。这十年，民族地区城镇居民人均可支配收入年均增长7.7%，农村居民人均可支配收入年均增长10.2%。民族地区的人均寿命大幅提高，西藏地区的人均寿命在10年间提高了整整4岁。一些"一步跨千年"进入社会主义社会的"直过民族"又经历了一次从贫穷到全面小康的历史性跨越。

第四，大力推动构筑中华民族共有精神家园。中国特色社会主义进入新时代以来，党中央先后召开两次中央民族工作会议（2014年、2021年）、两次中央统战工作会议（2015年、2022年）、两次中央新疆工作座谈会（2014年、2020年）、两次中央西藏工作座谈会（2015年、2020年）、两次全国宗教工作会议（2016年、2021年）及2019年全国民族团结进步表彰会议等一系列会议，形成了党中央关于做好民族、宗教、西藏、新疆等方面工作的一系列新思路、新战略、新举措，深入开展文化润疆，深入实施文明创建、公民道

---

[1]《习近平在中央第六次西藏工作座谈会上强调 依法治藏富民兴藏长期建藏 加快西藏全面建成小康社会步伐》，《人民日报》2015年8月26日。

德建设、时代新人培育等工程，广泛开展党史、新中国史、改革开放史、社会主义发展史教育工程，引导各族群众树立正确的"五观"，"四个意识""四个共同""四个与共""五个认同"等观念在各族群众心中深深扎根。

第五，大力推进新时代文化建设和中华民族现代文明。中国式现代化的成功极大地增强了各族人民对中华优秀传统文化的自豪感，对中华文化可以实现现代化并且继续推动中国式现代化向前发展的自信心显著增强，中华文化的主体性持续彰显。中国共产党带领全国各族人民在推进中国式现代化的伟大实践中铸就了中国共产党人的精神谱系，发挥了历史主动精神，形成了革命文化，发展了中国特色社会主义先进文化，牢牢捍卫了中华民族文化主体性。习近平新时代中国特色社会主义思想的创立是这一文化主体性的最有力体现。中华文化主体性持续彰显，根本在于更加坚定对中华文化的自信。习近平总书记强调，坚定文化自信，是事关国运兴衰、事关文化安全、事关民族精神独立性的大问题。我们党在坚持"道路自信、制度自信、理论自信"的基础上进一步提出了坚定"文化自信"，为构筑中华民族共有精神家园指明了方向，极大提升了中国人民和中华民族的自豪感，消除了近代以来压在中国人民心头的中华文化无法实现现代化的阴霾，提升了全国各族人民对中华文化的信心。

第六，中华文化符号和中华民族形象的不断丰富和凸显，增强了中华民族的共同性和凝聚力。党的十八大以来，各民族共享的新的中华文化符号正在不断生发。中国共产党历史展览馆、中国国家版本馆、中国历史研究院的建成，长城、大运河、长征、黄河、长江国家文化公园的建设，《复兴文库》《(新编) 中国通史》《中华民族交往交流交融史》《中华传统文化百部经典》编纂工程、"考古中国"重大项目等国家级文化工程的推进，成为新时代中华民族共有精神家园建设的重要标识。在党的领导下，全国各族人民众志成城、团结奋进，形成了脱贫攻坚精神、伟大抗疫精神、丝路精神、探月精神、新北斗精神、"三牛"精神、科学家精神、企业家精神等，这些精神凝结着全体中国人民的智慧和汗水，成为中华民族共有精神家园的生动写照，为各民族共享文化符号和中华民族形象的树立提供了精神动力。党的十八大以来，全国普通话普及率从70%提高到80.72%，识字人口使用规范汉字比例超过95%[1]，为铸牢中华民族共同体意识、构筑中华民族共有精神家园奠定了坚实基础。

第七，伴随工业化、城市化进程的不断发展，各民族交往交流交融的广度和深度空前。从2010年到2020年，少数民族流动人口从1505万增长到3371万，流动率从13.5%增长到26.9%。少数民族人口向东部地区集聚趋势加强，人口数量从1102万增加至1631万，占少数民族总人口的比重从9.8%提升至13%。[2] 各民族流动人口的大幅度增加，进一步促进了民族之间的交往交流交融，大融居的格局更加稳固，为民族关系的健康发展提供了更加深厚的社会基础。

第八，不断完善民族领域的法规政策。按照增进共同性、尊重和包容差异性的原则，推动新时代涉民族工作政策法规稳步调整。中央相关部门及各级地方政府对涉民族宗教工作的政策法规进行梳

---

[1]《普通话普及率超八成 语言文字事业十年成果丰硕》，https://www.gov.cn/xinwen/2022-06/29/content_5698318.htm，访问日期：2023年4月12日。

[2] 段成荣、邱玉鼎：《当前我国人口流动新特征新趋势》，《北京日报》2023年11月27日第10版。

理研判，及时推动立改废释等工作，对不少地方原有强化民族差异性、不利于铸牢中华民族共同体意识的法规文件予以修改或废止。教育法中增加了推广普及国家通用语言文字的相关内容，全国各地使用国家统编教材。为了更好体现民族政策的公平性，对少数民族高考加分政策进行调整，缩小了加分幅度，在区域内做到更加精准合理。

第九，认真总结民族工作领域的经验教训，有效防范处置重大风险隐患，守住不发生区域性、系统性风险的底线。针对民族工作"五个并存"的整体环境及局部地区反分裂斗争形势依然严峻的现实，防范化解民族领域的重大问题隐患、维护民族地区的社会安定与长治久安成为新时代民族工作的重中之重。特别是在新疆维吾尔自治区、西藏自治区，认真贯彻新时代党的治疆方略、治藏方略，各种渗透颠覆破坏、民族分裂、宗教极端、暴力恐怖活动得到有效遏制，西藏实现持续稳定和快速发展，新疆呈现社会大局稳定、人民安居乐业的良好局面，网络舆情得到有效管控。

与中华人民共和国成立后高度重视建立民族区域自治制度和社会主义新型民族关系相比，与改革开放以来贯彻以经济建设为中心、大力促进少数民族和民族地区注重发展经济相比，新时代党的民族工作以处理好"四对关系"为原则，更加注重精神力量建设工作，提出了铸牢中华民族共同体意识的重要论断，形成了习近平总书记关于加强和改进民族工作的重要思想，为新时代党的民族工作指明了前进方向，提供了根本遵循，开创了民族工作高质量发展的新局面，促进了各民族像石榴籽一样紧紧抱在一起。新时代社会主义民族关系健康发展，中华民族大团结、各民族共同走向社会主义现代化的生动局面更加巩固，中华民族的凝聚力进一步增强。

五、中国共产党促进中华民族团结进步的基本经验

中国共产党历来高度重视民族工作和民族团结工作。在我国这样一个幅员辽阔、人口众多的统一多民族国家中，民族工作至关重要。民族工作尽管千头万绪，但民族团结工作始终是核心目标，是做好其他各项工作的生命线。习近平总书记反复强调，各民族要像爱护眼睛一样珍惜民族团结。各个民族不仅要像石榴籽一样紧紧抱在一起，而且要团结成一块坚硬的"钢铁"，以团结的力量为中华民族的发展进步和伟大复兴奠定坚实基础。

积极探索适合我国国情的解决民族问题的正确道路。中国共产党是马克思主义的政党，是中国人民和中华民族的先锋队，始终把马克思主义关于民族解放、民族平等、民族团结、民族进步、民族融合等基本理论作为自身开展民族工作的理论指南。同时，坚持把马克思主义民族理论与中国民族问题具体实际相结合、同中华优秀传统文化相结合，积极探索适合我国国情的解决民族问题的正确道路。

纵观党的百年历程，始终强调国家统一和民族团结这条主线是党推进中华民族大团结的主要经验。不论是在新民主主义革命时期、社会主义革命和建设时期，还是改革开放以后的社会主义现代化建设新时期，以及党的十八大以来的中国特色社会主义新时代，上述主线都毫不动摇、始终如一。

推动党的民族理论和民族政策不断创新和发展。任何理论只有适合国情才有生命力，只有从实际出发才能获得满意的效果。在领导全国各族人民建立新中国的过程中，中国共产党根据中国大一统的历史传统和各民族团结凝聚在一起的客观现实，把马克思主义的民族自决权转变为符合国情的民族区域自治制度。在建立社会主义

制度的过程中，推动民族关系的现代化，实现了各民族平等团结互助的社会主义民族关系。改革开放以来，坚持从全国一盘棋的高度出发，支持和帮助民族地区加快发展生产力，形成了各民族共同团结奋斗、共同繁荣发展的生动局面。进入新时代，在注重改善民生的同时强调加强精神力量建设，提出了铸牢中华民族共同体意识等一系列促进民族大团结的理论政策。

明确铸牢中华民族共同体意识的主线地位。加强中华民族大团结的关键在于各族人民在处理共同性和差异性关系问题上形成正确的认识。党的十八大以来，习近平总书记提出了铸牢中华民族共同体意识重大原创性论断，并把铸牢中华民族共同体意识作为党的民族工作和民族地区各项工作的主线，不断加强和改进党的民族工作，扎实推进民族团结进步事业，推进新时代党的民族工作高质量发展。

确立以中华民族大团结推进中国式现代化和中华民族伟大复兴的目标任务。中华民族大团结是各族人民共同建设祖国、建设中华民族共同体的期待和精神力量来源，各族人民的共同团结奋斗、共同繁荣发展持续强化了中华民族大团结的格局。新时代，要通过加强中华民族大团结促进中国式现代化，将精神力量在现代化建设中转化为推动经济社会发展和民族复兴的实践性、能动性力量。

中华民族共同体理论建设研究[①]

　　党的十八大以来，习近平总书记根据民族工作面临的新形势，鲜明提出把铸牢中华民族共同体意识作为新时代党的民族工作的主线、民族地区各项工作的主线，形成习近平总书记关于加强和改进民族工作的重要论述。在这一重要论述指引下，我国民族工作发生了重大转变，取得了新的历史性成就：推动民族地区同全国其他地区一道打赢脱贫攻坚战、全面建成小康社会，迈上全面建设社会主义现代化国家新征程。但在深入贯彻落实以铸牢中华民族共同体意识为主线的实际工作中，民族工作在宣传教育、政策法规、理论宣传等方面的重大调整还面临不少困难、挑战甚至思想认识困惑，特别是在民族理论方面，深受西方民族理论观点和话语体系的影响，缺乏中国自主民族理论话语，更没有科学完备的中华民族共同体理论体系。适应新时代民族工作转型要求、推进民族工作健康发展，迫切需要摆脱传统的理论束缚和话语陷阱。加快建构科学完备的中华民族共同体史料体系、话语体系、理论体系是用我们自主的理论

[①] 本文原发表于《国家现代化建设研究》2024年第6期。

体系更好地应对国内外各种风险挑战的迫切需要，也是构建中国特色哲学社会科学体系的重要任务。

目前，学术界对建构中国自主的民族学知识体系和建构中华民族共同体理论体系等进行了有益探索。从研究的重要议题和核心概念看，郝亚明等认为，铸牢中华民族共同体意识作为党和国家新时代民族工作的重大战略部署，与实现中国式现代化这一国家总体战略具有协同推进关系。[①] 石硕从"世界之中国"角度对中华民族概念产生的时代环境、传播机制进行了讨论，指出近代"中华民族"概念的产生代表着中国人整体"民族意识"的觉醒，认为在构建人类命运共同体的今天，不能将"中华民族共同体"与"人类命运共同体"对立起来，提出了考察中华民族概念的"世界"和"中国"两个维度。[②] 从学科体系看，何明认为，作为现代学科意义上的中国民族学之知识生产，主要经历了现代民族学知识体系的建构、马克思主义民族理论中国化的初步形成、民族学知识生产全球化、民族学自主知识体系的自觉建构等不同历史发展阶段，形成了独特的演进脉络与内在逻辑。[③] 周平等则从政治学学科视角出发，基于国家民族的研究立场创立了中国民族政治学的知识体系。[④] 从中华民族共同体理论体系的要素内容看，金炳镐等认为，"中华民族共同体意识话语体系，需要从理论来源、思想渊源和学理基础等角度对

[①] 郝亚明、秦玉莹：《中国式现代化与中华民族共同体建设的协同推进逻辑》，《中南民族大学学报》（人文社会科学版）2023年第2期。

[②] 石硕：《从"世界之中国"认识"中华民族"概念》，《中华民族共同体研究》2023年第6期。

[③] 何明：《中国民族学自主知识体系建构的原则与方法初探》，《中国民族》2024年第7期。

[④] 周平、孙保全：《民族政治学的理论体系》，《政治学评论》2023年第2期。

其进行基础考察，构建包括政策性话语、学术性话语和生活化话语为基本内容的话语体系框架"。[①]高永久等就构建中华民族共同体理论体系的价值意蕴、核心要义和路径等作了专门研究。[②]整体来看，学术界对于中华民族共同体等议题的认识在提升，研究在深化，自主性在增强，但仍然存在问题意识不够强，原创性概念和创新性成果比较少的现象，亟须提高研究深度和广度，扩大影响力，讲好中华民族共同体故事。笔者基于上述研究，进一步系统讨论构建中华民族共同体史料体系、话语体系和理论体系的相关议题，旨在引起更广泛的讨论和更多创新性自主性研究。

一、传统民族理论及话语表述中的突出问题

（一）中国"民族"概念中的认识问题

虽然中国古代就有"民"及"族"甚至"民族"的表述，却没有现代意义上的"民族"概念。学术界一般认为中国现代意义的"民族"概念是梁启超最早使用的。他于1899年从日语翻译了这一概念，可以说是舶来品。1902年3月，梁启超在《新民丛报》发表的《论中国学术思想变迁之大势》一文中，最早使用了"中华民族"这一概念，还提出应当区分"大民族主义"和"小民族主义"，即包含全部中国民众的"民族"是"大民族主义"，如"中华民族"；作为中国内部各个不同群体称谓的"民族"是"小民族主义"，如

[①] 马晓军、金炳镐：《中华民族共同体意识话语体系构建研究》，《广西民族大学学报》（哲学社会科学版）2023年第4期。

[②] 高永久、杨龙文：《构建中华民族共同体理论体系：价值意蕴、核心要义与路径依循》，《民族教育研究》2024年第3期。

"汉族""满族""苗族""瑶族"等。①

正是因为作为"大民族主义"的"中华民族"与作为"小民族主义"的"各民族"都使用了"民族"的概念，同时又因为在中国，"中华民族"往往与"中华""华夏"甚至"汉族"相提并论，这就使中文中的"中华民族"与"汉族"之间产生了联系密切甚至意义相同的解释。但是，一旦把"中华民族"与"汉族"等同起来使用，一定程度上存在把中国境内不属于"汉族"的其他"小民族主义"的群体排除在"中华民族"之外的风险或问题。这也是"民族"概念传入中国并将"中华民族"理解为包含"单一汉族"（中国境内的绝大多数人口）与"中华民族"（全体人口）两层意思的概念之后，一直困扰中国民族学尤其是民族理论研究乃至中国学术界、思想界的一个难题。难点或症结的关键是"汉族"内涵的界定，即汉族到底属于"大民族主义"的民族还是属于"小民族主义"的民族，还是两层涵义兼而有之。另一个难点是中国境内的"小民族主义"的"民族"（也就是中国境内的非汉族群体，或者说少数民族），是属于"汉族"的一部分还是属于"中华民族"的一部分，就成为一个不得不解决的重大理论甚至政策问题。在近代以来"民族平等"的话语体系下，如果把"中华民族"等同"汉族"，非汉族的各少数民族就无法成为具有与汉族一样平等地位的"民族"，只能对其民族地位作变通处理，但又不符合"民族平等"原则；如果承认各个"小民族主义"的群体都是"民族"，认定哪些"小民族主义"群体是"民族"以及如何认识这些"民族"与"汉族"以及"大民族主义"

---

① 龚志祥、刘一橦：《从民族定义看马克思主义民族理论的中国化时代化》，《中南民族大学学报》（人文社会科学版）2024年第4期。

的"中华民族"的关系,又是一个非常复杂敏感的理论难题。

(二)民族与国家、民族与民族的关系以及国家民族的性质问题

前述两种不同类型的民族观对如何看待国家与民族以及民族与民族关系有直接影响。基于一个国家内存在着多个不同的"民族"群体的民族观,可以把民族与国家的关系视为"包容"关系,也就是多个民族共处一个国家,一个国家包含多个民族。这也是长期以来我国一直占据主导地位的"民族观",表述为中国自古以来就是"统一的多民族国家"。这是对各民族"共创中华"的历史与现实状况的一个概括。如果把"民族"的内涵上升到近现代主权国家的"国民"层次上,上述"民族"观显然无法概括一个国家疆域内的"全体国民"。如果坚持按照西方"民族国家"的角度定义国家的主权归属,就应当将"民族"上升为"国家民族"。然而,受西方民族国家理论的影响,加上中文中对两种不同性质的"民族"都使用一个相同的概念,一些试图把"群体"性质的"民族"与"国民"性质的"民族"混同起来的做法,就把不同性质的"民族观"上升到"国家观"层面的分歧乃至对立。

如果把"民族"仅仅理解为现代国家的"国民",坚持"民族"与"国家"的相同性或一致性,就无法理解"统一的多民族国家"。因为按照"一个民族、一个国家"的所谓"经典"西方民族国家理论,"统一的多民族国家"是不可能存在的。要么认可"统一的国家"只存在一个民族,要么把"统一的多民族国家"解构为各个"单一民族"的国家。在这样的民族国家话语下,是无法理解为什么中国自古就是"统一的多民族国家"的。一些西方学者对此只能

说"中国"是伪装成国家的"文明"。① 近来，有中国学者用"天下"指代"统一的中国"，就是希望避免用"民族"就是"国家"的民族国家理论。然而，以为放弃"民族"概念就能解决"民族"与"国家"的混淆、形成对民族与国家关系的准确把握的观点，有待商榷。近代以来，伴随封建帝制或皇权被取代，人民（国民、公民）主权被确立为现代国家的立国之本。在一个国家内的所有国民或人民就成为现代主权国家的主人，把具有相同政治及法律地位的国民确立为"一个民族"是历史发展的趋势。不论国民（公民）个体的语言、文化、生产生活方式乃至文化习俗、宗教信仰如何，他们在一个国家内都是权利义务平等的国民（公民）。从这个意义上看，由具有相同国民（公民）身份的全体成员构成的共同体，就是一个国家，也是共同享有这个国家主权的同一个"民族"，只不过这个"民族"已经从"群体"层面上升到"国家"层面，这样的民族就是现代意义上的"国家民族"。以国家命名或自认为是"单一民族"国家的民族，都可以说是这种类型的"民族"，如"法兰西民族""美利坚民族""大和民族"等。梁启超提出的"中华民族"概念，也应具有相似的性质。一些专家认为，梁启超"中华民族"的内涵在清朝末年（1908年前后）发生了重要转变，从"汉族"转换为"中国大地上各民族的整体"。当然，不论是梁启超本人还是中国学界的一些专家，甚至是境内外的一些思想家，也在有意无意之间时常把"中华民族"与历史悠久的"华夏""中华""汉族"混

---

① "中国是一个伪装成国家的文明"是美国政治学家白鲁恂（Lucian Pye）在1968年的《中国政治的精髓》一书中提出的观点。塞缪尔·亨廷顿（Samuel P. Huntington）在1996年出版的《文明的冲突和世界秩序的重建》一书中进一步深化了这个说法。进入21世纪，英国学者马丁·雅克（Martin Jacques）多次重申并强化这一观点，产生了很大影响。

同起来，增添了理解现代中华民族的难度。这也就是说，作为"国家民族"意义上的"中华民族"与历史上的"华夏""中华""汉族"等概念并不完全是一个意义。

"中华民族"概念的混用，既是不同"民族观"下对"民族"内涵的不同理解，也体现了不同时空条件下对"民族"与"国家"历史的"历史观"的差异。本来，站在统一国家的立场上研究阐释一个国家的历史，对于疆域等重大问题的看法总体上应是一致的。然而，如果仅仅站在"民族"的角度研究国家的整体历史或者国家不同区域和不同群体的历史，在历史观方面往往会出现分歧。因为近现代以来"民族"与"国家"等同的概念和内涵，并不能简单地应用于古代王朝史的阐释与叙述。不论是大一统王朝的统一时期或多个政权并存的分裂时期，当时的"疆域"与国家主权意义上的现代国家疆域不同，当时建立统一王朝或各自政权的"民族"与现代意义上的民族也不同。由于对不同时期"民族""国家""疆域""政权"等基本概念的不同内涵缺乏必要的辨析，混同使用就会出现思想认识上的问题，进而引发历史观、国家观、民族观、文化观、宗教观等方面的混乱，甚至出现政治立场与理论导向方面的偏差。

（三）传统民族研究的研究对象"窄化"和研究短板问题

长期以来，我们的民族研究受西方民族学、人类学理论的影响，过分强调民族差异性和多样性。从研究对象上看，我国的民族学主要研究少数民族和民族地区，甚至仅仅研究单一少数民族的历史与现状。这就导致对各民族之间的差异性、独特性研究多，对中华民族的形成发展史、各民族的交往交流交融状况和综合性的比较研究比较少，各民族之间的边界越来越清楚，各民族的民族意识不断强化，中华民族共同体的意识弱化，一些地区、一些群体的国家意识、公民意识、法治意识亟待加强。这些问题的根源则是在民族观等方面出现偏差。

（四）构建中华民族共同体自主知识体系的迫切性问题

从西方引进的民族学在中国传播了近一个世纪，一代代学人在推进外来民族学与中国实际相结合、探索民族理论中国化时代化方面付出了巨大的努力，做出了卓越的贡献。但是，不论是民族学的研究还是民族理论的探索，还面临着转型转向的压力。一些不利于铸牢中华民族共同体意识与推进中华民族共同体建设的理论观点和政策主张，并没有得到认真分析和系统梳理。在实践中还存在一些不符合增进共同性方向、尊重和包容差异性原则的做法。由于民族理论与话语体系等方面存在的诸多问题，使民族工作的一些领域和局部地区存在着思想认识上的混乱，正确的国家观、民族观、文化观、历史观、宗教观等"五观"教育比较薄弱。因此，必须加快构建新时代推进中华民族共同体建设的理论体系，为在思想理论建设、教书育人、国际舆论斗争等方面的工作提供强有力的理论支撑，更好助力新时代民族工作的高质量发展。推进中华民族大团结，凝聚各民族强国建设、民族复兴的磅礴伟力，不仅需要传统的民族学关于加强民族团结进步的相关知识，还需要用各学科的普遍性知识、用中国特色的话语体系、用我们自己的理论方法，"讲好中华民族共同体故事，讲清楚中国共产党领导和社会主义制度是我国各民族共同发展进步的可靠保障，讲清楚中华民族是具有强大认同度和凝聚力的命运共同体，讲清楚中国特色解决民族问题的正确道路所具有的明显优越性"。①

二、积极推进中华民族共同体史料体系建设

（一）高度重视史料体系建设的基础性作用

构建科学完备的中华民族共同体理论体系，必须依靠充分翔实的中华民族共同体史料体系来支撑。要想把一个国家、地区以及群体的历史发展过程及其演进特点说清楚，扎实的史料是基础和根本。围绕中华民族共同体理论体系建设，必须大力推进中华民族共同体史料体系建设。这不仅是为话语体系、理论体系建设提供基础资料的问题，而且是深化中华民族共同体重大问题学理性阐释和科学化分析的重要思想源泉。

在中华大地上，各民族的先民在漫长的历史长河中交往交流交融，留下了十分丰富的证据和史料。作为世界上唯一以国家形态发展至今没有中断的文明古国，中国不仅留下了世界上记录最详细、最完整、最精确的各种各样的历史书籍和文献资料，成为记录中国历史乃至周边国家历史的丰富文献宝库，而且借助现代考古学的发展，发掘出分布面积广、历史跨度长、体系类型全、资料信息丰富的考古实物、历史遗存和文物遗产。在进入西方主导的近代国际体系之后，西方列强的侵略压迫剥削，使中华民族遭受了前所未有的劫难。但是，不屈不挠的中国人民在与外国列强的抗争中不仅实现了民族自觉，留下了无数彰显爱国主义精神的名人故居、历史遗迹、文物实物等丰富的文化遗产；在中国从传统农业社会向现代工

---

① 习近平：《铸牢中华民族共同体意识　推进新时代党的民族工作高质量发展》，《求是》2024年第3期。

业社会转换的过程中，大量厂矿企业旧址、机器设备产品、商品技术贸易交流史料等，充分证明近代以来中华民族与世界各国的密切联系。近现代历史资料具有现实性强、内容包罗万象、题材契合中华民族伟大复兴主题等特点，既是记录中华民族共同体从自在到自觉转变的鲜活资料，也是中华民族推进现代化建设、积极主动建设现代文明的生动体现。

中华民族共同体史料体系建设既要重视古代史料的挖掘整理与研究阐释，也要重视近现代文史资料和实物资料的整理和挖掘，注重发挥各种类型的博物馆及文物文化场所的作用。每个时期、每个地区都发生着各民族间互帮互助的生活实践，特别是在近代以来抵御外侮、防止分裂、维护统一的进程中，各族人民空前团结、同仇敌忾，书写了中华民族艰苦卓绝、气壮山河的伟大史诗，涌现了大量可歌可泣的典型事迹，留下了丰富的历史文化材料、文献资料和文物实物资料。中华人民共和国成立后，在中国共产党的领导下，我国确立了民族区域自治制度，进行了民主改革和社会主义改造，引领各族人民走上社会主义道路，建立了平等团结互助和谐的社会主义民族关系；改革开放以来，实施了西部大开发战略，进行对口支援和扶贫协作等针对民族地区和少数民族的多项优惠扶持政策，促进了各民族共同团结奋斗、共同繁荣发展；进入新时代，脱贫攻坚战的胜利使全国消除了区域性的整体贫困，全面建成小康社会并开启了强国建设、民族复兴的新征程。新中国56个民族共同团结奋斗、共同繁荣发展的历史过程，不仅展现了中华民族从站起来、富起来到强起来的历史性转变，而且涌现了难以计数的各民族守望相助、团结发展的典型案例。

（二）充分挖掘历史典籍中记载的各民族共创中华的历史事实

作为四大文明古国之一，中国产生了多种语言、不同形式的历史典籍，记载了"五个共同"①的生动历程，展现了中华民族共同体形成和发展的历史事实。中国自周代共和元年确定明确的历史纪年，历史典籍记载连续而清晰。特别是秦朝建立统一的多民族国家之后，历朝历代都有严格的官方机构进行历史记录。"二十四史"作为官方记录的王朝历史，从政治经济到社会民俗，记载翔实，资料丰富，成为记载中华民族发展史最主要的典籍资料。

《史记》将中华各族视为一个整体进行书写，开创了为少数民族著书立传的传统，此后历代延续，形成了包括《汉书》《后汉书》《宋史》等在内的二十四史。这些历史典籍绝大多数都包含了少数民族与汉族的交往情况。《史记》以黄帝、颛顼、帝喾、尧、舜的世系为起点，具体记载了十二本纪、十表、八书、三十世家和七十二列传，明确了华夏族群与匈奴、南越、西南夷等各民族之间的亲缘关系，将秦、楚、越、匈奴、西南夷等民族的祖先一同纳入华夏的五帝的世系中，提出圣王同祖、华夷共祖的观念，并以黄帝为华夏第一帝王。"秦之先，帝颛顼之苗裔孙曰女脩。"②"楚之先祖出自帝颛顼高阳。高阳者，黄帝之孙，昌意之子也。"③"越王勾践，其先禹之苗裔，而夏后帝少康之庶子也。封于会稽，以奉守禹之

---

① "五个共同"即各民族共同开拓了祖国的辽阔疆域，共同缔造了统一的多民族国家，共同书写了辉煌的中国历史，共同创造了灿烂的中华文化，共同培育了伟大的民族精神。参见《推进中华民族共同体建设 巩固发展中华民族大团结》，《人民日报》2024年9月28日第1版。
② 司马迁：《史记·秦本纪》，中华书局，1982，第163页。
③ 司马迁：《史记·楚世家》，中华书局，1982，第1689页。

祀。"①"匈奴，其先祖夏后氏之苗裔也，曰淳维。"② 这些记载表明了先秦、秦汉时期黄河流域、长江中上游民族之间的亲缘关系，"华夷共祖"的文化认同已深入人心。《汉书》《晋书》《旧唐书》《新唐书》《明史》等记载了各民族在政治、经济方面的广泛交往，如唐蕃之间的数次会盟，明朝时期的边疆招抚政策，茶马互市等。

秦朝实行"书同文"政策，在广阔的疆域内实现了"文字"的统一，为此后历代"大一统"国家的发展奠定了重要基础。与此同时，中华大一统并不是"一刀切"，而是多元并存，经济上相互依存，文化上兼收并蓄、兼容并包。在正史之外，还保留了用多种语言文字记载的丰富史料，包含边疆民族史、文化史等丰富内容。全国很多地方都留存下来不少地方史志资料，包括地方志、会要、笔记、谱牒及文学作品等。如清代彝文古籍《西南彝志》，汉文、满文、蒙古文3种文字版本的《孟子》《御制满汉合璧易经》，最早的双语教科书西夏文汉文字典《番汉合时掌中珠》，藏文和蒙古文大藏经《甘珠尔》《宋会要》，托忒文的《西游记》等。这些内容揭示了中华民族发展的整体性和内在联系，描绘了各民族共创中华的多彩画卷。

（三）高度重视考古资料在中华民族共同体史料体系建设中的作用

作为历史文化大国，点多面广量大的考古资料无疑是实证中华民族多元一体格局和各民族自古就是不可分割的中华民族共同体的物证资料。我国的文献资料固然丰富翔实，但是要充分说明中华

---

① 司马迁：《史记·越王勾践世家》，中华书局，1982，第1739页。
② 司马迁：《史记·匈奴列传》，中华书局，1982，第2879页。

民族的形成发展史，仅仅依靠文献记载是不够的，尤其是文字形成之前的历史更需要依靠考古资料来弥补不足。对考古资料的充分挖掘使用，可以用实物资料证实中华民族的先民们在中华大地上繁衍生息的悠久历史，对相关文献资料的叙述可以起到弥补、校正（证实或证伪）、拓展等多方面的作用，更可充分利用文物和考古遗址，讲好各民族交往交流的历史故事。

"我国考古发现展现了中华民族起源与发展的历史脉络，我国考古发现的重大成就实证了我国百万年的人类史、一万年的文化史、五千多年的文明史。"[1]当代考古科学的发展，对深化中华文明的起源及中华文明各个不同阶段发展演进特点的研究，发挥着越来越重要的支撑作用。考古学家基于对我国大量考古资料的深入研究，已经突破了关于文明起源发展的西方话语和西方叙事模式。很多考古遗址，极大地弥补了文献记载的缺失，有些发现甚至填补了文献记载的空白。内蒙古哈民遗址的史前人类聚落、乌兰察布大窑遗址的"大窑人"、萨拉乌苏遗址的"河套人"、扎赉诺尔遗址的"扎赉诺尔人"等古人类遗存，基本厘清了旧石器时代中国北方草原文明的发展序列。新石器时代，西辽河流域出现的红山文化、兴隆洼文化、小河沿文化、夏家店文化，黄河中上游地区出现的仰韶文化，长江流域出现的良渚文化、三星堆文化等，已经充分证实了游牧文化、农耕文化、海洋文化之间在远古时期的相互联系与密切关系，建构起了中华古代文明叙事的完整体系。

考古资料非常形象地展示了我国建立统一多民族国家以来各民

---

[1] 习近平：《建设中国特色中国风格中国气派的考古学　更好认识源远流长博大精深的中华文明》，《求是》2020年第23期。

族交往交流交融的历史。在宁夏同心县倒墩子（西汉时期）匈奴墓地中，出土了来自中原的陶器、漆器、铁器。[①]陕西神木市的东汉画像石墓葬群中既出现了具有草原文化特征的狩猎画像砖，也出现了带有儒家礼制的家族墓地、合葬形制，充分表明了匈奴家庭结构的汉化趋势。[②]倒墩子遗址、东汉画像石墓葬群中出现的五铢钱、半两钱等古代货币，表明游牧民族与中原农耕民族之间密切的经济往来。和林格尔墓出土的以北壁乐舞百戏图、农耕图为主题的壁画，尼雅遗址出土的印有蛟龙纹和菩萨像的蜡染棉织品，新疆尉犁县营盘墓地、洛浦县山普拉墓地及阿斯塔那古墓群等墓葬中出现的各时代的鸡鸣枕等随葬品，生动体现了中原文化在民族地区的传播情况。黑水城遗址出土的西夏文献、文物中包含了大量描述基层社会生活的文书，其中户籍账的存在证实了各民族的通婚现象，西夏文和汉文的《杂字》分别记录了西夏的"番姓"和"汉姓"，显示出各民族之间在交往中形成的深层交融。

（四）充分认识并发挥文化遗产特别是非物质文化遗产资料对中华民族共同体史料体系建设的作用

有形的物质文化遗产和无形的非物质文化遗产是各民族在历史中交往交流交融积淀的结果，也是充分展示各民族发展历史与民族间交往交流交融的实物例证。物质文化遗产所表征的知识信息蕴藏着具体的历史情景，实证性和客观性体现得更加充分。对反映各民族交往交流交融的文化遗产进行系统梳理，构建中华民族发展史的代表性文化遗产谱系，不断丰富"五个共同"和各民族交往交流交

[①] 乌恩、钟侃、李进增：《宁夏同心倒墩子匈奴墓地》，《考古学报》1988年第3期。
[②] 肖健一、康宁武、程根荣等：《陕西神木大保当东汉画像石墓》，《文物》2011年第12期。

融史的内容，实现"物""史"互证，完成基于"物"的中华民族共同体历史叙事。以物质文化遗产为载体，深入挖掘其中蕴含的中华优秀传统文化精髓，可以更好地树立和突出各民族共有共享的中华文化符号和中华民族形象。文化遗产中具有历史、艺术、科学价值的古文化遗址、古墓葬、古建筑、石窟寺、石刻、壁画、近现代史迹，以及能够反映历史上各时代各民族生产生活、社会制度的代表性实物等都应被纳入史料体系之中。秦始皇兵马俑不仅形象地展示了秦朝的军事力量，也充分证实了在中华大地各个不同区域最终走向统一、建立起统一多民族国家的历史进程。集结了汉族、藏族及其他民族建筑风格的布达拉宫，见证了各民族之间友好往来的历史。北京故宫不仅与安徽凤阳的明中都、南京的明故宫遗址有着直接的沿袭关系，其形制甚至可以追溯至夏代以降的历代都城，是中华文化一脉相承的重要符号。云冈石窟的二佛并坐造像的兴盛，是北魏借助佛教彰显中原正统、君权神授的结果，敦煌石窟和麦积山石窟的二佛并坐造像可以看作是云冈模式的西传。[1]

以各地的民俗文化为主要代表的非物质文化遗产深嵌于各族人民的日常生活之中。非物质文化遗产的史料建设主要以中华文化为主干，以各民族非物质文化遗产为枝叶，搜集、挖掘、保护各类保留多民族交融历史与中华文化基因的文字、歌曲、舞蹈等不同形式的口述史资料、档案资料、数字资料等，构筑各民族共有精神家园。如传唱于西北地区的民间音乐花儿，不仅散见于宁夏、青海、新疆等地，其传唱之人更是跨越了民族界限，实现了汉族、回族、东乡族、保安族等多民族文化共享。壮族的嘹歌、土家族的摆手

---

[1] 王江：《云冈石窟释迦多宝二佛并坐研究》，《云冈研究》2022年第3期。

舞、藏区的锅庄舞、湘西的傩戏、民族史诗《格萨尔》《江格尔》《玛纳斯》等均孕育于各民族相互融通的日常生活实践中，成为各民族共享的中华符号，生动展现了中华文化兼收并蓄的特点。[1]

三、努力打造中华民族共同体话语体系

（一）充分认识"话语权"的重要性

"话语产生的权力是国家软实力的重要组成部分。"[2]"一个国家国际话语权大小直接影响和体现着国家软实力的强弱。"[3]西方世界把近代以来形成的政治价值观念体系提炼成所谓的普世价值，通过经济、军事、技术霸权和发达的传播手段，占据了国际话语制高点。为了加紧打压与遏制中国的发展势头，他们既充分运用其军事、科技、金融等硬实力，更擅长运用长期主导国际话语权的软实力，为打压中国的发展与国际合作不断制造舆论甚至不惜造谣污蔑，丑化和抹黑中国的形象。有学者甚至认为，当今美西方世界的霸权"在某种程度上是靠政治话语霸权来确立和维持的"[4]。由此可见，为中国发展创造良好的国际舆论环境，迫切需要提高我国的国际话语权和传播力，尤其是提升我国哲学社会科学的国际影响力。

（二）中国迫切需要自主的哲学社会科学话语体系

2016年，习近平在哲学社会科学工作座谈会上指出："在解读中国实践、构建中国理论上，我们应该最有发言权，但实际上我国

---

[1] 参见中国民族博物馆编纂、郑茜主编《何以中华：一百件文物中的中华民族共同体历史记忆》，四川民族出版社，2024年。
[2] 郭可：《国际传播学导论》，复旦大学出版社，2004，第4页。
[3] 陈正良：《国际话语权对国家软实力影响效用探赜》，《观察与思考》2017年第1期。
[4] 戴亚琴：《中国特色哲学社会科学话语体系建设研究综述》，《党政论坛》2019年第8期。

哲学社会科学在国际上的声音还比较小",进而提出了"要注意加强话语体系建设"的号召,并把它作为加强哲学社会科学体系建设的三大任务之一。[①]"坚持和发展中国特色社会主义,需要不断在实践上和理论上进行探索,用发展着的理论指导发展着的实践,哲学社会科学具有不可替代的重要地位。"[②]哲学社会科学的发展水平,在一定程度上决定了一个国家的发展水平。构建中国哲学社会科学体系、繁荣发展哲学社会科学的根本目的,是为了促进中国特色社会主义事业的顺利发展。作为认识世界、改造世界的重要工具,社会科学需要不断进行理论创新、话语创新。

(三)中国自主的民族话语体系建设刻不容缓

回顾国外特别是西方民族理论进入中国的历史,西方话语体系从基本概念、研究范式到基本观点、理论体系在我国民族学、人类学的教学科研乃至我国民族理论和政策法规实践中,都产生了非常大的影响。这使中国产生了现代意义上的"民族学"学科体系,但也使产生于西方土壤之上的理论变成了认识我国历史与现实的理论方法和话语体系。比如,我们长期使用舶来的"民族"概念而忽略了作为56个民族整体的"中华民族"概念,在理论研究和实际工作中注重强调各个民族之间的差异,忽略了各民族之间的联系和交往交流交融,对各民族共创中华历史和中华民族共同性强调不够。关于"民族"的话语多而强,关于中华民族的话语少而弱,而且在研究阐释上存在一定偏差。有些研究甚至把来自西方学界的理论观点作为阐释中华民族发展史和看待我国民族关系的标准。在涉及民

[①] 习近平:《在哲学社会科学工作座谈会上的讲话》,人民出版社,2016,第24页。
[②] 同上书,第2页。

族与国家的关系问题上,用西方民族国家的话语体系和理论框架研究阐释本属"族群"层次的"民族",没有看到中国大一统的历史与现实。持不同观点和意见的学者,经常由于民族概念内涵的不一致而产生争论。这虽然在一定程度上有助于深化对民族现象的认识,但在一个时期带来的导向分歧甚至理论混乱也是客观存在的。如果不从话语体系着手,就很难真正建构起立足我国实际、具有科学性和解释力的中华民族共同体理论体系。

（四）坚持文化自信和中华文化主体性

加快构建中国特色哲学社会科学话语体系及中国自主的中华民族共同体话语体系,需要坚持并不断增强理论界对中华文化的文化自信。近代以来,西方文明和西方强势文化的冲击,导致不少人动摇乃至丧失了对中华文化的信心。在中国共产党领导下,中国人民和中华民族以马克思主义为指导,开启了实现中华民族伟大复兴的艰辛探索。改革开放以来,伴随中国式现代化的持续推进与巨大成就,党和人民对中国特色社会主义的道路自信、理论自信、制度自信不断增强。党的十八大以来,习近平在多个场合、多次讲话中强调"文化自信",将"三个自信"变成"四个自信"。"坚定中国特色社会主义道路自信、理论自信、制度自信,说到底是要坚定文化自信。"[1]"自信才能自强。有文化自信的民族,才能立得住、站得稳、行得远"。[2]

坚定文化自信,根源在于坚持"两个结合"。在几千年的历史发展中,中华民族之所以能够历经磨难而坚韧向前,一个很重要的

---

[1] 习近平:《在哲学社会科学工作座谈会上的讲话》,人民出版社,2016,第17页。
[2] 习近平:《在文化传承发展座谈会上的讲话》,人民出版社,2023,第16页。

原因就是世世代代的中华儿女培育和发展了独具特色、博大精深的中华文化，为中华民族克服困难、生生不息提供了强大精神支撑。中国特色社会主义"具有深厚的历史渊源"，"是在对中华民族5000多年悠久文明的传承中走出来的"。[1] "只有立足波澜壮阔的中华五千多年文明史，才能真正理解中国道路的历史必然、文化内涵与独特优势。"[2] 博大精深的中华文化和连绵不绝的中华文明之所以长存于世，归根结底源自中华民族的悠久历史，源自中华民族对自身文化主体性的坚守。"有了文化主体性，就有了文化意义上坚定的自我，文化自信就有了根本依托，中国共产党就有了引领时代的强大文化力量，中华民族和中国人民就有了国家认同的坚实文化基础，中华文明就有了和世界其他文明交流互鉴的鲜明文化特性。"[3] 在现代化进程中坚持中华文化的主体性，中国就必须用自己的话语体系把中华民族的历史与现实表达清楚。正如方块汉字数千年来作为中国语言文字的典型样态一样，关于当代中国和中国人自己的话语体系，也一定带有中国历史文化的深刻烙印。只要站在中华民族的立场上，用"五个共同"的整体史观研究中国和中华民族的形成发展史，研究中华民族的多元一体格局，研究中华民族在中国共产党的领导下实现站起来、富起来到强起来的历史事实和发展趋势，就一定能够形成属于我们自己和属于我们这个时代的自主话语体系，为中华民族共同体理论体系建设发挥好支撑作用。

---

[1] 肖伟光：《廓清关于文化自信的三个常见模糊认识》，《宁夏社会科学》2024年第2期。
[2] 习近平：《在文化传承发展座谈会上的讲话》，人民出版社，2023，第5页。
[3] 习近平：《在文化传承发展座谈会上的讲话》，人民出版社，2023，第9页。

（五）推动民族学研究的范式转换

推进民族理论政策话语体系创新，要突破民族学传统固化的思维方式。民族学研究的是民族现象。中华人民共和国成立70多年来，我们已经形成了一整套民族学的概念与话语体系，但是这套体系主要运用于"少数民族"相关的领域中。在某种程度上，以往的"民族学"实则为"少数民族学"，"民族理论政策"主要成为针对少数民族的理论政策，"民族区域自治"过多强调了地方的自治性，而没有准确把握民族区域自治与维护国家统一的关系。民族现象是全局性、系统性现象，仅仅靠民族学单一学科的知识是无法阐释清楚的，应在传统的民族学研究中借鉴其他学科的理论方法，也需要其他学科从不同角度广泛关注并参与民族问题的研究。从民族学的学科发展史可以看出，人类学、社会学、政治学、历史学等很多学科都可以在中华民族共同体学术研究中发挥积极作用，都可以为民族理论政策的发展提供新的研究视角、做出各自的贡献。

四、积极推进中华民族共同体理论体系建设

（一）理论建设要充分体现中国化时代化原则

"社会大变革时代，一定是哲学社会科学大发展的时代。当代中国正经历着我国历史上最为广泛而深刻的社会变革，也正在进行着人类历史上最为宏大而独特的实践创新。"[1]"这种前无古人的伟大实践，必将给理论创造、学术繁荣提供强大动力和广阔空间。"[2] 梳理中国共产党成立以来带领中国人民和中华民族艰辛探索的百年

---

[1] 《习近平著作选读》第1卷，人民出版社，2023，第478—489页。
[2] 同上。

历程，总结中华人民共和国成立70多年来推进中国式现代化的丰富实践，特别是改革开放40余年来经济高速发展和社会持续稳定的辉煌成就，比较中国特色解决民族问题的正确道路与世界各国处理本国民族问题的经验教训，是新形势下民族学转型发展的客观需要，更是建构科学完备的中华民族共同体理论体系的重要依据。

（二）研究中华民族共同体形成与发展的基本逻辑

从历史逻辑上看，中华民族共同体是历史发展的结果。现实是历史的延伸和发展，历史是现实的前提和基础。为什么中华大地上的各民族在历史的长河中能够从多元走向一体？为什么中国能够从分散林立的众多部族方国最终发展成大一统的多民族国家？为什么大大小小的各种群体最终发展成世界上独一无二的"中华民族共同体"这样一个超级的民族实体？这些现象从西方民族学和相关学科中无法找到科学解释和准确答案，需要学术界从中华民族诞育、形成和发展史中寻求理论答案。中华民族共同体能够把分散的各民族凝聚成幅员辽阔、人口众多的广土巨族，这是由中华文明的根本特性决定的，也是由中华民族在漫长的历史进程中各民族内向凝聚、坚持和平发展的独特道路决定的。要看清中华民族的现状和未来发展方向，必须从历史事实中寻找线索，从历史逻辑中寻找答案。从历史发展逻辑中构建中华民族共同体理论体系，必须阐明各民族在中华大地上长期共同生活、生产中共同性不断增强、中华民族共同体不断发展壮大的主流趋势，阐明虽然近代以来才出现"中华民族"这个名称，但在历史长河中，"中华民族"作为多元一体、相互离不开的民族实体已经长期存在的历史事实。

从理论逻辑上看，习近平曾用三个"相互"阐发了中华民族共同体形成与发展的内生动力："一部中国史，就是一部各民族交融汇聚成多元一体中华民族的历史,就是各民族共同缔造、发展、巩固统一的伟大祖国的历史。各民族之所以团结融合,多元之所以聚为一体,源自各民族文化上的兼收并蓄、经济上的相互依存、情感上的相互亲近,源自中华民族追求团结统一的内生动力。"①2024年9月,习近平在全国民族团结进步表彰大会上用五个"相"阐发了中华民族共同体形成与发展的内生联系:各民族血脉相融,是中华民族共同体形成和发展的历史根基;各民族信念相同,是中华民族缔造统一的多民族国家的内生动力;各民族文化相通,是中华民族铸就多元一体文明格局的文化基因;各民族经济相依,是中华民族构建统一经济体的强大力量;各民族情感相亲,是中华民族一家亲的坚强纽带。②这些论述充分揭示了中华民族共同体的发展规律和建设路径,其背后的学理阐释、实证研究还需要理论界不懈的努力。

(三)加强中华民族共同体学科建设

加强学科建设、优化学科结构是构建中华民族共同体理论体系的重要条件。要改变只有民族学、人类学关于"民族"的理论才是"民族理论"的旧思维,形成多学科共同参与研究关于民族与民族、民族与国家、民族自身发展规律和趋势的新格局。这就需要按照习近平总书记在哲学社会科学工作座谈会上的讲话要求,贯彻习近平总书记关于加强和改进民族工作的重要论述,推进新时代的民族研究和中华民族共同体学科建设,以铸牢中华民族共同体意识为引领、以增进共同性为导向推进学科优化,加快学科建设。

---

① 习近平:《在全国民族团结进步表彰大会上的讲话》,人民出版社,2019,第7页。
② 习近平:《在全国民族团结进步表彰大会上的讲话》,人民出版社,2024,第4—6页。

铸牢中华民族共同体意识、构建中华民族共同体理论迫切需要民族学学科转型转向。有一段时间，我们的民族学从概念到基本理论观点主要来自国外，并且形成了西方民族学（或人种学、人类学）和苏联民族理论两个学术传统。两者在解释中国悠久复杂的民族现象和引导民族工作实践中虽然发挥了一些积极作用，但也存在不少偏差。因为两者往往把"民族"概念等同于"少数民族"，很少研究经过长期交往交流交融形成发展起来、占全国人口绝大多数的"汉族"，基本不研究代表全体国民的"中华民族"。这也导致民族学一般只研究各民族之间的差异性，忽略各民族的共同性；只强调各少数民族的特殊性，忽视各民族的交往交流交融；只强调各民族的单一发展史，忽略了各民族共创中华的整体发展史。新时代党的民族理论、政策、实践工作的创新发展，对加快构建符合我国国情、具有中国特色的中华民族共同体理论体系提出了迫切要求，也为推进新时代民族学的转型发展指明了方向、提供了遵循。

推进中华民族共同体理论体系建设是对我国哲学社会科学各相关学科提出的共同任务。研究中华民族的悠久历史，需要考古学、历史学、语言学、文字文献学等基础学科投入力量，加大学科建设力度。研究包括马克思主义民族理论在内的马克思主义同中国具体实际、同中华优秀传统文化"两个结合"的科学内涵与实践路径，需要马克思主义、党史党建、哲学、政治学、政治经济学、科学社会主义等学科的介入与引领，只有这样才能真正理解马克思主义为什么能够在中华大地上扎根发展，为中国广大民众所接受，中国共产党为什么能作为中国人民的先锋队和中华民族的先锋队，带领中华民族获得独立解放、实现站起来富起来强起来的历史使命。研究中华民族发展史，必然要放到世界范围内，从人类社会发展史的角度去考察，这就需要国际政治、世界经济、区域国别等学科的介入，从国际比较的视角分析古今中外民族事务治理或者处理民族问题的不同类型及其利弊得失；从民族事务治理成效的多学科研究分析中更好地理解中华民族共同体的中国特色和民族特色，为世界各国治理民族问题提供中国智慧、中国方案，以中国特色的民族理论和中华民族共同体理论体系为构建人类命运共同体做出中国贡献。要鼓励打破学科界限和学术壁垒，积极开展跨部门、跨领域、跨专业的联合调查研究，组织跨学科论坛，开展多学科对话，促进学术交流。

构建中华民族共同体理论体系需要民族学与各相关学科共同努力，也需要加快形成中华民族共同体研究的专业化学科支撑，发挥好各级各类铸牢中华民族共同体意识研究基地、教学基地、实践基地的引领和载体作用。目前，中央统战部等四部委已经确立了28家专门研究基地，国家民族事务委员会和民族地区也建立了一大批研究基地或教学科研机构，但重大创新性科研成果还不多，引领学术理论体系建设的精品力作相对匮乏，精准阐释铸牢中华民族共同体意识、有效服务国家和各地民族工作实践的人才队伍还较薄弱。要进一步加强对各类研究基地、教学实践基地的指导，不断提升其专业素质和能力水平。要建立更加有效的激励约束机制，鼓励各相关机构把准研究方向，围绕中华民族共同体重大基础性问题联合攻关、融合发展。

（四）始终坚持正确的立场、观点和方法

推进中华民族共同体理论研究，必须站稳马克思主义立场、站稳中国立场、站稳时代立场，必须坚持以习近平新时代中国特色社会主义思想为指导。"持续推进实践基础上的理论创新，首先要把握新时代中国特色社会主义思想的世界观和方法论，坚持好、运用好贯穿其中的立场观点方法。"①"六个必须坚持"②是对习近平新时代中国特色社会主义思想的世界观和方法论的集中概括，必须贯穿中华民族共同体理论体系建设全过程。人民至上是马克思主义的基本立场，必须树立好为人民做学问的理念。站稳中国立场和时代立场就是要坚持古为今用、洋为中用。民族理论政策研究包括中华民族共同体学科建设，必须坚持一切从实际出发、从中国国情出发、从现实需要出发、从实地调查出发的基本原则，坚持一切理论尤其是外来理论必须与中国历史和现实相结合的研究路径，坚持民族学、人类学、宗教学及相关哲学社会科学的中国立场与时代化发展方向。

推进理论创新，必须处理好民族研究政治立场与学术观点的关系。民族研究的各相关学科都具有很强的政治性与意识形态属性。坚持政治性与加强学术性并不矛盾。在坚持民族研究正确政治立场的前提下，必须努力提升理论政策研究的科学性、学术性、专业性。既要防止把民族研究变成失去现实关照的所谓"纯学术"，又要坚持立足田野、实地调查、从实求知的研究方法，把研究结论建立在扎扎实实的科学研究基础之上。对于民族研究领域的重大争议问题，要理性分析与客观对待，既不能把政治立场问题当成一般的学术问题对待，把"民族学"当成没有政治性的学科，也不能把一般性的学术问题简单地当成政治问题上纲上线。按照民族工作"是

---

① 《习近平著作选读》第1卷，人民出版社，2023，第16页。
② "六个必须坚持"即必须坚持人民至上、必须坚持自信自立、必须坚持守正创新、必须坚持问题导向、必须坚持系统观念、必须坚持胸怀天下。《习近平著作选读》第1卷，人民出版社，2023，第16—18页。

什么问题就按什么问题处理"的基本原则，对民族学的学科建设问题、学术理论问题、学术研究工作，多一份理解与支持，鼓励学者们潜心研究，为其走进田野、深入民间多提供一些支持，多创造有利条件。

（五）营造有利于理论发展的良好环境

推进中华民族共同体理论建设和民族理论政策研究，需要创造良好的学术环境、舆论氛围和创新空间。民族工作在党和国家工作全局中具有战略地位，做好民族领域实际工作既敏感复杂，又存在各种各样的新情况新问题，对待那些在实践探索中尚没有定论的新领域新问题，要做出全面、科学、精准的判断委实不易，推动哲学社会科学各学科的理论创新，尤其是推进民族领域的理论观点创新、话语体系创新面临着很多困难和压力。学者的研究需要通过出版发表科研成果来体现，学术发展繁荣也需要交流平台的支持。由于民族理论政策调整往往涉及立场观点、切身利益、民族情感，在一些问题上达成共识比较困难，需要加强正确的舆论引导。要加强民族理论知识和法律政策的普及宣传，鼓励相关领域专家学者和工作人员多发声，用正面、理性的声音引导舆论，防止杂音、噪音干扰社会稳定、民族团结和民族工作大局。学术研究的创新是话语体系创新的基础和前提，没有学术创新，话语创新是无源之水、无本之木。

（六）大力推进专业人才队伍建设

推动新时代民族理论政策研究走向深入，必须把人才队伍建设放在基础地位。这方面工作的重要性毋庸多言，问题是如何形成民族学"人才辈出""大师云集"的体制机制。一方面靠外部环境改善与增加支持、激励，另一方面则需要不断提升民族研究工作者的责任心和奉献精神。外部条件具备了，内因就是决定性因素。囿于多种因素的影响，青年专家学者受传统民族学话语体系和理论观点的影响相对较少，当代知识体系和研究方法手段训练得比较充分，转型发展的潜力和动能更强。要大力加强人才队伍建设尤其是各学科青年专家学者的培养，为他们创造更多的机会，提供更大的舞台，克服成果出版发表方面的制约障碍，鼓励他们潜心钻研、厚积薄发，产出更多立足中国历史、解读中国实践、回答中国问题、助推改革发展的原创性成果，为形成科学完备的中华民族共同体理论体系添砖加瓦、厚植根基。

在面对"百年未有之大变局"的新时代，在全面推进强国建设、民族复兴伟业的新征程中，民族学等相关学科要充分利用学科优势，围绕"铸牢中华民族共同体意识"这个新时代民族工作的主线和民族地区各项工作的主线，认真学习研究和贯彻落实中央民族工作会议精神、习近平文化思想、习近平在二十届中央政治局第九次集体学习及在全国民族团结进步表彰大会上的重要讲话精神，大力推进中华民族共同体理论体系建设。实践是理论的基础，推进中国特色哲学社会科学各学科发展尤其是中华民族共同体理论体系建设，也必须立足实践，扎实开展调查研究，从党领导各民族人民推进中华民族共同体建设的伟大实践中进行理论总结。只有这样，才能得出既符合中国实际、又能够指导实践的研究成果。只有深入研究当代中国现代化建设进程中的重大理论和现实问题，才能更好地推动民族理论政策史料体系、话语体系和理论观点的创新发展，才能为建设中华文明和推进中华民族共同体建设做出更大的贡献。

全面推进中华民族共同体建设[①]

在 2024 年全国民族团结进步表彰大会上，习近平总书记发表重要讲话，总结概括了建党 100 多年来，特别是中华人民共和国成立 75 年来我国民族团结进步事业取得的辉煌成就，指出我国少数民族面貌、民族地区面貌、民族关系面貌、中华民族面貌发生了翻天覆地的历史性巨变。

一、习近平总书记重要讲话的主要内容

根据习近平总书记重要讲话的全文，大致分为三个部分：一是对中国共产党历来高度重视民族工作，推进中国特色解决民族问题正确道路的探索及其成效的充分肯定。二是从正确的中华民族历史观的角度，用五个"相"概括了中华民族共同体形成与发展的历程、各民族之间密不可分的内在联系，阐释了中华民族共同体的形成逻辑。这部分内容既有新时代的政治高度，更有深厚透彻的学理分析，充实和丰富了正确的中华民族历史观的内容，揭示了中华民族

[①] 本文原发表于《贵州民族研究》2024 年第 6 期。

共同体的深刻内涵与发展规律。三是提出了推进全国民族团结进步事业健康发展和中华民族共同体建设的任务要求。习近平总书记从五个方面强调了进一步推进民族团结进步事业和推动党的民族工作高质量发展的根本原则、重点任务和工作要求。

这次讲话是习近平总书记在全国民族团结进步表彰大会上发表的第 3 次讲话，也是明确提出铸牢中华民族共同体意识重大论断 10 周年之后发表的重要讲话。这次讲话不仅再次强调铸牢中华民族共同体意识作为新时代党的民族工作主线、民族地区各项工作的主线，而且明确提出了以中国式现代化全面推进强国建设、民族复兴新征程中推进中华民族共同体建设的任务要求。

这篇讲话内容虽然篇幅不长，但内容却高度凝练，立意高远，内涵深刻，意义重大，是习近平总书记关于加强和改进民族工作的重要思想的最新发展，是马克思主义民族理论中国化时代化的最新成果，是中国特色民族理论的最新篇章，为做好新时代党的民族工作和推进民族团结进步事业发展进一步明确了重点任务，也为中华民族共同体建设指明了方向，提供了根本遵循，是新时代推进中华民族共同体建设的纲领性文献。

二、中国特色解决民族问题的道路是完全正确的

习近平总书记在 2024 年全国民族团结进步表彰大会上的重要讲话的第一部分，是对中国特色解决民族问题正确道路的充分肯定。我们知道，中国特色解决民族问题的正确道路是指中国共产党自成立之后，经过新民主主义革命时期、社会主义革命和建设时期、改革开放和社会主义现代化建设新时期，以及中国特色社会主义新时代，在 100 多年的实践中，探索出来的关于如何看待及如何

解决中国民族问题的理论、政策、法规、制度，进而形成的适合我国国情并取得显著成效的道路。

中国共产党自成立以来，始终坚持把马克思主义民族理论基本原理同我国民族问题具体实际相结合、同中华优秀传统文化相结合，积极探索适合我国国情的解决民族问题的正确道路。新民主主义革命时期，中国共产党很早就确立了以马克思主义民族理论作为解决民族问题的指导思想，开启了中国特色解决民族问题正确道路的艰辛探索。马克思主义经典作家主张民族解放、民族自决、民族平等、民族团结、民族进步、民族融合，建立劳动人民当家作主的真正的共同体。中国共产党作为以马克思主义为指导思想的政党，自成立之初就确定了以马克思主义的民族理论为指导制定自己民族工作的路线方针政策。在烽火连天的战争岁月，面对国际国内形势风云变幻的复杂局面，中国共产党一方面站在各族劳动人民的立场上维护工农大众的阶级利益，坚持各民族一律平等，尊重少数民族基本权利；另一方面站在中华民族的立场上坚决反对列强尤其是日本帝国主义的侵略压迫，维护国家统一、捍卫民族尊严，争取中华民族的独立和解放。在长征途中，中国共产党深刻体会到我国统一多民族国家的现实国情，在革命战争实践过程中深刻认识到民族自决权不适合我国国情，民族自决权只适用于作为整体的中华民族，而不是国内各民族。针对国内各民族，逐步把"民族自决"转为"民族自治"。从根据地和解放区开始建立的民族区域自治制度，成为解决我国民族问题的基本方式，实现了马克思主义民族理论同中国民族问题具体实际的初步结合，为团结带领各民族建立独立的、统一的新中国和开展新中国的民族工作奠定了坚实基础。

社会主义革命和建设时期，中国共产党确立了以民族平等、民族团结、民族区域自治、各民族共同发展为主要内容的民族理论和民族政策基本框架。中华人民共和国成立后，面对以美国为首的西方资本主义国家阵营的封锁围堵，中国共产党采取了与苏联结盟的"一边倒"政策。与苏联结盟固然要学习苏联，但这并不是意味着已经植根于中国大地的中国共产党要把国家制度全盘苏联化。围绕建立联邦制还是单一制的国家政体，中国共产党对中华人民共和国的国家结构形式问题进行了深入研究，认为我国各民族的人口结构、分布特点和发展历史与苏联不同，联邦制不符合中国国情，中国只能建立集中统一的共和国，实行民族区域自治。通过开展民族识别、确认民族成份，消除历史遗留的民族歧视，建立了一批民族自治地方。到1959年底，全国共建立了4个自治区、1个自治区筹备委员会、29个自治州、54个自治县，民族区域自治制度得到了广泛的实施。在民族地区开展民主改革和社会主义改造，引导各族人民共同走上社会主义道路，实现了中华民族发展史上最广泛最深刻的社会变革，建立起平等团结、友爱互助的社会主义新型民族关系，为建立劳动人民当家作主的真正的民族共同体奠定了政治基础和制度保障，中国特色解决民族问题的正确道路基本形成，有力地维护了国家统一和中华民族的大团结。这为中华人民共和国提供了抵御国内外各种风险挑战的信心和底气，为开展社会主义现代化建设奠定了政治前提。

改革开放和社会主义现代化建设新时期，党的工作重心转移到经济建设上来。做好新时期的民族工作，对于动员全国各族人民和海内外中华儿女把精力投入到社会主义现代化建设中来至关重要。中国共产党先后于1992年、1999年、2005年召开三次中央民族工作会议，不断丰富关于民族问题的基本理论和基本政策。20世纪

80年代制定实施了民族区域自治法,把民族区域自治制度确立为我国基本政治制度。为了加快少数民族的发展,实施了一系列针对少数民族的优惠扶持政策。为了扭转中西部地区尤其是边疆民族地区发展差距扩大的问题,陆续制定实施了东西部经济协作、对口支援、西部大开发、兴边富民等重大战略决策,大力支持少数民族和民族地区加快发展。伴随着改革开放以来经济的高速发展和国家实力的显著提升,民族地区的生产力得到了快速发展,广大少数民族群众得到了实实在在的实惠,各族人民共同发展进步的步伐大大加快,平等团结互助和谐的社会主义民族关系进一步巩固和发展,初步形成了各民族共同团结奋斗、共同繁荣发展的生动局面,中国特色解决民族问题正确道路的自信心进一步增强。

党的十八大以来,中国特色社会主义进入新时代,党的民族工作处于新的历史方位。以习近平同志为核心的党中央站在实现中华民族伟大复兴的战略高度,面对深层次矛盾隐患和外部风险挑战,根植于中华民族悠久历史,把马克思主义民族理论同中国具体实际相结合、同中华优秀传统文化相结合,谋划部署和推动新时代党的民族工作。根据对民族工作面临的新形势新任务的科学研判,提出了铸牢中华民族共同体意识这一重大原创性论断,将其确立为新时代党的民族工作和民族地区各项工作的主线,形成了习近平总书记关于加强和改进民族工作的重要思想,为新时代党的民族工作指明了方向,提供了根本遵循。在习近平总书记关于加强和改进民族工作的重要思想特别是铸牢中华民族共同体意识重大论断的引领下,新时代我国民族工作和民族地区各项工作取得了历史性成就,发生了历史性变革。实施精准扶贫战略与乡村振兴战略,推进民族地区全面建成小康社会。大力推动新时代文化建设,中华民族共有精神家园内涵更加丰富。经济社会结构转型升级，有力地促进了各民族交往交流交融。不断完善民族领域的法规政策，加强民族工作能力建设。认真总结民族工作领域的经验教训，有效防范处置重大风险隐患，守住不发生区域性、系统性风险的底线。新时代的民族地区同全国一道打赢了脱贫攻坚战、全面建成小康社会，社会主义民族关系健康发展，中华民族大团结更加巩固，中华民族凝聚力进一步增强，迈上了全面建设社会主义现代化国家新征程，党的民族工作取得新的历史性成就。这一时期对民族工作的认识更加全面深刻，中国特色解决民族问题道路的自信心进一步增强。

回顾中国共产党成立100多年来的民族工作历程，特别是中华人民共和国成立75年来中国特色解决民族问题正确道路取得的巨大成就，习近平总书记从取得民族独立和人民解放、开创社会主义民族关系、推动民族地区和少数民族加快发展、我国民族面貌历史性巨变四个方面论证了这一道路的成功之处和巨大成效。指出这条道路既不是中国历史上历朝历代治理民族事务道路的延续，更不是别的党派或国家处理各自民族事务道路的翻版，而是中国共产党在马克思主义民族理论指导下，通过"两个结合"逐步探索出来的解决中国民族问题的特色道路。这条道路是通过"两个结合"产生并不断发展完善的。实践证明，这条道路是符合马克思主义基本原理的，更是符合我国国情的，给中国革命和建设带来的巨大变化是客观真实的。习近平总书记用非常概括的话语表达了对这条道路在不同时期取得的辉煌成就的充分肯定。"在这条道路上，党团结带领全国各族人民实现了民族独立和人民解放，开创了发展各民族平等团结互助和谐关系的新局面，推动民族地区经济社会发展和少数民族群众生活取得前所未有的进步，我国少数民族面貌、民族地区面貌、民族关系面貌、中华民族面貌发生了翻天覆地的历史性巨变。"①习近平总书记从政治平等、经济发展、社会建设、民族面貌四个方面揭示了这条道路的巨大成效。在此基础上，习近平总书记用斩钉截铁的话语给出了他的结论："实践证明，中国特色解决民族问题的道路是完全正确的。"②

习近平总书记对这条道路的肯定，用一个"着眼"、一个"坚持"、一个"把握"进一步分析了这条道路的成功经验。首先，这次讲话指出了这条道路着眼于中华民族根本利益和整体利益，最大限度地把各民族凝聚起来，实现各民族共同团结奋斗，共同繁荣发展，指明了中国特色解决民族问题道路的出发点与着眼点，深刻揭示了这条道路的目标和方向，那就是始终围绕中华民族的根本利益、长远利益、总体利益来谋划。其实，这也是中国境内各民族的根本利益、长远利益、总体利益。其次，这次讲话指出了这条道路之所以能够成功的一个根本和关键，那就是始终坚持各民族一律平等，反对民族压迫和民族歧视，确保各族人民真正获得平等政治权利，共同当家做主人。最后，这次讲话概括的这条道路之所以成功的第三个理由是正确把握维护国家统一和实行民族区域自治的关系，坚持统一和自治相结合、民族因素和区域因素相结合，推动中华民族成为认同度更高、凝聚力更强的命运共同体。这样的归纳概括，虽然语句简短、简明扼要，但是内涵十分丰富，结论清晰明确，既是对建党100多年来和中华人民共和国成立75年来成功经验的总结归纳，更表明了继续坚持这条中国特色的正确道路的信心

---

① 习近平：《在全国民族团结进步表彰大会上的讲话》，《人民日报》2024年9月28日第2版。
② 同上。

和决心。

三、中华民族共同体的形成与发展具有深刻的内在规律

习近平总书记的重要讲话在充分肯定中国特色解决民族问题的正确道路基础上，着重围绕中华民族共同体的形成发展问题的内在逻辑问题进行了系统深入的阐述。结合党的十八大以来习近平总书记关于民族工作的相关论述，这次讲话进一步阐述和拓展了正确的中华民族历史观，进一步揭示了中华民族共同体形成与发展的主要因素及其内在联系，是关于中华民族共同体形成与发展内在逻辑与发展趋势的最新论述。

中国作为幅员辽阔的文明古国，历史悠久，文化灿烂，分布广泛、种类繁多的古代文明散点式分布在中华大地上。在历史的发展中，中国从一个分散林立的众多部族方国凝聚成多元一体的中华文明，各民族共同缔造了统一的多民族国家，进而形成多元一体的中华民族。从人类文明演进的规律看，这是独一无二的，也是中华文明的独特魅力之所在，更是中华民族生生不息的内在动力。然而，人们在认识这样一个独特现象并试图进行研究阐释时，却得出了许多不同的认识。其实，认识分歧源自不同的价值观和历史观，背后甚至存在利益冲突乃至迥异立场。习近平总书记在讲话中首先从树立正确的中华民族历史观讲起。自党的十八大以来，习近平关于历史观问题尤其是中华民族历史观方面的论述很多，在 2019 年全国民族团结进步表彰大会上将其表述为"四个共同"。在今年"9·27 讲话"中，则对其进一步拓展和丰富，将其表述为"我国各民族共同开拓了祖国的辽阔疆域，共同缔造了统一的多民族国家，共同书写了辉煌的中国历史，共同创造了灿烂的中华文化，共同培育了伟

大的民族精神。"① 成为"五个共同",是习近平总书记深化了中华民族共同体形成和发展规律性认识。

从历史逻辑上看,习近平总书记从中华文明史的角度进行了阐发。中华民族是有着5000多年文明史的伟大民族,中华民族共同体是历史发展的结果。历史和现实一脉相承,不可分割。历史与现实之间存在千丝万缕的内在联系,现实是历史的延伸和发展,历史是现实的前提和基础。为什么中华大地上的各民族在历史的长河中能够从多元走向一体?为什么中国能够从分散林立的众多部族方国最终发展成大一统的多民族国家?为什么大大小小的各种多元群体最终发展成世界上独一无二的"中华民族共同体"这样一个超级的民族实体?这些现象从西方民族学和相关学科中无法找到科学解释。因为中西方的历史与文化不同,西方历史和社会土壤中形成的思维方式和理论观点,不可能简单地移植或套用在中华文明和中华民族的分析中。中华文明能够把分散的各民族凝聚成幅员辽阔、人口众多的民族,一定具有深厚的历史文化根基。这是由中华文明的根本特性决定的,也是中华民族在漫长的历史进程中各民族坚持内向凝聚、和平发展的独特道路决定的。要看清中华民族的现状和未来发展方向,必须从历史中寻找线索,从历史逻辑中寻找答案。从历史发展逻辑认识中华民族共同体的形成与发展特点,必须阐明各民族在中华大地上长期共同生活、生产中共同性不断增强、中华民族共同体不断发展壮大的演进规律和主流趋势。虽然近代以来才出现"中华民族"这个名称,但在历史长河中,"中华民族"作为实

---

① 习近平:《在全国民族团结进步表彰大会上的讲话》,《人民日报》2024年9月28日第2版。

实在在的民族实体已经长期存在是不容置疑的历史事实。研究阐释这一民族现象，必须坚持"五个共同"为基础的正确的中华民族历史观，系统梳理中华民族从孕育诞生、初步形成、发展壮大、基本定型到实现飞跃的历史过程，厘清中华民族从多元到一体的形成发展的历史脉络，回答中华民族从哪里来、到哪里去的历史之问、时代之问。同时还要批驳关于中华民族历史观方面存在的各种错误观点，形成关于中华民族共同体形成发展环境、动力、过程、特征、规律的科学叙述，揭示中华民族共同体存续和发展的历史基础。

从理论逻辑上看，习近平总书记在 2019 年全国民族团结进步表彰大会的讲话中曾用三个"相互"，阐发了中华民族共同体形成与发展的内生动力："一部中国史，就是一部各民族交融汇聚成多元一体中华民族的历史，就是各民族共同缔造、发展、巩固统一的伟大祖国的历史。各民族之所以团结融合，多元之所以聚为一体，源自各民族文化上的兼收并蓄、经济上的相互依存、情感上的相互亲近，源自中华民族追求团结统一的内生动力。"[①] 在 2024 年全国民族团结进步表彰大会的讲话中，习近平总书记在用五个"相"，阐发了中华民族共同体形成与发展的内在联系：各民族血脉相融，是中华民族共同体形成和发展的历史根基；各民族信念相同，是中华民族缔造统一的多民族国家的内生动力；各民族文化相通，是中华民族铸就多元一体文明格局的文化基因；各民族经济相依，是中华民族构建统一经济体的强大力量；各民族情感相亲，是中华民族一家亲的坚强纽带。正是在 5000 多年中华文明发展进程中，孕育了

[①] 习近平：《在全国民族团结进步表彰大会上的讲话》，《人民日报》2024 年 9 月 28 日第 2 版。

统一的伟大祖国和伟大民族，使中华大地上"各族人民都有一个共同家园，就是中国；都有一个共同身份，就是中华民族；都有一个共同名字，就是中国人；都有一个共同梦想，就是实现中华民族伟大复兴！"[①]。这些论述系统阐发了各民族之间密不可分的内在联系，充分揭示了中华民族共同体形成的内在逻辑和发展规律。

习近平总书记在讲话中不仅深入分析了中华民族共同体形成的历史逻辑和理论逻辑，而且深刻阐发了中华民族共同体的发展趋势，他用五个"历史充分证明"深刻揭示了中华民族共同体建设的实践逻辑。中华民族是各民族长期交往交流交融的结果，各民族只有不断团结融合、自觉融入中华民族大家庭，才能拥有更美好的未来。统一的多民族国家是由各民族共同缔造的，也必须由各民族共同维护、巩固和发展。灿烂的中华文化是各民族共同创造的，铸就社会主义文化新辉煌必须不断增强对中华文化的认同，不断增进各民族文化互鉴融通。各地区各民族只有不断融入国家发展大局、加强经济交流合作，才能更好地推动国家经济繁荣、更好地实现自身经济发展。情感上相互亲近是形成和发展中华民族共同体的坚强纽带，各族人民都要倍加珍惜、不断巩固和发展平等团结互助和谐的社会主义民族关系，不断夯实中华民族共同体建设的人心基础。五个"历史充分证明"，阐释了中华民族共同体形成发展的客观事实和内在规律，指明了新时代深化铸牢中华民族共同体意识、推进中华民族共同体建设的目标方向和任务要求。

---

① 习近平：《在全国民族团结进步表彰大会上的讲话》，《人民日报》2024年9月28日第2版。

四、在中国式现代化进程中全面推进中华民族共同体建设

习近平总书记在 2021 年中央民族工作会议上的重要讲话，用"十二个必须"系统论述了党关于加强和改进民族工作的重要思想，这是推进新时代党的民族工作和全国民族团结进步事业高质量发展的指导思想，必须全面准确完整地学习贯彻，扎扎实实推进各项具体工作。2021 年中央民族工作会议 3 年来，民族工作和全国民族团结进步事业得到的重视程度前所未有，民族工作以增进共同体、尊重和包容差异性为方向实现了转型升级，从构建理论研究体系和加强宣传教育体系到完善政策法规体系和推进实践工作体系。党的十九大以来特别是 2021 年中央民族工作会议以来党的民族工作取得了巨大进展，全国民族团结进步事业全面推进。习近平总书记用四个"民族面貌"翻天覆地的历史性巨变，充分肯定了中国特色解决民族问题正确道路，用"四个共同"揭示了中华民族共同体的形成与发展的内在规律和发展趋势，进一步明确了新时代党的民族工作和全国民族团结进步事业的目标方向和任务要求。

习近平总书记在 2024 年全国民族团结进步表彰大会的讲话中指出，围绕党的二十大确定的以中国式现代化全面推进强国建设、民族复兴新征程这个中心任务，需要全国各族人民共同团结奋斗，也就是在习近平新时代中国特色社会主义思想特别是加强和改进党的民族工作的重要思想引领下，坚持以铸牢中华民族共同体意识为主线，不断推进民族团结进步事业，推动党的民族工作高质量发展。为此，习近平总书记提出五项重点任务。

一是始终坚持党的领导，不断巩固各民族团结奋斗的共同思想政治基础。要引导各族群众牢固树立休戚与共、荣辱与共、生死与共、命运与共的共同体理念，不断增强对伟大祖国、中华民族、中

华文化、中国共产党、中国特色社会主义的认同，使全国各族人民在党的领导下，同心共圆中华民族伟大复兴的中国梦。

二是着力构筑中华民族共有精神家园，为推进中华民族共同体建设提供强大精神文化支撑。这是处理好物质力量建设与精神力量建设这一重大关系的必然结论，也是新时代党的民族工作最显著的特点。要以铸牢中华民族共同体意识为主线，以社会主义核心价值观为引领，深化爱国主义、集体主义、社会主义教育，引导各族群众牢固树立正确的国家观、历史观、民族观、文化观、宗教观，加强对全社会尤其是青少年的历史文化教育，全面推广普及国家通用语言文字，全面推行使用国家统编教材，增进中华文化认同，构筑中华民族共有精神家园，积极推进新的文化发展，建设与中国式现代化相适应的中华民族现代文明。

三是加快民族地区高质量发展，扎实推进各民族共同富裕。经济建设在中国式现代化全过程的基础地位不能动摇，离开了发展这个大局和中心工作，其他各项工作也会失去坚实的物质基础。民族地区要完整准确全面贯彻新发展理念，不断深化改革开放，大力发展特色优势产业，因地制宜发展新质生产力。国家要一如既往地支持民族地区加快融入国家发展大局，促进各地区在经济上更加紧密地连在一起、融为一体。坚持中国式现代化一个民族都不能少的战略思想，推动各民族共同融入中国式现代化的全过程。实现共同富裕是中国式现代化的重要特征，坚持在发展中保障和改善民生，增强基本公共服务均衡性和可及性，多办顺民意、惠民生、暖民心的实事，不断满足各族人民对美好生活的向往。

四是推动各民族全方位嵌入，积极促进各民族交往交流交融。中华民族的形成是各民族长期交往交流交融的结果，长期的交往交流交融也使我国形成了大分散、小聚居、交错杂居、相互依存、密不可分的社会结构和社区环境。中华人民共和国成立以来，在工业化、城镇化、现代化的过程中，人口的大流动大融聚使各民族的互嵌结构进一步发展。要顺应历史规律和各民族共同现代化的客观要求，统筹经济社会发展规划和公共资源配置，加强边疆和民族地区交通等基础设施建设，积极推进以人为本的新型城镇化，构建互嵌式社会结构和社区环境，有序推动各民族人口流动融居，不断拓宽各民族全方位嵌入的实践路径。从历史上持续不断的民族融合，到中华人民共和国成立后广泛的交往交流交融，再到新时代大流动大融聚基础上的团结融合，构成了各民族汇聚成多元一体中华民族的历史画卷，成为在中国式现代化进程中不断推进中华民族共同体建设的重要途径。

五是依法治理民族事务，不断提高民族事务治理能力和水平。这是对进一步做好民族工作提出的具体要求。其实，党的十八大以来，两次中央民族工作会议及三次全国民族团结进步表彰大会，以及这一时期的中央统战工作会议、全国宗教工作会议、西藏工作座谈会、新疆工作座谈会等，很多内容都是围绕如何做好新时代的民族工作进行部署的。从"四个与共"的共同体理念，到"五个共同"的中华民族历史观，再到"十二个必须"为主要内容的加强和改进民族工作的重要思想，都指明了做好民族工作的宏观战略和基本原则，并提出了明确的工作思路与重点举措。在这次讲话中，习近平总书记进一步强调了推进民族工作高质量发展的工作要求。坚持和完善民族区域自治制度，逐步完善相关法律法规和差别化区域支持政策，依法保障各族群众合法权益。健全铸牢中华民族共同体意识制度机制，发挥先进典型的示范引领作用，在全社会营造关心支持民族工作的良好氛围。加强法治宣传教育，引导各族群众增强国家意识、公民意识、法治意识。基于对中国特色解决民族问题正确道路的自信和定力，习近平总书记在讲话中明确指出，要坚决反对一切利用民族、宗教等问题对我国进行渗透破坏、污蔑抹黑、遏制打压的行径。同时提出加强中华民族历史和中华民族共同体理论研究和宣传阐释，积极开展对外人文交流，讲好中华民族共同体故事。习近平总书记进一步强调："各级党委和政府及有关部门要把民族工作摆上重要议事日程，及时研究解决涉及民族工作的重大问题，支持民族工作部门更好履职尽责，加强民族地区干部和人才队伍建设，重视培养和用好少数民族干部。"[1]

习近平总书记在讲话中强调了做好民族工作五个方面的任务要求。第一个是根本保证，也就是始终坚持党的领导，巩固各民族团结奋斗的共同思想政治基础。第二个是以铸牢中华民族共同体意识为主线引领社会主义核心价值观建设，引导各族群众牢固树立正确的"五观"，着力构筑中华民族共有精神家园，为推进中华民族共同体建设提供强大精神文化支撑。第三个是在推进中国式现代化过程中，实现各民族的共同富裕，把加强中华民族共同体建设的经济基础和物质力量放在更加突出的位置，确保在现代化进程中全面推进中华民族共同体建设。第四个是推动各民族全方位嵌入，积极促进各民族交往交流交融。第五个是依法治理民族事务，不断提高民族事务治理能力和水平，引导各族群众增强国家意识、公民意识、法治意识。我国的民族团结进步工作是以政治建设、经济建设、文

---

[1] 习近平：《在全国民族团结进步表彰大会上的讲话》，《人民日报》2024年9月28日第2版。

化建设、社会建设为重点的"四位一体"的整体事业。这与党的十九大、党的二十大报告强调的"五位一体"总体布局和"四个全面"战略布局的要求是一致的。加上坚持党的领导和加强党的建设，新时代党的民族工作可以说融入中国式现代化的各项重点任务各领域全过程之中。

五、深刻把握习近平总书记重要讲话的重大意义

习近平总书记 2024 年 9 月 27 日的重要讲话，主题鲜明、重点突出、内涵深刻。自 2014 年正式提出"铸牢中华民族共同体意识"重大原创性论断 10 年来，民族工作面对复杂多变的国际国内形势，及时调整和适应，积极主动进行体制改革和工作创新，不论是理论层面还是实践层面，都发生了实实在在的重大变化。习近平总书记关于加强和改进民族工作的重要思想的形成和不断的发展，标志着中国共产党认识民族现象、解决民族问题、推进民族工作的理论自觉和自信达到一个新的阶段。理论上的进步与成熟，为推进民族工作的实践发展提供了更加清晰明确的行动指南和根本遵循。

从历史发展和全局角度分析习近平总书记这次重要讲话，有助于我们更好地全面准确地把握其实质和重大意义。李强总理在主持会议时指出，习近平总书记的重要讲话全面总结了建党以来特别是中华人民共和国成立 75 年来，尤其是新时代以来我国民族团结进步事业取得的伟大成就，深刻揭示了中华民族共同体意识形成发展的根脉和魂脉，明确提出了新时代新征程，铸牢中华民族共同体意识、推进中华民族共同体建设的总体要求，思想深邃、视野宏阔，是推动中华民族共同体建设的纲领性文献。中央统战部副部长、国家民委主任潘岳同志全面肯定了习近平总书记重要讲话的重大意义，认为这个讲话是马克思主义中国化时代化的最新成果，是"两个结合"特别是"第二个结合"的思想结晶，为做好新时代的民族工作提供了思想武器和实践遵循。他提出四个"深刻领悟"的要求：一是深刻领悟这一重要讲话揭示的中国特色解决民族问题正确道路的内涵特征，牢牢把握这条道路的魂脉是马克思主义民族理论，根脉是中华优秀传统文化，切实在民族领域增强"四个自信"。二是深刻领悟习近平总书记重要讲话拓展了正确的中华民族历史观的基本内涵，牢牢把握中华民族自古以来的"大一统"理念，引导各民族始终坚守国土不可分、国家不可乱、民族不可散、文明不可断的共同信念。三是深刻领悟习近平总书记重要讲话揭示了中华民族共同体形成发展的基本规律，牢牢把握各民族血脉相融、信念相同、文化相通、经济相依、情感相亲的内在联系，引导各族人民始终坚守共同家园、共同身份、共同名字、共同梦想。四是深刻领悟习近平总书记重要讲话发展了"团结融合"的重大论断，促进各民族全方位嵌入和广泛交往交流交融。

这些领导同志对习近平总书记重要讲话的高度评价，有助于我们更好地理解和把握领会认识习近平总书记重要讲话的重大意义一条线索。习近平总书记的重要讲话既是对过去工作的肯定和总结，更是对未来五年民族团结进步事业和民族工作的总体部署。

从会议的内容看，习近平总书记的讲话无疑是重中之重，也可以说是这次会议的旗帜和灵魂，是把握中国民族工作和全国民族团结进步事业未来走向的纲领。习近平总书记的重要讲话，为做好当前和今后一个时期的民族工作提出了明确要求，是铸牢中华民族共同体意识、推进中华民族共同体建设的纲领性文献，是马克思主义中国化时代化尤其是习近平总书记关于加强和改进民族工作重要思想的最新发展和最新篇章。

认真学习贯彻习近平总书记2024年全国民族团结进步表彰大会重要讲话精神，是做好当前和今后一段时间民族工作的重要任务。要全面贯彻习近平新时代中国特色社会主义思想，特别是民族工作的重要思想，坚持以铸牢中华民族共同体意识为主线，不断推进民族团结进步事业。民族领域的理论研究工作者，要把加快构建中国特色的民族理论体系尤其是中华民族共同体史料体系、话语体系、理论体系作为中心工作，为推动新时代党的民族工作高质量发展、推进中华民族共同体建设做出应有的贡献。

科学阐释中华民族发展史的开创性成果

——《中华民族共同体概论》读后[①]

"铸牢中华民族共同体意识"是习近平总书记的重大原创性理论。在"铸牢中华民族共同体意识"这一理论提出和形成的过程中,相关工作随即展开。如国家民族事务委员会直属高校率先开设了"中华民族共同体概论"课程,学术界也在努力推动中华民族共同体的研究走向深入,从理论主题、体系框架、内在逻辑、概念范畴等方面,推进习近平总书记关于加强和改进民族工作的重要思想的系统性、学理性阐发,阐明铸牢中华民族共同体意识的科学内涵、精神实质、实践要求。2023年,在中共中央政治局第九次集体学习中,习近平总书记指出,铸牢中华民族共同体意识,需要构建科学完备的中华民族共同体理论体系。[②]就理论体系的建构而言,2021年,国家民族事务委员会开始组织学者编写,并于2023年

[①] 本文是应国家民族事务委员会《道中华》栏目组邀请,在内蒙古师范大学所作的《中华民族共同体概论》的导读报告。由内蒙古师范大学魏霞教授整理,王延中最后审定。
[②] 习近平:《铸牢中华民族共同体意识 推进新时代党的民族工作高质量发展》,《人民日报》2023年10月29日第1版。

12月出版发行的《中华民族共同体概论》(以下简称《概论》)具有当之无愧的开创性意义,是这个阶段理论界、学术界和实践工作部门从铸牢中华民族共同体意识,推进中华民族共同体建设的角度共同努力的成果。

一、《概论》出版具有重大理论和现实价值

2014年,习近平总书记在第二次中央新疆工作座谈会和中央民族工作会议上提出在各民族中牢固树立中华民族共同体意识的要求,并先后在工作中强调"中华民族大家庭""中华民族共同体""铸牢中华民族共同体意识"等理念。党的十九大将"铸牢中华民族共同体意识"载入党章。2019年,全国民族团结进步表彰大会上明确提出要以"铸牢中华民族共同体意识"为主线,把民族团结进步事业作为基础性事业抓紧抓好。2021年,中央民族工作会议上强调"铸牢中华民族共同体意识"是新时代党的民族工作的"纲",党的二十大再次明确以铸牢中华民族共同体意识为主线,坚定不移走中国特色解决民族问题的正确道路。2023年,习近平总书记在内蒙古考察时,进一步强调铸牢中华民族共同体意识是新时代党的民族工作的主线,也是民族地区各项工作的主线。从铸牢中华民族共同体意识理念的提出,到将铸牢中华民族共同体意识作为党的民族工作和民族地区各项工作的主线,体现出党和国家对铸牢中华民族共同体意识工作的重视,同时,铸牢中华民族共同体意识也是党和人民长期的历史性任务。

《概论》教材是贯彻习近平总书记关于加强和改进民族工作的重要思想的产物,是中华民族共同体理论体系、话语体系建设的重量级成果。编纂这部教材是一项应时代之需的重要理论工作,是

以铸牢中华民族共同体意识为主线，推进新时代民族工作高质量发展，做出的一次积极有益的尝试。在中共中央政治局第九次集体学习时，习近平总书记强调，"要面向各族群众加强党的理论和路线方针政策教育，加强党史、新中国史、改革开放史、社会主义发展史、中华民族发展史宣传教育，用共同理想信念凝心铸魂，深入培育和践行社会主义核心价值观"[①]。这部教材可以视为学习掌握中华民族发展史的基本内容，或者说基本辅导材料。教材从中华民族整体视角出发，"以史代论、论从史出"，紧扣各民族交往交流交融的历史主轴，围绕习近平总书记提出的"一部中国史，就是一部各民族交融汇聚成多元一体中华民族的历史，就是各民族共同缔造、发展、巩固统一的伟大祖国的历史"[②]，对中华民族发展史从理论到进程，从建设再到未来走向进行了全面梳理，呈现了中华民族在政治、经济、社会、文化等层面的共同性不断增强，各民族融聚成多元一体中华民族的历史过程。

学习和研究中华民族发展史，必须有正确的中华民族历史观作为指导。《概论》教材以习近平新时代中国特色社会主义思想，尤其是习近平总书记关于加强和改进民族工作的重要思想为指引，揭示中华民族形成和发展的学理、道理、哲理。"十二个必须"是习近平总书记关于加强和改进民族工作的重要思想的重要组成部分，其中包括"必须坚持正确的中华民族历史观"。正确的历史观是中华民族发展史的指导思想，《概论》教材把树立正确的中华民族历

---

① 习近平：《铸牢中华民族共同体意识 推进新时代党的民族工作高质量发展》，《人民日报》2023年10月29日第1版。
② 习近平：《在全国民族团结进步表彰大会上的讲话》，《人民日报》2019年9月28日第2版。

史观作为理论和中华民族发展史之间的桥梁，紧密衔接起来，非常具有理论性。历史观告诉我们，除了正确看待我们自身的历史，还需要看清中华民族如何重新站起来。《概论》教材吸收习近平总书记关于加强和改进民族工作的重要思想和基本观点，是中华民族共同体重要思想或者铸牢中华民族共同体意识重要思想概论或者读本，可以看作是习近平新时代中国特色社会主义思想的民族篇。

作为一部教材，需要把握政治话语、社会话语和学术话语之间的转换。《概论》教材把党的民族理论和政治话语进行学术转化、学理阐释，从而适应教学需求、社会需要，能够对提高中华民族共同体的认识和理解产生积极效果。此外，宏阔的视野是《概论》教材的一个创新之处，它把各学科、各领域在研究论述中华民族历史和现实发展中的积累进行了集中和统合，形成综合性的判断和分析。特别是在对中国历史的分析把握方面，改变了中国民族史、中国少数民族史的传统叙述方式，超越传统王朝断代史与族别史，在认识中华民族发展史方面，形成了新的阐释框架。

二、向内凝聚科学阐释了中华民族形成发展的动力源泉

与中国历史、中国民族史相比，这部教材最鲜明的特点就是把中华民族共同体作为研究对象，阐述了中华民族从起源到发展，逐步形成中华民族共同体的过程。《概论》教材的编写与时俱进，融入了学术界、理论界和民族工作实践领域的认识，体系完整，结构清晰，内容上大体可以划分为《概论》框架、中华民族共同体基本理论、中华民族发展史基本脉络、中华民族共同体建设及其前景展望四个部分，由理论板块、历史板块、展望板块等三个板块的内容构成，历史板块是这部教材的主体部分。

（一）各民族交融的结果是共同性增强

中华民族从散点分布的起源发展到今天凝聚成广土巨族，有其发展的机制和规律。要去阐释这个规律，可以回到习近平总书记关于中华民族为什么能够凝聚为一体的解释。2019 年，习近平总书记在全国民族团结进步表彰大会上开篇就强调，"一部中国史就是一部各民族交融汇聚成多元一体中华民族的历史"，这就是"广土巨族"结论。之所以如此，源于"各民族文化上的兼收并蓄、经济上的相互依存、情感上的相互亲近"。《概论》教材以这一思想为引领，从学理上阐释中华民族的发展进程。

在文明起源阶段中华民族是散点分布的，不同地域创造的灿烂文明都是中华文明的早期形态。中华民族在巨大的地理空间内，是如何凝聚成为统一的广土巨族的？《概论》教材用了一个词概括，就是"向内凝聚"，不同文化区、不同文化要素之间广泛交流，逐步向内凝聚。

习近平总书记归纳了中华文明的五大突出特性，分别是"连续性、创新性、统一性、包容性、和平性"[1]。《概论》教材对这些突出特性进行了解释。中华民族的凝聚不是四散开花的，就"统一性"而言，有一个内在的凝聚核心。这个凝聚核心不同于费孝通先生在1988 年讲"中华民族多元一体格局"时从族际的角度解释"汉族在多元一体的格局中产生了一个凝聚的核心"[2]。《概论》教材从中华民族"大一统"文化认同与价值追求的角度，解释广土巨族向内凝聚的逻辑。

---

[1] 本报评论员：《深刻把握中华文明的突出特性——论学习贯彻习近平总书记在文化传承发展座谈会上重要讲话》，《人民日报》2023 年 6 月 6 日第 1 版。
[2] 费孝通：《中华民族多元一体格局》，中央民族大学出版社，2018，第 23 页。

在中华文明形成的历史长河里，在向内凝聚的引导下，中心地带、中原地区、中原文化逐步向周边扩散影响力的同时，周边地区也不断为中心汇聚力量，形成"各地文化共塑中原文化，中原文化反哺各地文化"的模式，在你来我往、我来你往的历史进程中形成中华民族多元一体结构。多元一体之"元"，反映了中华民族和中华文明内部的多样性和丰富性。我们不仅有多样的族群，还有多样的区域、语言、宗教、习俗和文化。[1] 多元的分布如果没有流动，没有交融就不可能成为一体。中华民族交往交流交融的历史取向，"合"是主流，"交"是过程，"融"是关键。[2] 交融是中华民族共同体形成主脉的深层次阐释，是"你中有我、我中有你，谁也离不开谁"的过程。历史上的和亲、边境贸易、民族走廊、经济走廊等等，承载的是人的流动、人在思想文化、物品商品等各方面的交换、交融，在这个过程中形成了思想比较接近，意识比较一致的共同体，共同性不断增强，"一家人、大家庭"的理念逐步成为主导性、主体性的理念。

这部教材的古代史部分把"共同性增强"作为交融的结果，展示每个历史时期共同性在哪些方面通过何种方式增强，如何从"你是你的，我是我的"，变成"你的也是我的，我的也是你的"，也就是民族学、人类学讲的从"你我他"变成了"我们"的过程，中华民族就是在这样的进程中形成了由共同性支撑的广土巨族。

（二）"大一统"的政治格局

《概论》教材历史板块的每一讲几乎都介绍了各民族在政治、

---

[1]《中华民族共同体概论》，高等教育出版社、民族出版社，2023，第30页。
[2]《中华民族共同体概论》，高等教育出版社、民族出版社，2023，第16页。

经济、文化和社会等方面共同性的增强。我们从古代的经验能够阐释政治制度的一统是中华文化统一性，这是大一统国家形成之后强调的一条主线。中华民族由分散的、多元的各个地区、各类不同的文化，甚至各种不同的经济社会发展类型、生产方式聚合而成。在这个凝聚过程中，形成了统一的国家、大一统的制度、大一统的理念，把广大地域内的不同的人群凝聚成一个统一的中华民族。和大一统的政治秩序关联在一起的，是一整套的法律制度、官员制度、社会治理体系、国家治理体系。有学者认为，大一统体制是世界政治史上的一个奇迹，它在中国超大规模的领土空间上的长期维系与不断重建，展现了中国的国家韧性。[①]

中国自形成统一多民族国家之后，在数千年间一直维系着政治大一统，中华文化适应政治大一统，同时也为政治大一统指明方向。精神层面"重义轻利"的文化在中华文明体系里一直非常重要，我们称之为道义。仅有道义还不够，人们的社会生活必须有物质依托，有经济基础，大一统王朝之所以能够大一统，是因为有大一统的物质基础、经济基础作为支撑。

中华一统的政治格局为族群间的经济交流提供了广阔舞台。中国自古以来经济方面规划统一的流通体系和治理国家的边防体系，对维系大一统非常重要。在文明出现时期，从狩猎采集时代依靠双手到农耕时代有了铁制工具，一家一户的小农有了余食。这时如果政府过于强势，大量征集徭役、赋税，老百姓的生活会受到很大影响。平衡这些问题是治国理政的内容，历史上"轻徭薄赋"的理念、"藏富于民"的思想是对各种经济关系的处理。边疆与内地的

[①] 周光辉、赵德昊：《教化：大一统国家韧性的形成路径》，《探索与争鸣》2021年第4期。

关系也是如此。相比边疆地区的生产条件，中心地带、中原地区更为富庶，在内地寻找经济资源，是中华民族向内凝聚的经济逻辑。当然经济一体化并非完全通过和平途径实现的。历史上，有张骞的"凿空之行"将中国连入世界的丝绸之路，也有元朝结束中华大地自唐末以来南北对峙的局面，形成"混一南北，胡汉一家"的局面。

今天的中国是在历史发展进程中形成的，我们在共同性增强中也要看到历史进程的复杂性，甚至看到大一统为什么维持不下去，又回到地方割据。秦统一之前诸侯林立，再之前更是邦国林立。在秦统一之后也出现魏晋南北朝，唐朝统一解体之后出现了五代十国，再到后来辽宋夏金分裂割据，到了元朝才重新统一，明朝巩固壮大统一，清朝最后一统。清朝是一个过渡期，是中华民族从古代向近代的一个转换期。中华民族发展史进入到近代，带着古代的王朝体系，这个体系我们称之为王朝之国、中央之国、天下之国，依然用天下观来建构一个大一统的广土巨族的国家，进入以民族国家为主导的世界体系框架，此时，实际上是天下体系和世界民族国家或主权国家体系之间的碰撞。

（三）中华文化"强而不霸"

在世界文化体系里，也曾存在拥有陆海相兼的复杂人文地貌的古代文明，但最终都分裂、中断了，其中，很多不亚于中华文明的文明进入了中华文明体系。中华文明用博大精深的正道，大度包容地对待来自世界各地的文化和文明，促进多元文化融聚和中外文化交流，兼收并蓄又不盲从，接受先进技术和管理经验，但不照搬价值体系，在推进本土化的进程中将适合中华大地的内容有机地融于中华文明体系之内，使中华民族得以克服一次次离散冲击，分而又合，终成今日广土巨族。

连接草原文明与海洋文明的是中原农耕文明。任何二分法理论如"游牧—农耕""内亚—汉地"都无法正确描述中国，因为中华文明不是多元文明对立冲突的结果，而是多元文明以融会贯通解决对立冲突的产物。中原农耕文明最早孕育了成熟的文字和政治制度，最早建立了"天下"秩序，最早构建了天道民本的政治理念，最早形成了连续不断的历史叙事，最早开创了兼收并蓄的多族群共同体。[①]也可以说，中华文明是一种乡土文明，是搬不走的文明。各民族、各族群、各个群体在这个土地上相依为命、相互扶持，守望相助，而不是"以霸为尊"，所以中华文化强调的是王道，而非霸道。王道就是正统，就是中华民族发展之路。中华文明根性里的"强而不霸"是在历史进程中总结出来的。在中华民族的文化体系里，追求正义、追求公正，不搞蛮力强迫。这种文明属性一直延续至今，比如我们提出建设"一带一路"的愿景，是用我们的一些发展路径，以及发展成果来惠及周边国家和地区。

在中国古代历史上有很多强调共同抵御灾难的故事，反对"以邻为壑"。历史上，中国的治水体系是要把水系作为整体考虑，既要考虑各个流域、各个阶段的使用，也要公平分享共有的资源，不能仅看某一群体、某一地区的利益，而要看整体的利益。我们看到，今天"节""控""调""管"的治水措施中有我们的历史经验。

三、中国共产党在中华民族发展史上的领导地位是历史的选择

几千年来的中华文明体系在晚清与西方文明体系相抗衡的时候

[①]《中华民族共同体概论》，高等教育出版社、民族出版社，2023，第22页。

遭遇了挑战。农耕文明尽管先进，但无法对抗工业文明，对抗近代以来生产力的跃进和发展。西方国家通过启蒙运动和工业革命迈入近代门槛，并在全球范围内掀起帝国殖民的浪潮，"天朝上国"的国门被轰开，面对西方列强的步步紧逼，晚清政府软弱无力，完全没有能力应对，中华民族面临亡国灭种的危机。

（一）中华民族走向自觉

《概论》教材第12讲进入中华民族近代史。中华民族的近代史也是中华民族走向自觉的历史。有史以来在中华大地上，各民族你来我往，我来你往。近代之后，面对世界格局形成的巨大冲击，中华民族开始了抗争的历史。随着抗争的开始，中国历史进入了近代，也就是国与国之间、民族与民族之间的国际关系的时代，这里的民族就成了民族国家的民族。随着西方民族国家学说的输入，西方带有严重种族偏见的"黄祸论"与"文明等级论"，不仅冲击着中国传统的族群认知，也刺激着中国知识精英对"民族"的含义进行深入思考。[1]这时，什么才能代表民族国家时代的广土巨族，经历了概念的多重衍化，我们形成了一个现代族称，叫"中华民族"。

中华民族是代表中华大地上不同地区、不同地域、不同民族、不同文化群体的一个整体。《概论》教材给出的概念是："中华民族是中华大地各类人群浸润数千年中华文明，经历长期交往交流交融，在共同缔造统一多民族国家历史进程中形成的、具有中华民族共同体认同的人们共同体。"[2]晚清中华文明遭遇西方文明的重大挑战，中华民族面临亡国灭种的危机，共同的历史命运催生出共同的

---

[1]《中华民族共同体概论》，高等教育出版社、民族出版社，2023，第286页。
[2]《中华民族共同体概论》，高等教育出版社、民族出版社，2023，第2页。

中华民族的意识。面对西方列强的步步紧逼，不管是晚清政府，还是借鉴西方联邦制，或者议会制政体都没有能力应对。习近平总书记2021年在庆祝中国共产党成立100周年大会上的讲话中，用三个词概括中华民族在近代以来的境遇，即"国家蒙辱、人民蒙难、文明蒙尘"[1]。近代以来历次对外战争每败必赔偿，因为按照西方体系，战败国承担战争和侵略的成本。《辛丑条约》表面上是惩罚清政府的昏庸决策，实际上使人民蒙难。赔偿压到老百姓身上，一人一两白银，就是四亿五千万两白银，加上利息要九亿八千万两，那是惩罚性、屈辱性的条约，同时还打击一个民族的文化自尊。在列强环伺的局面下，各民族同胞越来越自觉意识到，只有团结起来共御外侮，改造国内政治和社会结构，才能走出困境，实现国富民强。

这个时候新文化的崛起，打破旧的文化体系就成为蒙尘文明再现曙光、再找新生的过程。无论魏源睁眼看世界还是洋务运动借鉴工业技术甚至戊戌变法打破儒家思想的传统，再到辛亥革命推翻帝制的昏庸统治，其实背后都是文化类型的重大转换。新文化运动是用新文化代替旧文化，所以它是一场革命，更是一场启蒙。传统文明要走向现代文明，要靠内在核心理念及整个文化内涵的根本转换，同时，外在的动力和刺激也很重要。

十月革命的成功给我们送来了马克思主义，让更多民众接受这一思想的冲击，这是对民众转换思想体系的动员。优秀的传统文化要继承、要发展，更要转换，中华民族的自觉，是要在思想、理

---

[1] 习近平：《在庆祝中国共产党成立100周年大会上的讲话》，https://baijiahao.baidu.com/s?id=1704064566449070952&wfr=spider&for=pc，访问日期：2021年7月1日。

念、文化上进行自我革命。从转换思想进而实践，以行动实现中华民族救亡图存、独立解放。谁来领导实现独立解放？近代以来中华民族从思想到技术到进行各种改革的一系列寻求出路的进程中，归根到底是要找到自己的领路人。

（二）中国共产党是中华民族先锋队

新文化运动是中国旧民主主义革命走向新民主主义革命的起点，中国共产党的成立是一个旗帜性的事件。第一次世界大战之后，中国人民对构建世界新秩序寄予厚望，期望成为新的国际秩序中的平等一员。但是，被思想家严复概括为"利己杀人，寡廉鲜耻"的西方文明并不维护中国利益，而是牺牲中国利益。中国人开始意识到，只有彻底反帝反封建，才能改变受压迫的命运。

那个时期，中国人有了改变命运的动力，也形成了很多救国主张，如靠实业、教育，靠乡村改造，靠一系列的政府革新。中华民族寻求出路，从思想到技术到各种改革，归根到底要找到一个能够把老百姓当主人、当公民、当国民的组织，带领中华民族在蒙辱、蒙难、蒙尘的境地中自立自强，救亡图存，实现独立解放，这个组织就是中国共产党。从中华民族发展史上看，是中国共产党的出现才有了中华民族的新生。历史观需要正确看待中华民族如何在蒙辱、蒙难、蒙尘中重新站起来，正确看待中国共产党的历史地位。当时党派林立，内部纷争，主张众多，中国人民通过比较选择了中国共产党。中国共产党通过历史的选择成为中华民族共同体凝聚的核心。主权国家时代，现代政党是现代国家最核心的政治力量。中国共产党为什么被人民选择？被历史选择？这是我们党的历史、党的宗旨、党的使命决定的。

中国共产党选择以马克思主义作为自己的指导思想。马克思主义的共产主义、社会主义理想信念，与中华文明重民本、尚和合、求大同的理念相契合，与中国历代有志之士追求民富国强的梦想相适应，特别是与近代以来中国先进分子救亡图存、复兴中华的愿望相一致。它的辩证唯物主义、历史唯物主义世界观和方法论，与中华民族历史上的天人合一、矛盾统一、以民为本、知行合一等思想，都有着天然的、内在的、广泛的统一性。[1] 中国共产党的初心使命是为人民谋幸福，为民族谋复兴。中国共产党在成立初期，还要反抗外国列强的压迫。当时的中国是半殖民地半封建社会，要反抗外国列强压迫，只有靠民众团结起来。为打败日本侵略者，中国共产党率先提出"抗日民族统一战线"，这个民族不是哪个单一的民族，而是在中华的各民族。毛泽东主席在《论持久战》中提到"全民族的力量团结起来""全民族的抗战"[2]，这里的"全民族"就是中华民族。

《义勇军进行曲》是我们的国歌，歌曲中传达的精神，成为中华民族的精神支柱。中华民族不再是一盘散沙，任人宰割，因为我们有了领导核心，有了为人民利益服务的现代政党。《概论》教材中关于近代部分的两讲，尤其是第十三讲就是阐述中国共产党为什么能领导中华民族，这是因为中国共产党的宗旨——我们党不仅是中国人民的先锋队，还是代表着中华民族整体利益的先锋队。中国共产党领导中国人民打倒帝国主义、封建主义、官僚资本主义，建立起人民当家作主的新政权，中华民族以崭新姿态自立于世界民族之林，把现代国家建构和中华民族共同体建构相结合，团结带领各

---

[1]《中华民族共同体概论》，高等教育出版社、民族出版社，2023，第298页。
[2] 毛泽东：《论持久战》，人民出版社，1975，第1页。

族人民共同奋斗，共同缔造了新中国。

中华民族的崛起、发展和复兴的进程，源于内部、外部环境的塑造，源于我们各民族的凝聚和团结。总结新中国成立70多年来我们党在民族工作中的探索和实践，要重点把握民族工作的四对关系，包括"正确把握共同性和差异性的关系、正确把握中华民族共同体意识和各民族意识的关系、正确把握中华文化和各民族文化的关系、正确把握物质与精神的关系"[①]。进入新时代，我们要用中华民族共同体理论来凝聚境内各民族，来团结全世界的中华儿女，取得中华民族共同体建设的新成就，走中华民族共同体建设的新路向、中华民族现代文明建设的新道路，这个路向和道路就是中国式现代化道路。

四、中华民族共同体的未来发展与构建人类命运共同体

《概论》教材最后一讲是关于文明新路与人类命运共同体。中华民族发展到这一阶段，已经有能力维护自己的独立解放，能够从站起来到富起来并大步走向强起来。讲好中华民族共同体故事，讲清中华民族从沉沦到崛起的历史进程对于世界很多发展中国家而言是很重要的借鉴。在中共中央政治局第九次集体学习中，习近平总书记强调，"创新涉民族宣传的传播方式，丰富传播内容，拓宽传播渠道，讲好中华民族共同体故事，讲清楚中国共产党领导和社会主义制度是我国各民族共同发展进步的可靠保障，讲清楚中华民族是具有强大认同度和凝聚力的命运共同体，讲清楚中国特色解决民

[①]《中华民族共同体概论》，高等教育出版社、民族出版社，2023，第9页。

族问题的正确道路所具有的明显优越性"①。我们把中华民族形成和发展的历程、不屈不挠的精神，以自己奋斗为主，争取最好的外部环境作为中华民族伟大复兴的一个条件和不满足于追赶的中华民族志向讲清楚才能做好"三个讲清楚"。

中华民族古代的辉煌文明，曾长期领先于世界，如今也理应能走出一条经济快速发展、社会持续稳定的中国式现代化之路。我们的现代化还没有完成，世界的现代化也没有完成，人类的现代化前景还在进程中，我们不能满足于追赶，还要有领先的志向，有领先的能力和条件，有作为领先者探索和创新的使命。在今天的现代化进程中，找到在文化、技术、社会治理等方方面面既能使经济快速发展又能使社会持续稳定的新式的现代化之路，以新式的现代化引领现代文明建设、人类文明建设。

进入新时代，中华民族现代文明建设取得了新突破，中华民族共同体的建设取得了新进展，以中国式现代化推进中华民族伟大复兴展现出更加广阔的前景，给那些既希望加快发展，又希望保持自身独立的国家和民族提供了新参照和新选项。新时代十年的伟大变革，在党史、新中国史、改革开放史、社会主义发展史、中华民族发展史上具有里程碑意义。②党的二十大报告为世界发展、人类进步提供了中国智慧、中国方案、中国力量。世界现代化起源于西方，但是世界现代化进程已经不是西方独领风骚。中国式现代化要引领，而不是简单追随。引领不是按照西方的"逢强必霸"，"逢

---

① 习近平：《铸牢中华民族共同体意识 推进新时代党的民族工作高质量发展》，《人民日报》2023年10月29日第1版。

② 习近平：《高举中国特色社会主义伟大旗帜 为全面建设社会主义现代化国家而团结奋斗——在中国共产党第二十次全国代表大会上的报告》，人民出版社，2022，第15页。

强必霸"不符合中国外交原则和中华民族性格。构建人类命运共同体是世界各国人民前途所在。我们引领的目的不是去压迫、侵略别的国家，而是用人类共同价值观创造人类共有家园。这些理念逐步被广泛接受，但在目前"西强东弱"的环境下，我们的声音还传不开、传不广，影响力还不够大，还没有在世界上形成主导。西方用其所谓的传播能力和实力地位遏制中国声音。这种形势下，我们的理论建设、思想文化建设，新的文化使命非常重要。

中国提出了全球发展倡议、全球安全倡议，愿同国际社会一道努力落实。2023年，在第三届"一带一路"国际合作高峰论坛开幕式上，习近平总书记指出，"人类是相互依存的命运共同体。世界好，中国才会好；中国好，世界会更好"[①]。面对世界之变、时代之变、历史之变，中国推动构建人类命运共同体的重要理念是由中华民族固有的和平特性所决定的，彰显了中国作为社会主义大国的使命担当。一个持久和平、普遍安全、共同繁荣、开放包容、清洁美丽的世界，是中华民族同世界各国人民携手构建人类命运共同体的共同愿景。

《概论》教材对"中华民族""中华民族共同体""中华民族共同体意识"等基本概念做了明确的界定。从中华民族发展史的角度来看民族，和以前站在中国史、中国民族史或者中国少数民族史的角度看民族是有差异的，具有非常丰富的新知识。读者在使用中通过自己的学习进行解读和思考，会得出更加符合新时代要求的关于推进中华民族共同体建设的一些结论。

---

① 习近平：《建设开放包容、互联互通、共同发展的世界——在第三届"一带一路"国际合作高峰论坛开幕式上的主旨演讲》，https://www.gov.cn/gongbao/2023/issue_10786/202310/content_6912661.html，访问日期：2023年10月18日。

作为第一部关于铸牢中华民族共同体意识教育的国家统编教材,《中华民族共同体概论》立足于中华民族悠久历史,探索构建中华民族共同体理论体系,是一部开拓性的教材。[①] 但是,党带领人民群众推进中国特色社会主义事业的实践进程不会终止,在实践进程中形成的理论观点还会不断地向前推进,《概论》教材也会随着我们党的创新实践和创新理论的发展而不断修订和完善。

[①]《中华民族共同体概论》,高等教育出版社、民族出版社,2023,第377页。

自觉铸牢中华民族共同体意识与全面推进中华民族共同体建设[①]

党的十八大以来，中国特色社会主义进入新时代。以习近平同志为核心的党中央从全面建成小康社会，进而推进强国建设、民族复兴的战略出发，将民族工作提升到前所未有的高度，做出铸牢中华民族共同体意识、推进中华民族共同体建设的重大决策，采取一系列重大举措，形成了习近平总书记关于加强和改进民族工作的重要思想，持续推进我国民族团结进步事业不断向前发展。

一、深刻理解铸牢中华民族共同体意识的重大意义与时代特点

（一）铸牢中华民族共同体意识重大论断内涵的不断发展

习近平总书记2014年正式提出中华民族共同体意识，此后将其明确为铸牢中华民族共同体意识的重大论断。铸牢中华民族共同体意识的地位和作用不断提升，大体分为提出、确立、主线三个

[①] 本文为中国社会科学院"跨界民族问题与中国周边安全战略"和"铸牢中华民族共同体意识测评指标体系研究"项目的中间成果。

阶段。

1. 提出阶段（2014—2017 年）

党的十八大之后，习近平总书记围绕全国民族工作和西藏、新疆等民族地区的工作开展了大量调研，提出了一系列重要指示和论断。比如，2012 年 12 月提出"没有农村的小康，特别是没有贫困地区的小康，就没有全面建成小康社会"。① 全面小康是我国现代化进程中的阶段性目标，也是实现中华民族伟大复兴目标的关键环节。在 2013 年十二届全国人大一次会议上提出："把我国五十六个民族、十三亿多人紧紧凝聚在一起的，是我们共同经历的非凡奋斗，是我们共同创造过的美好家园，是我们培育的民族精神。"② 在这里，习近平总书记深刻揭示了五十六个民族、十三亿多人组成的中华民族具有的共同性及其根源。

正是基于对中华民族整体性和共同性的深刻把握，习近平总书记更加重视民族团结和民族地区的发展稳定工作。他在各种场合都反复强调民族团结的重要性。2013 年 10 月，习近平总书记在给中央民族大学附属中学全校学生的回信中指出，我国是统一的多民族国家，各族人民"同呼吸、共命运、心连心"。2014 年 1 月，习近平总书记在内蒙古调研时指出，要始终高举民族团结旗帜。2014 年 4 月，习近平总书记在新疆考察时指出，民族团结是发展进步的基石，勉励大家要像爱护眼睛一样珍惜民族团结。2014 年 5 月，习近平总书记在第二次中央新疆工作座谈会上提出"在各民族中牢固树立

---

① 习近平：《没有贫困地区的小康就没有全面小康》，《习近平著作选读》（第一卷），人民出版社，2023，第 73 页。

② 习近平：《在第十二届全国人民代表大会第一次会议上的讲话》，《习近平著作选读》（第一卷），人民出版社，2023，第 97 页。

国家意识、公民意识、中华民族共同体意识"。① 这是习近平总书记在会议上第一次提出中华民族共同体意识。

2014年9月，中央民族工作会议暨国务院第六次全国民族团结进步表彰大会召开。习近平总书记在这次会议上提出了新时代推进民族工作的一系列新观点、新论断和新思路，在充分肯定中国特色解决民族问题正确道路及其基本经验的基础上，围绕中华民族多方面的共同性及其多元一体格局，明确提出中华民族和各民族的关系，是一个大家庭和家庭成员的关系，各民族之间的关系，是一个大家庭里不同成员之间的关系。这是习近平总书记第一次完整概括中华民族大家庭理论，为新时代正确把握民族关系、推进民族工作奠定了理论基础。中央民族工作会议是指导全国民族工作的专题会议，积极"培育中华民族共同体意识"是对全国民族工作提出的新要求。会后中共中央、国务院颁布了《关于加强和改进新形势下民族工作的意见》，要求各地区各部门认真贯彻落实中央民族工作会议精神，进一步明确要求"打牢中华民族共同体的思想基础"，并认为"这是国家统一之基、民族团结之本、精神力量之魂"。②

2014年中央民族工作会议之后，中央在2015和2016年分别召开中央统战工作会议、第六次西藏工作座谈会、全国宗教工作会议，多次强调"大力培育中华民族共同体意识"，树立正确的"四

---

① 中共中央统一战线工作部、国家民族事务委员会：《习近平总书记关于加强和改进民族工作的重要思想学习读本》，人民出版社、民族出版社，2024，第34—35页。
② 中共中央、国务院：《关于加强和改进新形势下民族工作的意见》，《十八大以来重要文献选编（中）》，中央文献出版社，2016，第104—105页。

观"（历史观、民族观、国家观、文化观），①增强"五个认同"。②

2. 确立阶段（2017—2021年）

2017年10月，习近平总书记在党的第十九次全国代表大会的报告中指出："全面贯彻党的民族政策，深化民族团结进步教育，铸牢中华民族共同体意识，加强各民族交往交流交融，促进各民族像石榴籽一样紧紧抱在一起，共同团结奋斗、共同繁荣发展。"③这是在党的代表大会及会议报告中第一次明确新时代民族工作的主要内容，也是第一次明确提出"铸牢中华民族共同体意识"的重大论断。这一论断也写入了新修订的《中国共产党章程》。以此为标志，"铸牢中华民族共同体意识"的提法得到确认。

2018年3月，在第十三届全国人大一次会议和全国政协十三届一次会议上，"铸牢中华民族共同体意识"成为两会讨论的热点问题之一。两会通过的《中华人民共和国宪法修正案》序言中提出"推动物质文明、政治文明、精神文明、社会文明、生态文明协调发展，把我国建设成为富强民主文明和谐美丽的社会主义现代化强国，实现中华民族伟大复兴"。④"实现中华民族伟大复兴"写进宪法，不仅在宪法中第一次出现"中华民族"概念，被称为"中华民族"入宪，而且是在宪法中充分体现了学习贯彻习近平新时代中国

---

① 中共中央、国务院：《关于加强和改进新形势下民族工作的意见》，《十八大以来重要文献选编（中）》，中央文献出版社，2016，第111页。

② 2015年颁布的《中国共产党统一战线工作条例（试行）》在"四个认同"基础上增加了对"中国共产党的认同"。

③ 习近平：《决胜全面建成小康社会，夺取新时代中国特色社会主义伟大胜利》，《十九大以来重要文献选编（上）》，中央文献出版社，2019，第28页。

④ 李鹃：《将实现中华民族伟大复兴写入宪法 有利于引领全党全国人民共同奋斗》，https://www.ccdi.gov.cn/specialn/bwzp2436/201803/t20180323_103529.htm，访问日期：2018年3月23日。

特色社会主义思想的要求。这就改变了"中华民族"概念在宪法文本中缺位的状况，使"中华民族"概念具有宪法地位，为中华民族认同提供了宪法依据和基础。宪法将"中华民族伟大复兴"与"社会主义现代化强国"并列且确定为国家发展目标，突出了中华民族在国家发展中的地位和作用。

2019年9月，习近平总书记在全国民族团结进步表彰大会上的讲话中，再次强调铸牢中华民族共同体意识的重大意义，把"坚持促进各民族交往交流交融，不断铸牢中华民族共同体意识"作为新中国民族工作的一条基本经验，明确提出"要以铸牢中华民族共同体意识为主线，把民族团结进步事业作为基础性事业抓紧抓好"，"以铸牢中华民族共同体意识为主线做好各项工作"，[①]不断增强各族群众的"五个认同"。这是习近平总书记第一次明确提出"以铸牢中华民族共同体意识为主线"，并要求"以铸牢中华民族共同体意识为主线做好各项工作"，标志着铸牢中华民族共同体意识这一重要论断在民族工作中的地位和作用进一步提升。不仅如此，在2020年召开的中央第七次西藏工作座谈会和第三次中央新疆工作座谈会上，习近平总书记反复强调以铸牢中华民族共同体意识为主线的问题。铸牢中华民族共同体意识的任务要求已经纳入新时代党的"治藏方略"和"治疆方略"，成为党和国家西藏工作、新疆工作的重要内容。

3. 主线定位阶段（2021年以来）

2021年8月，中央民族工作会议召开。习近平总书记在讲话中

[①] 习近平：《在全国民族团结进步表彰大会上的讲话》，《十九大以来重要文献选编（中）》，中央文献出版社，2021，第213—216页。

总结概括了建党百年来民族工作的基本经验。"改革开放特别是党的十八大以来,我们党强调中华民族大家庭、中华民族共同体、铸牢中华民族共同体意识等理念,既一脉相承又与时俱进贯彻党的民族理论和民族政策,积累了把握民族问题、做好民族工作的宝贵经验,形成了党关于加强和改进民族工作的重要思想。"这一重要思想主要包括十二个方面的内容,也就是"十二个必须"。其中第三个必须是"必须以铸牢中华民族共同体意识为新时代党的民族工作的主线,推动各民族坚定对伟大祖国、中华民族、中华文化、中国共产党、中国特色社会主义的高度认同,不断推进中华民族共同体建设"。① 这是在党的民族工作会议上第一次明确提出"新时代关于加强和改进民族工作的重要思想"和"以铸牢中华民族共同体意识为新时代党的民族工作的主线",正式确立了铸牢中华民族共同体意识在民族工作中的主线地位,同时正式提出了不断推进中华民族共同体建设的任务要求。党的十九届六中全会审议通过的《中共中央关于党的百年奋斗重大成就和历史经验的决议》指出,"党坚持和完善民族区域自治制度,坚定不移走中国特色解决民族问题的正确道路,坚持把铸牢中华民族共同体意识作为党的民族工作主线",进一步确认了铸牢中华民族共同体意识的主线定位。

2022年10月,习近平总书记在党的第二十次全国代表大会的报告中指出,"以铸牢中华民族共同体意识为主线,坚定不移走中国特色解决民族问题的正确道路,坚持和完善民族区域自治制度,

---

① 习近平:《中华民族共同体意识是民族团结之本》,《十九大以来重要文献选编(下)》,中央文献出版社,2023,第402页。

加强和改进党的民族工作,全面推进民族团结进步事业。"①习近平总书记对民族工作大政方针的全面概括,既是对铸牢中华民族共同体意识在民族工作中主线地位的再次确认,也是对新时代新征程党的民族工作基本路线和实践道路的进一步明确。

党的二十大之后,习近平总书记又分别在多个场合强调铸牢中华民族共同体意识在促进民族团结、推动民族工作高质量发展方面的作用,尤其是把推进社会主义现代化强国建设与民族复兴密切关联,提出"要不断巩固发展全国各族人民大团结、海内外中华儿女大团结,充分调动一切积极因素,凝聚起强国建设、民族复兴的磅礴力量。"②特别是针对民族地区,习近平总书记强调了铸牢中华民族共同体意识对各项工作的统领作用。

2023年6月和8月,习近平总书记在内蒙古考察、听取新疆维吾尔自治区党委和政府及新疆生产建设兵团工作汇报时都进一步指出,铸牢中华民族共同体意识是新时代党的民族工作的主线,也是民族地区各项工作的主线。民族地区的政治建设、经济建设、文化建设、社会建设、生态文明建设和党的建设,都要紧紧围绕、毫不偏离这条主线。2023年10月,习近平总书记主持二十届中央政治局第九次集体学习时,围绕铸牢中华民族共同体意识指出,"把铸牢中华民族共同体意识作为新时代党的民族工作和民族地区各项工作,是我们党坚持'两个结合'、着眼'两个大局',深刻总结国内外民族工作经验教训,深刻洞察中华民族共同体发展趋势,取得的

---

① 习近平:《高举中国特色社会主义伟大旗帜,为全面建设社会主义现代化国家而团结奋斗》,《二十大以来重要文献选编(上)》,中央文献出版社,2024,第28页。
② 习近平:《在第十四届全国人民代表大会第一次会议上的讲话》,《二十大以来重要文献选编(上)》,中央文献出版社,2024,第342页。

重大理论和实践成果。"① 此后,习近平总书记在广西壮族自治区、青海省、宁夏回族自治区考察调研及主持召开新时代推动西部大开发座谈会时,多次强调铸牢中华民族共同体意识的地位和作用。2024年7月,党的二十届三中全会进一步提出制定民族团结进步促进法、健全铸牢中华民族共同体意识制度机制的明确要求。

2024年9月,中共中央、国务院召开全国民族团结进步表彰大会。习近平总书记在讲话中指出,党的十八大以来,我们坚持守正创新,不断推进马克思主义民族理论中国化时代化,鲜明提出把铸牢中华民族共同体意识作为新时代党的民族工作主线、民族地区各项工作的主线,形成党关于加强和改进民族工作的重要思想,推动民族地区同全国一道打赢脱贫攻坚战、全面建成小康社会,迈上全面建设社会主义现代化国家新征程。"新时代新征程,党和国家的中心任务是以中国式现代化全面推进强国建设、民族复兴,这需要全国各族人民共同团结奋斗。我们要全面贯彻新时代中国特色社会主义思想特别是党关于加强和改进民族工作的重要思想,坚持以铸牢中华民族共同体意识为主线,不断推进民族团结进步事业,推动党的民族工作高质量发展。"② 李强总理在主持会议时把习近平总书记的这次重要讲话,概括为新时代新征程"推动中华民族共同体建设的纲领性文献",新华社在新闻报道将习近平总书记的讲话要点

---

① 习近平:《铸牢中华民族共同体意识 推进新时代党的民族工作高质量发展》,《求是》2024年第3期。
② 习近平:《在全国民族团结进步表彰大会上的讲话》,《人民日报》2024年9月28日第2版。

明确为"推进中华民族共同体建设、巩固发展中华民族大团结"。[①]这说明，从2021年把铸牢中华民族共同体意识明确为民族工作的主线定位开始，新时代新征程关于民族工作的中心任务进一步把铸牢中华民族共同体意识拓展为推进中华民族共同体建设。2024年12月，习近平总书记在中央政治局第十八次集体学习时提出，要坚持把推进中华民族共同体建设作为边疆民族地区工作的主线，进一步明确了推进中华民族共同体建设的目标和任务。

（二）铸牢中华民族共同体意识、推进中华民族共同体建设的重大意义

铸牢中华民族共同体意识是以习近平同志为核心的党中央审古今之变、察时代之势，从百年未有之大变局、新时代中国特色社会主义全局和实现民族工作高质量发展的现实需要出发做出的重大决策。我们从必要性与指导性两个层面，分析新时代提出上述重大论断的重大意义。

在2021年中央民族工作会议上，习近平总书记用"四个必然"，深刻阐明了新时代提出铸牢中华民族共同体意识的重大意义。铸牢中华民族共同体意识，是维护各民族根本利益的必然要求。国家统一是国家最高利益所在，是各族人民根本利益所在。中华人民共和国成立以来，我们总体保持了团结稳定的良好局面，但境内外敌对势力的分裂、渗透、破坏活动一刻也没有停止，仍然是影响各民族根本利益的重大挑战。一些思想认识误区和错误观点仍然根深蒂固，极有可能误导各族群众尤其是青少年的国家观、历史观、民

[①] 新华社：《习近平在全国民族团结进步表彰大会上发表重要讲话强调 推进中华民族共同体建设 巩固发展中华民族大团结》，http://www.news.cn/politics/leaders/20240927/bbc6c4d6713d4789bd35951d2a27a8d6/c.html，访问日期：2024年9月27日。

族观、文化观、宗教观。只有铸牢中华民族共同体意识，构建起维护国家统一和民族团结的坚固思想长城，才能实现好、维护好、发展好各民族根本利益。铸牢中华民族共同体意识，是实现中华民族伟大复兴的必然要求。越是接近中华民族伟大复兴，国内外敌对势力越是会在遏制与裂解中华民族上大做文章，妄图阻断中华民族伟大复兴的历史进程。一些国家频频制造民族话题攻击、抹黑中国，企图使民族问题成为中国社会冲突动荡的祸根。从内部看，经济社会发展并不自然而然带来中华民族共同体意识，特别是一些特定历史阶段的具体民族政策和措施，不仅没有与时俱进调整优化，反而在一定程度上固化了民族差异，滋长了一些人的狭隘民族意识。只有铸牢中华民族共同体意识，才能有效应对实现中华民族伟大复兴过程中民族领域可能发生的风险挑战。铸牢中华民族共同体意识，是巩固和发展平等团结互助和谐的社会主义民族关系的必然要求。我国民族关系主流是好的，民族团结的基础日益稳固，但也还存在影响民族关系的问题。民族地区发展迈上新台阶，但发展不平衡不充分问题依然突出。只有铸牢中华民族共同体意识，才能夯实我国民族关系发展的思想基础，推动中华民族成为认同度更高、凝聚力更强的命运共同体。铸牢中华民族共同体意识，是党的民族工作开创新局面的必然要求。新时代党的民族工作取得了巨大成就，但还存在"不匹配、不适应"的问题和短板。只有顺应时代变化，按照增进共同性的方向改进民族工作，做到共同性和差异性辩证统一、民族因素和区域因素有机结合，才能把新时代党的民族工作做好做细做扎实。

铸牢中华民族共同体意识、推进中华民族共同体建设的提出和发展，是加强和改进新时代党的民族工作的需要，从统筹安全与发展、协调物质与精神关系等领域，对习近平文化思想的发展甚至对习近平新时代中国特色社会主义思想的丰富与完善都做出了重要贡献。与习近平新时代中国特色社会主义思想特别是其中的习近平文化思想一样，习近平总书记关于加强和改进民族工作的重要思想也是我们党在推进"两个结合"的产物。一百多年来，我们党始终坚持把马克思主义民族理论同中国民族问题具体实际相结合、同中华优秀传统文化相结合，创造性地走出了一条中国特色解决民族问题的正确道路。新民主主义革命时期提出对内消除民族压迫、民族歧视，谋求各民族的平等团结进步，对外摆脱帝国主义的侵略压迫，谋求中华民族的独立和解放的愿望。中华人民共和国的成立，标志着中华民族摆脱近代百年屈辱"站"了起来。社会主义革命和建设时期，党和政府大力推进民族平等、民族团结、民族区域自治、各民族互相协助共同发展的一系列制度政策，建立了社会主义民族关系，中国特色解决民族问题的正确道路，各民族在社会主义制度下实现了真正意义上的平等团结进步。改革开放和现代化建设新时期，围绕经济发展这个中心任务，党把发展问题引入民族问题的内涵，实施西部大开发战略等一系列举措，加快少数民族和民族地区发展，制定民族区域自治法，将民族区域自治制度确定为基本政治制度，明确提出"三个离不开"和"两个共同"等重要主张，大力推进民族团结进步事业。十八大以来，党中央从中华民族伟大复兴战略全局和世界百年未有之大变局的总体判断出发，统筹发展和安全，把民族工作提升到关系全面推进强国建设、民族复兴战略全局的高度，提出中华民族共同体理论及铸牢中华民族共同体意识、推进中华民族共同体建设等重大论断，形成以"十二个必须"为主要内容的习近平总书记关于加强和改进民族工作的重要思想，把铸牢中华民族共同体意识作为民族工作的主线和民族地区各项工作的主线，把推进中华民族共同体建设作为新时代新征程民族工作的总体目标和边疆民族地区工作的主线，确立新时代党的治藏方略、治疆方略及一系列维护国家主权、安全和发展利益的重大举措，推动新时代民族工作取得历史性成就和历史性变革，各族群众的面貌、民族地区的面貌、民族关系的面貌、中华民族的面貌都发生了历史性巨变。实践证明，党带领全国各族人民探索确立的中国特色解决民族问题的正确道路是完全正确的。这条道路本身就是"两个结合"的产物，也是在"两个结合"中不断前进和深化的。由于具有深厚的历史文化根基和坚实的实践基础，这条道路具有强大的理论引领力和实践指导力。与此同时，这一论断与习近平总书记关于加强和改进民族工作的重要思想的其他重要内容一起，是在深刻总结古今中外民族问题治理经验教训，特别是在一脉相承而又与时俱进推进中国特色解决民族问题的正确道路百年经验基础上总结提炼形成的，集中体现了新时代中国共产党处理民族事务的中国智慧，为世界各国解决民族问题、治理民族事务贡献了中国方案，彰显了中华文明和中华文化的主体性，倡导了全人类共同价值，具有鲜明的中国特色、时代价值和世界意义。

铸牢中华民族共同体意识是在中华民族伟大复兴关键阶段做出的重大决策，为推进强国建设、民族复兴提供了强大的理论武器，具有鲜明的理论引领力。与时俱进是马克思主义的理论品质。中国特色解决民族问题的正确道路是伴随党的民族理论的不断发展而不断完善的。在不同历史时期，随着党和国家事业发展面临的中心任务不同，民族工作的重点也有所不同。各民族一律平等的理论，对动员各族人民推翻三座大山发挥了极大的作用；社会主义制度下民族区域自治制度的建立和发展，确保了各族人民真正获得平等政治权利、共同当家做主人；"三个离不开"与共同团结奋斗、共同繁荣发展的主张与实践，确保了各族人民在社会主义市场经济体制下经济社会快速发展和生活水平不断提高；铸牢中华民族共同体意识、推进中华民族共同体建设的重大论断，推动中华民族成为认同度更高、凝聚力更强的大家庭和共同体，对引领民族工作和民族团结进步事业高质量发展发挥了巨大的引领作用。

铸牢中华民族共同体意识是在百年未有之大变局背景下凝聚中华民族和中华儿女的重大决策，为应对以美国为首的西方国家遏制打压中国崛起，维护国家主权、安全和发展利益提升了自信心和战略定力，具有强大的实践指导力。"百年未有之大变局"是习近平总书记在2014年之后对世界发展局势提出的重要论断，大变局的本质是国际力量变化带来的国际格局的重大调整。中国改革开放以来经济总量和人均GDP（国内生产总值）的快速增长，是影响国际力量变化的最大变量，对美国为首的西方国家长期占据主导地位的世界格局产生了巨大影响。以美国为首的西方国家为消除中国崛起对他们主导的国际秩序产生的影响，在北京奥运会之后逐步将中国作为全方位的竞争对手，不断升级遏制和打压的规模和力度，手段策略无所不用其极，进入21世纪第二个十年之后，中美战略博弈进入深水区和全面对决的关键期。从限制封锁制裁到造谣抹黑污蔑，以美国为首的西方国家利用政治经济军事优势尤其是国际舆论霸权对中国的内政外交各方面的政策举措横加干涉。其中，民族、宗教、人权、涉疆、涉藏、台湾、香港等事务变成以美国为首的西方国家指责攻击抹黑的重点。这些干涉无不希望从中国内部打开缺口，使中国自身力量不能凝聚，就可以从不同领域对中国进行各个击破。美国等敌对势力对中国大打"民族牌",通过支持操纵民族分裂势力或利用制造民族矛盾干扰破坏中国民族地区的稳定与发展,妄图使民族问题成为中国社会冲突动荡的祸根。我们党和政府面对遏制打压,一方面毫不动摇地推进国家经济社会文化全面发展,另一方面坚决维护国家主权、安全和发展利益。铸牢中华民族共同体意识,就是党在百年未有之大变局的时代背景下,在民族工作领域防范化解以美国为首的西方国家等敌对势力干扰破坏、团结凝聚全国各族人民和全体中华儿女磅礴伟力的战略决策。同时,以铸牢中华民族共同体意识为主线,提出了正确处理统一与自治、物质与精神、共同性与差异性、中华文化与民族文化、中华民族共同体意识与民族意识的关系的思路与举措,为引领新时代新征程民族工作转型升级、民族团结进步事业高质量发展指明了方向。

铸牢中华民族共同体意识、推进中华民族共同体建设的重大论断,作为习近平新时代中国特色社会主义思想体系特别是加强和改进民族工作的重要思想的核心内容,是在深刻总结古今中外民族问题治理经验教训基础上得出的,集中体现了新时代中国共产党处理多民族国家的民族关系、治理民族事务的中国智慧,为世界各国解决民族问题、治理民族事务贡献了中国方案和中国智慧,其中蕴含的治理理念、制度设计、政策法规、实践路径、方式方法等,是基于丰富实践的经验总结,更是人类面临复杂敏感民族问题的理论升华,是深刻洞察民族现象一般规律和发展趋势得出的科学结论。这不仅丰富和发展了马克思主义民族理论,也为世界上绝大多数多民族国家治理本国民族问题提供了珍贵借鉴,从世界范围来说,具有启发性、引领性、普遍性。

二、准确把握铸牢中华民族共同体意识重大论断的深刻内涵

完整准确全面理解和把握这一重大论断也有一定的难度。因为这一论断包含不少内涵十分丰富的基本概念，如民族、中华民族、共同体、意识、民族意识、中华民族意识、中华民族共同体和中华民族共同体意识等。对这些概念的理解往往存在多种并存的观点，观点之间固然有相同或相似之处，但也往往存在明显的差异甚至分歧或对立。

理论界关于"民族"概念的讨论是一个典型的例子。"民族"是指具有某些共同特征的人们组成的相对稳定的群体或者人群共同体。区分不同群体或民族，可以用"类别"或"族类"的概念。同一个类别，表示内部具有很多相同性或相似性；不同的类别，意味着相互之间具有很大的不同性或差异性。当然，这种相同性（相似性）与不同性（差异性）之间也不是绝对的，在一定的条件或情境下也可以相互转化。在历史长河和现实生活中虽然可以对这样的"人群"或"人群共同体"进行辨别区分，但要下一个规范的定义却很不容易。因为"民族"是一个复杂且多维度的概念，涉及历史、文化、政治、社会等多个领域。不同的学者和理论家可以从不同的视角或角度给出"民族"的定义，并对其基本特征做出不同的理解和阐释。从生物学的角度看，可以根据血统、肤色、外貌等"自然"特征把不同人群区分开来，形成不同"种族"的划分。除了上述显而易见的差别外，从文化的角度看，不同人群在语言、宗教、习俗、传统等方面存在一个方面甚至多个方面的差异性，民族成为一个具有共同文化特征的群体。从社会的角度来分析，不同人群往往存在不同的社会结构、社会关系、社会互动模式等社会特征，民族成为一个具有共同社会特征和社会认同的群体。从历史的

角度进行分析，不同人群往往经历了不同的历史过程、历史事件、历史传承和历史记忆，民族又成为一个具有共同历史记忆、历史传承和历史认同的群体。从心理的角度看，不同的人群往往在心理认同、心理归属、心理依赖等方面也存在一定的差异性，民族还可以定义为一个具有共同心理认同和心理归属的群体。从政治的角度看，不同的人群可能归属同一个政治实体，拥有共同的国家、领土和主权等政治特征，民族就可以从政治上定义为是一个具有共同政治目标和政治认同的群体。当然，也有历史上属于相同的社会历史文化乃至心理认同的群体，演变成了分属于不同政治实体如不同国家或不同政权的跨国而居的人群。由于人口在不同地域范围内的频繁流动和广泛深刻的交往交流交融，不是所有的"人群"或"人群共同体"都是能够完全分割开来的。在"民族"内部，上述特征都是完备的、完全相同的；而在不同的"民族"之间，上述特征是完全不同的、存在明显不同或显著差异性的。同时，不论是一个群体作为一个整体、亚群体还是作为群体中的分支，所拥有的上述"民族特征"也存在显著的差异性，而且是经常发生变化的。这就使理论界很难清晰给出大家都公认的"民族"的定义，也很难清晰界定其内涵和外延、本质属性和从属属性、主要特征或次要特征。从马克思主义民族理论的角度看，斯大林早年关于民族的定义影响深远。[1] 中国共产党在把马克思主义民族理论与中国实际结合的过程中也不断探讨中国特色的民族概念及其内涵，提出了中国境内的民族具有"民族"和"中华民族"两个层次，一方面主张国内"各民

---

[1] 斯大林的民族定义如下："民族是人民在历史上形成的一个有共同语言、共同地域、共同经济生活以及表现在共同文化上的共同心理素质的稳定的共同体。"见斯大林：《马克思主义和民族问题》，《斯大林选集》（上卷），人民出版社，1979，第64页。

族"一律平等,另一方面强调各民族的平等团结互助和谐进而形成"中华民族"大团结。伴随中国特色解决民族问题正确道路的不断发展,党中央和国务院在 2005 年中央民族工作会议上概括了"民族"的内涵[①],十八大之后提出了中华民族共同体、铸牢中华民族共同体意识等重大论断。

"中华民族"和"中华民族共同体"是关于中国民族现象的理论概括,具有十分丰富的理论内涵。"中华民族"的内涵与外延虽然没有"民族"那样具有更大的一般性或伸缩性,但也不是没有歧义和争论。最早提出"中华民族"的梁启超对这一概念内涵的界定本身就有汉族、中国民族及中华民族等多个含义。如何看待中国境内的非汉族("少数民族"),是理解和把握中华民族这一核心概念的关键所在。如果把中华民族仅仅视为汉族,会导致把中国境内少数民族排除在外("外族")的主张。这是晚清时期的革命党人曾经采取的民族主义的革命策略。中华民国成立后,孙中山在《临时大总统就职宣言书》和《中华民国临时约法》中宣布"五族共和""五族平等",说明这一时期的"中华民族"已经从"汉族"内涵转变为中国境内"五族"的总称。自此之后,理解"中华民族"之内涵,出现了地域和"民族"两种角度或思路。从地域的角度看相对比较容易理解,也就是中国境内存在五族或更多的民族,各民族都在一个国家之内,都属于"中国民族";从民族的角度看,在

[①] 2005 年中央民族工作会议概括的"民族"定义如下:"民族是在一定的历史发展阶段形成的稳定的人们共同体。一般说来,民族在历史渊源、生产方式、语言、文化、风俗习惯以及心理认同等方面具有共同的特征。有的民族在形成和发展的过程中,宗教起着重要作用。"见《中共中央、国务院关于进一步加强民族工作加快少数民族和民族地区经济社会发展的决定》,国家民族事务委员会、中共中央文献研究室:《民族工作文献选编(二〇〇三—二〇〇九年)》,中央文献出版社,2010,第 91—92 页。

中国境内的各种人群，从各自的历史语言文化出发可以是不同的民族，但对国家归属、政治认同、国民身份等特征而言则不能各自独立出来称为"民族"（准确讲应是民族国家意义上的"国族"或"国家民族"），而是同一个"国家民族"内部的有机组成部分，"中华民族"就是中国境内各民族（"中国民族"）的统一的名称。由此可见，如何把握中国境内各民族（"中国民族"）与"中华民族"的内涵与外延问题，成为现代中华民族共同体建设和国家建设的一个焦点问题。在这个问题上，国共两党的态度迥异。国民党基于"一族一国"的理论只承认中国只有一个"中华民族"。但是，在"中华民族"的内涵上，国民党又把"汉族"与"中华民族"等同起来。汉族人口最多、分布最广，作为中华民族的最主要的组成部分没有问题，但国民党把汉族之外的各少数民族作为汉族的"宗支"或"支系"，认为其是不具备独立的"民族"地位的。这种抹杀其他民族与汉族一样具有平等民族地位的主张，不仅不符合历史和现实，也很难得到少数民族的拥护。中国共产党基于马克思主义民族平等理论，反对一切形式的民族压迫，不仅承认中国境内存在多个民族（"五族"之外还有数十个民族），而且强调各民族的团结，反对大民族主义（尤其是大汉族主义）和地方民族主义，主张建立单一制的统一的多民族国家。1949年中国人民政治协商会议第一届全体会议通过的《中国人民政治协商会议共同纲领》明确指出："中华人民共和国境内各民族一律平等，实行团结互助……使中华人民共和国成为各民族友爱合作的大家庭。"[①] 这实际上认为中国境内存在双

[①]《中国人民政治协商共同纲领》，见中共中央文献研究室编：《建国以来重要文献选编》（第一册），中央文献出版社，2011，第10页。

层的"民族"结构：一是事实上平等的各民族，二是团结统一起来的中华民族这个整体（"大家庭"），标志着马克思主义民族理论与中国统一多民族国家国情的有机结合。

中华人民共和国成立后，党的民族工作经过社会主义革命和建设时期、改革开放和社会主义现代化建设新时期、中国特色社会主义新时代三个大的历史时期，不论是理论政策还是法律法规，在继承马克思主义民族理论基本原理的同时，在"两个结合"中又不断与时俱进、开拓创新。十八大以来，以习近平同志为核心的党中央把马克思主义民族理论尤其是共同体思想与中华优秀传统文化进一步密切结合，提出了中华民族大家庭、中华民族共同体、铸牢中华民族共同体意识、推进中华民族共同体建设等重大论断，形成了习近平总书记关于加强和改进民族工作的重要思想。这一重要思想把"中华民族"与"共同体"有机衔接，既坚持了各民族一律平等，又把"中华民族"作为一个历史上形成的多元一体的民族实体，强调了中华民族的交融互嵌性和密不可分的统一整体性。从一个国家中每个国民的民族性分析，世界上几乎没有一个国家是单一民族国家，都是多民族的国家。中国共产党的统一多民族国家理论和中华民族共同体理论，不仅完全符合中国的历史和国情，而且完成了中华文明大一统理念的现代转型，是对西方"一族一国"的民族理论和国家理论的全面超越。

从大家庭和共同体的角度看待"中华民族"，不仅解决了关于"中华民族"是不是"民族"和是不是"民族实体"的问题，而且有助于深刻理解中华文明和中华民族的"多元一体"结构，进一步增强了铸牢中华民族共同体意识和强化"五个认同"的理论基础。中华民族共同体固然是中华大地上的各民族在长期的交往交流交融过程中形成的一个整体（包含全体国民）的民族共同体，但由于内部存在着"各民族"与"中华民族"的多层次结构问题，人们的"民族"身份意识和主观认同就不像"民族国家"那样简单明了，而往往是复杂的、多层次的和容易发生变化的。民族问题不能仅仅从一个历史的、客观的实体角度去观察和分析，还必须纳入主观认同和心理层面去理解和把握。这一点在"民族"的内涵和概念中能够体现，从民族工作的具体实践中也能够体现。十八大以来党中央、国务院一方面注重从实践的角度推进民族地区和少数民族的经济社会发展，加强物质力量建设；另一方面，则从文化心理和精神力量建设层面强调处理好各民族文化和中华文化的关系、民族意识和中华民族共同体意识的关系，增强各民族的"五个认同"，铸牢中华民族共同体意识。

铸牢中华民族共同体意识的基础和前提是中华民族的每个成员都要有中华民族共同体的意识。意识是生物有机体利用自身的认知能力和觉察能力对其内部和外部存在的感知或认识，既是生物有机体大脑高级神经中枢功能的活动本身，又是利用这种活动形成的感知认识及行为决策。这种意识当然存在个体性差异，但每个个人作为某一群体（如"民族"或"中华民族"）、国家乃至全人类的成员，其意识具有群体性、社会性、国民性及普遍性等某种"类"的属性，还具有所属群体的"集体意识"。民族意识就是作为某一民族成员的集体意识，国民意识就是作为某一个国家公民的集体意识，中华民族共同体意识就是作为中华民族（本身也有广义和狭义之分）成员的集体意识，也就是中华民族共同体这一历史客观存在在中华民族的成员头脑中的反映（感知或认识），是在中华民族发展过程中形成的中华民族共同心理意识，即对中华民族的最高认同及由此产生的对中华民族的使命感、归属感、荣誉感。个人意识固然会受自身及周边环境等某些先天因素的影响，本身也有其不断成长和发展的过程。中华民族共同体意识固然与中华民族成员的身份相关联，但也需要国家和社会通过教育宣传等举措进行塑造或强化。这也是习近平总书记针对新时代党的民族工作着力强调的重要内容。

三、自觉铸牢中华民族共同体意识与全面推进中华民族共同体建设

（一）深刻理解铸牢中华民族共同体意识的目标任务

铸牢中华民族共同体意识，就是要引导各族人民牢固树立休戚与共、荣辱与共、生死与共、命运与共（"四个与共"）的共同体理念，推动各民族树立正确的国家观、历史观、民族观、文化观、宗教观（"五观"），增强国家意识、公民意识、法治意识（"三个意识"），坚定对伟大祖国、中华民族、中华文化、中国共产党、中国特色社会主义的高度认同（"五个认同"），同心共圆中华民族伟大复兴的中国梦。作为新时代党的民族工作重要思想的纲领和主线，铸牢中华民族共同体意识不仅内涵深刻，而且内容十分丰富，既要以牢固树立"四个与共"的共同体理念作为价值引领，还要深刻把握其理念基础、根本前提、文明根基、思想根基、基本要求、核心目标、原则方法等一系列基本内容。

牢固树立"四个与共"的共同体理念，这是铸牢中华民族共同体意识的价值引领。理念是对意识的理论化表达，也是对客体的主观感知和自觉认同。中华民族共同体理念就是中国人对自己作为中华民族共同体成员的认知和认同。习近平总书记用"休戚与共、荣

辱与共、生死与共、命运与共"，界定了中华民族共同体理念。中华民族共同体是56个民族组成的大家庭，各民族是一荣俱荣、一损俱损的关系，只有把自己的命运同中华民族的命运紧紧连接在一起，才有前途和希望。中华民族是各民族最大的依托和依靠，各民族共创中华民族的美好未来，共享强国建设、民族复兴的伟大荣光。

深刻把握中华民族形成发展的基本规律，是铸牢中华民族共同体意识的理念基础。习近平总书记在2019年用"三个相互"揭示了中华民族共同体的发展历程与内生动力："各民族之所以团结融合，多元之所以聚为一体，源自各民族文化上的兼收并蓄、经济上的相互依存、情感上的相互亲近，源自中华民族追求团结统一的内生动力。"[①] 到2024年，用"五个相"进一步阐发了中华民族共同体形成与发展的内在联系与理论逻辑：各民族血脉相融，是中华民族共同体形成和发展的历史根基；各民族信念相同，是中华民族缔造统一的多民族国家的内生动力；各民族文化相通，是中华民族铸就多元一体文明格局的文化基因；各民族经济相依，是中华民族构建统一经济体的强大力量；各民族情感相亲，是中华民族一家亲的坚强纽带。正是在五千多年中华文明发展进程中，孕育了统一的伟大祖国和伟大民族，使中华大地上的各族人民"都有一个共同家园，就是中国；都有一个共同身份，就是中华民族；都有一个共同名字，就是中国人；都有一个共同梦想，就是实现中华民族伟大复

---

① 习近平：《在全国民族团结进步表彰大会上的讲话（2019年9月27日）》，《人民日报》2019年9月28日第2版。

兴！"① 这些论述充分说明，中华大地上各民族之间密不可分的内在联系是在长期历史中形成的，中华民族共同体意识具有深厚的历史根基。

树牢正确的"五观"，是铸牢中华民族共同体意识的思想根基。"五观"是指马克思主义国家观、历史观、民族观、文化观、宗教观。树立正确的国家观，就是要准确把握我国统一的多民族国家的基本国情，始终把维护祖国统一和民族团结作为各民族根本利益。树立正确的历史观，就是深刻认识"一部中国史，就是一部各民族交融汇聚成多元一体中华民族的历史，就是各民族共同缔造、发展、巩固统一的伟大祖国的历史"。不同于传统的汉族史观或"族群史观"的单一性或割裂性，正确的中华民族历史观坚持各民族共创中华的"共同性"和"整体性"。习近平总书记用"五个共同"，深刻诠释了正确的中华民族历史观：我国辽阔疆域是各民族共同开拓的，统一的多民族国家是各民族共同缔造的，悠久历史是各民族共同书写的，灿烂文化是各民族共同创造的，伟大民族精神是各民族共同培育的。中国统一的多民族国家是中华大地上各民族在长期历史过程中共同缔造并不断推进的，只有从各民族都属于和共同推进了中华民族这样一个整体的形成与发展出发，才能准确把握各民族的历史与未来。树立正确的民族观，就是要深刻理解中华民族是多元一体的民族实体，是你中有我、我中有你、血脉相连、不可分割的有机整体。树立正确的文化观，就是要深刻领悟中华文化是各民族优秀文化的集大成，要推动中华优秀传统文化创造性转化、创

---

① 习近平：《在全国民族团结进步表彰大会上的讲话（2024年9月27日）》，《人民日报》2024年9月28日第2版。

新性发展，建设中华民族现代文明。树立正确的宗教观，就是要正确认识宗教产生、发展、消亡的规律，坚持我国宗教的中国化方向，积极引导宗教与社会主义社会相适应。坚持正确的历史观，可以为正确的国家观、民族观、文化观和宗教观提供坚实理论支撑，为铸牢中华民族共同体意识奠定理论前提。

把握"五个突出特性"，这是铸牢中华民族共同体意识的文明根基。习近平总书记提出的中华文明五个突出特性，揭示了中华民族的独特精神品格。连续性决定了中华民族必然走自己的路。创新性决定了中华民族守正不守旧、尊古不复古的进取精神和不惧新挑战、勇于接受新事物的无畏品格。统一性决定了国家统一永远是中国核心利益的核心，决定了一个坚强统一的国家是各族人民的命运所系。包容性决定了中华民族交往交流交融的历史取向。和平性根植于中华民族根深蒂固的文化基因，和平、和睦、和谐是中华民族五千多年来一直传承的理念。

增强"三个意识"，这是铸牢中华民族共同体意识的基本要求。要增强国家意识，厚植家国情怀，发扬爱国主义精神，坚决维护祖国统一和民族团结，坚决维护国家主权、安全和发展利益。要增强公民意识，各族人民都是国家的公民，都享有平等权利，都应当履行平等义务。要增强法治意识，牢固树立对法律的信仰，法律面前人人平等，自觉遵守宪法和法律，做到办事依法、遇事找法、解决问题用法、化解矛盾靠法。

坚定"五个认同"，这是铸牢中华民族共同体意识的核心目标。坚定对伟大祖国的认同，就是要让各族人民自觉把维护祖国统一、民族团结作为神圣职责，坚决维护国家主权和领土完整，共同建设伟大祖国、共同创造美好生活。坚定对中华民族的认同，就是要自觉意识到自身首先是中华民族的一员。坚定对中华文化的认同，就是要自觉认同中华文化，以社会主义核心价值观为引领，共同构筑中华民族共有精神家园。坚定对中国共产党的认同，就是要自觉认同中国共产党是唯一能够团结、凝聚各族儿女的核心力量，是维护中华民族大团结、实现中华民族伟大复兴的根本政治保证。坚定对中国特色社会主义的认同，就是要自觉认同中国特色社会主义是各民族实现共同发展、共同富裕的必由之路。

（二）实现铸牢中华民族共同体意识与推进中华民族共同体建设的有机统一

铸牢中华民族共同体意识是全党全国的一件大事，是全党全国各族人民的共同任务。2021年中央民族工作会议以来，习近平总书记将其明确为新时代党的民族工作的主线和民族地区各项工作的主线，积极推动新时代党的民族工作和民族团结进步事业各项工作的开展，不论是思想认识还是实践行动的积极性、主动性不断增强，实践效果不断彰显。但是，铸牢中华民族共同体意识的实践进一步深化，也面临一些新的认识误区和实践难题。比如，一些地方把"铸牢中华民族共同体意识既是新时代党的民族工作的主线，也是民族地区各项工作的主线"当成了"两条"主线，并对如何处理"两条"主线的关系产生困惑。一些部门和同志对于如何处理铸牢中华民族共同体意识与推进中华民族共同体建设的关系也理解不深，认为已经把铸牢中华民族共同体意识明确为民族工作和民族地区各项工作的主线，怎么又在2024年提出了推进中华民族共同体建设是边疆民族地区工作的主线？对于到底如何理解铸牢中华民族共同体意识与推进中华民族共同体建设的相互关系，感到无从下手，产生了新的疑虑。党的二十大报告在总结建党百年经验基础上，提出新时代新征程中国共产党的中心任务，就是团结带领全国各族人民全面建成社会主义现代化强国，实现第二个百年奋斗目标，以中国式现代化全面推进中华民族伟大复兴。新时代新征程的民族工作如何把推进现代化强国与中华民族自身建设有机统一起来，不仅存在认识上的不足，各项工作也存在一定的薄弱环节。

铸牢中华民族共同体意识作为新时代党的民族工作的主线和民族地区各项工作的主线是"一条"主线还是"两条"主线的问题，主要是认识不足造成的。"十二个必须"中第三个必须是"必须把铸牢中华民族共同体意识作为新时代党的民族工作的主线"。铸牢中华民族共同体意识作为民族工作的主线没有问题，但如何在民族地区各项工作中也贯彻这条主线，使一些同志产生了困惑，个别人甚至出现"两条"主线的认识偏差。其实，这不是"两条"主线，而是铸牢中华民族共同体意识主线定位的两种不同表述，只不过表述的侧重点有所不同：前者针对新时代党的民族工作，后者针对民族地区各项工作，也就是把铸牢中华民族共同体意识的意义贯彻落实在民族地区各项工作之中，尤其是在各项工作中都要赋予铸牢中华民族共同体意识的意义在其中。民族工作的主线还是一条，只是对民族地区的要求更高，覆盖范围更宽而已。

既然在民族地区各项工作中贯彻落实好铸牢中华民族共同体意识的主线定位，将其与推进中华民族共同体建设联系起来就顺理成章了。其实，早在2021年中央民族工作会议上，习近平总书记就指出，必须以铸牢中华民族共同体意识为主线，不断推进中华民族共同体建设。铸牢中华民族共同体意识的目标、任务、范围、要求固然已经体系化，但毕竟主要指向民族工作的精神力量建设，强调了处理"物质与精神"的关系时不能忽略精神力量建设的目标任务。但是，要在民族地区各项工作中贯彻落实好铸牢中华民族共同体意识的主线定位，显然不能将其仅仅作为"精神力量建设"，还必须将其落实在政治建设、经济建设、文化建设、社会建设、生态文明建设和党的建设各个方面。既然将铸牢中华民族共同体意识的主线要求落实在各个方面，其内涵就远远超出了民族工作精神力量建设的范畴，而拓展到物质与精神的各领域、各环节，这其实就是全面推进中华民族共同体建设的目标任务和工作要求。由此可见，铸牢中华民族共同体意识与推进中华民族共同体建设本来就是有机联系的统一整体。没有中华民族共同体的主观意识和自觉认同，就不可能实现中华民族的觉醒，也不可能自觉按照现代民族的要求自觉推进中华民族共同体建设。新时代强调铸牢中华民族共同体意识并赋予其主线定位，是为了引导各民族处理好"中华民族共同体意识和本民族意识"的关系，把各民族引导到不断增强中华文化认同、建设中华民族共有精神家园的同时，还要通过各方面的工作，在政治、经济、文化、社会、生态、党建中把中华民族建设成"凝聚力更高、包容性更强的命运共同体"。把56个民族凝聚在一起，就是中华民族共同体。做好铸牢中华民族共同体意识的各项工作，就远远超出了"精神力量建设"和"中华文化认同"的范畴，本身就是中华民族共同体建设。从这个意义上说，铸牢中华民族共同体意识与推进中华民族共同体建设密不可分，本身就是有机统一的整体。没有脱离中华民族共同体的中华民族共同体意识；中华民族共同体意识的强化和凝聚，也必然进一步加强中华民族共同体的自觉认同和凝聚力。由于铸牢中华民族共同体意识与推进中华民族共同体建设的目标任务、逻辑机理、工作要求具有内在的天然联系，把铸牢中华民族共同体意识作为民族地区各项工作的主线，就在一定程度上阐明了这个道理。党的二十届三中全会通过的决议，进一步提出制定民族团结进步促进法、健全铸牢中华民族共同体意识制度机制的要求。2024年9月，习近平总书记在全国民族团结进步表彰大会上的讲话中，不仅再次强调了铸牢中华民族共同体意识的主线定位，而且明确指出在我国社会主义现代化强国建设和全国民族团结进步事业中推进中华民族共同体建设，以中国式现代化全面推进强国建设和中华民族复兴伟业。基于铸牢中华民族共同体意识与推进中华民族共同体建设的共同目标和任务要求，李强总理在主持词中把习近平总书记在全国民族团结进步表彰大会上的讲话，称为推进中华民族共同体建设的"纲领性文献"。由此可见，新时代强调铸牢中华民族共同体意识，既是着力加强民族工作的精神力量的需要，也是为了更好地、全面地推进中华民族共同体建设。在2021年中央民族工作会议和2024年全国民族团结进步表彰大会上，习近平总书记提出以铸牢中华民族共同体意识、推动各民族坚定"五个认同"，就是要"不断推进中华民族共同体建设"。[1]2024年12月，习近平总书记在中央政治局第十八次集体学习时指出，"要坚持把推进中华民族共同体建设作为边疆民族地区工作的主线"。

应当指出，以铸牢中华民族共同体意识为主线全面推进中华民族共同体建设，和全面建设社会主义现代化国家与全面推进中华民族伟大复兴两大任务也是有机统一的。现代化不仅是国家的现代化，也是民族的现代化。现代化国家建设固然需要与外部世界加强联系，但归根结底的依靠力量还是这个国家的各民族的全体人民的

---

[1] 中共中央统一战线工作部、国家民族事务委员会编：《中央民族工作会议精神学习辅导读本》，民族出版社，2022，第12页。习近平：《全国民族团结进步表彰大会上的讲话（2024年9月27日）》，人民出版社，2024，第11页。

共同参与和艰苦奋斗。各民族正是在共同建设现代化国家的进程中，把自己锻造成现代国家的合格公民，在不断增强国家意识、公民意识、法治意识的基础上，进一步铸牢中华民族共同体意识。由此可见，现代化国家建设进程必然也是现代民族建设的进程。国家的现代化与民族的团结凝聚和现代化是紧密联系的，是密不可分的有机统一的整体。新时代新征程，我们一方面要以中国式现代化全面建设社会主义现代化国家，另一方面也要坚定中国特色解决民族问题的正确道路加强中华民族共同体建设、实现中华民族伟大复兴。

（三）推动现代化国家建设与中华民族共同体自身建设的有机统一

党的二十大明确了以中国式现代化推进现代化国家建设的中心任务，第一次系统概括了中国式现代化的五大基本特征，特别强调中国式现代化是全体人民共同富裕的现代化，一个民族都不能少；强调中国式现代化是物质文明和精神文明相协调的现代化，既要物质富足，更要精神富有，要在不断厚植现代化的物质基础的同时大力发展社会主义先进文化，加强理想信念教育，传承中华文明，不断丰富人民精神文化生活，提升中华民族凝聚力和中华文化影响力，不断增强国家文化软实力；强调中国式现代化是走和平发展道路的现代化，坚定站在历史正确的一边、站在人类文明进步的一边，高举和平、发展、合作、共赢旗帜。二十大强调始终坚持中国共产党领导，坚持中国特色社会主义，大力推进教育科技人才工作，努力实现高质量发展，建设高质量的物质文明、精神文明、政治文明、社会文明和生态文明，发展全过程人民民主，丰富人民精神世界，实现全体人民共同富裕，促进人与自然和谐共生，到本世纪中叶把我国建成富强民主文明和谐美丽的社会主义现代化强国，推动构建人类命运共同体，创造人类文明新形态。二十届三中全会指出，全面深化改革是推进中国式现代化的根本战略。

党把新时代民族工作提升到前所未有的历史新高度。以中国式现代化全面建成社会主义现代化强国、实现第二个百年奋斗目标、全面推进中华民族伟大复兴必须以铸牢中华民族共同体意识为主线，不断加强中华民族共同体建设，认真完成各项重点工作。

全面推进新时代文化建设尤其是中华民族共有精神家园建设。面向各族群众加强党的理论和路线方针政策教育，加强"五史"宣传教育，用共同理想信念凝心铸魂，深入培育和践行社会主义核心价值观。深入实施红色基因传承工程和中华优秀传统文化传承发展工程，大力弘扬民族精神和时代精神，推动中华优秀传统文化创造性转化、创新性发展，繁荣发展社会主义先进文化，构建和运用中华文化特征、中华民族精神、中国国家形象的表达体系，不断增强各族群众的中华文化认同。构建科学完备的中华民族共同体理论体系，深化中华民族共同体重大基础性问题研究，加快形成中国自主的中华民族共同体史料体系、话语体系、理论体系。全面推广普及国家通用语言文字，全面推行使用国家统编教材，以语言相通促进心灵相通、命运相通。要着眼建设中华民族现代文明，深刻理解把握中华民族的突出特性，在新的历史起点上不断构筑中华民族共有精神家园。

大力加强思想宣传教育工作，构建铸牢中华民族共同体意识宣传教育常态化机制。将铸牢中华民族共同体意识纳入干部教育、党员教育、国民教育体系，搞好社会宣传和群众教育活动。通过各种有效途径和渠道，大力宣传中华民族共同体理论，大力宣传中华民族的历史，大力宣传新时代党的民族工作取得的历史性成就，大力宣传中华民族同世界各国人民携手构建人类命运共同体的美好愿景。创新传播方式方法，坚持请进来、走出去相结合，积极开展国际交往和交流互动，丰富宣讲传播内容，拓宽传播渠道，向国内外讲好中华民族共同体故事，讲清楚中国共产党领导和社会主义制度是我国各民族共同发展进步的可靠保障，讲清楚中华民族是具有强大认同度和凝聚力的命运共同体，讲清楚中国特色解决民族问题正确道路的显著优越性。

持续推动各民族共同走向社会主义现代化。高举中华民族大团结旗帜，把推动各民族为全面建设社会主义现代化国家共同奋斗，作为新征程党的民族工作的重要任务。把改善民生、凝聚人心作为民族地区经济社会发展的出发点和落脚点，完善差别化区域支持政策，推动民族地区融入新发展格局、实现高质量发展，不断提高公共服务保障能力和水平，促进发展成果公平惠及各族群众。支持民族地区实现巩固拓展脱贫攻坚成果同乡村振兴有效衔接。深入推进固边兴边富民行动，努力实现边境繁荣发展、边民团结幸福、边防安全稳固。

促进各民族交往交流交融。推进各民族人口流动融居，立足不同民族、不同地区的实际，统筹城乡建设布局规划和公共服务资源配置，构建互嵌式社会结构和社区环境，积极创造各民族共居共学、共建共享、共事共乐的社会条件，逐步实现各民族在空间、文化、经济、社会、心理等方面的全方位嵌入，促进各民族在理想、信念、情感、文化上的团结统一。把铸牢中华民族共同体意识作为推进民族团结进步创建工作的根本方向，着力深化内涵、丰富形式、创新方法。

提升民族事务治理体系和治理能力现代化水平。坚持和完善民族区域自治制度，健全完善民族政策和法律法规体系，始终着眼于强化中华民族的共同性、增强中华民族共同体意识。以公平公正为原则，突出区域化和精准性，更多针对特定地区、特殊问题、特别事项制定实施差别化区域支持政策。将民族事务纳入共建共治共享的社会治理格局，依法保障各族群众合法权益，依法妥善处理涉民族因素的案事件，依法打击各类违法犯罪行为，切实做到法律面前人人平等。

着力防范民族领域重大风险隐患。贯彻落实总体国家安全观，管好守稳意识形态阵地，积极稳妥处理涉民族因素的意识形态问题，持续肃清民族分裂、宗教极端思想流毒。对错误和有害言论，要敢于斗争，敢于亮剑发声，激浊扬清，净化环境。要依法加强对互联网的管理，在网络空间形成有利于铸牢中华民族共同体意识的正能量、好声音。健全民族领域防范化解风险隐患的体制机制，提升突发事件应急处置能力。加强国际反恐合作，做好重点国家和地区、国际组织、海外少数民族华侨华人群体等的工作，不断壮大友我力量。

（四）做好铸牢中华民族共同体意识与中华民族共同体建设的重点工作

加强和完善党的全面领导，是做好新时代党的民族工作的根本政治保证。要坚持从政治上看待民族问题、做好民族工作，牢记"国之大者"，不断提高政治判断力、政治领悟力、政治执行力。要把党的领导贯穿民族工作全过程，推动形成党委统一领导、政府依法管理、统战部门牵头协调、民族工作部门履职尽责、各部门通力合作、全社会共同参与的新时代党的民族工作格局。

强化干部队伍建设，努力建设一支维护党的集中统一领导态度特别坚决、明辨大是大非立场特别清醒、铸牢中华民族共同体意识行动特别坚定、热爱各族群众感情特别真挚的民族地区和民族工作干部队伍。要抓基层、打基础、固根本，加强基层民族工作机构建设和民族工作力量，加强民族地区基层政权建设，充分发挥基层党组织战斗堡垒作用。

正确把握"四对关系"，尤其是共同性与差异性的关系、物质和精神的关系。坚持以增加共同性为方向，尊重和包容差异性。处理好物质和精神的关系，既是中国式现代化的重要特征，也是铸牢中华民族共同体意识、推进中华民族共同体建设的内在要求。坚持物质力量建设与精神力量建设相互促进。铸牢中华民族共同体意识的直接目标，是通过有效的思想政治教育和理论宣传等精神力量建设的举措，强化中华民族成员的共同体理念，真正在思想上和行动上树立和践行"四个与共"。但是，思想政治教育和理论宣传工作仅仅在一定程度上影响和塑造人们的价值理念，经济、政治、文化、社会、生态文明的"五位一体"建设实践，才是影响人们价值观念、精神认同和情感皈依的客观基础。铸牢中华民族共同体意识必须正确把握物质和精神的关系，两者是相辅相成的促进关系而不是非此即彼的对立关系。一方面，要充分认识到经济社会发展并不自然而然带来民族团结和增强中华民族共同体意识，不能像以往那样在民族工作忽视"管脑子"工作，需要在推进经济社会发展时积极进行正面思想引导，赋予所有改革发展以彰显中华民族共同体意识的意义，以维护统一、反对分裂的意义，以改善民生、凝聚人心的意义，切实通过教育引导等相关工作牢固树立"四个与共"理念，让中华民族共同体牢不可破。另一方面，也要切实通过落实各项重点任务，切实加强民族地区经济社会发展，切实提升各族人民尤其是边疆民族地区融入新发展格局、融入全国统一大市场的能力和水平，不断加强民族地区特别是边疆民族地区的基本公共服务建设，努力改善这些地区的生产生活条件和各族群众的收入和生活。在共同发展中共享改革发展成果，共享强国建设、民族复兴伟大荣光。

抓住主线定位，纳入全局考量，做到有机融入，实现相互促进。铸牢中华民族共同体意识作为民族工作的主线、民族地区各项工作的主线，中华民族共同体建设作为边疆民族地区各项工作的主线，反复强调了这条主线的重要性及对相关工作的总体要求。应当指出，主线本身或主线要求并不是全部工作，也不能替代各项工作。铸牢中华民族共同体意识的关键是要求各级党委把铸牢中华民族共同体意识工作摆在重要议事日程，摆在"五位一体"总体布局和"四个全面"战略布局中统筹谋划。民族地区的建设要紧紧围绕这条主线。要把持续扎根铸牢中华民族共同体意识落实到经济、教育、就业、文化建设、社区建设和干部队伍建设等各项工作中。同时，要把铸牢中华民族共同体意识工作与推进中华民族共同体建设有机融合起来，在强国建设、民族复兴新征程，以中国式现代化实现现代国家建设与中华民族共同体建设的有机统一，相互促进。

坚持长期目标与短期任务有机统一，工作态度与方式方法科学合理，不断完善铸牢中华民族共同体意识体制机制。铸牢中华民族共同体意识、加强中华民族共同体建设是一个宏大的主题，任务的艰巨性和复杂性，决定了达成目标绝不是一朝一夕、轻轻松松就能完成的任务，而是一个长期的过程。因此，推进各项工作要遵循规律、实事求是，切实解决"等不得"和"急不得"的问题。一方面，任务重，要求高，要用只争朝夕的精神切实推进各项工作任务的贯彻落实，不能"等靠要"。另一方面，又要紧盯目标、科学决策，措施得当。坚持慎重稳进、绵绵用力，要防止犯急躁病、胡乱作为，更不能反复"翻烧饼"，从一个极端走向另一个极端。从工作方式方法的角度看，铸牢中华民族共同体意识既要做看得见、摸得着的工作，也要做大量"润物细无声"的事情。要进一步完善铸牢中华民族共同体意识体制机制，把铸牢中华民族共同体意识工作纳入党的建设和意识形态工作责任制，纳入政治考察、巡视巡察、政绩考核。要完善考核考评办法，以结果而不是简单用"行动过程"本身，作为检验铸牢中华民族共同体意识各项工作成效的依据。